ÉTUDES DE PHILOSOPHIE MÉDIÉVALE

Collection fondée par Étienne Gilson

THÉOLOGIE ET NOÉTIQUE AU XIIIe SIÈCLE

DU MÊME AUTEUR

La vision béatifique, des disputes scolastiques à sa définition par Benoît XII, Rome, 1995, (Bibliothèque des Écoles Françaises d'Athènes et de Rome 289), Prix Bordin de l'Académie des Inscriptions et Belles Lettres.

La voix enchantée, essai philosophique sur le chant, Dijon, 1998, (Presses universitaires de Bourgogne), Prix de l'Académie des Sciences, arts et Belles Lettres de Dijon, 1994.

Guiral Ot, *La vision de Dieu aux multiples formes*, édition, traduction et notes par Ch. Trottmann, Vrin, Sic et non, à paraître.

ÉTUDES DE PHILOSOPHIE MÉDIÉVALE

LXXVIII

THÉOLOGIE ET NOÉTIQUE AU XIIIe SIÈCLE

A la recherche d'un statut

par

Christian TROTTMANN

Ouvrage publié avec le concours du Centre national du livre

PARIS

LIBRAIRIE PHILOSOPHIQUE J. VRIN

6, Place de la Sorbonne, Ve

—

1999

A mes pères, temporel et spirituels

Imprimé en France

ISSN 0249-7921

ISBN 2-7116-1391-7

CHAPITRE PREMIER

HÉRITAGES

> En fait, les principales études modernes de la conception thomiste de la théologie ont à peine abordé cela. Fondées, comme elles le sont pour la plupart, sur la prise en considération de la notion de science appliquée à la théologie, elles ne parviennent apparement pas à mettre le thomisme en relation avec les larges perspectives mondiales qui prévalent au XIIIe siècle. Nous pouvons donc supposer que le dernier mot n'a pas encore été dit sur cette question. [1]

Reprenant après les plus grands, et en particulier le Père M.-D. Chenu, la question du statut de la théologie, notre intention n'est nullement d'avoir à ce sujet le dernier mot. Elle est au contraire, en proposant une problématique différente, d'ouvrir de nouvelles voies dans la compréhension des rapports entre philosophie et théologie au Moyen Age. Par ailleurs, notre intention est aussi de dégager un ordre, une rationalité dans la réflexion des maîtres du XIIIe siècle, à partir des matériaux nouveaux fournis par les éditions de textes intervenues en nombre depuis la dernière édition du livre de M.-D. Chenu, et de poursuivre l'enquête jusqu'à Henri de Gand ce qui exige d'aller à l'essentiel. Notre travail veut encore se situer dans le mouvement de réappropriation des sources théologiques entamé par I. Biffi [2]. Mais comme le fait remarquer la préface de G. Colombo à son livre, son entreprise intervient après le tremblement de terre qui a vu s'effondrer l'édifice de la théologie moderne avec ses arc-boutants néo-scolastiques, tandis que celui de M.-D. Chenu se situait encore avant l'événement. La reprise succincte et non critique, de la problématique de M.-D. Chenu par I. Biffi dans son introduction conduit en fait à une description des pensées précédant Thomas comme autant de figures indépendantes, sans grands liens entre elles ni avec celle du Docteur Angélique. *La théologie comme science* restait bercée de l'illusion rétrospective que Thomas d'Aquin avait donné dans la subalternation, la solution définitive d'un problème somme toute exclusivement épistémologique. A vin nouveau, outre nouvelle. Nous proposons en philosophe libre de toute tentative de restauration théologique, une problématique qui rapporte la question de cette théologie naissante aux capacités noétiques de l'homme à la développer comme une discipline autonome.

1. G. H. T. Tavard, *Transiency an permanence, The nature of Theology according to St. Bonaventure*, Franciscan Institute, New York, Louvain, Paderborn, 1954, p. 252.
2. I. Biffi, *Figure medievali della teologia*, Jaca Book, Milan, 1992.

Il faut donc tout d'abord nous expliquer sur notre titre. Nous préfèrons le terme noétique à celui d'épistémologie parce qu'il ancre la question du savoir dans une anthropologie. Le terme noétique, au-delà de son succès, en particulier dans les études médiévales demande une définition précise. Nous voudrions situer celle qui correspondrait à notre problématique propre entre deux extrêmes. Venant de la racine grecque qui donne les termes «*nous*» et «*noein*», la noétique traiterait en son sens le plus large de tout ce qui touche à l'esprit. Dans le domaine médiéval qui nous intéresse, son enjeu principal est la pénétration de la conception aristotélicienne du «*nous*» telle que nous la trouvons en particulier au troisième livre du *De anima*, et les ruptures ou au moins les tensions qu'elle entraîne avec la théorie augustinienne de la connaissance comme vision, dominante au seuil du XIIIe siècle et au-delà.

Une définition déjà plus restreinte de la noétique ne considère que la partie intellective du «*nous*». Elle se confond alors avec la théorie de la connaissance. Appliquée au cas de la théologie, elle s'accomoderait assez bien de la problématique de M.-D. Chenu, centrée sur la question du statut de la théologie comme science. Mais précisément, ce n'est pas la seule question que se posent les scolastiques à son sujet, et leur point de vue ne nous semble pas confondre épistémologie et noétique. Aussi ne s'interrogent-ils pas seulement sur l'objet et les méthodes de la théologie, sur le fait de savoir si elle est une science ou aussi une sagesse, mais encore sur les différences entre connaissance de Dieu «*in via*» et «*in patria*», sur la finalité spéculative ou pratique de leur discipline...

Ne souhaitant exclure aucune de ces questions, légitimes au plan spéculatif, et qui furent historiquement celles que se posèrent les premiers scolastiques, nous ne voulons pas retenir une définition de la noétique qui la réduirait à une simple épistémologie. Nous ne voulons pourtant pas non plus tomber dans l'excès inverse. Il consisterait à opposer justement le domaine d'une connaissance intuitive et désincarnée des idées qui relèverait de la noétique, à celui des autres sciences procédant, elles, par déduction à partir d'un donné empirique. Cette définition minimaliste correspondrait davantage à l'opposition platonicienne entre «*noesis*» et «*dianoia*». La noétique ne s'intéresserait plus alors, parmi les opérations du «*nous*», qu'à celles qui visent directement et intuitivement, dans leur séparation de ce monde, les intelligibles ou les intelligences.

Or, toute la difficulté de la théorie scolastique de la théologie ne réside-t-elle pas précisément dans l'articulation de la connaissance intuitive que Dieu a de lui-même, – dont il fait participer par grâce les bienheureux dans la vision et les croyants dans l'obscurité de la foi –, avec la connaissance déductive par laquelle les philosophes atteignent aussi Dieu et que les théologiens tentent d'appliquer au donné de la Révélation? Paul Vignaux avait bien montré, mais essentiellement dans le cadre de la pensée scotiste, voire Occamiste, l'enjeu anthropologique et métaphysique de cette interrogation[1]. Dans ce cadre toutefois, l'opposition entre philosophes et théologiens était accentuée notamment du fait d'une valorisation d'esprit franciscain, de la connaissance d'Adam pré-lapsaire par rapport au «*statu isto*». C'est cette interrogation qui nous conduit après la vision béatifique à faire porter notre investigation sur le statut noétique de la théologie, mais dans son

1. Cf. notamment les principaux articles sur ce sujet repris dans *De saint Anselme à Luther*: «Histoire des théologies médiévales. Problèmes et méthodes d'histoire des religions», p. 13-21, «Sur la place du Moyen Age en histoire de la philosophie», p. 53-54, «Philosophie chrétienne et théologie de l'histoire», p. 55-67, «Humanisme et Théologie chez Jean Duns Scot», p. 175-191, «Sur l'histoire de la philosophie au XIVe siècle», p. 193-206; ainsi que *Philosophie au Moyen Age*, Albeuve, Suisse, 1987, en particulier l'Avant-propos et le chapitre V.

jaillissement premier précédant la relecture critique du XIVe siècle. Nous proposons donc une définition du terme, provisoire comme elles le sont toutes, qui se situe entre les deux précédentes évitant de rapporter la noétique à tout le *nous*, mais aussi de le réduire au seul *noein* scientifique ou à une *noesis* restreinte. Nous retenons dans la noétique une exploration des sommets intellectifs de l'âme humaine, en particulier lorsqu'ils visent Dieu.

Toutefois le problème de la place de la théologie par rapport aux autres sciences nous intéressera au premier chef, et on sait combien il donne lieu au Moyen Age et au-delà à des représentations mythiques. Mais il nous renvoie toujours à la possibilité même du savoir de l'homme sur Dieu, à ses conditions propres d'exercice, d'approche de son objet, si particulier puisque divin, et se révélant librement ; à ses méthodes si particulières dans leur dépendance à l'égard de la cette Révélation, de la foi et de sa finalité béatifique. Nous donnons au terme théologique ce sens plus large tout en observant l'émergence de son sens moderne.

Notre enquête part des débuts de la scolastique universitaire où la question de la théologie comme science est explicitement formulée, comme l'avait montré en son temps et à sa manière M.-D. Chenu. Pourtant, cette manière n'avait-elle pas tendance à faire de Thomas d'Aquin le sauveur de la scientificité de la théologie ? A passer sous silence le rebondissement chez ses successeurs immédiats, de cette question au-delà de la solution proposée d'ailleurs comme bien imparfaite par le docteur angélique ? Henri de Gand, Duns Scot proposeront une noétique bien différente du savoir théologique. De plus, les deux livres du Père Chenu pourraient laisser croire que la théologie, discipline plutôt littéraire au XIIe siècle, axée sur l'exégèse de l'Écriture Sainte, serait devenue au XIIIe une discipline scientifique grâce à l'usage thomiste de la causalité pensée dans le cadre de la logique aristotélicienne. La scientificité revendiquée pour la théologie au XIIIe siècle n'est pas celle de la science moderne, M.-D. Chenu en avait bien conscience, mais on n'y insistera jamais assez. Le terme *scientia* désigne alors simplement le fait de savoir. Ce que revendiquent les théologiens scolastiques lorsqu'ils voient en la théologie une « science », c'est simplement la possibilité de la constituer en savoir organisé, voire organique ; ce n'est nullement la certitude atteinte par les sciences expérimentales, et moins encore l'illusion positiviste aujourd'hui dépassée de leur caractère définitif.

En deçà de Thomas l'enquête peut être reprise à nouveaux frais grâce à de nouvelles éditions. Nous la centrons sur les prologues des *Commentaires des Sentences* car c'est bien là que la question se pose. J. De Ghellinck[1] voyait sans doute avec raison dans la constitution du recueil de *Sentences* du Lombard l'événement théologique central du XIIe siècle, voire de tout le Moyen Age. Il faut en effet attendre le XVIe siècle pour voir la *Somme Théologique* de Thomas d'Aquin supplanter ce recueil dans l'enseignement de la théologie. L'événement qui marque le début du XIIIe siècle est bien l'instauration, aux côtés des textes canoniques, des *Quatre livres des Sentences* comme ouvrage de référence pour l'enseignement scolastique de cette discipline.

C'est donc en ce sens très historique, cette fois que nous employons le terme de scolastique. Nous nous intéressons ici à la manière dont les théologiens pensèrent le statut de leur discipline à partir du moment où son enseignement s'organisa de manière distincte à la fois de la lecture de L'Écriture Sainte et de la philosophie, comme commentaire d'un ouvrage de référence : les *Sentences* de Pierre Lombard. Nous donnons donc au terme de théologie le sens le plus large que lui donnaient les

1. J. de Ghellinck, *Le mouvement théologique du XIIe siècle*, Paris, Gabalda, 1914.

auteurs que nous étudierons pour qui il était encore synonyme de *sacra Scriptura, sacra doctrina* ou *pagina sacra*, mais au moment précis où la pratique de son enseignement la dissociait de l'exégèse biblique en préférant partir des *Sentences* de Pierre Lombard.

Nous savons bien que l'enseignement fait alors une large place aux questions disputées et nous ne manquerons pas de prendre en compte les plus significatives pour notre sujet. Nous savons aussi qu'un autre genre, celui de la *Somme*, n'a pas attendu l'institution de la lecture des *Sentences* pour développer un enseignement proprement théologique, et qu'il continue de se déployer alors que les premiers maîtres en théologie commentent le Lombard. Nous n'excluons nullement ce type de textes, pas plus que les questions disputées, traités, conférences ou sermons que nous étudierons chaque fois que cela nous paraîtra utile à la compréhension de notre sujet. Pourtant, dès lors qu'ils développent dans ces commentaires publics des *Sentences* de Pierre Lombard, un enseignement spécifique, les premiers maîtres doivent, dans leurs prologues, en donner une justification théorique. C'est pourquoi il nous a semblé que les débuts d'une scolastique proprement théologique fondée sur le *Commentaire des Sentences* marque un tournant qui légitime la prériodisation proposée ici.

Cette période initiale de la scolastique universitaire révèle nous semble-t-il un pluralisme foisonnant alors que l'école ou les écoles franciscaine et dominicaine n'ont pas encore figé leurs tendances doctrinales et les cherchent au contraire. A l'intérieur même de ces écoles le foisonnement de la réflexion sur ce sujet se poursuivra d'ailleurs au delà du Moyen Age. L'autre terme que nous nous proposions en entreprenant cette recherche, pour la périodisation de ce travail correspondait au concile de Trente, moment où la crise de la théologie appelle déjà des solutions bien différentes au problème de son statut théologique, et où par ailleurs, la *Somme de théologie* de Thomas d'Aquin vient bientôt remplacer systématiquement dans l'enseignement universitaire, les quatre livres du Lombard. Toutefois, l'ampleur de la réflexion du XIIIe siècle nous oblige à nous en tenir à lui et à donner la pensée d'Henri de Gand comme terme de cet ouvrage. Mais en deçà de la période restreinte qui en sera l'objet, il nous faut dans ce chapitre introductif, rechercher les origines du problème de manière nécessairement schématique.

AUX ORIGINES LATINES DU PROBLÈME

Augustin et son héritage

H. I. Marrou a bien montré comment Augustin, dans ses conversions successives à la philosophie et à la foi chrétienne, assuma la science de son temps, celle d'une culture antique décadente. Il a su reconstituer d'ailleurs, d'Héraclide à Lactance[1], la longue filiation de la division des arts libéraux. Elle se présente ainsi comme l'héritage légué à la culture chrétienne par les dernières écoles d'esprit platonicien. I. Hadot a précisé depuis les modifications opérées aux passage du monde grec au monde latin. Au-delà d'Augustin, chez Cassiodore et Isidore de Séville, elle a établi avec plus de précision les conditions historiques de la trans-

1. H. I. Marrou, *Saint Augustin et la fin de la culture antique*, BEFAR, 145 et 145 bis, Paris, 1938 et 1949, II, c. 3, p. 211 *sq.*, en particulier tableau p. 216, 217.

formation de l'*enkuklion paideia* dans le cycle médiéval des sept arts libéraux[1]. Retenons que les travaux des historiens de l'antiquité tardive rappellent au médiéviste que loin d'être des sciences au sens moderne du terme, ces arts constituaient une propédeutique à la formation du lettré antique. C'est comme tels qu'Augustin les reçut. C'est encore comme tels que les arts libéraux furent enseignés jusqu'au XIIIe siècle. Les programmes de cours édités par C. Lafleur manifestent à la fois la persistance de ce schème éducatif et la difficulté d'en penser la justification épistémologique[2]. La grammaire, la rhétorique et la dialectique font encore l'objet du premier enseignement, reçu avant même l'entrée à l'université. Le *quadrivium*, la philosophie, enseignés à la faculté des arts, préparent aux disciplines plus nobles: médecine, droit et théologie.

Pourtant, ces connaissances qui à l'époque d'Augustin venaient avec l'histoire compléter la formation d'un érudit devenaient, déjà de son temps, des disciplines réservées à des spécialistes. Le droit était étudié par ceux qui entreprenaient une carrière dans l'administration romaine. De même au XIIIe siècle, voire dès la fin du XIIe, avec l'organisation administrative de l'Empire et de la papauté, les études de droit connaissent un nouvel essor.

L'enseignement de la philosophie avait, quant à lui, tendance à générer des écoles fermées, plus ou moins ésotériques, au temps d'Augustin comme à son origine. La faculté des arts n'eût-elle pas encore au XIIIe siècle tendance à vouloir exalter un mode de vie qu'elle revendiquait en propre? Certes, la querelle des facultés opposa alors deux branches de l'université tandis qu'à l'époque d'Augustin l'enseignement de l'Église ne pouvait s'appuyer sur une telle structure. Pourtant le futur évêque d'Hippone assumait déjà à titre personnel, l'essentiel de la culture antique. Sa christianisation de la rhétorique, de l'histoire ou de la philosophie constitue un «*aufhebung*» retenant dans un cadre devenu chrétien, l'essentiel de l'antique culture païenne, ainsi que le montre H. I. Marrou.

Augustin n'est-il pas cependant celui qui introduit la plus grande discontinuité entre les sciences profanes et la sagesse théologique? Il n'est pas le premier à tenter une assimilation des vérités profanes à une culture chrétienne. Mais peut-il dire avec Justin: «tout ce qui est vrai est notre»? Confronté aux hérésies et aux gnoses, il doit préciser le statut transcendant de la sagesse révélée. Sa conversion même a pour conséquence une rupture objective avec la culture rhétorique dont il avait jusqu'alors vécu. Mais s'il démissionne de sa charge de professeur de rhétorique, c'est pour s'adonner à l'étude de la philosophie dans le cadre religieux de sa retraite à Cassissiacum. Il devra y renoncer en un second dépassement lorsque sa vie trop accaparante d'homme d'Église le détournera de l'étude. Sa pratique témoigne ainsi de cette triple rupture au sein de la culture de son temps entre une tradition rhétorique victorieuse dès l'époque antique par rapport à la tradition philosophique retranchée dans des sectes élitistes, et la culture chrétienne encore naissante à son époque et centrée sur les Écritures.

Pourtant, H. I. Marrou montre bien que si elle n'est pas nécessaire à la foi de l'homme du commun, la culture des arts libéraux est un préalable requis en vue de la poursuite de toute sagesse, qu'elle soit philosophique ou théologique[3]. Il s'agit bien des *disciplinae* du *trivium* et du *quadrivium*, telles qu'elles persistent dans

1. I. Hadot, *Arts libéraux et philosophie dans la pensée antique*, *Études augustiniennes*, Paris, 1984.

2. C. Lafleur, *Le* «guide de l'étudiant» *d'un maître anonyme de la faculté des arts de Paris au XIIIe siècle*, Québec, université Laval, 1992.

3. H. I. Marrou, *Saint Augustin et la fin*..., *op. cit.*, p. 185-186, et les chapitres qui suivent dans la seconde partie.

l'enseignement médiéval, suivies d'une première initiation scolaire à la philosophie. H. I. Marrou relève de multiples occurrences augustiniennes où leur ordre apparaît comme une évidence à l'auteur du *de Ordine* ou des *Confessions*[1]. Ils sont structurés en fait selon les exigences de l'encyclopédisme, (*enkuklion paideia*) de la pédagogie hellénistique, lui-même héritier d'une tradition plus ancienne qui trouve son origine chez les physiciens Ioniens[2].

La nouveauté hellénistique est d'exiger ces disciplines comme un pré-requis à l'enseignement de la philosophie. Elles y étaient auparavant intégrées, pour Aristote notamment. Platon pourtant, voyait déjà, on le sait bien en la musique et la géométrie la préparation psychologique de la philosophie. Mais du coup et plus encore dans la phase de décadence de la culture latine, elles ne sont plus tant conçues comme sciences autonomes, que comme disciplines propédeutiques dans lesquelles il n'est pas nécessaire d'atteindre un très haut niveau et qu'il ne faut surtout pas cultiver pour elles-mêmes. Cette condamnation d'une curiosité érudite qui cultiverait les sciences pour elles-mêmes n'est pas propre à la culture de l'antiquité tardive. On la trouve déjà à l'époque classique : l'opposé du philosophe n'est-il pas pour Platon le philo-doxe, grand amateur de spectacles ? Sénèque est aussi sévère à l'égard de la curiosité scientifique qu'a l'égard de l'érudition littéraire[3]. Certes, la curiosité qu'ils dénoncent est moins celle de vrais savants modernes, que la collection de faits singuliers menée dans un esprit digne, parfois, de *Bouvard et Pécuchet.*

Pour Augustin, héritier de la culture antique, les disciplines scientifiques ne doivent pas seulement exercer l'esprit, comme aussi les disciplines littéraires ; par un approfondissement dialectique, elles apportent des arguments certains[4], meilleure anti-dote possible contre le scepticisme. Mais elles demeurent une propédeutique littéraire en vue de l'explication de la Bible qui remplace dans une culture chrétienne ce que dans le monde païen, Homère put être pour les grecs ou Virgile pour les latins. Le programme d'études dressé par le *De Doctrina Christiana* place dans cet ordre l'étude de la grammaire, des langues (grec et hébreu en particulier), histoire, géographie, histoire naturelle, physique, arts mécaniques même, mais surtout parmi les arts de l'esprit, la rhétorique, la dialectique, la logique, les mathématiques pour terminer par la philosophie. C'est ce programme qui sera repris inlassablement durant le haut Moyen Age, par Cassiodore[5], Bède[6], Alcuin[7], Théodulfe[8], Raban Maur[9], Hilduin[10], et jusqu'à Honorius Augustodunensis[11] ou Daniel de Morlay[12] au XIIe siècle… Toutefois, H. I. Marrou ne va guère au-delà de l'usage qu'Augustin fait de la logique lorsqu'il examine son application propre de ce programme. Mais Augustin n'est-il que ce rhéteur sacré ? Marrou lui-même

1. *Id., ibid.*, p. 189.
2. « Le moyen âge n'a pas eu à créer ce programme d'études : il l'a reçu, comme tant d'autres choses de l'antiquité finissante. », *id., ibid.*, p. 211.
3. Sénèque, *Lettre à Lucilius*, 88, *Belles Lettres*, Paris, 1957, p. 158-172.
4. H. I. Marrou, *Saint Augustin et la fin…*, *op. cit.*, p. 284 *sq.*
5. Cassiodore, *Institutiones divinarum et saecularium litterarum*, P.L. 70, 1105 *sq.* ; *De artibus ac disciplinis liberalium litterarum*, *ibid.*, 1150 *sq.*
6. Bède, *De schematibus et tropis*, Halm (éd.), p. 607.
7. Alcuin, Leçons, préambule ; *De grammatica*, P.L. 101, 854 A ; *De Rhetorica et virtutibus*, 919 *sq.* ; *De dialectica* 951 *sq.*
8. Théodulfe, *Capitulare*, 19-20, P.L. 105, 196 sur l'enseignement aux pauvres.
9. Raban Maur, *De institutione clericorum*, III, 2 et 20, P.L. 107, 379-80 ; 397-98.
10. Hilduin, *Vita sancti Dionysii*, chap. 17, P.L. 106, 37 D.
11. Honorius Augustodunensis, *De animae exsilio et patria*, P.L. 172, 1239-1246.
12. Daniel de Morlay, *Philosophia*, Préface, V. Rose (éd.), Hermes, t. VIII, p. 347-348.

concède qu'il est plus philosophe que philologue. Surtout, il est métaphysicien et platonicien. Aussi creuse-t-il l'écart présent dans la culture antique entre science et sagesse. La *sapientia christiana*, plus encore que celle des philosophes, en tant qu'elle est tournée vers son objet divin, et vers l'obtention de la béatitude qu'il promet au croyant, transcende ainsi infiniment les sciences cantonnées dans leur examen de la Création.

Cette épistémologie s'appuie sur la distinction noétique des trois visions : sensible, spirituelle (imaginative) et intellectuelle[1]. La sagesse théologique, comme les visions les plus hautes des mystiques relèvent de l'intelligence. Comme elles, et à la différence des sciences, elle dépasse le mode rationnel de l'acquisition des connaissances. Chez Augustin, la pratique de la théologie reste sans doute liée à sa formation littéraire, mais la conception qu'il en a la dépasse et se prolonge dans sa contemplation mystique. C'est aussi le cas de la plupart des Pères du Haut Moyen Age. A cet égard, la renaissance du XIIe siècle marque un tournant vers la mise en place de la réflexion scolastique sur le statut et les méthodes de la connaissance de Dieu.

L'héritage latin du XIIe siècle

Avec la formule «*fides quaerens intellectus*», Anselme de Canterburry, dès la fin du XIe, ravive la thématique augustinienne d'une foi qui appelle sa consolidation et son accomplissement en une connaissance intellectuelle. Mais alors, la place respective de la raison et de la foi demandent encore à être précisées. Le XIIIe siècle s'y emploiera, et avant lui tout un courant de mystique spéculative dès le XIIe. Mais pour l'heure, il s'agit plutôt de prouver par la raison les vérités reçues dans la foi. La complémentarité de la philosophie et de la théologie ne va pas sans quelque concurrence. Les spirituels monastiques auront plutôt tendance à accentuer l'opposition entre savoir révélé et arts libéraux, mais pour déprécier et délaisser ces derniers.

Au contraire, P. Abélard qui invente le terme de «*theologia*» met sa dialectique au service de ce savoir rationnel sur Dieu. Centré sur sa distinction des «propres» des trois Personnes de la Trinité, (puissance du Père, sagesse du Fils, amour de l'Esprit), son platonisme occupe dans son siècle une position particulière qui ne saurait pourtant se réduire à son infortune.

M.-D. Chenu reste la référence principale qui nous permet de faire le point sur la théologie du XIIe. Dans la renaissance de ce siècle, il discerne deux grandes tendances : celles de la première scolastique et ce qu'il appelle déjà «science» théologique, associée au renouveau évangélique, non sans guillemets toutefois. De la première il exalte un humanisme et une théologie littéraires, redécouvrant la nature et l'homme-microcosme, mettant surtout (même si elle réhabilite aussi les arts mécaniques) les arts libéraux, la grammaire et la logique en particulier, au service d'une exégèse de l'Écriture souvent allégorique. Honorius Augustodunensis donne un exemple intéressant de ces tentatives de synthèse. Dans son *De animae exsilio et patria*[2], Honorius tout en les distinguant, ordonne de manière continue les savoirs en dix étapes menant à la théologie et à la vision béatifique. La seule voie pour passer de l'exil des ténèbres babyloniennes de l'ignorance à la

1. Augustin, *De Genesi ad Litteram*, XII, 6 *sq.*, B. A., 49, p. 346 *sq.*, P.L. 34, 458 *sq.*, CSEL, 28, 1, p. 386 *sq.*

2. Honorius Augustodunensis, *De animae exsilio et patria*, P.L. 172, 1239-1246.

lumineuse sagesse de la Patrie, passe, selon lui, par dix villes qui ne sont autres que les sciences profanes.

Les premières correspondent aux sept arts libéraux. Notons au passage que sous l'égide de Cicéron, la rhétorique se voit confier l'enseignement des vertus cardinales. Elle comprend aussi celui des *Decreta Ecclesiae*. Notons encore que la dialectique, sous la houlette d'Aristote fourbit les armes permettant de résister à l'ennemi voire de pourfendre l'hérétique. La géométrie permet de dresser des cartes du monde, l'astronomie d'en scruter l'habitacle. Après les sept arts libéraux, nous trouvons sur le chemin de la Patrie, la physique, la mécanique et l'économique. Comprenons pourquoi cette dernière conduit au seuil de la cité céleste. C'est qu'elle « dispose les royaumes et les dignités, distingue les offices et les ordres ». Elle calque ainsi l'ordre des mérites humains sur celui des hiérarchies angéliques.

Enfin, la sagesse de la Patrie n'est pas distincte de l'Écriture Sainte expliquée selon l'exégèse traditionnelle. Jérusalem, la Patrie, est justement l'exemple repris ici comme si souvent ailleurs, pour en expliquer les quatre sens, historique, allégorique, tropologique et anagogique. Les chercheurs (*studiosi*) s'y élèvent comme sur la montagne où les apôtres préférés contemplèrent le Christ transfiguré entre Moïse et Elie. Ils ne l'atteignent certes pas dans le face à face réservé aux bienheureux après la mort, mais déjà selon la demeure, la théophanie (*apparitio*) qui leur convient. La transfiguration suggère cette foi contemplative, mais dont l'accès demeure l'étude. Elle est anticipation en cette vie de la contemplation bienheureuse, médiatisée toutefois par l'effort d'une studieuse ascension. Mais la simple transposition des méthodes ne suffit pas, même en cette « ère boécienne », et il devient nécessaire d'expliciter celle propre à la théologie [1].

La formulation aporétique de la question marque qu'elle est encore loin d'être résolue à l'époque (si elle le fut jamais). La construction de la théologie à deux étages, historique et allégorique, ou quatre (les quatre sens de l'Écriture), bâtit toujours sur l'étendue linéaire de l'Écriture, lue page à page (*sacra pagina*) comme histoire sainte dans les allegoriae. Les distinctiones, glanant les figures de-ci de-là dans l'Écriture, quand elles n'en suivent plus l'ordre linéaire, n'y substituent que celui, thématique, mais non conceptuel d'une encyclopédie des symboles. Quant à la naissance de la théologie comme science, telle que la décrit Chenu en seconde partie de son livre, anticipant sur le XIIIe sous l'impulsion du mouvement évangélique, plutôt que construction autonome, elle est renaissance au sens humaniste à travers la (re)découverte de la pensée grecque par les latins, celle des Pères surtout. Elle recueille des sentences selon un plan repris souvent au Damascène. Dans les sommes et les sententiae s'accumulent en une compilation remarquable les matériaux qui permettront avec le recul réflexif, l'enseignement de la « science » théologique au siècle suivant.

Entre temps, avec Gundissalvi, les classifications farabiennes et avicenniennes font leur entrée, mais déjà Hugues de Saint-Victor fait craquer les schèmes traditionnels. Il peut être rangé aux côtés de Bernard et de son école parmi les auteurs du XIIe siècle que l'on qualifie généralement de mystiques. Pourtant, loin de les mépriser, il fera une place aux arts mécaniques, renouvelant ainsi la conception du savoir (*Didascalion* II, c. 20-23). Rappelons le tableau fameux qu'il propose de

1. « Si la foi engendre une science théologique, cette science se construira dans le cadre et selon les lois des disciplines humaines, lors même qu'elle les transcende (la *sapientia* augustinienne reprend ici ses droits) : il y a une méthode spécifique à la théologie. Boèce est le garant de cette proclamation d'Alain de Lille (P.L. 210, 621-622), déjà de Gilbert de la Porrée. (P.L. 64, 1255-57, 1268 c) », M.-D. Chenu, *La Théologie au XIIe siècle*, E. Ph. M. 45, Paris, 1957, p. 153.

l'ensemble des connaissances humaines. Nous le choisissons à titre d'exemple le plus significatif pour cette époque subissant l'influence parfois conjuguée des chartrains et des victorins[1].

I	*Science théorique*	
	Théologie *Mathématique* *Physique*	*Arithmétique, musique, géométrie, astronomie.*
II	*Science pratique*	*Morale individuelle, domestique et politique.*
III	*Mécanique*	*Tissage, armurerie, navigation, agriculture, chasse, médecine, théâtre.*
IV	*Logique*	
	Grammaire *Art du discours*	*Théorie de la démonstration, rhétorique et dialectique.*

Ainsi, le *trivium* et le *quadrivium* se trouvent intégrés à un cadre plus vaste qui intercale entre eux l'ensemble des arts dits mécaniques. De plus le groupement de la théologie avec les mathématiques et la physique ne laisse guère de place à la métaphysique, à moins qu'elle ne soit assimilée à la théologie. Remarquons que le problème se retrouve jusqu'à Dante, transitant sans doute par Brunetto Latini.

Godefroid de Saint-Victor récuse l'étymologie fallacieuse qui faisait découler les arts mécaniques d'une adultération dans la matière de la dignité spirituelle de l'homme[2]. Sans confusion, cette réhabilitation anticipée d'un humanisme technique, ne tend sans doute pas à élever le statut des arts libéraux par rapport à la théologie naissante. Par ailleurs, contre les tendances allégoriques de la lecture de l'Écriture Sainte, risquant de lui appliquer abusivement les techniques de l'exégèse profane, il souligne le caractère fondateur de son sens historique. Il reconduit ainsi à la lettre de la *pagina sacra* une théologie qui ne s'affranchira de son ordre que par les *Questiones* s'organisant et se succédant rationnellement.

A côté de courants que l'on peut qualifier de mystique et de biblico-moral (selon le terme de M. Grabmann), se développe donc une troisième tendance, spéculative sur laquelle M.-D. Chenu attirait l'attention. Mais l'événement du siècle demeure la compilation par Pierre Lombard de l'ouvrage qui servira de référence pendant les trois suivants dans l'enseignement de la théologie.

1. Cf. I. Hadot, *Philosophie et arts libéraux…*, *op. cit.*; G. Dahan, « Une introduction à la philosophie au XIIe siècle. Le *Tractatus quidam de philosophia et partibus eius* », *A.H.D.L.M.A.*, 1982, p. 155-193.

2. Godefroid de Saint-Victor, *Microcosmus*, 55-57. Cf. Ph. Delhaye, Le *Microcosmus* de Godefroid de Saint-Victor, Étude Théologique, Lille, 1951, p. 115.

Principaux regards grecs et arabes sur la théologie et leur (re)découverte médiévale

Aristote : finalité spéculative ou pratique de la science architectonique ?

Si Aristote a jamais écrit une théologie, elle est perdue. Ne faut-il pas plutôt penser que c'est dans sa métaphysique qu'elle doit être recherchée ? En introduisant à la découverte d'un être premier, cause de tous les autres et acte pur, elle ouvre la possibilité d'une théologie naturelle. Mais se pose alors la question de son rapport aux autres sciences. Science du Principe premier, sera-t-elle ultime et architectonique comme il le revendique en *Métaphysique*, A [1] ? La science architectonique ne doit-elle pas plutôt être celle des fins, l'Éthique et en particulier sa partie concernant la fin ultime et commune aux hommes, la Politique ? Cette fois, c'est dans l'*Éthique à Nicomaque*[2] qu'une telle place architectonique est revendiquée pour elle. Dante[3] n'invoque-t-il pas ce passage même de la Nicomachie, lui qui affirme la supériorité de l'Éthique par rapport à la Métaphysique ? L'on sait la solution adoptée par l'école : la Métaphysique est première dans l'ordre spéculatif et l'éthique dans l'ordre pratique. Mais le problème anthropologique reste entier : c'est la finalité contemplative de l'homme qui permet en dernier recours de trancher en faveur de la Métaphysique[4]. Toutefois selon qu'ils verront en la théologie une discipline à dominante théorique ou pratique, les scolastiques s'appuieront sur l'une ou l'autre des tendances de la pensée d'Aristote. Considérée comme théorétique, la théologie sera architectonique en tant qu'elle conduit l'homme à la contemplation suprême. Considérée comme pratique elle ne s'arrête pas à cette connaissance de Dieu mais veut conduire aux *œuvre*s qui aboutissent à l'union affective avec lui.

Denys : Théologies philosophique, symbolique et mystique

Parmi les pères grecs, Denys le pseudo-aréopagite est sans doute celui qui a mené le plus loin la réflexion sur la structure des différents domaines de la théologie. Pourtant, ce que nous en pouvons reconstituer se prend à partir de textes qui ne furent guère connus des médiévaux. Ainsi dans la *Lettre IX*, il oppose une théologie du facilement connaissable, procédant par démonstrations philosophiques, à une théologie symbolique exigeant une initiation pour accéder à l'indicible et au caché (*aporeton kai mustikon*). Pourtant, au chapitre III de la *Théologie mystique*, la discipline ainsi nommée se distingue à son tour de la théologie symbolique. Le tableau y est complété. Il distingue donc :

– Théologie affirmative des *Esquisses théologiques* et des *Noms divins*.

– Théologie symbolique : qui élève l'âme du sensible au divin par la voie des métonymies. Elle est aujourd'hui perdue.

– Théologie mystique : qui n'est pas nommée mais correspond au « maintenant » décrit dans le chapitre III de l'ouvrage qui porte ce nom. Cette dernière discipline emprunte la voie de la négation.

1. Aristote, *Métaphysique*, A, 2, 982 b 4.
2. Aristote, *Éthique à Nicomaque*, I, 1, 1094 a 27.
3. Dante, *Convivio*, II, XIV.
4. Cf. Ch. Trottmann, « Science architectonique et finalité philosophique de l'homme chez Aristote », *Revue de Philosophie ancienne*, 1996, p. 86-114 ; et « Le nœud de l'anthropologie aristotélicienne, ses conséquences théologiques et politiques », *Revue Thomiste*, 1996, 2, p. 326.

Les auteurs scolastiques connaissaient surtout les deux *Hiérarchies* : *céleste et ecclésiastique*, et dans une mesure moindre les *Noms divins*. Même s'ils ne les distinguèrent pas toujours aussi explicitement, ils perçurent bien ces trois voies théologiques : de causalité, de négation, et d'éminence[1]. Sans l'affirmation philosophique qui pose Dieu comme cause, de la bonté par exemple, il serait impossible de nier que sa bonté fût comparable à la nôtre, pour comprendre enfin que comme cause de toute bonté, il est bon de manière suréminente.

L'apport arabe : la possibilité d'une théologie naturelle

D'Al Kindi à Avicenne, en passant par Farabi, les penseurs arabes ont produit leurs propres classifications. Notre propos n'est pas ici d'en donner une analyse détaillée, pas plus d'ailleurs que de celles des latins. Ce qui caractérise ces classifications est qu'elles reprennent le corpus de la science aristotélicienne encadré entre l'étude de la langue arabe et celle de la science politique musulmane qui se prolonge en kalâm (théologie ou apologétique) et droit. L'on trouve ainsi chez Farabi[2], pour nous en tenir à lui, six sciences (il n'en annonçait que cinq, mais réintègre *in extremis* la métaphysique) : 1) Langue, 2) Logique, 3) Mathématiques, 4) Physique, 5) Métaphysique, 6) Science politique (comprenant kalâm et droit). Remarquons que les trois premières permettent de reconstituer le cycle des arts libéraux et que la physique inclut les traités aristotéliciens sur le vivant.

Concernant la connaissance de Dieu, ce qui caractérise l'apport des textes arabes connus par les auteurs latins du début de la période scolastique nous semble être la possibilité d'une « théologie naturelle ». Qu'il s'agisse des commentaires d'Aristote par Avicenne, Averroès ou Ghazzali, du *liber de causis* ou de Farabi, l'on y trouve l'affirmation qu'une connaissance de Dieu est accessible par nature à l'intellect, même si elle est prolongée et dépassée par la connaissance prophétique. Dieu peut toujours être découvert et contemplé en tant que cause première par une âme humaine plus ou moins apte à se détacher des liens du corps.

Le statut de cette connaissance sera cependant varié selon les auteurs. Pour Avicenne l'accumulation des savoirs profanes menée par une âme de philosophe douée de la subtilité suprême conduit celle-ci à devenir miroir du monde et à y refléter le savoir même de son Créateur. Pour Averroès, c'est la conjonction avec les séparés qui permet d'en recevoir les formes éternelles. Pour Ghazzali également, et cette connaissance envisagée dans sa perfection seulement après la mort est pensée comme un jeu infini de miroirs en regard[3].

En schématisant grossièrement nous pourrions dire que chacune des trois principales directions de la recherche de Dieu devait trouver à la chute de l'empire d'occident ses spécialistes dans des contextes culturels différents : ascétique et mystique dans la tradition grecque, morale et exégétique dans la tradition latine, philosophique et rationnelle dans la tradition arabe musulmane. Ce schéma tracé à grandes lignes n'exclut pas que certains occidentaux ou certains musulmans comme saint Bernard ou Al Farabi développèrent aussi des mystiques spécifiques, que des grecs ou des latins comme Anselme ou Abélard poussèrent très loin les exigences de la raison, que grecs et arabes ne négligèrent nullement la dimension

1. Cf. en particulier, Thomas d'Aquin, *Somme de Théologie, Ia*, q. 13, a. 8.

2. Al Farabi, *De ortu scientiarum*, *Opusculum de scientiis*, A.G. Palencia, G. Camerarius, eds., Alfarabi, catalogo de las scientias, Madrid, Paris, 1932-1938, p. 87 *sq*.

3. Algazel's Metaphysics, II, 5, 5, J.T. Muckle (éd.), Toronto, 1933, p. 189, l, 13-25.

morale et affective de l'union à Dieu. Mais la distribution des rôles semblait ainsi répartie à la veille du XIIIe siècle.

Pourtant, l'institution des *Sentences* de Pierre Lombard comme ouvrage de référence introduisit une donnée nouvelle. La théologie dut alors se constituer, sinon comme science, du moins comme discipline scolaire spécifique. Elle se distingua de la *pagina sacra* restée centrée sur l'Écriture. Elle proposa une réorganisation du donné de foi selon un ordre rationnel, celui des quatre parties distinguées par le Lombard. Cette structure héritée de Jean Damascène marqua profondément les esprits, puisque la plupart des *Sommes* de théologie l'adoptèrent à partir de la fin du XIIe siècle. Thomas d'Aquin la conserva la reconnaissant satisfaisante, au moins au plan pédagogique, dans sa *Somme* destinée aux débutants. Sans être explicitement distinguée de la *sacra pagina*, ou de la *Scriptura Sacra*, la *Doctrina Sacra* se construit selon un ordre rationnel. Plus exactement cet ordre en quatre parties dont nous verrons les interprétations si riches proposées par les premiers commentateurs des Sentences, est un héritage culturel assumant la sédimentation patristique. La *Doctrina Sacra* y est présentée comme une sagesse spécifique. Pourtant, dès les premiers *Commentaires des Sentences*, les prologues qui s'interrogent sur ses conditions de possibilité examinent la matière et la forme de la *Theologia* et se demandent si elle est une «*scientia*». Mais ils la pensent jusqu'à Thomas d'Aquin comme une science avant tout pratique, sagesse morale conduisant d'abord aux œuvres méritoires, et par elles à la seule contemplation parfaite : la vision des bienheureux dans l'autre monde.

NOÉTIQUE DE LA THÉOLOGIE DANS LES PREMIÈRES SOMMES L'EXEMPLE DE LA *SUMMA AUREA*

Nous avons dit que c'était avec les premiers prologues des commentaires des Sentences que la question du statut de la théologie se posait explicitement et systématiquement. Pourtant, dans cette phase d'introduction il conviendrait encore d'examiner les sommes qui les précèdent immédiatement. En quels termes la difficulté qui nous intéresse se trouve-t-elle envisagée dans ces écrits ?

Il faudrait, pour mener une enquête exhaustive sur cette période, examiner bon nombre de *Sommes* encore inédites. Parmi les auteurs dont les œuvres sont éditées, trois ont exercé une influence prépondérante sur les premières générations de théologiens commentant les *Sentences*. Il s'agit de Guillaume d'Auxerre, Philippe le Chancelier et Robert Grosseteste. Nous aurons l'occasion de revenir sur la pensée de ce dernier en montrant son influence sur les dominicains d'Oxford. Elle se trouve d'ailleurs dans son *Hexaemeron* dont l'organisation est bien différente de celle des sommes. La *Summa de Bono* de Philippe le Chancelier, partant de la question du bien et des transcendantaux ne pose pas directement pour lui-même le problème qui nous intéresse.

Nous nous contenterons donc ici, dans cette introduction, d'examiner celle qui, parmi ces sommes, a le plus influencé les premiers commentateurs du Lombard : la *Summa Aurea*[1], de Guillaume d'Auxerre, dans son prologue et quelques chapitres

1. Guillaume d'Auxerre, *Summa Aurea*, J. Ribailler (éd.), Spicilegium bonaventurianum, 16-20, Quaracchi, Paris/Rome, 1980-1987. Cette œuvre domine le début du siècle : « Pour les trois premières décennies du XIIIe siècle, on peut considérer sans exagération la *Summa Aurea* de Guillaume comme l'ouvrage d'ensemble le plus vaste, le plus génial et qui a exercé la plus grande

touchant à notre problème. C'est un texte de transition dont la structure est déjà très proche de celle des commentaires des *Sentences*. Il va nous donner une première occasion de faire fonctionner notre problématique en montrant comment la conception de la connaissance de l'âme humaine à l'œuvre dans la théologie conditionne la possibilité pour cette discipline de se donner un statut épistémologique.

D'emblée, la question posée est celle des rapports entre foi et raison, et non plus seulement entre l'Écriture et les sciences exégétiques profanes dans leur quête des différents niveaux de sens. Ce n'est pourtant pas encore celle du statut épistémologique et noétique d'un savoir théologique constitué comme tel. Aussi le problème est-il abordé dans sa dimension logique et anthropologique. Comment articuler en l'homme ces deux actes : croire et savoir ?

Foi et raison

Le point de départ du *Prologue* de la *Summa Aurea* est la définition paulinienne de la foi en *He.* 11, 1 : « la foi est la substance des choses à espérer, l'argument qui prouve ce que l'on ne voit pas »[1]. La Glose du Lombard évite immédiatement les ambiguïtés de la traduction actuelle de la Bible de Jérusalem. Celle-ci en effet dit « la preuve des réalités qu'on ne voit pas ». Pierre Lombard précise à la suite de l'Apôtre : « la foi est l'argument, non la conclusion, qui prouve, mais n'est pas prouvé ». Vouloir prouver logiquement, c'est à dire faire passer à l'état de conclusion ce qui n'est qu'un argument serait donc vain au plan logique, et même pernicieux : l'on y perdrait le mérite de croire[2].

La foi et la raison ne sont donc ni substituables, ni complètement opposables pour Guillaume d'Auxerre. La théologie ne saurait, selon lui, remplacer la force de l'argument de foi par la certitude de la démonstration logique. Pourtant, cet argument n'est pas totalement irrationnel et les raisons théologiques, appliquées à la foi ont un triple effet[3].

influence. », J. Gründel, *Die Lehre von Umständen der menschlichen Handlung in Mittelalter*, Münster, 1963, p. 328. Cf. également, A. Landgraf, « Beobachtungen zur Einflussphäre Wilhelms von Auxerre », dans *Zeitschrift für Katolische Theologie*, 52 (1928), p. 53-64 ; R.-M. Martineau, « Le plan de la *Summa Aurea* de Guillaume d'Auxerre, dans Théologie, 1 (Ottawa 1937), p. 79-114 ; J. Beumer, « Die Theologie als intellectus fidei, Dargestellt an Hand der Lehre des Wilhelm von Auxerre und Petrus von Tarantasia », dans *Scolastik*, 17 (1942), p. 31-49 ; J. A. Saint Pierre, « The theological thought of William of Auxerre. An introductory bibliography », dans *R.T.A.M.*, 33 (1966), p. 147-157 ; et la synthèse de J. Ribailler, « Guillaume d'Auxerre », dans D.S. 6 (1967), 1192-1199 ; A. Vanneste, « Nature et grâce dans la théologie de Guillaume d'Auxerre et de Guillaume d'Auvergne », dans E. T. L., 53 (1977), p. 83-106 ; P. Tummers, « Geometry and Theology, in the XIIIth century. An example of their interrelation found in the Ms. Admont 442. The influence of William of Auxerre ? », dans *Vivarium*, 18 (1980), p. 112-142.

1. « "Fides est substantia rerum sperandarum, argumentum non apparentium". Sicut enim vera dilectione diligitur Deus propter seipsum super omnia, ita fide acquiescitur prime veritati super omnia propter se ; ideo nihil certius fide (...) Et ideo dicit Apostolus, Hebr. XI, quod "fides est argumentum non conclusio, probans non probatum". », Guillaume d'Auxerre, *Summa Aurea*, I, *Prologue*, J. Ribailler (éd.), *op. cit.*, p. 15.

2. « Magistri ergo immo sancti perverse videntur agere, cum rationibus humanis nituntur probare fidem vel articulos fidei (...) Videntur etiam evacuare meritum fidei, quia dicit beatus Gregorius : "fides non habet meritum cui humana ratio prebet experimentum". », *id.*, *ibid.*

3. « Solutio. Triplici ratione ostenditur fides. Prima est quia rationes naturales in fidelibus augmentant fidem et confirmant. Sicut enim propter bona temporalia non est diligendus Deus finaliter, tamen ipsa beneficia augmentant caritatem et confirmant illam in habente caritatem. Sunt enim cause motive et provocative dilectionis Dei ; eodem modo rationes naturales in habentibus

1) Elles augmentent et confirment la foi des fidèles. Guillaume d'Auxerre propose une comparaison : l'obtention des biens temporels, sans en être la fin, augmente et confirme l'amour de charité envers Dieu ; de même les raisons théologiques augmentent et confirment la foi des fidèles. Notons qu'elles ne suppléent pas un manque de foi en s'y substituant ; elles augmentent une foi déjà existante, non tant en extension qu'en intensité. Elles la confirment dans sa certitude déjà donnée par grâce.

2) Elles défendent aussi la foi contre les hérétiques. Ici encore elles ne prouvent pas à leur adversaire, la foi, comme une conclusion. Elles en explicitent négativement le contenu.

3) Elles font accéder les simples à « notre foi ». Qui sont ces simples ? Comment les raisons théologiques peuvent-elles les convaincre de croire ? Ne serait-il pas contradictoire après avoir affirmé que les lumières de la raison ne peuvent se substituer à celle de la foi, d'affirmer que les raisonnements théologiques peuvent y conduire des non-croyants pourvu qu'ils soient simples ?

L'auteur est ainsi amené à préciser les rapports entre ces deux lumières. Ce ne sont pas les lumières rationnelles qui éclairent la foi, mais plutôt l'inverse. Plus le croyant recevra une lumière intense de son adhésion de foi, plus les raisonnements théologiques qui la confortent lui paraîtront limpides[1]. Ainsi tandis que le mouvement de l'apologétique va de la raison naturelle vers l'adhésion de foi, celui qui est propre à la théologie conduit au contraire à partir de l'adhésion de foi et en restant dans sa lumière, à une plus grande connaissance.

Guillaume d'Auxerre reprend à Simon de Tournay une formule qui résume ce mouvement de façon saisissante[2]. Quand le philosophe met en œuvre les argumentations de la raison naturelle, il parvient à se faire une opinion sur des choses qui étaient d'abord incertaines. La raison ne parvient ainsi à produire qu'une confiance toute humaine. Sur l'argument du Christ au contraire, qui est l'adhésion de foi, se fonde l'accès à une connaissance. C'est alors la foi qui produit de la raison. Et c'est dans cette connaissance de la foi qu'un progrès rationnel, théologique, est possible.

Ainsi pouvons-nous répondre aux deux questions précédentes. Après les peu-croyants que sont les fidèles, ou les mal-croyants que sont les hérétiques, les simples seraient les croyants-peu. Leur foi ne manque pas comme celle des premiers d'intensité, mais plutôt d'extension. A chacun de ces trois cas correspondrait une des justifications précédentes du recours à la raison théologique. Cette interprétation est confirmée par le traité de la foi, lorsqu'il en vient à distinguer foi implicite et explicite[3].

fidem augmentant et confirmant illam. – Secunda ratio est defensio fidei contra hereticos. – Tertia est promotio simplicium ad nostram fidem. Sicut enim propter bona temporalia promoventur simplices ad veram Dei dilectionem, ita per naturales rationes prormoventur quandoque simplices ad veram fidem. Propter has tres rationes precipit beatus Petrus maxime prelatis ut "parati sint omni poscenti reddere rationem de ea que in eis est fide et spe, Ia Petri III. », *id.*, *ibid.*, p. 15-16.

1. « Cum autem habet quis veram fidem et rationes quibus ostendi possit fides, ipse non innititur prime veritati propter illas rationes, sed potius acquiescit illis rationibus quia consentiunt prime veritati et ei attestantur. Quod significatum est per Samaritanos, Iohan. IV. », *id.*, *ibid.*, p. 16.

2. « Et propter hoc bene dictum est a quodam quoniam "apud Aristotelem argumentum est ratio rei dubie faciens fidem ; apud Christum autem argumentum est fidem faciens rationem". », *id.*, *ibid.*

3. « Circa quintum capitulum qeritur de fide implicita et explicita. Et dicitur in Job : "Boves arabant et asine pascebantur juxta eos". Boves sunt predicatores sive prelati, qui debent arare terram liberi arbitrii, ut fructum faciat. Asine dicuntur simplices qui debent inniti dictis maiorum (...) quia sufficit simplicibus si credunt aliquos articulos fidei explicite et alios implicite. Sed prelati tenentur credere omnes explicite, quia tenentur "reddere rationem de ea que est in eis fide et spe", sicut dicit beatus Petrus. », *id.*, *ibid.*, III, 12, 5, t. 18 A, p. 212-214.

« *Boves arabant et asine pascebantur iuxta eos* » (*Job.* 1, 14). Au contraire des clercs qui doivent labourer (par la prédication) la terre lourde du libre arbitre, afin de lui faire donner son fruit, les simples peuvent se contenter de croire de manière explicite à certains articles seulement. Une foi implicite est pour eux suffisante à l'égard de tous les autres. Le contenu de leur foi n'est guère explicité, mais leur adhésion et la lumière qu'ils reçoivent de Dieu n'en est pas moins intense.

A leur égard, l'argumentation de la théologie jouera ainsi un rôle assez proche de celui de la prédication dans l'ordre pratique. Comme le prêche doit amener à un plus grand amour de Dieu, les arguments théologiques conduiront les simples à adhérer au contenu de foi explicité par l'Église : « *nostram fidem* ». Entre orthodoxes et hérétiques, la simplicité de leur foi pourrait les laisser hésitants. Ils sont aidés à faire le bon choix grâce aux arguments de la raison naturelle avancés dans la lumière de foi par la théologie.

Mais ce choix ne vient pas de la raison mise en œuvre par le prédicateur, c'est plutôt leur adhésion première et simple qui rend son argumentation intelligible pour son auditoire. De même, les Samaritains amenés au Christ par la pêcheresse crurent, non à cause d'elle, mais à cause de la lumière qu'ils reçurent directement, à leur tour du Messie. Cette ingratitude est une nécessité même de l'enseignement de la foi (plus encore peut-être que pour tout autre enseignement). Mieux, les simples peuvent aussi passer d'une foi indistincte, comme celle du centurion Cornélius (sans elle, ses prières et ses aumônes n'auraient pu être acceptées), à une foi rendue distincte par la prédication de Pierre. Nous devons garder présent à l'esprit cet élitisme clérical lorsque nous voulons comprendre le statut noétique de la théologie au Moyen Age.

Il donne lieu à une autre distinction qu'il est bon de mentionner ici car nous verrons bientôt Eudes Rigaud lui donner un tout autre sens. Parmi les principes d'une science, certains sont appelés *dignitates*, d'autres *suppositiones*[1]. Ainsi les mêmes articles de foi connus par soi le seront selon un mode évident de *dignitates* par les esprits les mieux exercés aux choses de Dieu, tandis que les autres ne les percevront que comme des *suppositiones* requérant des explications supplémentaires pour être crues explicitement par leurs esprits enténébrés. Après avoir ainsi expliqué ce dernier point concernant les croyants-peu, nous pouvons revenir avec la suite du prologue sur les deux premiers cas des peu et des mal-croyants.

C'est la faiblesse spirituelle des fidèles, due aux conséquences du péché originel, qui oblige l'enseignement de la foi à suivre un ordre d'exposition progressif. Celui-ci, exposé à partir d'une citation d'Augustin présente quelques relents de fond de caverne platonicienne[2]. Aux peu-croyants, incapables de soutenir directement la lumière solaire, l'on devra ainsi commencer par présenter des objets qui reçoivent d'autres leur lumière, comme des vêtements ou des murs. Puis l'on pourra leur faire contempler des corps reflètant la lumière, comme l'or ou l'argent. Puis ils pourront regarder le feu terrestre avant de s'élever à la contemplation des luminaires célestes : les étoiles, la Lune. Alors, ils pourront enfin affronter la lumière solaire. Le théologien se doit ainsi de suivre un ordre plein des détours de l'*exercitatio mentis* déjà rencontrée chez Augustin. Mais si en procédant par ordre,

1. « Sed sciendum est quod quedam principia sunt dignitates, quedam suppositiones. Dignitates per se videntur sine aliqua confabulatione, suppositiones non sine aliqua levi expositione. Similiter articuli fidei quibusdam fidelibus sunt per se noti per modum dignitatis, videlicet eis qui habent exercitatos intellectus in eis que Dei sunt, quibusdam fidelibus sunt per se noti per modum suppositionis ; et illis aliqua explicatio facienda est ad hoc, ut credant in actu, quia adhuc tenebrae super faciem abyssi sunt. », *id.*, *ibid.*, IV, 5, 4, q. 3, t. 19, p. 115-116.

2. *id.*, *ibid.*, I, *Prologue*, *ibid*, t. 16, p. 17.

il peut ainsi éclairer progressivement les peu-croyants, c'est un désordre qu'il doit combattre chez ces mal-croyants que sont les hérétiques.

Car leur erreur a été de vouloir appliquer aux choses divines l'ordre qui régit les réalités naturelles[1]. Ceux qui appliquent bêtement les arguments de la raison naturelle aux réalités divines en viennent alors à confondre les deux niveaux. C'est bien sûr Denys le pseudo-aréopagite qui est invoqué pour les rappeler à l'ordre de la transcendance. Mais une telle transcendance laisse-t-elle à l'homme accès à quelque connaissance de Dieu ?

Anthropologie de la foi et savoir théologique

Si nous en venons au fondement anthropologique de la foi comme vertu reçue par l'homme, nous découvrons chez Guillaume d'Auxerre ce qui pourra maintenir la théologie en marge des autres sciences. Sans principes propres, la théologie ne pourrait se développer comme art ou comme science, Guillaume d'Auxerre le dit explicitement et M.-D. Chenu y insistait en son temps[2].

Ainsi Guillaume ne distingue pas ici la foi implicite comme adhésion à la vérité première, divine, de son explicitation dans les divers articles de foi. Certes, il suppose la distinction – puisque la raison de croire aux articles est Dieu lui-même – mais sans s'y arrêter, car il veut simplement faire des articles de foi des principes évidents de la théologie, comparables à ceux des autres sciences. La comparaison entre sciences profanes aux principes intuitifs présents naturellement à la raison humaine et théologie recevant par grâce ses principes : les articles de foi, laisse voir en Guillaume d'Auxerre un précurseur de la théorie thomiste de la subalternation. Mais ces principes ne peuvent valoir que pour ceux qui ont la foi, seuls aptes à progresser en théologie[3].

Seuls les fidèles disposent de la lumière de foi susceptible d'éclairer les raisonnements de la théologie. Pour Guillaume, il n'est pas encore de théologie naturelle possible. Pourtant c'est la même analogie que celle reprise par Thomas, d'où les exclamations de M.-D. Chenu. Toutefois il situe sa limite dans le fait qu'elle souligne le caractère intuitif de la foi[4]. Nous ne voyons quant à nous jusqu'ici aucune discontinuité entre le propos du *Prologue* sur la foi, tel que nous l'avons expliqué, et celui développé dans le premier chapitre du traité, or le dominicain ajoute :

> Aussi bien la pointe de la comparaison porte chez lui, non sur le rôle des principes premiers dans la construction d'un savoir, mais sur le caractère de connaissance immédiate et immédiatement évidente qu'ont ces principes. Ce n'est pas de quoi définir la théologie comme science (et Guillaume ne le fait pas) ; c'est de quoi camper la foi en sa haute valeur théologale et en sa capacité

1. *Id.*, *ibid*, p. 20.

2. « Fides enim, quia soli veritati innititur, in ipsis articulis invenit causam quare credat eis, scilicet Deum, sicut in alia facultate intellectus in hoc principio : "omne totum est maius sua parte", causam invenit per quam cognoscit illud, quoniam si in theologia non essent principia, non esset ars vel scientia. », *id*, *ibid.*, III, 12, 1, t. 18 A, p. 199.

3. « Habet ergo principia, scilicet articulos, qui tamen solis fidelibus sunt principia ; quibus fidelibus sunt principia per se nota, non extrinsecus aliqua probatione indigentia », *id.*, *ibid.*

4. « On observera cependant que cette magnifique analogie est tirée du traité de la foi (Livre III de la *Somme*), à l'intérieur duquel elle a une grande portée ; elle était restée et reste hors de la perspective dans laquelle Guillaume avait, dans son *Prologue*, étudié les fonctions rationnelles de la foi. » M.-D. Chenu, *La théologie comme science au XIII*e *siècle*, 3e éd., B.T. 33, Paris, 1957, p. 60.

d'engendrer un savoir. "*Si in theologia non essent principia, non esset ars vel scientia*". Très riche perception déjà. A d'autres de la mettre en œuvre.[1]

Là dessus, M.-D. Chenu a tout à fait raison, à ceci près que saint Thomas était pleinement d'accord avec Guillaume d'Auxerre pour faire dépendre la théologie de la foi reçue par grâce. S'il s'intéresse à ses déductions propres, il ne renie pour autant nullement le caractère intuitif de la lumière de foi qui donne ses principes à la théologie. La multiplicité des articles et des actes de foi n'exclut nullement l'unité de la lumière théologale obtenue par la foi d'où la théologie reçoit ses principes. Que cette lumière soit subalternée à la science des saints n'implique pas que ceux-ci la transmettent de manière discursive. Tant s'en faut, c'est à partir d'une lumière reçue de la Vérité première, c'est à dire de Dieu même, pour Thomas comme pour Guillaume, que le théologien pourra élaborer ses raisonnements théologiques. Mieux, pour l'un comme pour l'autre, la foi est un *habitus* intellectuel et non affectif[2].

C'est plutôt à propos du fonctionnement intellectuel de cette vertu que nous pouvons trouver le désaccord entre Guillaume et Thomas. Ce qui distingue la foi des autres vertus intellectives, c'est, selon Guillaume qu'elle se meut vers le souverain bien selon le mode de l'estimative et non selon celui de la raison. Comme l'agneau fuit le loup sans jamais l'avoir vu, par instinct dirions-nous, le croyant recherche le souverain bien sans encore en avoir une science spéculative. Nous retrouvons ici un élément de l'anthropologie avicennienne. Mais elle situait l'estimative parmi les puissances des sens internes, en deçà de l'intellect. La foi lui vaudrait-elle d'être ainsi rehaussée au plan intellectuel ? A moins que ce ne soit la vertu théologale qui fasse fonctionner l'intellect de manière infra-rationnelle, sensible ?

Plusieurs conséquences de cette conception de la foi méritent en tout cas d'être relevées. En considérant que la foi recherche le souverain bien en tant que délectable, elle donne à la théologie une finalité pratique sur laquelle insistera la tradition franciscaine. Certes, elle ne meut que vers le souverain bien, fin ultime, ce qui la distingue d'une science pratique des moyens comme la politique, précise bien Guillaume d'Auxerre[3]. Mais s'il lui fait assumer les vertus politiques, Guillaume ravale la foi à un fonctionnement dont le modèle se prend en deça de l'intellect : celui de l'estimative.

Retenant les deux dimensions de la foi héritées d'Augustin, il ne veut pourtant pas la réduire à un assentiment de la volonté : elle comprend une cogitation préalable[4]. Seulement, le mode de cette cogitation n'est pas purement spéculatif. Dans sa dimension estimative, il est intuitif, ou plus exactement instinctif.

1. *Id, ibid.*

2. « Solutio : Dicimus quod re vera fides est in speculativo intellectu ; non tamen pure consistit in speculatione, nec eius finis tantum est veritas, immo etiam bonum. Consistit enim in speculatione prime veritatis et in estimatione boni, quia dum intellectus per fidem speculatur primam veritatem, estimat eam sibi summe delectabile<m> et sibi summum bonum ; et ideo movetur in illam, ut in ea delectetur et quiescat. Sicut ovis per estimationem fugit lupum, ita fides per estimationem movetur in primam veritatem. », Guillaume d'Auxerre, *Summa Aurea*, III, 12, 2, *op. cit.*, t. 18 A, Paris, p. 200-201.

3. « In hac scientia ipsa speculatio virtus est, quoniam per modum estimationis movet ad bonum, ad bonum dico eternum, non primo loco ad bonum in operatione sicut politice virtutes ; tamen ipsa fides movet ad bonum in operatione per medias virtutes politicas quas omnes ipsa movet. », *id.*, *ibid.*, p. 201.

4. « "Credere est cogitare cum assensione" qui ergo dicit : credere est assentire, describit credere per suum consequens ; et quia diversificatur cogitare secundum diversa cogitata, diversificatur et credere secundum diversa credita », *id.*, *ibid.*, III, 12, 3, ad. 2m, p. 205.

Et pourtant, il dépasse les autres modes de connaissance de Dieu. Guillaume d'Auxerre, loin de les nier, en reconnait l'existence. Simplement la lumière intuitive de la foi éclipse les autres, se les subordonne. Cela nous permet de mieux comprendre le rôle des raisons théologiques. Entendons que Guillaume distingue cinq types de connaissance de Dieu [1].

Deux sont naturels : celui d'Adam prélapsaire qui connaissait Dieu ouvertement (*aperte*) dans ses créatures ; celui, plus obscur (*per speculum et in enigmate, I Cor.* 13, 12), qui est le lot commun après le péché originel.

Les trois autres types de connaissance de Dieu sont accidentels. Le premier, acquis par les raisons naturelles est celui qui fut atteint par les philosophes. Le second, fondé sur l'Écriture ou les miracles est la foi informe. Le troisième est l'illumination gratuite donnée par Dieu dans la foi, à l'âme qui se connaît ainsi que les autres êtres spirituels dans cette lumière nouvelle.

Il est remarquable que pour caractériser l'opposition entre la connaissance naturelle de Dieu par Adam prélapsaire et la nôtre, l'auteur ait recours à celle entre *dignitates* et *suppositiones*. Nous avons vu qu'il la faisait fonctionner pour valoriser la connaissance plus parfaite des clercs, plus agiles à la théologie et capables de conforter les esprits obscurcis de laïcs moins éclairés. Faut-il en conclure que c'est la pureté ascétique de leurs mœurs qui en les rapprochant davantage de la condition prélapsaire d'Adam donnerait aux clercs accès à cette perfection contemplative des *dignitates* ? Certes, il ne s'agit ici que de connaissance naturelle, tandis que dans le texte précédent, c'étaient les articles de la foi connus par soi dans sa lumière qui pouvaient être ainsi perçus selon ces deux modes de *digintates* et de *suppositiones*.

Le philosophe ne peut encore manquer de relever au passage le paradoxe qui caractérise ici le type d'approche de Dieu qui lui est propre. Dans la division entre connaissance naturelle et accidentelle, elle tombe du côté de l'accident. Pourtant elle procède selon la voie des raisons naturelles. Ce serait donc accidentellement qu'en remontant ainsi par la lumière de leur raison, les philosophes seraient arrivés jusqu'à Dieu ?

Le théologien ne pourra non plus manquer de relever que selon Guillaume d'Auxerre, la foi informe ne requiert pas la grâce. Il suppose qu'elle peut survenir au seul contact de l'Écriture ou des miracles, selon des raisons apologétiques, et ne résulte donc pas seulement de la perte de la charité. Seule l'illumination gratuite correspond chez lui à une foi formée susceptible de fonder un progrès théologique.

Comme les samaritains, implicitement évoqués ici encore, celui qui bénéficie

1. « Solutio. Notandum quod est cognitio Dei naturalis, et est cognitio accidentalis. Naturalis duplex, quia Adam non obscure sed aperte cognoscebat Deum in creaturis, quoniam nondum "erant tenebre" peccati "super faciem abyssi", id est cordis humani. Alia est cognitio Dei post peccatum, que est "per speculum et in enigmate". Et est talis differentia inter cognitionem naturalem ante peccatum et cognitionem naturalem post peccatum, qualis est inter dignitatem et suppositionem (...) Accidentalis autem cognitio Dei est triplex, quoniam est quedam que acquiritur per naturales rationes, qualem habuerunt philosophi. Est alia que innititur testimoniis Scripturarum vel miraculorum, et hec est fides informis. Tertia est gratuita, que fit per illuminationem quando lux vera illuminat animam ad videndum se et alia spiritualia ; et talis cognitio est fides gratuita, que dicit in corde hominis, iam non propter rationem naturalem credo, sed propter illud quod video, quoniam tali cognitione adveniente, assentit anima prime veritati propter se et super omnia. Tali cognitione adveniente, pereunt omnes alie cognitiones accidentales, et quantum ad actum, et ad habitum (...) Tamen non obliviscitur (homo), adveniente fide, rationes quas prius habebat, sed ille rationes non in eo generant fidem, sed fidem gratuitam confirmant et augmentant, sicut beneficia temporalia non faciunt caritatem in homine, sed confirmant eam et augmentant quantum ad suum motum. », *id.*, *ibid.*, III, 12, 5, p. 208-209.

de cette lumière peut dire qu'il ne connaît plus Dieu à partir de raisons naturelles, mais par une expérience qui éclipse la connaissance précédente, tant comme acte que comme *habitus*. Cependant, celle-ci n'est pas oubliée. Simplement elle ne peut plus que venir confirmer, augmenter, non engendrer une foi qui atteint Dieu de manière plus ultime.

Mais c'est justement en assumant ces autres formes de savoir sur Dieu que la foi peut progresser sans cesse dans sa connaissance de Dieu. Ce progrès n'est pas dû à la seule ascèse de l'étude, il vient d'une croissance de l'illumination donnée par Dieu[1].

De la foi à l'intelligence de la foi

Mais cette progression n'exigerait-elle pas de Dieu un don spécifique, différent de la foi, et qu'on appelle l'intelligence ? A la différence de Thomas ou de Bonaventure, Guillaume ne le dit pas. Sans situer explicitement la théologie par rapport à eux, il propose deux analogies permettant de distinguer les types de connaissance atteints par la foi, le don d'intelligence et le don de sagesse[2].

La première reprend un des exemples aristotéliciens de subalternation. La foi serait à l'intelligence, ce que la navigation est à l'astronomie. La connaissance pratique de la position de certains astres utiles à la navigation, n'atteint pas le *propter quid* de leur mouvement. De même la connaissance pratique, presque instinctive de la bonté divine par la foi ne peut comme l'intelligence en donner une explication. Certes, il ne s'agit pas de la subalternation d'une science à une autre par les principes qu'elle en reçoit, comme c'est le cas pour l'optique par rapport à la géométrie, ni d'ailleurs d'une hiérarchisation par la finalité comme dans le cas des arts de la scellerie et de l'équitation par rapport à ceux de la guerre, évoqué au début de l'*Éthique à Nicomaque*. Pourtant, la foi qui reste la seule lumière de la théologie, poursuivant instinctivement son bien divin, semble comme subalternée au don d'intelligence qui pourrait lui en révéler le *propter quid*. Cela ne va d'ailleurs pas sans poser quelques problèmes. Jusqu'où en effet cette science du « *propter quid* » peut-elle aller ? Dans le cas de l'exemple proposé, ne faut-il pas attendre le jugement dernier pour connaître les raisons que peut avoir la divine sagesse de prédestiner les uns et de laisser les autres se damner ?

Par ailleurs, la foi est une connaissance par ouï-dire, si on la compare avec la connaissance savoureuse atteinte par la sagesse[3]. Le réalisme médiéval force ici l'analogie des sens. On peut avoir entendu dire qu'un vin est bon, mais c'est autre chose que d'en avoir goûté le bouquet. Ainsi la sagesse expérimente-t-elle ce à quoi la foi se contente d'adhérer à partir de la prédication entendue.

Guillaume d'Auxerre met donc bien en place l'analogie qui permettra à

1. « …sicut per argumentum pervenitur in notitiam conclusionis, ita per fidem magis et magis illuminantem intellectum venitur paulatim in perfectam notitiam eternorum bonorum non apparentium ; quod soli fidei convenit, quoniam sola fides est que prima et per se illuminat intellectum. », *id.*, *ibid.*, III, 12, 1, p. 198-199.

2. « Sicut enim differt navalis scientia ab astrologia, ita differt fides ab intellectu ; illi enim qui habent navalem scientiam de quaddam stella sciunt quod est immobilis, de quibusdam aliis sciunt quod nunquam occidunt, sed propter quid ita sit, nesciunt, astrologi autem sciunt propter quid ita est ; fides autem scit quod Deus remunerat bonos, intellectus autem scit propter quid. », *id.*, *ibid.*, III, 34, 1, t. 18 A, p. 650.

3. « Fides autem differt a sapientia eo modo, quo scientia alicuius rei per auditum differt a scientia eiusdem rei per gustum ; verbi gratia, aliquis scit quod hoc vinum est bonum, et hoc scit per auditum, alius scit quod hoc vinum est bonum et hoc scit per gustum… », *id.*, *ibid.*

Thomas de penser la théologie comme science. La foi donne pour lui les principes à partir desquels elle peut se développer en un savoir organisé. Pourtant, son anthropologie même d'une foi fonctionnant sur le modèle de l'estimative, exclut qu'un tel savoir puisse atteindre la rigueur rationnelle des autres. Après un rappel schématique de l'héritage antérieur, nous avons donc vu fonctionner sur l'exemple de Guillaume d'Auxerre, la petite clé noétique avec laquelle nous entendons ouvrir dans les chapitres suivants la boîte noire anthropologique qui fonde chez les auteurs que nous considérerons le statut de la discipline nouvelle qu'ils enseignent.

CHAPITRE II

NAISSANCE DE LA TRADITION FRANCISCAINE, LA THÉOLOGIE ENTRE SCIENCE ET SAGESSE

La tradition franciscaine se constitue, on le sait dès avant Bonaventure, notamment autour des auteurs de la première école : celle qui rédigea la *Somme* Halésienne. Un premier dossier avait été constitué à ce sujet par B. Pergamo[1]. Or parmi les précurseurs, de Bonaventure, l'un des plus importants s'avère être Eudes Rigaud, régent du *studium* des frères mineurs à partir de 1245. L. Sileo a apporté récemment un dossier beaucoup plus complet[2] en éditant le *Prologue* et la première distinction de son *Commentaire des Sentences*, ainsi que ses questions de *Scientia theologiae*, et quelques autres restées généralement anonymes, mais d'esprit voisin, parmi lesquelles celle du Manuscrit Vatican Latin 782 abondamment citée par B. Pergamo. L. Sileo nous fournit ainsi un instrument de travail exemplaire, accompagné d'une étude personnelle très précieuse sur le thème de la science théologique.

Quant à la chronologie, la *Disputatio* d'Eudes Rigaud sur la Théologie intervient indéniablement après Guillaume d'Auxerre et Philippe le Chancelier, après Alexandre de Hales et les premiers maîtres dominicains Roland de Crémone et Hugues de Saint-Cher, peu après les questions anonymes de la *Somme de Douai* 434. Son *Commentaire des Sentences* semble cependant antérieur à la *Somme Halesienne*, et sa dispute l'est peut-être aussi. Nous n'entrerons pas dans le détail des discussions sur ce point. B. Pergamo plaçait la *Disputatio* rigaldienne après la *Somme Halesienne* et renvoyait à 1260-1270 la question *de doctrina theologiae* du manuscrit *Vat. lat.* 782, f. 184 D-186. D. V. Doucet au contraire voyait en cette dernière question une source de la *Somme* qui aurait avec elle influencé la *Disputatio* rigaldienne, et I. Biffi le suit sur ce point. Mais L. Sileo les renvoie dos à dos, montrant l'influence de la *Disputatio* d'Eudes Rigaud, située vers 1245, sur

1. B. Pergamo, « De quaestionibus ineditis fr. Odonis Rigaldi, fr. Guglielmis de Melitona et Codicis Vat. Lat. 782 circa naturam theologiae deque earum relatione ad Summam Theologicam fr. Alexandri Halensis », dans A.F.H., 29 (1936), p. 3-54, 308-364. Toutefois les filiations historiques que l'auteur tentait d'établir sont pour la plupart aujourd'hui dépassées, mise à part la dépendance évidente de Guillaume de Méliton par rapport à Eudes Rigaud dont il est d'ailleurs le successeur comme maître régent en 1248.

2. L. Sileo, *Teoria della scienza teologica, Studia Antoniana cura Pontificii Athenaei Antoniani edita*, 27, t. I et II, Rome, 1984. On y trouve une bibliographie très complète, t. I, p. 335-351.

la *Somme Halesienne* comme aussi sur la question *De doctrina Theologiae* qu'il considère postérieure à 1245[1]. Ne voulant nullement entrer dans ce débat codicologique, nous retenons que la thèse de L. Sileo représente sans doute l'ultime réflexion de l'équipe issue de Quaracchi au sein de laquelle elle fut élaborée à Grotaferrata.

Ce qu'il convient de garder clair à l'esprit est la différence de genre des textes que nous allons considérer. Le *Commentaire des Sentences* d'Eudes Rigaud est un exercice d'école mais encore assez primitif. Sa dispute au contraire donne libre cours à sa réflexion personnelle. Quant à la *Somme Halésienne*, c'est un ouvrage de compilation exprimant la pensée officielle du *studium* franciscain naissant à Paris, dont le prologue toutefois est sans doute d'Alexandre lui-même. Nous montrerons seulement ici l'originalité de la pensée d'Eudes Rigaud. Nous verrons à partir de l'analyse systématique de ses textes et de ceux de la *Somme Halésienne* (nous contentant de renvoyer ponctuellement aux autres sources Vat. lat. 782 et Guillaume de Méliton lorsqu'elles sont originales), que bien des options franciscaines en matière de théologie étaient déjà prises ou préparées par ce pionnier, bien avant Duns Scot ou même Bonaventure.

EUDES RIGAUD, UN PRÉCURSEUR

Nous commencerons ici dans le cas d'Eudes Rigaud, comme chaque fois que cela sera possible, par l'analyse du prologue du *Commentaire des Sentences*[2], avant d'envisager les questions classiques de sa Dispute, pour enfin tenter de dégager sa conception du statut de la théologie. Sa noétique apparaît d'emblée comme une clé de lecture qui y ouvre.

Le prologue et sa noétique implicite

L'un des mérites de l'étude de L. Sileo est d'avoir tenté de mettre en évidence la psychologie de la foi et surtout de l'espérance qui fonde l'épistémologie rigaldienne de la théologie. Par ailleurs, le *Prologue* propose une justification originale du plan des *Sentences*. La psychologie de la foi et des autres vertus théologales est développé par Eudes Rigaud dans les questions qui leur sont consacrées. Toutefois, elle se laisse deviner dès le début du *Prologue*. Indiquons-en le plan en 4 parties :

I L'introduction sur la recherche de la sagesse
II L'explication du plan suivi par les quatre livres des Sentences
III Une série de questions sur la pertinence de l'entreprise du Lombard
IV L'explication de la lettre de son propre prologue.

L'introduction initiale pose trois questions : *quid, ubi, quomodo*[3] ? Qu'est-ce

1. Cf. L. Sileo, *op. cit.*, t. I, p. 76 *sq.*

2. Sans oublier la Distinction 1, q. 1 qu'Eudes Rigaud consacre au sujet de la théologie. L. Sileo donne un tableau de correspondance entre les divers problèmes abordés au début du *Commentaire des Sentences* et dans la *Dispute*, *ibid.*, p. 176.

3. « (Prologus I de inquisitione sapientiae) : "Radix sapientiae cui revelata est ? Et astutias illius quis agnovit ? Disciplina sapientiae cui revelata est et manifestata ? Et multiplicationem ingressus illius quis intellexit ?" (*Eccli.* 1) (…) primo enim considerare debemus quid est quod a nobis debet quaeri ; secundo, ubi possit inveniri ; tertio, quomodo ad illud possit attingi. », Eudes Rigaud, *In I Sententiarum, Prologus*, n. 1-2, L. Sileo (éd.), p. 77.

que nous devons chercher ? La science et la sagesse[1]. Notons au passage que les deux termes désignent ici une même réalité, et que les gloses qui suivent (*corde et opere ; indivisibilitas*) soulignent déjà le double caractère contemplatif et pratique de la sagesse théologique. Où la trouver ? Hors d'atteinte puisque « *de divinis* », il faut la demander à Dieu comme fit Salomon[2]. L'origine surnaturelle du savoir théologique est d'emblée affirmée. Mais dès lors que se pose la question du « comment » de l'investigation théologique, nous voyons émerger discrètement la psychologie et la noétique qui sous-tendent l'épistémologie rigaldienne.

Le *modus* apparait triple : *diligenter* quant au rôle de la raison, *humiliter* quant à celui de l'irascible, *innocenter* quant au concupiscible, correspondant ainsi à une tripartition traditionnellement platonicienne de l'âme[3].

Nous sommes ainsi en présence d'une structure trine qui fait correspondre aux trois puissances de l'âme ainsi conçues, trois dispositions préparatoires, correspondant aux trois vertus théologales. Or l'analyse proposée par L. Sileo, à partir des textes d'Eudes Rigaud et de ses prédécesseurs concernant la psychologie des vertus théologales, laisse ressortir qu'à ces trilogies correspondent encore trois attributs divins considérés comme les objets surnaturels propres respectivement à ces trois puissances. Cela permet d'établir le tableau suivant :

vis rationalis	*vis irascibilis*	*vis concupiscibilis*
discernere	*aggredi*	*concupiscere*
Verum	*Arduum=Aeternum*	*Bonum*
diligenter	*humiliter*	*innocenter*
fides	*spes*	*caritas*

L. Sileo entend rapprocher cette psychologie originale de celle des traités identifiés par R. A. Gauthier comme relevant de ce qu'il a appelé le premier averroïsme. Elle correspond sans doute aux plus mystiques comme le *De potenciis anime et objectis* édité par D.-A. Callus, ou certains textes de Jean de La Rochelle. Mais n'est-ce pas justement parce que ces théologiens restent plus platoniciens qu'aristotéliciens, plus augustiniens qu'averroïstes ? L'origine de cette tripartition de l'âme remonte indéniablement à Platon.

On la retrouve en effet en *Rep.* 6, 1 (435 b 9 *sq.*), *Phèdre* (246 a 3 *sq.* ; 253 c 7 *sq.*), *Timée* (69 c 5 *sq.*). Elle a pu transiter jusqu'à Eudes Rigaud par l'interédiaire de Pères comme Jérôme ou Grégoire qui la reprennent. Mais la source la plus probable du franciscain demeure le *De Spiritu et anima*, d'Alcher de Clairvaux, attribué à Augustin, compilation hétéroclite qui servait de référence majeure aux spirituels de l'époque en matière de psychologie et de mystique[4]. Toutefois la mise sur le même plan des trois « *vires* » pose un problème même aux maîtres augustiniens contemporains d'Eudes Rigaud. Ainsi son confrère Jean de La Rochelle, auteur du *Tractatus de divisione multiplici potentiarum animae*[5], est-il amené à

1. « Manifestum est autem quoniam hic quaerimus scientiam vel sapientiam, – Sap. 8a... », *id.*, *ibid.*, n. 3.

2. *Id.*, *ibid.*, n. 4, p. 77-78.

3. « Ad hoc autem quod eam possit attingi, oportet eam quaerere diligenter, humiliter et innocenter : "Diligenter" quoad vim rationalem contra negligentiam (...) Oportet nihilominus eam quaerere "humiliter", contra superbiam, quoad vim irascibilem (...) Oportet insuper quaerere sapientiam "innocenter", contra malitiam vel immunditiam vitae, – et hoc quo ad vim concupiscibilem... », *id.*, *ibid.*, n. 5-7, p. 78-79.

4. Cf. *De Spiritu et anima*, chap. 4, P.L. 40, 782-783 ; 789 ; cf. L. Sileo, *op. cit.*, n. 7, p. 111.

5. Jean de la Rochelle, *Tractatus de divisione multiplici potentiarum animae*, P. Michaud-Quantin (éd.), T.P.M.A. XI, Paris, 1964 ; cf. également, *id.*, *Summa de anima*, J. G. Bougerol (éd.), T.P.M.A. XIX, Vrin, Paris, 1995.

préciser que l'irascible et le concupiscible sont des « *vires affectivae* » dont dépendent les passions (respectivement la douleur et la crainte, la joie et l'espérance), tandis que de la puissance rationnelle dépendent le sens, l'imagination, la raison, l'intellect et l'intelligence. L'on devine que la difficulté sera plus grande encore face à la psychologie aristotélicienne pour qui les passions de l'irascible et du concupiscible relèvent de l'âme sensible ou motrice, mais non rationnelle. Ainsi la plupart des aristotéliciens abandonneront la tripartition des puissances platoniciennes de l'âme : rationnelle, irascible et concupiscible au profit de celle d'Aristote : végétative, sensible et rationnelle.

L. Sileo remarque pourtant la persistance du schème ternaire platonicien chez des auteurs comme celui du *De potenciis animae et objectis* édité par D.-A. Callus[1], et surtout chez Philippe le Chancelier, ou Jean de la Rochelle. Il observe justement que l'évolution de la conception de l'irascible procède d'une influence aristotélicienne. Ainsi, rapproché de la vertu de force, sa finalité n'est plus tant de fuir le mal, que de poursuivre un bien difficile à atteindre « *arduum* ». Notons toutefois que c'est le même bien qui est connu par la raison, désiré par le concupiscible et poursuivi par l'irascible s'il est difficile. Mais ces deux dernières puissances n'en sont pas pour autant spirituelles. Certes, pour Aristote, les âmes rationnelle, sensitive et végétative ne sont pas distinctes, mais s'emboîtent comme les figures inscrites, nous dirions aujourd'hui comme des poupées russes. Ainsi l'*orexis*, le désir spirituel, c'est-à-dire la volonté (*boulèsis*) assumera dans l'homme ceux du concupiscible et de l'irascible qui ne s'y trouvent pas à l'état brut. Mais faut-il en conclure qu'ils sont ainsi devenus spirituels ? Pour spiritualisés qu'ils soient ils n'en demeurent pas moins sensibles, pour un esprit aristotélicien. Ainsi la théologie concordiste des vertus théologales qui s'appuie sur une psychologie tripartite de l'âme concupiscible, irascible et rationnelle, reste dominée à nos yeux par le platonisme. Elle a en tout cas le mérite de placer d'emblée la foi du côté de la puissance rationnelle, obligeant à penser son fonctionnement par rapport à l'opinion, à la science, à l'intelligence, aux actes de cette puissance rationnelle. La foi ne peut plus alors se contenter d'un fonctionnement instinctif sur le modèle de la cogitative tel que nous avons pu le trouver chez Guillaume d'Auxerre.

L'audace de cette noétique consiste à ne pas concéder que des puissances infrarationnelles puissent conduire à Dieu, mais à leur trouver un objet propre. La raison, ordonnée naturellement au vrai, aura Dieu en tant que vrai comme objet surnaturel. L'irascible cherche l'ardu et son objet surnaturel sera ainsi Dieu en tant qu'il est infini ou éternel. Le concupiscible visant le bien continuera dans l'ordre surnaturel à poursuivre le souverain Bien. Le thème de l'inhérence des trois vertus dans les trois puissances remonte à la *Summa Aurea*[2]. Celui des trois objets surnaturels correspondants remonte à Jean de la Rochelle[3]. Ce sont ces trois objets, certes identiques en Dieu, qui permettront la distinction des trois actes selon les trois vertus théologales (conformément à l'adage attribué à Denys). La spécificité d'Eudes Rigaud consiste peut être justement dans cette insistance sur une psychologie de l'acte[4] : préférant distinguer les puissances « *quoad nos* », elle se

1. *De potenciis anime et objectis*, D.-A. Callus (éd.), *R.T.A.M.*, 14, 1952, p. 159.

2. Guillaume d'Auxerre, *Summa Aurea*, III, 11, 2-3, J. Ribailler (éd.), *op. cit.*, t. 18 A, p. 179 *sq.*

3. Jean de La Rochelle, *Tractatus de divisione animae*, III, chap. 2, P. Michaud-Quantin (éd.), *op. cit.*, p. 140, l. 112-118.

4. « Et tamen, sine praeiudicio, potest dici quod distinctio virtutum penes obiecta non est nisi quoad nos. Sed proprie distinguuntur per actus, unde quia alius actus est cognoscere summum bonum, alius extendere se et erigere se in illud per spem, alius diligere illud ; ideo sunt virtutes

détache de l'onto-théologie des universaux et des attributs divins. Il préfigure ainsi l'insistance de la tradition franciscaine sur la liberté.

La méthode spécifique de la théologie résidera donc dans son usage propre des vertus théologales et dans les dispositions préalables qu'elles supposent. Sur la vigilance de la faculté rationnelle, les deux premières questions posées dans le prologue à la suite de l'annonce de plan nous apportent quelques précisions. Elles partent des excuses formulées par le Lombard lui-même en guise de *petitio benevolentiae*. Devait-il s'attaquer à une telle entreprise? Etait-ce réalisable sur le mode de la dispute? Et que dire de l'*habitus* (théologique) qui en résulte?

A la première question[1] les objections viennent de l'insistance de la littérature sapientielle ou du Damascène sur le thème de la transcendance divine. Les vérités révélées qui dépassent l'homme ne doivent pas être soumises à l'« *aggressio* » de sa raison, mais appellent plutôt sa vénération. La réponse est très équilibrée: il serait vain de vouloir scruter l'essence divine au-delà de ce qui est possible en cette vie. Mais se tourner vers ce qui nous est supérieur est une démarche saine et utile dès ici-bas. Les six ailes du chérubin de l'Apocalypse susceptible de nous aider à nous élever à cette contemplation ne sont autres que la loi naturelle, la loi écrite, la doctrine des prophètes, celle des évangélistes, celle des apôtres, enfin celle des saints pères et de ceux qui ont expliqué l'Écriture. Les 5 premiers moments correspondent clairement à la division classique des écrits canoniques, le sixième à leurs commentaires patristiques. Ce traitement du thème franciscain de l'extase de l'Averne est, remarquons-le, bien moins mystique mais plus biblique que celui de Bonaventure.

Convient-il que l'angle d'attaque, l'*agressio* de la théologie adopte le mode de la dispute[2]? La foi peut-elle le supporter, sans y perdre le mérite, celui de ces pécheurs de Galilée choisis par le Christ même? La réponse reprend les trois arguments que nous avons trouvés chez Guillaume d'Auxerre. L'argumentation ne se substitue pas à l'adhésion de foi à la Vérité première pour elle-même, mais vient la conforter et l'augmenter. Elle permet de confondre les hérétiques, de parvenir à une intelligence du donné de foi.

Enfin, l'*habitus* qui en résulte ne saurait être la foi tirée de l'inspiration (par l'Esprit Saint) et de l'audition (de la prédication). Il ne peut non plus s'agir de la science procédant par les causes (*propter quid* du géomètre), impertinente en matière divine, ni même de celle qui procède par les effets (*quia* du médecin) car son but est de nous améliorer moralement, non de nous conduire à un savoir, à une contemplation. La réponse est que cet *habitus*, supérieur à celui de science est celui d'intelligence[3]. Il perfectionne certes premièrement l'intelligence, mais aussi par voie de conséquence l'*affectum*. On notera pourtant que dans le prologue, du moins, Eudes Rigaud fait passer cette finalité pratique au second plan[4]. Ce relatif intellectualisme nous semble le distinguer du volontarisme plus affectif de son successeur. Guillaume de Méliton en effet distingue le mode artificiel selon lequel la théologie instruit l'intellect, et celui de la sagesse éthique selon lequel elle

differentes: fides, spes, caritas, et distinctae per proprios actus», Eudes Rigaud, *In III Sententiarum*, d. 26, q. 1, Ms. Bruges, 208, f. 431 D, L. Sileo (éd.), *op. cit.*, t. I, p. 131-132.

1. *Id.*, *In I Sententiarum, Prologus*, q. 1, L. Sileo (éd.), *op. cit.*, t. II, p. 83-86.

2. *Id.*, *ibid.*, q. 2 p. 86-90.

3. « ...habitus qui ex huiusmodi ratiocinationibus relinquitur in nobis, intelligentia est, et est nobilior habitus quam scientia per demonstrationem habita... », *id.*, *ibid.*, p. 89-90.

4. « ...etsi intelligentia primo perficiat intellectum, tamen consequenter perficit et affectum », *id.*, *ibid.*, p. 90.

propose à l'*affectus* un art de vivre[1]. Et cette seconde manière de procéder selon la piété affective est propre à la théologie pour Guillaume qui l'oppose en cela aux sciences humaines.

La troisième question d'Eudes Rigaud nous permet d'ajouter une précision : Dieu est la seule fin ultime. Mais d'autres fins intermédiaires s'ordonnent à partir de là selon un ordre pédagogique : sa compréhension *in patria* dans la béatitude créée et *in via*, la charité pour les parfaits, la justice ou les œuvres pour ceux qui se perfectionnent, la crainte pour les débutants[2]. L'*habitus* théologique tire sa noblesse de celle de son objet, non de la rigueur de ses démonstrations. Il peut en employer, mais elles ne constituent pas son mode propre de procéder à partir du donné de foi[3]. Plus précisément la noblesse insigne de la science théologique a une triple origine : son objet (*res*), Celui qui la confère, enfin le mode selon lequel elle est obtenue[4]. Mais cette noblesse insigne exige une humilité particulière.

Cette qualité de l'irascible s'oppose à l'orgueil qui aurait la présomption d'atteindre par ses propres forces une grandeur divine qui le dépasse. C'est justement le caractère surnaturel de la fin poursuivie : l'éternel, qui exige de compter sur ses forces à Lui en se tenant dans la vérité de l'humilité. Eudes Rigaud[5] oppose cette vertu à la « *jactantia* » et à la « *pompositas* », vains éclats et résonnances de l'argent des sciences profanes comparées à l'or théologique. Cet éclat ne doit pas laisser croire que les sciences profanes sont une voie et la seule vers la sagesse. Il faut humilier l'intellect « *in obsequium Christi* ». Ouvrant ainsi son *Commentaire* des *Sentences*, le maître franciscain se fait héritier de la tradition monastique du siècle précédent, au moins de son esprit pénitent. En fait ce qui permet l'élévation même de la puissance intellectuelle à la compréhension de la Vérité surnaturelle dans ce qu'elle a d'éternel, c'est justement l'humiliation de l'*agressio* de l'irascible, de sa manière de procéder vers cette fin. Pour le concupiscible ce sera son innocence.

Celui qui veut recevoir cette grâce doit vivre selon l'exigence de pureté chrétienne[6]. S'il voulait avec malice s'approprier ce qui lui est révélé gracieusement il ferait immédiatement fausse route. Pour le savourer au contraire, il faut qu'il le reçoive innocemment. L. Sileo explique cette sagesse savoureuse par le détour mystique, dans l'esprit du XIIe et de sa reprise franciscaine, des sens spirituels. Mais cela ne suffit pas à nos yeux à faire du concupiscible une puissance rationnelle, mieux vaudrait sans doute transposer l'analogie du savoureux à

1. « Cum ergo quaeritur utrum sit in sacra Scriptura modus artificialis, dicendum quod est quidam modus artificialis, qui est instruens ipsum intellectum ; est quidam qui informat ipsum affectum. Primus ministrat scientiam, secundus virtutem secundum quod dicitur virtus ars vivendi ; primus est secundum cognitionem veritatis, secundus secundum affectionem pietatis per divinam traditionem. », Guillaume de Méliton, *Quaest. theol.*, q. 5, *resp.*, B. Pergamo (éd.), art. cit. p. 322.

2. « Ad hoc dicendum quod proprie unicus est finis ultimus, scilicet Deus. Sed sunt fines sive termini intermedii plures (...) Horum autem unus est in patria, scilicet beatitudo creata (...) Alii autem sunt in via, et hoc quoad statum incipientium, et sic "timor est finis", vel quoad statum proficientium, et sic ipsa iustitia vel opera iustitiae sunt finis ; vel quoad statum perfectorum, et sic caritas est finis. », Eudes Rigaud, *In I. Sententiarum Prologus*, q. 3, n. 52-53, *op. cit.*, p. 91. Cet ordre des fins est repris avec moins de précision par Guillaume de Méliton, *Quaest. theol.*, q. 2, n. IV, arg. 2 ad 2, B. Pergamo (éd.), art. cit., p. 343.

3. « Similiter, quod dicit Ambrosius : "Tolle argumentum" etc., intelligendum est quantum ad initium fidei, quasi dicat : "fides non generatur ex argumentis" ; potest tamen per ea corroborari et defendi ab haereticis et explanari, ut iam visum est », *id.*, *ibid.*, p. 89-90.

4. « ... nobilior dico, quia de nobilore re et quia a nobiliore dante sive faciente eam in nobis. Illa tamen scientia nobilior est, quia nobiliore modo habita : non enim contingit hic ita de necessitate demonstrare sicut in demonstrativis scientiis... », *id.*, *ibid.*, p. 90.

5. *Id.*, *ibid.*, n. 6, p. 78.

6. *Id.*, *ibid.*, n. 7, p. 79.

l'amour volontaire ennobli par l'*habitus* de charité. Ces tendances ascétiques héritées du siècle précédent s'allient à une profonde compréhension de la structure des *Sentences* de Pierre Lombard.

Eudes Rigaud reconstruit le plan des *Sentences* à partir de la citation de *l'Ecclésiastique* par laquelle commence son prologue et qui pourrait paraître a première vue peu appropriée, puisqu'elle semble dénier toute possibilité pour l'homme d'accéder à la sagesse[1]. Elle fournit au contraire une lecture originale.Le premier livre traitera de Dieu, racine de toute sagesse. Le second abordera ses « *astutias* », ses ressources de Créateur. Le troisième considèrera celui qui par excellence reçut la révélation de sa discipline en vue de l'œuvre de la recréation. On notera au passage l'héritage victorin. Enfin le quatrième traitera des entrées par la grâce des sacrements méritée pour nous par le sang rédempteur jusqu'à l'entrée dans la gloire finale. Une fois posés ces fondements noétiques, nous pouvons en examiner les conséquences épistémologiques. Nous le ferons à partir du début de la première distinction sur les *Sentences*, mais surtout de la question disputée de *Scientia theologiae.*

La théologie et son objet

Cette question comprend deux parties. La première consacrée à la matière de la théologie comporte elle-même six questions relatives à son sujet, à son unité, à son rapport avec les autres sciences. La seconde partie traite de la forme de la théologie, c'est à dire de ses modes de procéder selon les domaines qu'elle aborde, et par comparaison aux autres sciences.

La théologie, une science parmi les autres

La Théologie peut-elle vraiment être considérée comme une science ? Cette question est la première posée par la *Disputatio* d'Eudes Rigaud. Elle révèle l'influence de la conception aristotélicienne de la science sur la discipline théologique naissante. Mais les réserves à l'égard de sa prétention à la scientificité venaient aussi bien de la tradition augustinienne. L'on peut nier que la théologie soit une science, par excès, ce que font les trois dernières objections de cette première question : elle est plutôt une sagesse qui, plus qu'au savoir, conduit au salut, mobilisant la volonté et non la seule intelligence. Par défaut, la théologie ne présente pas les qualités d'une science. Ses principes ne lui sont pas propres et requièrent l'apport extérieur de la foi, son résultat est encore la foi, non la certitude de la science. Cette dernière porte sur l'universel et remonte aux causes, la théologie au contraire porte sur des faits particuliers et historiques qu'il s'agit de croire, non de comprendre[2].

La réponse s'appuie sur une série d'autorités et de raisons en apparence peu cohérentes[3]. La tripartition boécienne des sciences spéculatives (venant d'Aristote, *Métaphysique*, epsilon, 1), en naturelle (physique), mathématique et métaphysique, assimile d'emblée la théologie à cette dernière. Elle se retrouve ainsi science parmi les sciences, et même parmi les arts puisque la classification d'Hugues de Saint-Victor est appelée en renfort. Mais s'agit-il simplement de la théologie naturelle qui peut être atteinte selon un mode rationnel, ou de celle qui nécessite la Révélation ? Les premières raisons alléguées ensuite vont dans les deux sens. La

1. Cf. *supra*, n. 3, p. 28.
2. *Id.*, *Disputatio* I, q. 1, n. 1-9, *ibid.*, p. 5-8.
3. *Id.*, *ibid.*, n. 10-17, p. 8-10.

théologie est considérée comme un *habitus* cognitif, acquis et qui plus est, par l'étude, ayant sa certitude propre. Pourtant cette certitude est revendiquée comme supérieure parce qu'elle est acquise non par une lumière naturelle, mais à l'aide de la lumière apportée par la grâce, le « *lumen gratiae* »[1]. Cette inspiration divine confère à la théologie une certitude supérieure à celle atteinte par les seules forces de la raison humaine dans les autres sciences.

Pour tenter de dépasser ces contradictions, le *Respondeo* met en place de subtiles distinctions. Prise au sens strict, la science désignera un *habitus* possédant sa propre certitude. En ce premier sens, la théologie n'est pas une science, puisqu'elle requiert l'illumination par la foi[2]. La distinction avec la métaphysique est ainsi établie, mais en même temps que la supériorité de la certitude atteinte par une théologie divinement inspirée. C'était donc bien de la doctrine sacrée que parlait Eudes Rigaud, sans confusion avec une théologie naturelle atteinte philosophiquement. Mais dans ce cas, ses principes restent extérieurs, l'objection aristotélicienne majeure semble incontournable, il faudrait renoncer à appeler la théologie une science au sens propre[3].

Ici intervient une seconde distinction reprise elle aussi aux *Analytiques postérieurs* (I, 2, 72 a 15-17). Entre *dignitates*, *suppositiones* et *conclusiones*[4]. Parmi les points de départ d'une science, Eudes Rigaud distingue entre *dignitates* et *petitiones*. Or nous avions déjà relevé une telle opposition chez Guillaume d'Auxerre, mais on se souvient qu'il la situait à l'intérieur du donné de foi. Pour lui c'était un même article de foi qui avait rang de *dignitas* dans l'esprit éclairé d'un clerc capable d'en percevoir l'intelligibilité, tandis qu'il restait simple *suppositio* dans l'esprit enténébré d'un laïc peu aguerri à l'intelligence théologique. Pour Eudes Rigaud au contraire, les *dignitates* semblent relever de la raison naturelle, tandis que les *suppositiones* seules demandent la foi. Selon lui, même en théologie, le premier type d'axiomes est donc évident pour tous, ses exemples l'indiquent clairement : « Dieu est suprêmement bon, juste, et plus que tout aimable. » Cela est écrit dans nos cœurs, comme la connaissance des principes mathématiques ou moraux.

Mais ces principes se trouvent-ils en tout homme ou seulement dans le cœur des croyants ? Nous voyons ici se poser avant l'heure le problème de la morale

1. Sur le même thème, cf. Guillaume de Méliton, *Quaest. theol.*, q. 3 ad. 4-5, n. IV, arg. 2 ad 2, B. Pergamo (éd.), art. cit., p. 316, et Ms Vat Lat 782, *ibid.*, p. 346.

2. « "Scientia" potest dici dupliciter, scilicet communiter et proprie. Secundum quod proprie accipitur, sic est nomen habitus habentis certitudinem, in quam potest ipsa ratio sive intellectus noster de se ; et sic est nomen habitus acquisiti. Hoc modo dicta "scientia", dico quod theologia non est scientia, quia non potest ratio in illam cognitionem, nisi elevetur et adiuvetur per gratiam fidei ; sed est supra omnem artem et scientiam et rationes illius de quo est, quia est de Deo, qui est super omnia. Et ratione modi, quia non procedit per rationes humanas, sed habet rationes proprias et principia propria ab aliis scientiis (...) Unde metaphysicam potest scire aliquis infidelis, quia procedit per ratiocinationes quae subsunt rationi, – sed theologiam non potest scire nisi fidelis, ratione iam dicta. Si autem dicatur "scientia" communiter omnis intellectiva cognitio certa (...), hoc modo concedendum est quod theologia sit scientia », Eudes Rigaud, *Disputatio*, n. 18-21, p. 11-12.

3. *Id.*, *ibid.*, n. 24, p. 12.

4. « Tamen potest aliter dici quod sicut in aliis scientiis sunt principia quae sunt omnibus nota (sicut sunt dignitates) ; sunt etiam suppositiones sive petitiones (...) sunt etiam et conclusiones, – sic etiam dicendum est in theologia quod sunt dignitates, quae omnibus sunt manifestae, scilicet quod "Deus est summe bonus, super omnia diligendus" et quod "summe iustus" et huiusmodi, et horum cognitio est scripta in corde nostro sicut et cognitio principiorum ; sunt etiam suppositiones, et istae sunt articuli fidei ; sunt etiam conclusiones, quae sequuntur ex illis dignitatibus et ex illis suppositionibus. », *id.*, *ibid.*, n. 25, p. 12-13.

naturelle dont les racines sont évidemment médiévales. Notre franciscain semble faire relever ces axiomes de la syndérèse, ce qui les met à la portée de tout homme sans que la grâce soit pour cela requise. Le second type de postulats, les *suppositiones* sont les articles de foi. Comme dans les autres sciences, ils n'ont pas à être prouvés. Mais les postulats de la foi ne sont pas comme ceux des sciences[1], évidents en eux-mêmes (par exemple les postulats euclidiens : entre 2 points, le plus court chemin est la droite). Les postulats théologiques tirent, eux, leur certitude de la foi.

Ainsi les *dignitates* de la théologie en font plus qu'une science, une sagesse, puisqu'elles traitent des causes les plus hautes[2]. Pourtant, les conclusion obtenues à partir d'elles n'en sont pas moins scientifiques. Elles procèdent en effet selon des syllogismes hypothétiques dont la mineure seule suppose la foi, tandis que la majeure est évidente pour tous. Toutefois, dans la mesure même où les *suppositiones* requièrent la foi, il ne s'agira « pas de science tout court, mais de science de foi. Notons qu'Eudes Rigaud n'évoque gère le rôle de la volonté dans l'adhésion de foi et la certitude qui lui est propre. Au contraire, Guillaume de Méliton et l'auteur des questions du Manuscrit Vatican latin 782 soulignent le rôle de la volonté jusque dans les conclusions auxquelles parvient la théologie[3]. Pour ses collègues franciscains, le fait que les raisonnements de la théologie obéissent à une nécessité logique ne doit rien enlever au caractère volontaire de l'adhésion de foi dans le cadre de laquelle ils se situent. Mais réciproquement, pour Eudes Rigaud, l'adhésion de foi est avant tout intellectuelle, et le fait que la théologie soit une sagesse affective en même temps qu'une science de foi n'enlève rien à la valeur contraignante pour la raison, à la nécessité logique des raisonnements qu'elle met en œuvre.

La rupture consommée par Eudes Rigaud avec Guillaume d'Auxerre sur ce point précis n'a guère été comprise ou du moins explicitement assumée par ses contemporains[4]. Ainsi, lorsqu'il répète avec eux que si la théologie engendre la science, la foi la précède nécessairement[5], il ne se contente pas de penser une simple croissance interne à la foi. Bonaventure le percevra bien qui lui reprendra l'idée d'un progrès de la théologie par syllogismes hypothétiques et le pensera comme une excroissance, ou une « *distractio* » du donné de foi. Mais cette croissance s'appuie pour Eudes Rigaud au moins autant sur la raison pratique naturelle en ses principes connus par la syndérèse que sur la foi elle-même. Une fois cette réponse donnée à l'objection aristotélicienne majeure concernant les principes de la théologie son effort semble se relâcher pour répondre aux suivantes.

1. « Differunt tamen suppositiones illae a suppositionibus aliarum scientiarum et in aliquo conveniunt. Conveniunt enim in hoc quod sicut in aliis scientiis suppositiones non probantur (...) Sed in hoc est differentia, quia in aliis scientiis suppositiones sunt manifestae ipsi rationi sine adminiculo extrinseco (...) Sed in theologia indigent adminiculo gratiae fidei.», *id.*, *ibid.*, n. 26, p. 13.

2. « Igitur theologia, quantum ad acceptionem illarum dignitatum quae menti hominis sunt impressae, quas cum ab aliis scientiis non mendicat, dicitur "sapientia" quasi "cognitio causarum altissimarum" ; sed quantum ad conclusiones ex illis principiis illatas, est scientia (...) Ulterius, quantum ad conclusiones consequentes ex illis suppositionibus, est scientia non simpliciter, sed fidei, quia illas supponit. », *id.*, *ibid.*, n. 27, p. 13.

3. Cf. Guillaume de Méliton, *Quaest. theol.*, 2, et Ms Vat. Lat. 782, q. 1, ad. 4, B. Pergamo (éd.), art. cit., p. 343.

4. Et n'a pas été relevée non plus par nos contemporains qui reprennent son étude.

5. « Et sic patet responsio ad primum et ad tertium, quia non solum est ad generandum fidem, sed etiam scientiam, – sed primo fidem, postea scientiam, sicut dicit Is. 7 : "Nisi credideritis, non intelligetis". », Eudes Rigaud, *Disputatio...*, *op. cit.*, n. 28, p. 14.

Quant à l'exigence d'universalité, elle n'est pas elle-même universelle, puisque l'induction même des principes y échappe, elle qui part du particulier[1]. Ainsi l'Écriture, alors même qu'elle relate des faits singuliers, demande que l'on s'élève du sens historique, et des *exempla* qu'il propose, au sens moral et aux autres sens intérieurs, quand elle ne formule pas elle-même ses préceptes de manière universelle. Qui plus est, la foi donne à la théologie une certitude scientifique, même des faits singuliers ! Singuliers raisonnements sur une science singulière !

Singulière science qui exige l'adhésion de la volonté à ses postulats de départ, mais non à ses conclusions. Plus exactement, seules les *suppositiones* demandent une adhésion volontaire, non les *dignitates* et les *conclusiones*[2] qui en découlent nécessairement[3]. Elle contraint la raison, mais non la volonté du meilleur théologien ou prédicateur qui n'est jamais forcé d'appliquer ce qu'il sait[4]. Science singulière entre les savoirs. Il en est qui sont science en tant que science (*scientia ut scientia*) : les arts libéraux, la métaphysique est plutôt sagesse, comme science (*sapientia ut scientia*) ; l'Ancien Testament se présente comme science en tant que sagesse (*scientia ut sapientia*) ; le Nouveau enfin comme sagesse en tant que sagesse (*sapientia ut sapientia*)[5]. Pour être singulière, elle n'en est que plus une et ces distinctions entre Testaments ne la divisent pas.

L'unité de la théologie et sa distinction des autres sciences sont abordées dans les questions 4-5 de la première partie de la *Disputatio*. Nous nous contentons ici d'en résumer les principaux apports. Toutes les distinctions de la créature et du Créateur, de la chose et du signe, de la spéculation et de la pratique, des divers sens de l'Écriture se résorbent dans l'unité de l'objet divin de la théologie. Ainsi, les créatures ne l'intéressent qu'en tant qu'elles conduisent à Dieu, les quatre sens de l'Écriture sont ordonnés au dernier : l'anagogique. Mais en quoi cette unité est-elle différente de celle d'autres sciences ? L'auteur distingue trois types d'unité[6]. Celle

1. *Id.*, *ibid.*, n. 30 *sq.*, p. 15-19.

2. « Ad illud quod obicitur quod "cognitio huius scientiae subiacet voluntati", – dico quod verum est quantum ad suppositiones, sicut dictum fuit ; non autem quantum ad dignitates nec quantum ad conclusiones consequentes ; et ideo non valet illud. Quod patet : haec est enim communis animi conceptio : "Spiritus Sanctus non potest mentiri" ; haec est fidei suppositio et voluntaria, scilicet "Moyses locutus est afflatus Spiritu Sancto" ; ex his necessario sequitur quod quicquid dixit Moyses, sit verum. Et sic patet responsio ad illud. », *id.*, *ibid.*, n. 36, p. 18-19.

3. Guillaume de Méliton, ou l'auteur des question du Ms. Vat. Lat. 782 insistent davantage sur la pieuse adhésion de la volonté qui sépare la théologie des aurtes sciences. Cf. B. Pergamo, art. cit., p. 343.

4. Eudes Rigaud, *Disputatio...*, *op. cit.*, n. 35, p. 18.

5. « Est enim scientia ut scientia, et haec est scientia liberalium artium ; et sapientia ut scientia, et haec est prima philosophia sive metaphysica, in qua non est sapor internus ; et est scientia ut sapientia et haec est in Veteri Testamento ; et est sapientia ut sapientia, et haec est in Novo Testamento. Ex ista bene potest concedi quod theologia sit sapientia ; nihil tamen prohibet eam dici "scientiam" extenso nomine scientiae. », *id.*, *ibid.*, n. 37, p. 19 ; cf. *Alexandri de Hales Summa théologica, Tractatus introductorius*, q. 1, chap. 1, Quaracchi, 1924, p. 2 ; Guillaume de Méliton et Vat. lat. 782, B. Pergamo (éd.), art. cit., p. 345.

6. « Potest autem et aliter dici quod ad unitatem scientiae non semper requiritur unitas univocationis, sed sufficit unitas analogiae vel unitas ordinationis ad unum. Est igitur aliqua scientia una ab unitate secundum univocationem, – sicut geometria potest dici una, quia est de magnitudine. Est iterum aliqua scientia una ab unitate subiecti secundum analogiam, – sicut metaphysica potest dici una scientia, quia est de ente, quod est unum per analogiam, quia dicitur secundum prius et posterius de substantia et accidente. Potest iterum tertio modo dici una ab unitate ordinationis ad unum, quia omnia quae determinantur in scientia ordinantur ad unum tanquam ad principale quaesitum et intentum in scientia illa. – Et sic theologia dicitur una, quia omnia quae in ipsa determinantur, ordinantur ad unum finem, qui est Deus sive Christus. », *id.*, *ibid.*, n. 104, p. 45-47.

de la géométrie portant sur la grandeur est univoque. Celle de la métaphysique portant sur l'être est analogique. Enfin la théologie tire la sienne de ce qu'elle est ordonnée à une seule fin principale : Dieu. Encore ne s'arrête-t-elle pas à sa contemplation, mais le recherche-t-elle encore affectivement comme bien. C'est ce qui en fera une science pratique aux yeux du maître franciscain, nous y reviendrons. C'est donc d'abord par son sujet, mais en tant qu'il la finalise que la théologie se distingue des autres sciences.

Le sujet de la théologie

La dialectique de l'un et du multiple est en fait maîtrisée à propos du sujet de la théologie, dès le début de la première distinction et dans la *Disputatio*, première partie question 3. Sera-t-il Dieu, Le Christ, la multiplicité de ses œuvres rédemptrices ? Le sujet peut être conçu comme intention générale de l'auteur : Il s'agira alors de Dieu, voire de la substance divine manifestée par le Christ et son œuvre rédemptrice. Mais, d'autre part, le sujet du traité sera tout ce qui se trouve abordé dedans[1]. La *Disputatio* apporte quelques précisions[2] en prenant l'exemple aristotélicien d'une activité transitive, celui de la fabrication des maisons (*domifactoria*). Son sujet réside dans son intention principale, la maison à construire. De même celui de la théologie demeure Dieu et le Christ qui le manifeste dans son œuvre rédemptrice. Mais la fabrication des maisons exige aussi l'exécution dont les fins prochaines sont le bois, les pierres, le ciment... De même les œuvres théologiques auront aussi pour sujet comme autant de fins prochaines, les œuvres de la création et de la restauration, les préceptes et conseils.

Cette première distinction met en avant le caractère transitif de l'œuvre, voire de l'enseignement théologique, exigeant d'en passer par la multiplicité de ses parties pour poursuivre son unique finalité divine. Mais la dialectique métaphysique de l'un et du multiple reprend ses droits par rapport aux exigences du travail. C'est ainsi que la théologie, comme la métaphysique peut être dite traiter de toutes choses. L'une et l'autre les ramènent toutes à leur Créateur, mais la métaphysique en le concevant seulement comme cause efficiente, la théologie en y voyant leur fin ultime à travers l'œuvre de recréation[3] ! Dieu y est considéré comme fin béatifiante. La finalité dont il s'agit est-elle simplement celle proposée par le théologien bâtisseur de son œuvre, ou celle exigée par le sujet qu'il a choisi de traiter ? Car selon l'adage aristotélicien, la matière et la fin ne sauraient coïncider !

Pour dépasser cette objection, la *Disputatio* a encore recours[4] à une double distinction qui peut être synthétisée dans le tableau suivant :

matière	*ex qua*	*in quam*	*circa quam*
sujet	*de quo*	*in quo radicantur*	*ad quod reducuntur*
métaphysique	*ens*	*substantia*	*Deus*

On remarquera que c'est le problème de l'onto-théologie posé à partir de la métaphysique aristotélicienne qui est ici transposé à la théologie naissante. L'objet de la métaphysique est-il l'être ou bien Dieu ? Il faut selon Eudes Rigaud distin-

1. *Id.*, *In I Sententiarum*, D. 1, q. 1, *ibid.*, n. 13-19, p. 98-101.

2. *Id.*, *Disputatio*, q. 3 ; *resp.*, n. 79, p. 33.

3. « Et sic aliquo modo posset dici esse de omnibus sicut metaphysica, differenter tamen quia metaphysica est de operibus, reduccendo ea ad Opificem, et hoc ut ad causam efficientem ; theologia vero est de operibus reducendo ea ad Opificem ut ad finem, per opera recreationis », *id.*, *In I Sententiarum*, D. 1, q. 1, n. 17, p. 100.

4. *Id.*, *Disputatio*, q. 3 ; *resp.*, n. 84-86, p. 36-39.

guer trois types de sujet ou de matière. On remarquera que seul le premier ne correspond pas à la fin. Dans le cas de la théologie, Dieu restera sujet dans les trois cas, certes, dans la multiplicité des parties de cette science, selon un premier sens, mais aussi dans l'unité où elles s'enracinent et surtout où la « *reductio* » néoplatonicienne les ramène. Dans le cas précis de la théologie, à la différence de la métaphysique, le sujet unificateur ne devra-t-il pas être le Christ lui-même ?

C'est ce que suggère un troisième schéma avancé par la *Disputatio*, reprenant au Lombard la formule du *Christus totus*, objet de la théologie[1].

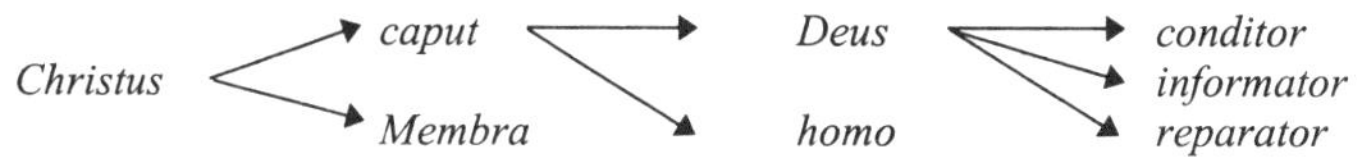

Comme tête et comme Dieu, le Christ devra être envisagé dans son rôle créateur, mais aussi comme *informator*, il donne exemples, préceptes et conseils, dont la théologie devra aussi traiter en d'autres parties. Enfin, en le considérant en tant que réparateur, on obtient les parties restantes de la théologie : celles touchant au péché et à la peine, à la grâce donnant vertus et sacrements, à la gloire. Mais cette reconstruction christologique du corps de la théologie ne demeure-t-elle pas plus allégorique que vraiment organique ? Le schéma le plus efficace sera justement calqué sur le fonctionnement des facultés vitales.

Il est repris à Denys[2] et donne la solution la plus satisfaisante en tentant un dépassement de l'opposition entre l'unité du sujet et la multiplicité des matières, mais surtout entre le Dieu des Philosophes et celui des Chrétiens. Il distingue ainsi :

substantia	virtus	operatio
Deus	Christus	restauratio

Ainsi, le Christ, Sagesse de Dieu occupe la place centrale de la puissance par laquelle Dieu opère création et restauration, et à travers laquelle il se révèle, permettant à l'homme de remonter de ses œuvres à sa substance. Admirable synthèse rigaldienne de la tentative dionysienne d'assumer la révélation Chrétienne dans le cadre d'une métaphysique néoplatonicienne ! De cette unité du sujet de la théologie devrait résulter celle de sa méthode, au delà de la multiplicité des livres et des sens de l'Écriture.

1. « Verae igitur sunt illae auctoritates quae dicunt quod Deus est subjectum, et quod Christus est subjectum, et quod opera reparationis sunt subjectum. Sed tamen si dicatur subiectum proprie, de quo agitur in tota scientia, non tangitur per aliquid horum trium completa ratio subiecti, quia ipsum comprehendit haec tria. Unde si velimus determinare subiectum secundum rationem completam, dicemus quod unum subiectum theologiae est Christus ratione membrorum et capitis, ratione divinitatis et humanitatis, in quantum conditor, informator et reparator. », *id.*, *ibid.*, n. 81, p. 35-36. En fait cette doctrine du Christ total objet d'une théologie mal distinguée de l'économie du salut vient de Robert de Melun et est reprise au XIIIe siècle par Robert Grosseteste. Elle passe chez les dominicains d'Oxford Richard Fishacre et Robert Kilwardby à la suite de son influence. Est-ce par lui que le franciscain de Paris la connaît ? Bonaventure, Albert ou Thomas l'évoqueront aussi sans la reprendre à leur compte. Sur ce thème du *Christus totus*, cf. E. Mersch, « L'objet de la théologie et le "Christus totus" », dans *R.S.R.*, 26 (1936), p. 129-157.

2. « Subiectum autem de quo est theologia, potest tripliciter considerari (...) Si loquamur de subiecto secundum substantiam, sic est Deus subiectum ; si secundum virtutem, sic Christus (...) si secundum operationem, sic sunt opera reparationis simpliciter (...) Nec propter hoc sequitur quod sint diversa subiecta, sed unum, quia "ibi est unum propter aliud" : nam per operationem est cognoscere virtutem, et per cognitionem virtutis est devenire in cognitionem substantiae. », *id.*, *ibid.*, n. 80, p. 33-34 ; *In I Sententiarum*, D. 1, q. 1, *ibid.*, n. 11, p. 98.

De l'unité du sujet à celui de la méthode

Cette question de l'unité de la méthode théologique occupe les dernières questions de la seconde partie de la *Disputatio* consacrée à la forme de la théologie (a. 1, q. 3-6 et a 2 q. u). Paradoxalement, Eudes Rigaud semble d'abord accepter une certaine diversité du mode de procéder en théologie[1], et pour des raisons qui tiennent tant à son auteur divin qu'à ses destinataires humains. L'Esprit, la Sagesse de Dieu et la finalité qu'ils poursuivent dans la Révélation ne sont-ils pas multiformes ? Mais surtout les états mêmes dans lesquels se trouvent les hommes exigent cette adaptation multiforme de la théologie[2]. Ils s'ordonnent selon le schéma suivant :

avant la loi	dans la loi	après la loi
hebetes	*carnales*	*spirituales*
pécheurs		justes

Cette diversité d'états nécessite celle des modes pédagogiques de la révélation, tels qu'on les retrouve dans les divers livres de l'Écriture. Ainsi l'Ancien Testament devait rester figuré (*figuralis*), tandis que le Nouveau doit être réel (*realis*). La théologie ayant pour fin de mener l'homme au salut, devra l'y mouvoir de l'intérieur, par la piété et la bonté, auxquelles correspond le mode priant (*oratorius*) des psaumes.

Quant à la motion extérieure, celle de la discipline, elle peut être menée selon trois modes[3]. Celui de la puissance, guide selon les préceptes ceux qui sont sous la loi de l'Évangile. Celui de la sagesse a pour mode la révélation que l'on peut lire dans les *Prophètes* ou *l'Apocalypse*. Celui de la bonté procède par mode de conseils (*commonitorius*) : par les exemples des livres historiques ; en paroles, comme dans les livres de Salomon (*sapientiaux*) ; par écrit comme dans les Epîtres de Paul.

Enfin, la multiplicité apparente des quatre sens de l'Écriture se résorbe pour Eudes Rigaud en une uni-trinité. Celle-ci se fonde sur la même anthropologie distinguant l'extérieur et l'intérieur. Mais tandis que le gouvernement extérieur se divisait selon la diversité des modes scripturaires, c'est à partir de l'unicité du sens historique, extérieur, que le sens spirituel ou intérieur se déploie selon les trois étages traditionnels. Eudes Rigaud articule ce schème classique[4] à une psychologie assez personnelle qui n'est pas sans rappeler la conception des deux faces de l'âme. Ce qui peut-être schématisé comme suit :

sens intérieur →	*anagogique* →	*supra nos*
	allégorique →	*iuxta nos*
	moral →	*pertinens ad nos*
sens extérieur →	*littéral*	

Eudes Rigaud ajoute à ce schème celui qu'il reprend à Hugues de Saint-Victor[5] : A partir du sens anagogique pensé comme cause se déploie un double

1. *Id.*, *Disputatio*, II, a. 1, q. 3, *resp.*, *ibid.*, n. 161-163, p. 66-67 ; cf. Guillaume de Méliton, *Quaest. theol.*, 9, B. Pergamo (éd.), art. cit., p. 328-329.

2. *Id.*, *ibid.*, n. 163, p. 67.

3. *Id.*, *ibid.*, n. 175, p. 71 ; cf. Guillaume de Méliton, *Quaest. theol.*, 13, B. Pergamo (éd.), art. cit., p. 332-33.

4. *Id.*, *ibid.*, n. 182, p. 73, Repris par Guillaume de Méliton, *Quaest. theol.*, 10, B. Pergamo (éd.), art. cit., p. 330.

5. *Id.*, *ibid.*, n. 183, p. 73 ; cf. Guillaume de Méliton, *Quaest. theol.*, 148, arg. 1, ad. 2, B. Pergamo (éd.), art. cit., p. 359.

effet : à faire (moral), ou fait. Pris selon la lettre, ce dernier sera historique, selon la signification, il sera allégorique.

Cause → *sens anagogique*
effet → *à faire* → *sens moral*
fait → *à la lettre* → *sens historique*
fait → *signification des mots* → *sens allégorique*

Mais la spécificité de la méthode théologique se pense moins pour Eudes Rigaud par rapport à ces considérations à usage interne d'ordre herméneutique que par comparaison avec celle des autres sciences conçues principalement en termes aristotéliciens.

Une science pas comme les autres

Nous examinerons donc ce qui différencie la théologie des autres sciences en commençant par sa méthode : son caractère artificiel et la certitude qui lui est inhérente. Mais c'est plus encore par son objet et sa finalité qu'elle se distingue des autres sciences. Nous reprendrons ainsi trois questions consacrées à cette distinction de la théologie par rapport aux autres sciences[1].

La théologie peut-elle procéder selon un mode artificiel ?

Eudes Rigaud s'oppose dans ses objections le schème stoïcien de la tripartition des sciences rationnelles, naturelles et morales (qu'il reprend d'ailleurs à Ambroise et à travers lui à Cicéron). Mais l'objection principale vient du schème ternaire d'Aristote organisant toute science profane :

	science profane	
definitio	*collectio*	*divisio*
	Théologie	
modus preceptorius revelatorius	*historicus*	*parabolicus*

Le franciscain lui oppose donc le mode spécifique de la théologie dont le but est la piété, l'information de *l'affectus*[2]. Nous le voyons, la finalité pratique joue déjà ici un rôle fondamental. A cette finalité salvifique vont justement correspondre les modes que nous avons rencontrés à l'œuvre dans les différents livres de l'Écriture.

Eudes Rigaud ajoute encore cinq raisons principalement reprises à Denys[3], d'opposer les paroles occultes et mystiques de la théologie aux discours manifestes

1. *Id.*, *ibid.*, I, q. 5-6 ; II, a1, q. 1 et 2, p. 44-64.

2. « Modus artificialis est dupliciter : uno modo secundum processum rationis humanae, – alio modo secundum dispensationem sapientiae divinae, ad informationem in iis quae pertinent ad salutem. Primus modus est in aliis scientiis, – et hic est definitivus, divisivus et collectivus ; sed in theologia est modus artificialis secundo modo, quia est scientia secundum pietatem et ad informationem affectus. *Id*eo convenit ei modus procedendi ad hunc finem, – et hic est praeceptorius, revelatorius, historicus, parabolicus et consimiles. », *id.*, *ibid.*, II, a. 1, q. 1, n. 128, p. 57-58.

3. *Id.*, *ibid.*, n. 130-135, p. 58-59.

et connus des sciences profanes : la déficience de l'intellect humain[1] quand il s'agit de comprendre les choses divines ; le mérite de la foi ; l'exercice de l'étude dont le labeur contribue aussi au mérite ; l'humiliation de l'intellect nécessaire au salut (nous retrouvons une des dispositions à la théologie du *Prologue*) ; enfin la dignité de la Vérité divine. Tout cela place, selon Eudes Rigaud, le mode de l'art théologique infiniment au dessus de celui des autres sciences. Pourtant l'adhésion de foi qu'il suppose, ne conduit-elle pas à une certitude moins grande que celle produite par l'évidence rationnelle des principes et des preuves avancées dans les autres sciences ?

Certitude maximale de la théologie

Il n'en est évidemment rien pour le maître franciscain qui propose une double distinction que nous pouvons schématiser comme suit[2] :

	supérieure	*inférieure*
Certitude expérimentale (en matière)	*spirituelle*	*charnelle*
Certitude spéculative	*sujet* *mode*	
2 critères ajoutés par le théologien	*auteur* *dispositions*	

Selon le goût spirituel, la théologie parviendra à une certitude supérieure, moindre évidement en matière charnelle. De même la certitude spéculative des sciences est plus grande en vertu du mode selon lequel elles atteignent des vérités nécessaires. Eudes Rigaud fait ainsi sienne la conception affective de la connaissance théologique chère aux franciscains et qui est exprimée selon la même distinction dans la *Somme Halésienne*. Il ajoute pourtant que la théologie jouit d'une plus grande certitude à cause de son sujet, de son auteur et de la disposition de la foi par la lumière de la grâce : « *nihil certius homini sua fide* ». Ainsi nous le voyons, la faiblesse éventuelle de la méthode en théologie est compensée par la noblesse de son sujet et de ses initiatives.

1. Notons que cette imperfection de l'intelligence humaine a des conséquences importantes pour Guillaume de Méliton que nous verrons reprises et développées par Henri de Gand. Incapable d'atteindre à la perfection d'une connaissance théologique par ses seules forces mises en œuvre dans l'étude, l'intelligence insuffisante de l'homme a besoin d'un don spécial de Dieu afin de parvenir à ses fins dans cette discipline. « Item, intellectus perfectus aliarum scientiarum potest haberi per ingenium et studium, experientiam et doctrinam ; sed theologicus intellectus perfectus non potest haberi nisi per donum Dei… », Guillaume de Méliton, *Quaest. theol.*, 3, B. Pergamo (éd.), art. cit., p. 315.

2. « Est certitudo affectus sive experientiae, et certitudo speculationis. Certitudo experientiae, sive gustus, est dupliciter : vel quantum ad gustum spiritualem, vel carnalem. Certitudo speculationis dicitur maior, secundum Phiosophum, dupliciter : aut quia de certiore subiecto, aut quia certiore modo tradita. Sed nos addimus duos modos, scilicet : aut quia a certiore auctore, aut ratione dispositionis in addiscente. Dicendum est igitur quod – loquendo de certitudine experientiae quantum ad gustum spiritualem – certior est theologia ; quantum vero ad carnalem, minus certa (…) Si autem loquamur de certitudine speculationis, certior est theologia, quia de certiore subiecto et a certiore auctore, – et propter dispositionem fidei, quae praexigitur, quae etiam reddit omnia certa quae ibi dicuntur. Sed tamen, quantum ad modum tradendi, dicendum quod aliae scientiae sunt certiores, quia sunt per rationes necessarias et inevitabiles quibus necesse est intellectum assentire, simpliciter loquendo. », Eudes Rigaud, *Disputatio*, *ibid.*, q. 2, n. 142-146, p. 61-62.

Au fondement de la différence : objet et finalité

C'est bien en effet à partir de son objet et de sa façon de l'envisager, c'est-à-dire de sa finalité que la théologie diffère des autres sciences aux yeux d'Eudes Rigaud. La *Disputatio*, I, q. 5 demande en effet ce qui distingue la théologie qui «*est de omnibus*», de la sophistique, de la dialectique et de la métaphysique portant également sur tout[1]. Si elle porte sur tout elle ne se distingue pas des autres. Si elle ne porte que sur Dieu, ne pouvant l'atteindre à partir des créatures qui n'ont rien de commun avec lui, elle ne porte plus sur rien d'autre.

La réponse met en place de subtiles distinctions[2] déjà rencontrées :

Sujet	*de quo*	*circa quod*
dialectique	*scientia*	*ars*
	syllogisme dialectique	susciter une opinion
théologie	*divina essentia*	*unitas finis*

Considérée par rapport à son sujet *de quo*, la dialectique sera prise comme science du syllogisme dialectique. En revanche, regardée à partir de son sujet *circa quod*, elle n'est plus envisagée que comme art de générer l'opinion. De même la théologie pourra être considérée par rapport son sujet *de quo* : l'essence divine. Mais elle tire de son sujet *circa quod* une unité qui lui permet d'assumer le Christ et le salut qu'il opère. Par ailleurs nous avons déjà mentionné la distinction[3] entre science une selon l'univocité, l'analogie ou l'ordonnancement à une fin unique. Nous présentons ici en tableau la distinction et les exemples proposés par Eudes Rigaud :

secundum. univocationem	*geometria*	*de magnitudine*
secundum analogiam	*metaphysica*	*de ente*
secundum ordinatio ad finem	*theologia*	*de Deo, Christo*

La portée de ce schéma est en fait considérable, si l'on songe aux débats ultérieurs qui opposeront thomistes partisans de l'analogie et scotistes tenants de l'univocité. Il détourne en effet ici le *pros en* aristotélicien, ditingué de l'analogie, de la causalité vers la finalité. Et cela pour une bonne raison : la théologie est une science pratique capable d'indiquer à chacun la cause «*propter quam*» du choix de ses actes méritoires. Ainsi le mouvement *pros en* permettait de découvrir l'être comme principe causal de la métaphysique aristotélicienne. Latinisé en *ordinatio ad unum*, il confère ici à la théologie une unité suprême qui est sa différence spécifique par rapport aux autres sciences. Faut-il voir là la sagesse qui faisait dire à B. Pergamo que la plupart des trouvailles attribuées comme originales à saint Thomas se trouvaient déjà chez Eudes Rigaud et certains de ses collègues franciscains[4] ? A la fois cette intuition profonde n'est pas différente de celle que Thomas reprendra à Albert, car la matière comme la finalité de la théologie n'est autre qu'un Dieu qui donne la béatitude. Toutefois le primat donné à la causalité finale, semble pouvoir, dans la perspective franciscaine d'une théologie conçue comme science pratique, éviter la médiation dans l'ordre de la causalité formelle par la science suabltemante des saints. N'est-ce pas d'ailleurs dans l'ordre de la causalité

1. Cette reprise par le théologien de l'interrogation philosophique d'Aristote en *Métaphysique*, Gamma, 2, 1004 b. 3 *sq.*, a pu transiter par Avicenne et sa traduction par Gundissalinus, selon M. J. Jolivet que nous remercions de cette précision.

2. *Id.*, *ibid.*, I, q. 5, n. 102, p. 44-45.

3. *Id.*, *ibid.*, n. 104, p. 45-47, cf. *supra* n. 43.

4. B. Pergamo, art. cit., p. 363-364.

finale et non seulement formelle que la subalternation thomiste prend son sens ultime ? C'est en tout cas une spécificité d'Eudcs Rigaud d'insister sur l'opposition entre la causalité à l'œuvre en métaphysique et la finalité régissant la théologie.

Finalement, il est donc possible d'affirmer que la science théologique n'est pas une science de rien car si Dieu est étranger aux créatures en tant qu'essence, il en demeure la cause créatrice et conservatrice (ce qui leur laisse en vertu de cette finalité, quelque chose de commun non de manière univoque mais selon un mode analogique[1]). Elle a sa manière propre d'être une science de tout : seulement de tout ce qui est utile au salut, comme l'avait toujours dit Augustin.

Eudes Rigaud est alors en mesure de penser la différence de ces trois sciences qui sont à la fois de rien et de tout[2]. La métaphysique considère tout selon la vérité, la dialectique selon la probabilité, la sophistique selon l'apparence. Par ailleurs, nous avons vu que la métaphysique ramenait toutes choses à Dieu en tant que cause, tandis que la théologie les ramène à Dieu en tant que fin ultime. Ainsi, elle ne s'arrête pas à la spéculation sur la vérité, elle entend ordonner l'affectivité de l'homme à son bien ultime[3]. Mais cela fait d'elle une science pratique.

La distinction aristotélicienne entre science spéculative et science pratique repose sur l'opposition de deux fins différentes. Aussi la réponse de Eudes Rigaud sera-t-elle sans ambiguïté. La théologie ne s'arrête pas à la connaissance du vrai, elle ordonne au bien, c'est à dire aux œuvres conduisant à la jouissance du bien ultime[4]. Il n'accepte aucun compromis, et en cela il fonde la position franciscaine sur la question. Il dénonce même le concordisme facile pratiqué par certains maîtres du premier averroïsme comme Arnoul de Provence qui voudrait faire de la métaphysique une science elle-même partiellement spéculative et partiellement active. Il refuse une telle position de compromis à laquelle devait bientôt revenir Guillaume d'Occam et que soutenaient déjà certains de ses contemporains considéreant tant la théologie que la métaphysique comme partiellement spéculative et partiellement pratique[5]. Pour lui, la métaphysique est pure spéculation, mais la finalité de la théologie est purement pratique.

Nous touchons ici les limites de l'intellectualisme du maître franciscain. Il place délibérément la foi du côté de la puissance rationnelle, non plus dans quelque sentiment instinctif, et la théologie y trouve son fondement. Pourtant sa finalité ne s'arrête pas pour lui à la contemplation (fut-elle celle des bienheureux). Elle doit ordonner au bien : au bien éternel, mais aussi aux œuvres qui y conduisent. S'il attribue la foi à la puissance rationnelle, il ne la conçoit plus comme Guillaume d'Auxerre selon le mode instinctif de la cogitative. Elle constitue un *habitus*

1. « Tamen illud quod obicitur quod Creator et creatura nihil habent commune, – respondetur quod verum est ratione essentiae ; tamen si Creator consideretur in quantum causa producens et conservans et finiens, sic possunt habere aliquid commune non per univocationem, sed per analogiam, sive secundum ordinationem qua creatura ordinatur ad Creatorem.» Eudes Rigaud, *Disputatio*, II, a. 1, q. 5, n. 108, p. 48.

2. « Metaphysica est de omnibus secundum veritatem, dialectica secundum probabilitatem, sophistica secundum apparentiam. Sed theologia non dicitur esse de omnibus, nisi de omnibus quae sunt utilia ad salutem... », *id.*, *ibid.*, n. 111, p. 49.

3. « Speculatio theologica non sistit in vero, sed ultimo ordinatur ad bonum, et ad bonum summum quod est finis omnium. », *id.*, *ibid.*, n. 109, p. 48.

4. « Haec divisio scientiae per "speculativam" et "practicam" datur per comparationem ad finem : speculativa enim sistit in cognitione veri, – practica autem, quamvis sit cognitio veri, tamen ibi non sistit, sed ulterius ordinat ad bonum sive ad opus, per quod pervenitur ad bonum intentum. Quoniam igitur theologia secundum suum finem non sistit in pura cognitione, sed ulterius ordinat ad opus, ideo dicendum est quod haec scientia sit practica. », *id.*, *ibid.*, q. 6, *resp.*, n. 118, p. 51.

5. *Id.*, *ibid.*, n. 119, p. 52.

rationnel, prolongé par celui de la théologie : l'intelligence qui dépasse d'ailleurs la science.

Ainsi la théologie est au carrefour de ces trois actes *scientia, intelligentia, sapientia*. Considérée dans ses principes transcendants, la théologie est sagesse, mais par rapport aux conclusions qu'elle en tire, elle fonctionne comme une science. Science de la foi (*scientia fidei*) dont les conclusions ne valent que pour ceux qui admettent les articles servant de mineures à ses syllogismes. Pourtant, s'ils restent hypothétiques à cause de ces mineures, ces syllogismes reposent sur des majeures qui trouvent leur fondement dans la syndérèse, cette mystérieuse faculté ou habitude des principes, naturellement communiquée par Dieu à toute créature rationnelle. La science théologique étend ainsi ses connaissances selon un mode syllogistique reposant sur la lumière de foi, mais non sans contribution de la raison.

Certes, cela en fait une science qui n'est pas comme les autres, et pas seulement à cause de sa dépendance à l'égard de l'Écriture. En cela, Eudes Rigaud dépasse définitivement les maîtres du XIIe siècle. Il en assume à sa manière les principaux apports. Notamment, il définit à partir de sa classification des genres bibliques, les modes propres à la théologie : révélatoire, sapientiel, exemplaire, incitatif... Mais c'est pour les distinguer de ceux des sciences profanes conçues selon le modèle aristotélicien qui demeure le principal élément de comparaison. Il reconnaît d'ailleurs que du côté de la méthode prise isolément, elles auraient l'avantage. Mais la théologie reprend le dessus par la noblesse de son sujet, de son auteur et des dispositions qu'elle exige. La première de toutes n'est-elle pas l'humilité ? Elle dispose l'irascible à une recherche intellectuelle menée *in obsequium Christi*.

Cette supériorité de la théologie ne doit donc pas monter à la tête de ceux qui s'y adonnent, d'autant que sa finalité demeure pratique. Elle ne peut se rengorger de ses découvertes spéculatives, mais doit toujours les dépasser dans un ordre affectif conduisant par les œuvres bonnes au bien ultime. Elle est finalisée, non à la seule contemplation intellectuelle, mais au salut de tout l'homme, mérité par des œuvres bonnes consenties librement pour l'amour du bien ultime : Dieu. Ainsi est-ce cette finalité ultime : un Dieu susceptible de conférer la béatitude, qui donne à la théologie par son objet une unité résultant non d'une simple analogie mais d'une *ordinatio ad unum*. Bien des positions spécifiquement franciscaines sont présentes ici en germe avant-même que le volontarisme ne leur ait donné leur plein développement. Nous allons en voir cristalliser un certain nombre dès la *Somme Halésienne*.

LA SOMME HALESIENNE : PREMIÈRE SAGESSE FRANCISCAINE

L'épistémologie du traité introductif

La première question du traité introductif de la *Somme Halesienne* comprend quatre questions sur la Théologie : est-elle une science ? Distincte des autres ? Science de quoi ? Transmise selon quel mode ?

La théologie une science parmi les autres ?

Les principales objections avancées contre la scientificité de la théologie sont celles rencontrées chez Eudes Rigaud : La science ne doit-elle pas porter sur l'universel ? Or la théologie concerne le singulier, historique en particulier. Reposant sur la foi elle est plutôt intermédiaire entre l'opinion et la science. Le *sed contra* met simplement en avant la supériorité d'une connaissance inspirée par Dieu. La solution distingue entre science des causes et des effets. La théologie portant sur la cause des causes sera plutôt sagesse. La *Somme* recueille finalement l'enseignement d'une sagesse franciscaine, sans toutefois opposer comme Eudes Rigaud les deux testaments. Elle distingue la théologie : « *sapientia ut sapientia* » car elle discerne la bonté de la cause ultime ; la Philosophie première qui ne remonte jusqu'au bien suprême que rationnellement : « *sapientia ut scientia* » et les autres sciences portant sur les effets seulement : « *scientiae ut scientiae* ». Le *Respondeo* met en place une distinction intéressante entre quatre modes de l'universel : *praedicando*, *significando*, *exemplando* et *causando*. Il ajoute que si le sens littéral de l'Écriture est historique et donc particulier, il est aussi le plus souvent exemplaire. Quant au sens intérieur, il est universel par sa signification.

Si toute vérité vient de Dieu, toute science sera théologique. Mais justement, fait remarquer le rédacteur de la *Somme Halesienne*, la théologie provient de l'inspiration et du témoignage, à la différence des sciences acquises à partir de l'expérience. Remarquons encore que la subtile distinction rigaldienne entre *dignitates* et *petitiones* n'est pas présente dans ce second chapitre de la première question, ce qui conduit à accentuer le caractère pratique de la théologie[1]. En effet les sciences conduisent l'intellect à des conclusions à partir de leurs principes. Partant des siens, la théologie conduit à des opérations en inspirant à l'affectivité des passions comme la crainte et l'amour. Ainsi la théologie ne se contente-t-elle pas de venir de Dieu et de porter sur Dieu selon un mode distinct des autres sciences. Elle conduit aussi à lui. L'insistance sur la finalité subjective de la théologie ne laisse-telle pas place à un naturalisme éthique ? La référence à la Révélation suffit-elle à en garder les auteurs de la *Somme* ?

Science de l'Écriture sainte ?

Les objections du troisième chapitre consacré au sujet (*de quo*) de la théologie reprennent les oppositions classiques : victorine, entre Création et Réparation ; augustinienne entre *res* et *signa* ou entre *uti* et *frui*. Le texte de cette question de la *Somme Halesienne* est très voisin de celui d'Eudes Rigaud qui restait sur ce point très conforme à l'enseignement officiel de son ordre. La solution adoptée, après avoir mis en avant la différence entre matière « *de qua* » et « *circa quam* », est finalement celle reprise à Denys selon le schème :

substantia	virtus	operatio
Deus	Christus	restauratio

Le dernier chapitre reprend les questions classiques sur l'Écriture. Les objections sont les mêmes que celles que nous avons trouvées dans la dispute d'Eudes Rigaud : poésies, histoires ou paraboles de l'Écriture n'ont rien des définitions, divisions et collections des sciences profanes, ni de leur certitude. Notons

1. « Omnis humana scientia est acquisita per inventionem vel doctrinam ; sed theologica disciplina est inspirata non acquisita (...) Item, omnes aliae scientiae traduntur secundum ordinem ratiocinationis a principiis ad conclusiones, quibus doceatur intellectus, non moveatur affectus ; sed Scriptura sacra traditur secundum ordinem informationis practicae principiorum ad operationes, ut moveatur affectus (...) Ex iis igitur sequitur quod Theologia non est sicut alias scientias, nec connumerabitur inter alias... », Alexandre de Hales, *Summa théologica, Tractatus introductorius*, q. 1, chap. 2, Quaracchi, 1924, p. 4-5.

que nous retrouvons les modes de la pieuse science : «*praeceptivus*» : dans la loi et l'Évangile ; «*exemplificativus*» dans les livres historiques ; «*exhortativus*» dans les textes attribués à Salomon ; «*relativus*» dans les Prophètes, «*orativus*» dans les Psaumes[1].

Dans l'article sur la certitude de la théologie nous trouvons exactement les arguments rencontrés chez Eudes Rigaud, avec toutefois une plus grande insistance sur le caractère savoureux de la connaissance théologique. C'est ce mode du goût spirituel de vérités atteintes par une connaissance expérimentale et affective qui leur confère la certitude supérieure à toute vision spéculative[2].

De même, dans l'article 4, les objections à l'existence d'un mode proprement théologique, venant principalement des quatre sens de l'Écriture selon l'exégèse traditionnelle, trouvent leur solution finale dans le schème uni-trinitaire d'un sens littéral se creusant d'un triple sens intérieur. Quant aux raisons d'être multiforme, elles viennent au savoir théologique tant de son auteur : l'Esprit, que de sa matière et de ses destinataires : les hommes dans tous leurs états. Seul l'ordre change, certains développements dionysiens viennent s'ajouter, mais le fond reste très proche de la dispute rigaldienne. Pourtant la noétique implicite n'est pas identique.

La noétique implicite

La question 2 du traité introductif est consacrée à la connaissance de Dieu *in via*, c'est-à-dire qu'elle pose les conditions noétiques de la théologie. Elle se divise en trois membres examinant successivement ce qui concerne l'objet à connaître, le sujet connaissant et les moyens de la connaissance.

Ex parte cognoscibilis

Le premier chapitre s'objecte le thème cher aux Pères Grecs de l'incognoscibilité divine. Mais il conclut qu'aux cœurs purs, une connaissance non exhaustive de Dieu, finie, attentive à sa volonté plus qu'à sa substance demeure possible en ce monde[3]. Toutefois, le second chapitre[4] précise que dans son immensité, la substance ne peut être connue de l'homme *in via* que négativement. La connaissance de l'objet divin a donc ses limites subjectives, mais aussi objectives.

La connaissance naturelle de Dieu a ses limites. Ainsi, la Trinité[5] ne peut être atteinte en propre qu'à l'aide d'une grâce, qu'elle soit d'ailleurs sanctifiante ou *gratis data*. Ce ne serait pas la déficience naturelle de l'intellect humain, mais le péché originel qui le rend incompétent par rapport aux intelligibles les plus hauts. Même la connaissance de la Trinité atteinte par la tradition hermétique ne fut pos-

1. *Ibid.*, q. 1, chap. 4, a. 1, p. 8. Nous avons vu que ce lieu commun est partagé aussi bien par Eudes Rigaud que par Guillaume de Méliton.

2. « Est certitudo speculationis et certitudo experientiae ; praeterea est certitudo secundum intellectui et est certitudo secundum affectum ; item, est certitudo quoad animum spiritualem et est certitudo quoad animum animalem. Dico ergo quod modus theologicus est certior certitudine experientiae, certitudine quoad affectum, quae est per modum gustus (...) quamvis non certior quoad speculationem intellectus quae est per modum visus. Item, certior est homini spirituali, quamvis incertior animali... », *ibid.*, q. 1, chap. 4, a. 2, p. 9 ; repris dans Ms Vat. lat. 782, q. 1, B. Pergamo (éd.), art. cit., p. 344.

3. « Deus est invisibilis natura, visibilis vero voluntate (...) Visibilia necessitate sunt corporalia et sensibilia, visibilia vero voluntate sunt spiritualia, quemadmodum angeli et ipse Deus », *ibid.*, q. 2, chap. 1, p. 16.

4. *Ibid.*, p. 17.

5. *Ibid.*, chap. 3, p. 18-19.

sible que par une inspiration spéciale. Remarquons qu'elle lui sera refusée dans son *Commentaire* au *De Trinitate* de Boèce par Thomas d'Aquin. Il ne verra là qu'une approche du mystère par des similitudes appropriées et non propres.

De même que la connaissance des mystères requiert la grâce ici bas, la vision face à face dans la gloire est réservée aux bienheureux. Toutefois, la *Somme* met en place une subtile distinction que nous n'avons pas trouvée chez Eudes Rigaud[1]. La face de Dieu peut désigner sa présence de grâce, charnelle ou de gloire[2]. Mais dans tous les cas, en cette vie elle ne saurait être vue que par derrière, *per posteriora*, entendons par les effets, qu'ils soient des raisons naturelles, des figures ou espèces, des créatures. Le chapitre 5[3] précise pourtant que, si la connaissance parfaite n'est possible ni par nature, ni par grâce imparfaite, elle l'est par une grâce de contemplation parfaite, non toutefois pleinement comme dans l'autre vie. Le chapitre 6[4] précise encore que si la présence naturelle de Dieu à ses créatures peut être saisie ici-bas, sa présence par grâce demeure inconnaissable.

Ex parte cognoscentis

La distinction des divers modes de connaissance de Dieu pris cette fois de manière objective est abordée dans le second membre de la seconde question. Le premier chapitre établit la différence entre les modes très divers de connaissance de Dieu[5] :

quia est : connaissance naturelle par déduction a posteriori, accessible même aux mauvais.

quid non est : selon le mode de la théologie négative.

quid et qualis est : connaissance impossible naturellement, mais possible, de manière imparfaite par grâce, et parfaite par gloire.

quantus est : cette connaissance que Dieu a de lui-même (dans son infinité) lui est réservée.

Ainsi que l'a montré H. F. Dondaine,[6] nous avons là une synthèse des précisions auxquelles avaient mené les discussions autour de la cognoscibilité de l'essence divine au lendemain de la condamnation de 1241. Elles reposent sur une noétique subtile précisant le rôle des diverses puissances humaines dans la connaissance de Dieu. Les sens qu'ils soient internes ou externes ne sauraient conduire à la connaissance de Dieu, sinon à des signes de sa présence[7]. Le chapitre 4 reprend la distinction du *De spiritu et anima*, considérée comme augustinienne, entre les

1. « Uno modo dicitur facies Dei praesentia eius per gratiam (...) Alio modo dicitur facies praesentia eius per carnem (...) Tertio modo dicitur facies praesentia eius per gloriam in propria forma », *ibid.*, chap. 4, p. 20.

2. On remarquera qu'un aménagement de la face de Dieu assez proche se trouve dans la *Somme théologique* d'Albert le Grand, q. 13, chap. 4, Aschendorff, 34, 1, p. 44-48.

3. Alexandre de Hales, *Summa théologica, Tractatus introductorius*, q. 1, chap. 2, *op. cit.*, p. 21-22.

4. *Ibid.*, p. 22-23.

5. *Ibid.*, q. 2, m. 1, chap. 1, p. 23-24.

6. H. F. Dondaine, « *Cognoscere de Deo "quid est"* », dans *R.T.A.M.*, 22, 1955, p. 72-78.

7. *Ibid.*, chap. 3, p. 25-27.

diverses puissances et leurs objets[1]. Nous en tirons le schéma suivant :

Puissance	*Objet*	*dignité*
Intelligence	*esprit incréé= Dieu*	*supra se*
Intellect	*esprits créés*	*iuxta se*
raison	*natures universelles abstraites*	*infra se*
imagination	*formes corporelles absentes*	—
sens	*formes corporelles présentes*	—

Le dernier chapitre[2] précise encore qu'Adam prélapsaire connaissait Dieu de manière manifeste à travers ses créatures, ce qui n'est plus le cas après l'obscurcissement produit par le péché originel. Toutefois, la connaissance par grâce, parce qu'elle est par goût, vaut plus, maintenant encore, que celle par intellection naturelle qu'Adam pouvait avoir avant le péché. Reste alors à examiner les éventuels intermédiaires (*media*) de la connaissance de Dieu.

Ex parte medii cognoscendi

D'emblée, la connaissance immédiate est renvoyée à la vision béatifique tandis qu'ici-bas un *medium* est toujours nécessaire[3]. Les créatures pourront ainsi conduire à la connaissance de Dieu par mode d'analogie, de causalité (efficiente ou finale : *alpha* et *oméga*). Mais s'il s'agit de distinguer science, opinion et foi, la *Somme* n'évite l'opposition qu'en distinguant le sens strict de la science par les causes selon la définition aristotélicienne, de celle plus large d'une vision intellectuelle et de celle qui est la plus commune englobant les choses vues et crues. Nous sommes loin des distinctions noétiques d'Eudes Rigaud.

Les deux dernières questions comparent les moyens de connaissance naturels par la raison et ceux surnaturels par la foi. Peut-on prouver le donné de foi par la raison ? Nous retrouvons non seulement les objections classiques, mais même la solution déjà rencontrée chez Guillaume d'Auxerre avançant trois raisons apologétiques d'utiliser la raison[4] : approfondir la foi des fidèles, perfectionner celle des simples, combattre l'hérésie. Le problème de la substituabilité n'en est pas vraiment traité pour autant.

La dernière question porte sur la certitude de la connaissance. Mais au lieu d'opposer celle de la théologie et celle des autres sciences, comme le fait Eudes Rigaud, elle se contente de rappeler que dans la connaissance naturelle de Dieu, son *quia est* est mieux connu que son *quid est*, tandis que c'est l'inverse dans le cas des créatures. La première tire sa supériorité d'un *habitus* inné ou infus, tandis que la seconde s'appuie sur des *habitus* acquis à partir de l'expérience sensible. Il en découle deux types différents de certitude. Là encore bien des subtilités rigaldiennes sont absentes.

Parmi les trouvailles du *Commentaire des Sentences* et des *Questions disputées* d'Eudes Rigaud, la *Somme Halésienne* ne retient les plus astucieuses, mais elle tire également parti de l'intense réflexion sur les divers modes de connaissance de Dieu provoquée par la condamnation de 1241. Guillaume de Méliton et Jean de La Rochelle jouèrent indéniablement un rôle majeur dans l'élaboration de la pensée officielle de leur ordre par leur contribution à la rédaction de la *Somme Halésienne*. Mais il ne doit pas nous laisser oublier celui de précurseur joué par Eudes Rigaud.

1. *Ibid.*, chap. 4, p. 27-28.
2. *Ibid.*, chap. 5, p. 28-30.
3. *Ibid.*, M. III, chap. 1, p. 30-31.
4. *Ibid.*, chap. 4, p. 34.

Précurseur, non de la subalternation thomiste, mais des principales positions de la sagesse franciscaine, telles qu'on les retrouvera pour une bonne part chez Bonaventure. Science de foi usant de syllogismes hypothétiques, elle propose ainsi une conception équilibrée de la théologie, ni calquée sur le modèle de la science aristotélicienne, ni totalement assimilée à l'Écriture, mais plutôt comme une sagesse qui s'y intègre.

CHAPITRE III

DIALOGUE ET DISSENSIONS ENTRE BONAVENTURE ET ROGER BACON

Ayant examiné la naissance de l'École franciscaine avec la *Somme Halesienne* et ce fondateur subtil que fut Eudes Rigaud, avant d'en venir aux premiers dominicains, nous poursuivons l'investigation dans cette école qui connût immédiatement grâce au génie de saint Bonaventure un premier apogée. Dans le temps même où le Docteur Séraphique atteignait les sommets de la gloire dans son ordre et au-delà, un autre esprit très original développait, dans l'ombre et les persécutions, des considérations elles aussi fort intéressantes et le plus souvent opposées sur la théologie. Y-eut-il vraiment dialogue entre ces deux maîtres ? C'est une hypothèse improbable, au sens où elle est très difficile à prouver. Cependant, il paraît encore moins probable que Bonaventure ait pu ignorer ce frère d'outre-manche, turbulent et savant qui avait été mis sous sa responsabilité parisienne. En choisissant de les grouper dans ce chapitre, nous ne prétendons donc nullement reconstituer un dialogue hypothétique, et la reprise de ce titre est donc à prendre *cum grano salis*. En traitant successivement de ces deux auteurs représentant chacun un sommet dans son genre, nous nous proposons seulement ici de montrer les limites de leurs points d'accord et la fécondité de leurs différences.

Certes, les deux génies ne sont pas du même acabit. La grandeur de Bonaventure dépasse largement le cadre de nos spéculations scolastiques et fait de lui un maître de théologie spirituelle. Approfondissant les subtilités de l'intériorité et maniant brillamment les symboles, il excède le cadre de la théologie rationnelle. Mais ces choix mêmes marqués par Augustin et Bernard n'ont-ils pas tendance à faire de lui un homme du passé ? Au contraire, le goût de Bacon pour les sciences modernes : linguistiques, mathématiques et expérimentales, conduit à faire de lui un prophète, appelant avec plus de quatre siècles d'avance, la naissance des sciences modernes. Ainsi son génie propre de maître es-arts se déploie-t-il en deçà de la métaphysique dont il refuse l'usage systématique en théologie. Prônant au contraire le recours aux langues bibliques et aux sciences expérimentales n'est-il pas aussi prophète de la manière dont la théologie entend se faire aujourd'hui ? Cet homme du futur, fortement influencé par le millénarisme joachimite n'en est pas moins réactionnaire que son collègue franciscain. L'affirmation qui leur est commune est celle du primat de l'Écriture Sainte. L'un et l'autre y voient la source de toute théologie et déplorent l'invasion des sciences profanes dans son champ sacré. Pourtant leurs raisons sont bien différentes, et leurs conceptions des rapports entre science et théologie, opposées.

BONAVENTURE OU LA RÉDUCTION DE LA THÉOLOGIE À L'ÉCRITURE

Ce qui caractérise la position de Bonaventure dans le prologue de son *Commentaire des Sentences*, c'est la subalternation de la théologie à l'Écriture sainte. Faut-il y voir un refus réactionnaire de l'enseignement qui s'en faisait à partir des *Sentences* de Pierre Lombard et animé par le désir d'un retour à la seule *pagina sacra* et à ses méthodes d'exégèse héritées des siècles précédents ? Y a-t-il place à leur côté pour un mode propre de la théologie spéculative ? Comment situer cette dernière par rapport à l'Écriture ? Faut-il considérer que la pensée de Bonaventure a évolué sur ce point, abandonnant progressivement la théologie rationnelle et son usage de la philosophie au profit exclusif d'une théologie mystique fondée sur l'Écriture ? Fut-il ainsi, sous l'influence millénariste, successivement anti-aristotélicien, anti-philosophe et enfin anti-scolastique, comme le veut J. Ratzinger[1] à propos de sa Théologie de l'Histoire ? Peut-on étendre ce schème à toute sa théologie ? La tendance qui conduisait É. Gilson et bien d'autres[2] à peindre un Bonaventure philosophe chrétien s'est donc inversée. Il apparût ensuite comme le principal agent augustinien du refus de l'aristotélisme et avec lui de toute philosophie en théologie. Le paradoxe est qu'on trouve chez lui des textes fondant l'une et l'autre lecture. Les uns placent la raison philosophique après la foi dans la hiérarchie des savoirs et supposent un usage de la philosophie éclairé par la lumière de foi. Mais n'est-on pas alors déjà en théologie ? D'autres classifications laissent au contraire la philosophie au seuil de la foi, lui interdisant l'accès à un discours satisfaisant sur Dieu, théologique. C. Bérubé[3], à la suite de G. Tavard[4], suggère une évolution de la pensée de Bonaventure sur ce sujet, qui l'aurait conduit à dévaloriser toujours plus l'apport philosophique au profit de l'Écriture. Mais n'y perd-on pas la cohérence profonde de la pensée bonaventurienne ? J. G. Bougerol l'affirme au contraire[5], et refuse même de poser la question d'une évolution de la pensée du docteur séraphique.

Nous tenterons, nous aussi, de mettre en valeur sur le thème qui nous intéresse ici, la profonde cohérence de Bonaventure depuis le *Commentaire des Sentences* et jusqu'aux *Collationes in Hexaemeron*, mais tout en poussant plus loin encore l'hypothèse historique, en supposant que ce sont ses charges successives de bachelier, de professeur et de Prieur général qui l'ont amené à insister davantage sur le rôle respectif de la philosophie, de la théologie spéculative ou biblico-mystique. Pour autant, ces aspects divers de la théologie n'en sont pas moins présents et ordonnés dans chacun des écrits bonaventuriens. La chronologie autant que la méthode que nous nous sommes proposée au départ nous invitent à repartir du prologue de son *Commentaire des Sentences*.

1. J. Ratzinger, *Die Geschichstheologie des heiligen Bonaventura*, München, 1959, trad. fr., *La théologie de l'histoire de saint Bonaventure*, Paris, 1988.

2. Cf. É. Gilson, *La philosophie de saint Bonaventure*, Paris, Vrin, 1929.

3. Cf. C. Bérubé, *De la Philosophie à la Sagesse chez saint Bonaventure et Roger Bacon*, Rome, 1976.

4. Cf. G. Tavard, « La théologie d'après le Bréviloque de saint Bonaventure », dans *Année théologique*, 1949 ; *Transiency and Permanence*, New York, 1954 ; « Le statut prospectif de la théologie Bonaventurienne », dans *Revue des Études Augustiniennes*, 1, (1955), p. 251-263.

5. J. G. Bougerol, *Introduction à saint Bonaventure*, Vrin, Paris, 1988, en particulier, p. 199-200.

La théologie subalternée à l'Écriture

Le *Prologue* commence par un préambule tout baigné de symbolisme. Prétendant rechercher les quatre causes (selon la distinction aristotélicienne) du livre qu'il doit commenter, Bonaventure le compare, dans sa longueur, sa largeur, sa profondeur, au fleuve évoqué par *Job.*, 28, 11. Ce cours d'eau, comme celui qui sortait de l'Eden, se divise en quatre fleuves, correspondant aux quatre livres des *Sentences*. C'est dans les questions qui font suite à ce préambule que la discussion des problèmes théologiques est ensuite abordée. Elles portent elles aussi sur la matière, c'est-à-dire le sujet du *Livre des Sentences* et donc de la théologie, sa forme, c'est-a-dire son mode, sa finalité spéculative ou pratique, enfin sa cause efficiente, c'est-a-dire l'auteur du livre.

Sujet et mode de la théologie : entre foi et écriture

Bonaventure entend assumer les opinions traditionnelles sur le sujet de la théologie[1]. Il peut être pris en trois sens. Celui auquel tout se réduit comme à son principe est bien Dieu. Celui auquel tout se ramène comme à un tout intègre est bien le Christ (on se souvient du rôle joué par son corps mystique chez Eudes Rigaud). Mais le sujet auquel tout le contenu théologique, *res et signa*, se ramène comme à un tout universel, n'est autre pour Bonaventure, que celui de la foi : le croyable, «*credibile*». Or le croyable sera objet pour ce livre spécifique, (entendons le commentaire des *Sentences*, et plus généralement la théologie scolastique naissante dont il constitue l'ouvrage de référence), en tant que le donné de foi y prend raison d'intelligible «*prout tamen transit in rationem intelligibilis*». C'est dans cette alchimie qui transmutte le croyable en intelligible, en y ajoutant de la raison, que réside le mystère de cette science nouvelle pour Bonaventure.

L'on pourrait en effet objecter que le croyable est l'objet de la vertu de foi et non d'un savoir (*scientia*)[2]. C'est qu'il y a pour Bonaventure transformation, changement de la raison qui mesure le croyable. Elle demeure la vérité première quand celui-ci est objet de la vertu de foi, mais s'y ajoute une raison d'autorité quand il s'agit de la doctrine de l'Écriture. Et à ces raisons de vérité et d'autorité peut se surajouter, selon Bonaventure, quelque raison probable venant conforter (*probare*) la foi. Ce troisième niveau sera précisément celui de la théologie telle que la conçoit ici le maître franciscain.

L'on pourrait objecter que la probabilité ne fait pas bon ménage avec la certitude de la foi et que celle-ci ne peut d'ailleurs se prouver. Cette difficulté peut être résolue grâce à une distinction proposée par Bonaventure au traité de la foi[3].

1. « Nam subiectum ad quod omnia reducuntur ut ad principium est ipse Deus. Subiectum quoque, ad quod omnia reducuntur, quae determinantur in hoc libro, ut ad totum integrum, est Christus, prout comprehendit naturam divinam et humanam sive creatum et increatum (...) Possumus et unico vocabulo nominare ; et sic est credibile, prout tamen credibile transit in rationem intelligibilis, et hoc per additionem rationis ; et hoc modo, proprie loquendo, est subiectum in hoc libro », Bonaventure, *In I Sent, Prologue*, q. 1, *resp.*, Quaracchi 1, 1887, p. 7.

2. « Credibile enim, secundum quod habet in se rationem primae veritatis, cui fides assentit propter se et super omnia, pertinet ad habitum fidei, secundum quod super rationem veritatis addit rationem auctoritatis, pertinet ad doctrinam sacrae Scripturae (...) sed secundum quod supra rationem veritatis et auctoritatis addit rationem probabilitatis, pertinet ad considerationem praesentis libri, in quo ponuntur rationes probantes fidem nostram. Et sic patet, quomodo differenter est fides de credibili, et libri de canone sacrae Scripturae, et praesens scriptura. », *id.*, *ibid.*, ad. 5-6, p. 8.

3. « Dicendum, quod opinio probabilis dupliciter consuevit accipi : uno modo dicitur opinio "acceptio unius partis cum formidine alterius" ; alio modo dicitur opinio acceptio animae generata

L'opinion peut être prise en deux sens. Si elle n'est que l'acception d'une possibilité, craignant encore que l'autre puisse être vraie, elle s'oppose à la certitude de foi. Mais elle peut aussi être conçue comme le résultat du syllogisme dialectique. Fondé lui-même sur une prémisse qui n'a pas en elle-même l'évidence de sa vérité, il arrive à une conclusion qui n'est encore que probable. C'est bien à ce type de probabilité que nous avons à faire en théologie spéculative. On se souvient d'avoir rencontré ce recours au syllogisme dialectique pour fonder la rationalité théologique chez Eudes Rigaud. Partant pour lui d'axiomes de la loi naturelle évidents par eux-mêmes (du type « Dieu est bon »), mais aussi de postulats de la foi (hypothétiques pour qui ne l'aurait pas, tirant en tout cas leur lumière d'ailleurs), elle ne saurait parvenir qu'à des conclusions probables. La théorisation du recours au syllogisme dialectique en théologie n'est pas aussi précise chez Bonaventure qui n'évoque pas en particulier le rôle de principes fournis par la syndérèse. Quoi qu'il en soit, ainsi s'étend le contenu de la foi au-delà de son adhésion première. Reste à penser selon quel mode et dans quel rapport à l'Écriture.

C'est principalement dans un but de protection de la foi contre l'hérésie ou la tiédeur que Bonaventure défend le mode de l'*agressio* théologique du Lombard et en précise la spécificité. Il n'invoque pas ici les divers modes repris par ses contemporains, y compris Eudes Rigaud et Thomas d'Aquin aux divers livres de l'Écriture : mode d'histoire, de conseil, parlé, écrit... ; ni même les divers sens de l'Écriture : littéral ou spirituel. La théologie acquiert avec Bonaventure son mode propre : *perscrutatorius* et *inquisitivus*[1]. Tous s'accordent pour saluer la nouveauté. Elle est d'importance : tachons d'en comprendre l'enjeu.

Ce mode appartient en propre à la théologie à qui il revient de promouvoir la foi. Cette promotion est triple et nous retrouvons ici une version bonaventurienne un peu modifiée de la distinction observée chez Guillaume d'Auxerre entre peu-croyants, mal-croyants et croyant-peu. Elle ordonne avec Bonaventure : *adversarii, in fide infirmi* et *perfecti*. Qu'il faille des raisons à opposer aux hérétiques, nul n'en doute. Mais le maître franciscain précise avec Augustin que ce sont des raisons catholiques. Il ne conçoit pas comme Bacon, d'employer les armes de l'ennemi, s'en tenant aux raisonnements qu'il peut entendre à partir de la seule raison naturelle. Pour Bonaventure, il appartient à la théologie de forger ses armes propres contre les ennemis de la foi. Elle doit aider aussi ceux qui la possèdent mais faiblement. Nous retrouvons l'exemple des bienfaits temporels accordés par Dieu. Comme ils soutiennent la charité des faibles, les arguments de la théologie étaieront leur foi. Enfin la sagesse théologique sera savoureuse pour le croyant

ex rationibus probabilibus, secundum quod consuevit dici, quod syllogismus dialecticus generat opinionem, syllogismus vero demonstrativus generat scientiam. Si igitur opinio dicatur primo modo, prout habet secum annexam formidinem et vacillationem, sic non potest simul stare cum habitu fidei (...) Si autem opinio dicatur secundo modo, scilicet acceptio derelicta ex rationibus probabilibus ; sic dicendum est, quod circa idem simul et semel potest esse opinio et fides, quoniam multi fideles habent ad ea quae credunt, multas verissimiles rationes et multas probabiles... », *id.*, *III Sent.*, d. 24, a. 2, q. 2, Quaracchi 3, 1887, p. 520.

1. « Dicendum quod modus perscrutatorius convenit huic doctrinae sive libro (...) Modus enim ratiocinativus sive inquisitivus valet ad fidei promotionem, et hoc tripliciter secundum tria genera hominum. Quidam enim sunt fidei advresarii, quidam sunt in fide infirmi, quidam vero perfecti. Modus inquisitivus valet primo ad confundendum adversarios (...) Secundo valet ad fovendum infirmos. Sicut enim Deus caritatem infirmorum fovet per beneficia temporalia, sic fidem infirmorum fovet per argumenta probabilia (...) Tertio valet ad delectandum perfectos. Miro enim modo anima delectatur in intelligendo quod perfecta fide credit. Unde Bernardus : "nihil libentius intelligimus, quam quod iam fide credimus". », *id.*, *In I Sent, Prologue*, q. 2, Quaracchi 1, p. 11.

parfait qui grâce à elle entend ce qu'il croit. Rien n'est plus délectable selon Bernard. Nous lisons là une première ouverture sur les développements ultérieurs du Docteur Séraphique relatifs à la théologie mystique. Il précise cependant dès à présent dans quel rapport de subalternation la théologie spéculative se trouvera à l'égard de l'Écriture même.

En réponse à une objection opposant ces développements rationnels de la théologie au mode narratif de l'Écriture, Bonaventure est amené à préciser que la première se ramène à la seconde selon une certaine subalternation: «*cuiusdam subalternationis*»[1]. Cette subalternation n'est pas, précise Bonaventure, celle de la partie au tout ou à la partie principale. Elle fait progresser la science théologique vers de nouveaux principes. Il donne un exemple repris à la science aristotélicienne. C'est l'optique qui est subalternée à la géométrie, et non les sous-parties de cette science. La science des lignes droites ne peut être considérée comme subalternée à la géométrie, elle en fait partie. C'est la science des lignes visuelles qui conduit l'optique à de nouveaux principes à partir de ceux qu'elle emprunte à la géométrie. De même l'Écriture s'en tient au croyable en tant que croyable (*credibile ut credibile*), tandis que la théologie spéculative s'en détache[2]. A la certitude de l'autorité, elle substitue celle de la raison, exigeant ainsi un mode nouveau: celui de la recherche (*inquisitio*) et de l'exploration (*perscrutatio*) propres à la théologie. Toutefois, comme ce mode demeure imparfait, là où la certitude rationnelle fera défaut, il restera toujours à la théologie le recours de reconduire à celle de l'autorité de l'Écriture à laquelle elle demeure subalternée. Ainsi s'ordonnent les rapports entre foi et raison.

La réponse à l'objection suivante[3] précise en effet que si la foi est supérieure à l'exercice naturel de la raison selon le mode d'une science acquise, elle demeure inférieure à son exercice éclairé par les dons de science et d'intelligence. Dès le prologue nous trouvons donc mis en place les rudiments noétiques qui permettront les développements ultérieurs selon le schéma suivant:

doni	*scientiae et intellectus*	*intellectio supernaturalis*
theologia	*ratio elevata per fidem*	*assentio*
fides	*fides*	*assentio*
scientia	*ratio naturalis*	*intellectio naturalis*

Ainsi peut-on dire, que lorsqu'il place la philosophie en-decà de la foi,

1. «Liber iste ad sacram Scripturam reducitur per modum cuiusdam subalternationis, non partis principalis; similiter et libri doctorum, qui sunt ad fidei defensionem (...) Nam scientia de linea recta non dicitur subalternari geometriae, sed scientia de linea visuali, quoniam haec determinatio quodam modo trahit ad alia principia. Quoniam igitur sacra Scriptura est de credibili ut credibili, hic est de credibili ut facto intelligibili, et haec determinatio distrahit (...) sicut alius modus certitudinis est in scientia superiori et inferiori, ita alius modus certitudinis est in sacra Scriptura et alius in hoc libro, et ideo alius modus procedendi. Et sicut scientia subalternata, ubi deficit, redit ad certitudinem scientiae subalternantis, quem maior est; sic etiam, cum Magistro deficit certitudo rationis, recurrit ad auctoritatis certitudinem sacrae Scripturae, quae excedit omnem certitudinem rationis.», *id.*, *ibid.*, ad. 4m.

2. «*distrahit*»: nous préférons ici éviter le terme de rupture. Il a un sens épistémologique, puisqu'une nouvelle science naît de cette distraction. Pourtant, même si elle se détache de sa mère, la rupture n'est pas consommée dans la mesure où elle lui demeure subalternée.

3. «Quod tu obiicis, quod debet convenire materiae; dicendum, quod convenit. Et quod obiicitur, quod credibile est supra rationem; verum est, supra rationem quantum ad scientiam acquisitam, sed non supra rationem elevatam per fidem et per donum scientiae et intellectus. Fides enim elevat ad assentiendum; scientia et intellectus elevant ad ea quae credita sunt intelligendum.», *id.*, *ibid.*, ad 5m.

Bonaventure parle de l'exercice naturel de la raison. Quand au contraire, il la place au-delà, il s'agit de l'exercice surnaturel de raisonnements éventuellement repris à la philosophie, mais dans un usage de la raison éclairée par la vertu de foi, et les dons du Saint Esprit: science et intelligence. L'on a souvent insisté sur la philosophie chrétienne de Bonaventure. Située entre foi et contemplation, elle nous semble plutôt correspondre justement à la théologie spéculative. A moins qu'on ne discerne avec É. Gilson deux exercices de la philosophie :

> Le fait que la raison comme telle est distincte de la foi n'empêche pas que la seule démarche légitime et sûre de la connaissance, à moins qu'elle ne fonctionne formellement et comme à vide, ne consiste à partir de la foi, pour traverser la lumière de la raison et parvenir à la suavité de la contemplation (...) prise entre la foi pure et la science théologique, elle est condamnée aux plus graves erreurs si elle se prend pour un absolu, et incapable de s'achever si elle n'accepte pas les secours d'une discipline supérieure [1].

Alors que pour Thomas la philosophie demeure autonome dans sa sphère, elle ne peut pour Bonaventure atteindre son plein épanouissement sans venir exercer sa rationalité dans le cadre nouveau de la foi. Mais la foi elle-même ne s'épanouit en science théologique et en contemplation qu'avec le secours de la rationalité philosophique, certes éclairée par les dons du Saint Esprit les plus élevés: science, intelligence, sagesse. N'est ce pas ce «*double bind*» qui caractérise la pensée bonaventurienne dès son origine et permet de rendre compte de ses apparentes contradictions [2] ? Comme la raison est cernée par la foi, cette dernière est elle-aussi cernée par la raison. Le chemin qui va en sagesse chrétienne de la foi à la contemplation correspond à un exercice de la rationalité. L'exercice d'une rationalité purement naturelle reste inférieur à la foi, mais un exercice de la raison éclairée par cette vertu théologale, ainsi que par les dons de science et d'intelligence, la dépasse. N'est-ce pas la mise en œuvre de ce dernier don, dans la subalternation à l'Écriture qui fonde le mode inquisitif et perscrutatif de la théologie spéculative ?

Finalité et auteur de la théologie spéculative

Après la causalité matérielle et formelle, restent à envisager la causalité finale et efficiente à l'œuvre en théologie. Doit-elle mener à la contemplation ou nous rendre meilleurs ? La question précédente avait tendance à en fixer le rôle intellectuel, et il est à noter que Bonaventure donne d'abord les arguments favorables à une finalité pratique de la théologie qu'il fait suivre d'un *sed contra* assez fourni. L'on sait pourtant que la théologie franciscaine s'est déterminée dès la *Somme Halésienne* en faveur d'une finalité pratique de la théologie. La réponse du docteur séraphique sera fort nuancée, témoignant qu'à cette époque, les écoles des deux ordres mendiants ne s'étaient pas encore raidies dans leurs positions respectives.

Bonaventure ne fait pas de la foi un acte principalement affectif [3]. La science théologique perfectionne bien pour lui l'intellect, pas seulement toutefois en lui-

1. É. Gilson, *La philosophie de saint Bonaventure*, *op. cit.*, p. 97.

2. Les débats entre J. Ratzinger et F. Van Steenberghen sur la possibilité d'isoler la philosophie de Bonaventure à la fois de son anti-aristotélisme et de sa théologie nous semblent se heurter à ce double embrassement sans pouvoir en rendre compte en raison d'une lecture du Docteur Séraphique encore trop dépendante de l'Angélique. Fidèle à celle d'É. Gilson, la nôtre voudrait aller plus loin en supposant précisément que l'embrassement n'est pas simplement celui de la philosophie entre foi et théologie, mais qu'il est double, faisant également de la foi le passage incontournable pour accéder d'une rationalité encore imparfaite à la contemplation parfaite.

3. Ce que pourrait laisser croire C. Bérubé, *De la Philosophie...*, *op. cit.*, p. 30.

même, mais aussi en tant qu'il dirige nos opérations ou se tourne vers notre « *affectus* »[1]. A ces trois perfectionnements correspondent pour le maître franciscain, trois *habitus* directifs. L'intellect pris en lui-même (*in se*) ne saurait être perfectionné dans sa contemplation que par un *habitus* de science spéculative. Au contraire, c'est une science pratique ou morale qui perfectionne nos œuvres. Le perfectionnement de l'affectivité suppose pour Bonaventure un *habitus* qui tienne le milieu entre spéculation et pratique : la sagesse. N'est-elle pas science savoureuse, procédant certes d'une grâce contemplative mais principalement ordonnée à nous rendre meilleurs ? C'est emportée par le poids de cette sagesse amoureuse, que la balance penche finalement en faveur d'une finalité pratique de la théologie. La troisième objection donne l'occasion de préciser que la finalité de la théologie est de nous rendre non seulement bons mais bienheureux.

Prise du côté de la finalité ultime : elle tend non seulement vers le bien, mais vers le meilleur. Elle tend à nous rendre bons, meilleurs, pour qu'ainsi nous obtenions le meilleur : la béatitude. N'est-ce pas dans cette considération de la finalité ultime que la décision en apparence affective de faire de la théologie une science pratique prend tout son sens augustinien : celui d'une sagesse conduisant à la béatitude ? Tout en respectant le caractère intellectuel de la foi et de la théologie, le frère Mineur demeure ainsi conforme à la tradition naissante de son ordre. La science théologique reste pour lui pratique, parce qu'elle est sagesse savoureuse qui guide amoureusement vers la béatitude, et non seulement parce qu'elle éclaire sur les bonnes œuvres à accomplir pour y parvenir. Il est en revanche beaucoup plus audacieux lorsqu'il s'agit de déterminer la cause efficiente de cette science.

Il n'hésite pas à affirmer que Pierre Lombard n'est pas seulement écrivain, compilateur ou commentateur, mais bien auteur du livre des *Sentences*. Il écrit sur ses idées propres et celles des autres, les secondes venant confirmer les premières. Ainsi pour Bonaventure, les références patristiques ne viennent dans le recueil des *Sentences* qu'en confirmation des idées du maître. Plus besoin d'invoquer l'efficience du Christ seul maître, le Lombard se retrouve à la fois auteur du recueil des *Sentences* conçu comme livre d'un docteur, mais encore, Père de la théologie dans la conception scolastique qu'en propose Bonaventure. Mais cette conception est-elle encore à l'œuvre dans le *Bréviloque* ?

Unité de la théologie et de l'Écriture dans le Breviloque

L'on s'est beaucoup interrogé sur l'apparente incohérence du *Prologue* du *Bréviloque* avec le corps de l'ouvrage. Celui-ci est un *compendium* de théologie, ramassant selon un ordre rationnel les grandes parties de la théologie spéculative. Le *Prologue* au contraire est entièrement consacré à l'Écriture et à son explication. Tout se passe comme si le texte du *Prologue* parlant de l'œuvre au passé avait été ajouté après coup pour rappeler la dépendance de la théologie à l'égard de

1. « Perfectibile a scientia est intellectus noster. Hunc autem contingit considerare tripliciter, scilicet in se, vel prout extenditur ad affectum, vel prout extenditur ad opus (...) Nam si consideremus intellectum in se, sic est proprie speculativus et perficitur ab habitu, qui est contemplationis gratia, qui dicitur scientia speculativa. Si autem consideremus ipsum ut natum extendi ad opus, sic perficitur ab habitu, qui est ut boni fiamus ; et hic est scientia practica sive moralis. Si autem medio modo consideretur ut natus extendi ad affectum, sic perficitur ab habitu medio (...) et hic habitus dicitur sapientia, quae simul dicit cognitionem et affectum (...) Unde hic est contemplationis gratia, et ut boni fiamus, principaliter tamen, ut boni fiamus. Talis est cognitio tradita in hoc libro. », Bonaventure, *In I Sent, Prologue*, q. 3, *resp.*, Quaracchi 1, p. 13.

l'Écriture. L'explication de J.G. Bougerol[1] va dans ce sens, préférant sacrifier à la cohérence rationnelle, celle de l'œuvre. Mais ainsi que l'a relevé C. Bérubé[2], cette explication est contraire au texte même du *Bréviloque*: elle lui fait dire que l'Écriture n'est pas une science, alors qu'il s'évertue en plusieurs points à montrer le contraire. Mieux, si nous radicalisons l'opposition du *Prologue* avec le reste du *Bréviloque*, de la théologie spéculative et de l'Écriture, c'est la cohérence même de la conception bonaventurienne de la science théologique qui se perd.

Dans le *Prologue* du *Commentaire des Sentences*, nous étions arrivés à une théorie de la «*subalternatio distrahens*» de la théologie à l'égard de l'Écriture. Ainsi se développe-t-elle selon un mode d'efflorescence, faisant sortir du tronc commun de l'Écriture la richesse de sa sève nourricière en un bourgeonnement de connaissances nouvelles quoique subalternées à celle du texte Biblique. Au contraire le *Bréviloque* semblerait présenter la théologie comme un condensé de la sagesse contenue dans l'Écriture, destiné à faire gagner du temps aux étudiants. L'on est loin de la fécondité scientifique du *Prologue* des *Sentences*. Tentons de dénouer cette apparente contradiction du *Prologue* du *Bréviloque* à la fois avec ce qui le suit et avec le reste de l'œuvre de Bonaventure.

Ne pourrait-on considérer que si le jeune bachelier entendait distinguer clairement la science théologique, propre à son exercice de commentaire du Lombard, à la fois des autres sciences et de l'Écriture, le maître qui écrit pour ses novices débutants le *Bréviloque* a changé de préoccupation: il veut alors insister sur l'unité de la science chrétienne, voire de tout savoir, dans sa dépendance à l'égard de l'Écriture. Point ne serait besoin, dans ce cas, de penser comme le suggère C. Bérubé que Bonaventure a entre temps renoncé à la spécificité du mode d'*inquisitio* propre à la théologie spéculative. Simplement l'heure n'est plus à insister sur son caractère *distrahens*, il s'agirait de montrer l'unité du surgeon scolastique avec le vieux tronc de l'Écriture, de peur que la greffe ne prenne pas. Bonaventure pensa-t-il jamais que son cas était désespéré et qu'il valait mieux renoncer à la science théologique dont il avait très tôt et si brillamment pensé la subalternation à l'égard de l'Écriture Sainte? A quoi bon dans ces conditions rédiger un *Breviloquium*? Nous avons des raisons de penser au contraire qu'il a toujours assumé l'apport spécifique de la science nouvelle, mais en le remettant progressivement à sa place par rapport aux autres domaines de la théologie et à leur sédimentation dans la tradition de l'Église, au sein de la culture chrétienne.

La première raison, d'ordre philologique, est l'équivalence des termes *Scriptura*, *doctrina* et *theologia*, normale à l'époque, et manifeste tout au long de l'œuvre du Docteur Séraphique. Ainsi assigne-t-il à la théologie la tâche de scruter la largeur, la longueur, la hauteur et la profondeur de l'Écriture, selon les directions données par le verset paulinien[3].

Il suffit de se reporter au contexte de la *Lettre* même de Paul et du *Prologue* de Bonaventure pour comprendre que ce dont il s'agit de scruter les dimensions infinies, c'est le mystère même de Dieu qui s'est révélé dans le *progressus Scripturae*, et que contemplent déjà, les saints d'un seul regard[4]. Si l'on considère

1. Cf. notamment J.G. Bougerol, Introduction à l'édition bilingue du *Breviloquium*, Éditions Franciscaines, Paris, 1967, p. 78-79.

2. Cf. C. Bérubé, *De la Philosophie...*, *op. cit.*, p. 123-124.

3. *Ep.* 3, 18.

4. «Progressus autem sacrae Scripturae non est coarctus ad leges ratiocinationum, definitionum et divisionum (...) secundum quod expedit ad salutem, partim per plana verba, partim per mystica describit totius universi continentiam quasi in quadam summa, in quo attenditur latitudo; describit decursum, in quo attenditur longitudo; describit excellentiam finaliter

que Bonaventure ne renie pas la subalternation à l'égard de l'Écriture mise en place dans le *Prologue* du *Commentaire des Sentences*, il en vient simplement dans le *Bréviloque* à penser l'engendrement progessif de la théologie à partir du mouvement historique de la Révélation et de la Tradition.

La largeur de l'Écriture n'est autre que la diversité des livres qu'elle comprend répartis dans les deux Testaments selon leurs genres littéraires : légal, sapientiel, prophétique. Leur finalité reste le salut, à la différence de la philosophie spéculative ou même pratique se contentant de décrire les mœurs sans les juger. Les deux Testaments seront ainsi divisés selon les deux passions par lesquelles ils meuvent vers les actions salutaires : la crainte et l'amour (*timor et amor*).

La longueur de l'Écriture se déploiera dans le temps selon les ères qu'elle décrit : leur mise en parallèle avec les jours de l'*hexaemeron* montre déjà comment Bonaventure intègre à sa manière les influences millénaristes. Il divise ainsi l'histoire de l'humanité, c'est-à-dire du salut, en six ères. Remarquons que nous retrouverons ce schème et bien d'autres développements dans l'*In Hexaemeron*, justement lorsqu'il sera question de la prolifération théologique des semences de l'Écriture[1].

	Loi Naturelle	
Adam à Noé *Noé à Abraham*	*chute des anges* *Noyade des mauvais*	*1 lumière/ténèbres* *2 partage des eaux*
	Loi écrite	
Abraham à David *David à Babylonne* *Babylonne à Noël*	*Synagogue* *Royauté/sacerdoce* *Migrations*	*3 terre et herbe* *4 Luminaires, étoiles* *5 poissons, oiseaux*
	Loi de la grâce	
Noël à la fin des temps *Sépulcre à la fin des temps* *Résurrection*	*homme =Vraie image* *repos des âmes* *jugement dernier*	*6 création de l'homme* *7 repos de Dieu* *8 re-création*

Mais le millénarisme ne constitue pas une clé de lecture satisfaisante de la théologie de l'histoire de Bonaventure, pas plus d'ailleurs que la comparaison avec celle de Thomas d'Aquin[2]. La meilleure clé est sans doute esthétique comme l'a relevé H. U. von Balthasar[3]. Plus exactement, c'est une clé musicale qui précisément dépasse l'esthétique parce qu'elle la creuse d'une eschatologie[4]. L'histoire universelle est comparée à un chant. Art du temps par excellence, le vers n'est compréhensible que perçu en sa totalité, *a fortiori* lorsqu'il s'agit d'une pièce comportant un grand nombre de vers. N'est-ce pas le propre de la jouissance musicale, si bien perçue par M. Proust que d'exiger cet effort d'analyse puis de

salvandorum, in quo attenditur sublimitas ; describit miseriam damnandorum, in quo profunditas consistit non solum ipsius universi, verum etiam divini iudicii. », *id.*, *Bréviloque*, Quaracchi 5, p. 201.

1. Cf. Bonaventure, *In Hexaemeron*, 15, 12 *sq.*, trad. M. Ozilou, Cerf, Paris, 1991, p. 343 *sq.* ; Quaracchi 5, p. 400 *sq.*

2. Cf. M. Seckler, *Das Heil in der Geschichte. Geschichtstheologisches Denken bei Thomas von Aquin*, Munich, 1964.

3. H. U. von Balthasar, *La gloire et la croix*, *Styles*, 1, Aubier, Paris, 1968, p. 237-323.

4. « Totus iste mundus, ordinato decursu a Scriptura describitur procedere a principio usque ad finem, ad modum cuiusdam pulcherrimi carminis ordinati (...) Unde sicut nullus potest videre pulcritudinem carminis, nisi aspectus eius feratur super totum versum, sic nullus videt pulcritudinem ordinis et regiminis universi, nisi eam totam speculetur. Et quia nullus homo tam longaevus est (...) providit nobis Spiritus sanctus librum Scripturae sacrae, cuius longitudo commetitur se decursui regiminis universi. », Bonaventure, *Bréviloque*, *Prologue*, 2, Quaracchi 5, p. 204.

synthèse, de mémoire en fait, concentrant comme en un prisme la lumière que le chromatisme des notes successives a déployé dans le temps ? Ainsi l'histoire, partition divine exigerait pour être entendue et goûtée que l'auditeur qui la contemple se trouvât dans la seule position qui convienne au *speculator* en ce domaine : l'éternité. Faute de la longévité et de la perspicacité prophétique requises, aucune créature humaine n'est capable d'accéder à un point de vue si éminent.

Toute lecture immanente du sens de l'histoire, fût-elle esthétique est un leurre dont Bonaventure comme la plupart de ses contemporains se gardait bien. Mais le Docteur Séraphique a cette audace de penser que l'Écriture constitue une sorte de *Bréviloque* de cette *longitudo* de l'histoire universelle dont le sens ne saurait être donné qu'aux bienheureux rejoignant le point de vue de Dieu dans l'éternité. Ce n'est donc qu'avec le dernier jugement de Dieu, que la partition de l'histoire universelle sera complète, même pour les bienheureux. En attendant de pouvoir en saisir l'harmonie finale, l'Écriture laisse à ceux qui sont encore *in via* un livret qui leur permet de s'orienter dans le déroulement de ce grand mystère tragique et musical de l'histoire en cours. Ainsi, la théologie de l'histoire de Bonaventure prend-elle son sens moins des premières ères qu'elle découpe à la suite d'Augustin et des millénaristes dans l'Histoire déjà écoulée, que de la mise en perspective des trois dernières ères, ouvertes respectivement par l'incarnation, le sépulcre et la résurrection, sur le jugement dernier.

Aussi les médiévaux ne nous avaient-ils pas attendus pour revenir de la déception du tombeau vide, et c'est peut-être pourquoi ils n'avaient de cesse que d'y retourner, dans leur attente eschatologique de la Jérusalem céleste. Forts de la Révélation Scripturaire dont ils savaient qu'elle contenait tout sens[1] comme en un *Bréviloque*, les maîtres en théologie du milieu du XIIIe siècle pouvaient s'attacher paisiblement au déploiement de ce sens, sachant que la « distraction » à laquelle ils parviendraient à partir du donné de foi n'aurait jamais que l'utilité d'un *Bréviloque* de ce divin *Bréviloque*. En sa longueur déjà, l'Écriture n'est donc pas, pour Bonaventure, dénuée de profondeur eschatologique ou plutôt de hauteur.

La hauteur de l'Écriture s'étend pour Bonaventure des hiérarchies ecclésiastiques aux hiérarchies célestes et divines. Remarquons qu'elle fait aussi l'objet de la contemplation, quatrième mode d'intelligence envisagé par l'*In Hexaemeron*. Relevons d'emblée la métaphysique de la connaissance mise en place par Bonaventure[2]. Les réalités peuvent exister dans la matière, dans l'âme, ou dans la sagesse éternelle. L'existence dans l'âme pouvant être atteinte par une connaissance acquise, ou obtenue par grâce, voire par gloire, cela porte à cinq les modalités de *l'esse* des réalités créées, selon le schéma suivant :

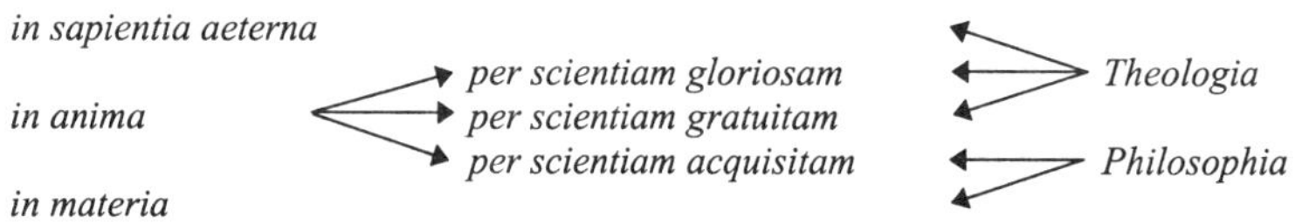

Les deux premiers niveaux de l'*esse* relèvent de la philosophie tandis que les trois suivants ne pourront être atteints que par l'investigation théologique. Le rôle

1. *Apoc.*, 22, 18-19.

2. « Philosophia quidem agit de rebus, ut sunt in natura, seu in anima secundum notitiam naturaliter insitam, vel etiam acquisitam ; sed theologia, tanquam scientia supra fidem fundata et per Spiritum sanctum revelata, agit et de eis quae spectant ad gratiam et gloriam et etiam ad Sapientiam aeternam. », Bonaventure, *Bréviloque*, *Prologue*, 3, Quaracchi 5, p. 205.

de la théologie sera donc de la mener en élevant une échelle dont les pieds touchent la terre et le sommet le ciel[1]. Et elle la construira en assumant la connaissance naturelle acquise par la philosophie de manière à fabriquer un miroir dans lequel les réalités divines soient représentées. Polissant ainsi le miroir philosophique, la théologie en élève selon Bonaventure, les reflets de l'être divin de façon à en faire le marche-pied de son trône. Image très poétique de la reconstruction noético-cosmologique d'un savoir métaphysique unifié, dans la montée de l'élaboration théologique du savoir, mais aussi dans la descente de sa révélation Trinitaire dans l'Écriture et par la médiation du Christ. Si comme nous le croyons, la pensée de Bonaventure est celle d'un mystique, elle ne renonce ni à la philosophie ni à la théologie mais entend les assumer dans une conception du savoir unifiée autour du Christ en sa subalternation à l'Écriture. Ici encore, bien des éléments de l'épistémologie des *Questions sur la science du Christ* ou de l'*In Hexaemeron* ne sont-ils pas déjà présents ? N'est-ce pas justement à cause de cette hauteur de vue que la hiérarchisation ascendante des savoirs assumant la philosophie n'est pas incompatible avec une conception traditionnelle de la profondeur de leur sens ?

C'est que, la reconstruction du savoir chrétien par la théologie et son assomption de la connaissance naturelle et acquise par les sciences philosophiques, en tant qu'elle est subalternée à l'Écriture, l'est aussi à l'égard de son interprétation par une théologie mystique. Nous retrouvons la reprise de la solution dionysienne de la question du sujet de la théologie élaborée par Eudes Rigaud. Mais précisément le croyable en tant que croyable resplendit diversement selon l'état des croyants. Il appartient à l'intelligence de ramener la richesse de cette diversité à l'unité du sens de l'Écriture. Or n'avions-nous pas vu qu'il appartient justement à la théologie spéculative de traiter du croyable en tant qu'il est rendu intelligible ? Tout cela est non seulement très compatible avec le schème mis en place dès le *Prologue* du *Commentaire des Sentences*, mais encore plein de respect, à la fois pour les acquis de la science profane, pour la science théologique nouvelle et pour la tradition chrétienne où elle l'intègre.

Le cinquième paragraphe du *Prologue* du *Bréviloque*[2] précise encore que le mode selon lequel procède l'Écriture est un mode authentique (*authenticus*) qui comprend les divers modes traditionnellement repérés par les scolastiques dans les différents livres de la Bible, et dont Bonaventure donne ici une liste particulièrement précise : *narrativus, praeceptorius, prohibitivus, exhortativus, praedicativus, comminatorius, promissivus, deprecatorius et laudativus*. Pouvons-nous reconnaître dans ce mode *authenticus* le mode *perscrutativus* et *inquisitivus* de la théologie spéculative opposé par Bonaventure dans le *Prologue* du *Commentaire des Sentences* à celui par définition, division et syllogisme propre à la science profane ? Oui si l'on admet simplement que les termes *Scriptura* et *theologia* sont employés dans le *Bréviloque* de manière indistincte conformément à la pratique médiévale. Nous retrouvons d'ailleurs la même opposition du mode de l'Écriture appelé cette fois *doctrina* à ceux de la science profane. Mieux, si l'on admet que la distinction et la subalternation de la théologie spéculative, de l'Écriture et de la théologie mystique sont toujours présentes à l'esprit du Docteur Séraphique, le mode même de l'*inquisitio* théologique est simplement dans la dépendance exigée par sa subalternation à l'égard de l'Écriture et du mode authentique qui régit cette science subalternante. Mais surtout la science théologique est une science pratique, et ici, Bonaventure le dit aussi de l'Écriture. Le fait

1. *Id.*, *ibid.*
2. *Id.*, *ibid.*, 5, p. 206-207.

est patent que les deux sciences pour hiérarchisées qu'elles soient, sont considérées, sinon comme identiques, du moins dans leur unité.

C'est justement parce que l'Écriture, cette fois appelée *doctrina*, est finalisée à nous rendre meilleurs[1], qu'elle est une science pratique, qu'elle préfère les exemples aux arguments, les promesses aux raisonnements, les dévotions aux définitions[2]. L'authenticité même de cette science pratique exigeait ses modes propres dont la liste vient d'être donnée et que Bonaventure justifie un par un. Nous passons sur le détail, de cette explication et notons encore que pour Bonaventure dans le *Prologue* du *Bréviloque* comme dans celui de son *Commentaire des Sentences* et comme aussi pour Eudes Rigaud dans le sien, cette science tire sa certitude supérieure à celle des sciences profanes, de l'autorité de son auteur et de son mode surnaturel d'investigation[3].

Le dernier paragraphe du *Prologue* est consacré à des conseils en vue de l'explication de l'Écriture : le maître devra en pratiquer une lecture fréquente et méditative, lui permettant de la mémoriser. Il ne devra pas recourir sans cesse à l'allégorie, mais rendre compte des quatre niveaux de sens de l'Écriture en particulier le sens anagogique qui ramène l'Écriture à son point de vue pratique de geste de la perdition des mauvais et du salut ultime des bons[4]. Cette finalisation pratique à la béatitude nous semble fondamentale. N'est-ce pas cette « croix intelligible » que doit promouvoir la science du croyable en tant qu'intelligible ? La croix n'est pas seulement clé d'intelligibilité d'une présence immanente de Dieu en la nature, en quoi l'on reconnaîtrait un franciscanisme populaire. Elle est aussi transcendance du dernier jugement de Dieu, non moins franciscaine, mais plus spirituelle, recélant l'intelligibilité ultime de la création comme aussi des volontés d'un souverain sauveur, séparant pour l'éternité dans sa sagesse insondable les élus des damnés. Telle est bien la croix intelligible : croix pour ceux qui souffrent l'humiliation en ce monde, mais qui en comprendront l'intelligibilité divine dans l'éternité, tandis que ceux qui se seront exaltés découvriront à leurs frais la profondeur du mystère.

Mais ici-bas cette intelligibilité reste difficile et l'on risquerait de se perdre dans la manière dont les Pères (*Sancti*) et les Docteurs (*Doctores*) expliquent l'Écriture[5]. C'est à ce niveau que la théologie scolastique proposée dans ce livre doit intervenir ajoutant un supplément de raison pour rendre intelligible ce qui

1. Ceci confirme l'équivalence des termes : *scriptura* = *doctrina* = *theologia* désignant cette science pratique et savoureuse, la sagesse chrétienne finalisée au salut.

2. « Quia enim haec doctrina est, ut boni fiamus et salvemur ; et hoc non fit per nudam considerationem, sed potius per inclinationem voluntatis (...) Et quia magis movetur affectus ad exempla quam ad argumenta, magis ad promissiones quam ad ratiocinationes, magis per devotiones quam per definitiones ; ideo Scriptura ista non debuit habere modum definitivum, divisivum et collectivum ad probandum passiones aliquas de subiecto ad modum aliarum scientiarum ; sed oportuit quod haberet modos proprios... », *id.*, *ibid*, p. 206.

3. *Id.*, *ibid*, p. 207.

4. « ... ut prius noverit ipsius sacrae Scripturae veritatem per verba explicita, videlicet ut attendat, quomodo Scriptura describat initium, progressum et consummationem duplicis corporis, quasi ex opposito se respicientium, bonorum scilicet, qui hic se humiliant, ut exaltentur sempiternaliter in futuro, et malorum, qui hic se exaltant, ut aeternaliter deprimantur. Unde ipsa agit de toto universo quantum ad summum et imum, primum et ultimum, et quantum ad descursum intermedium, sub formam cuiusdam crucis intelligibilis... », *id.*, *ibid*, 6, p. 208.

5. « Novi theologi frequenter ipsam Scripturam sacram exhorrent tanquam incertam et inordinatam et tanquam quadam silvam opacam – rogatus a sociis, ut de paupercula scientiola nostra aliquid breve in summa dicerem de veritatae theologiae, eorumque precibus devictus, assensi breviloquium quoddam facere, in quo summatim non omnia, sed aliqua magis opportuna ad tenendum breviter tangerentur, addens simul cum hoc rationem aliquam ad intelligendum, secundum quod occurebat pro tempore. », *id.*, *ibid.*

restait obscur dans l'Écriture ou la tradition. *Addere rationem ad intelligendum*, les termes sont les mêmes que ceux du prologue du *Commentaire des Sentences*, ainsi que le fait remarquer I. Biffi[1]. L'esprit aussi et nous verrons qu'il demeure inchangé jusqu'aux *Collationes in Hexaemeron*. Pour l'heure où le maître franciscain écrit son *Bréviloque*, il n'en est que plus utile de donner de manière synthétique l'essentiel des acquisition de cette science nouvelle, et c'est à quoi s'emploie ici l'auteur, afin que les théologiens débutants ne soient pas rebutés par la dispersion de la Révélation scripturaire et de la tradition patristique ou scolastique.

De la psychologie à l'épistémologie

Cette conception de la théologie ne repose pas seulement sur sa compréhension du mystère divin, mais aussi sur une anthropologie et en particulier une psychologie bien précises.

De la psychologie à la noétique

C'est dans l'*Itinéraire de l'esprit vers Dieu* que l'on trouve l'expression la plus fameuse et la plus synthétique de cette psychologie de la connaissance dont les six degrés correspondent au dédoublement des trois facultés de l'âme selon que la connaissance s'opère par ou en elles[2]. Ce qui conduit au schéma suivant :

Mens	→ in	synderesis	contuitio/*Bonum*
	↘ per	intelligentia	*speculatio*/Esse
Spiritus	→ in	intellectus	*Sciptura*
	↘ per	*ratio*	Philosophia
Sensualitas	→ in	imaginatio	contuitio/creatura
	↘ per	sensus	

Ce schéma appelle plusieurs remarques : la conception des deux faces de l'âme, dirigées vers ce qui lui est inférieur et vers ce qui lui est supérieur, telle qu'on la voit transiter à partir du *De potentiae animae et objectis eius* à Philippe le Chancelier et Jean de la Rochelle, se dote progressivement d'un troisième niveau où la connaissance d'elle-même vient s'intercaler entre ces deux types d'objets, ouvrant ainsi le champ de la connaissance rationnelle, de la science. En fait, Bonaventure est en cela fidèle à la tradition augustinienne à qui il reprend la distinction entre *sensus*, *spiritus* et *mens*. Mais en les dédoublant, il les modifie radicalement. Cela lui permet d'assumer les cinq puissances de l'âme distinguées par Richard de Saint-Victor qu'il coiffe finalement par la syndérèse. On sait d'ailleurs que la connaissance dite spirituelle n'était autre pour Augustin que l'imagination. Celle-ci passe avec Bonaventure au niveau de la connaissance sensible. Nous pouvons ici reconnaître une première influence aristotélicienne. Pour Aristote en effet l'imagination relève de la puissance sensible de l'âme. Nous serions ici assez proches de la lecture d'Avicenne. Certes, le schème augustinien des puissances reste dominant dans l'analyse de la connaissance « spirituelle », puisque nous retrouvons au début

1. I. Biffi, *Figure...*, *op. cit.*, p. 126.

2. « Iuxta igitur sex gradus ascensionis in Deum sex sunt gradus potentiarum animae (...) scilicet sensus, imaginatio, ratio, intellectus, intelligentia et apex mentis seu synderesis scintilla. », Bonaventure, *Itinerarium mentis in Deum*, chap. 1, 6, édition bilingue, H. Duméry, Vrin, Paris, 1986, p. 32, Quaracchi 5, p. 297.

du chapitre trois leur ordonnancement trinitaire.

Par ailleurs, lorsqu'il s'agit au chapitre 4 de la connaissance spirituelle assumée par la grâce, c'est l'influence de Denys le Pseudo-aréopagite qui se fait sentir avec la distinction des trois vies purgative, illuminative et unitive. Cette influence est encore présente au dernier niveau de connaissance, dans le rôle dévolu à la syndérèse, comme faculté de connaissance du bien. Il manifeste une influence complexe. En effet, un tel rôle unitif ultime avait été dévolu à la syndérèse conçue comme une faculté supérieure à l'intelligence et capable justement de s'unir à Dieu en la dépassant dans la ténèbre de la nuée. N'était-ce pas la lecture de Denys proposée par les gloses de Thomas de Verceil et qui eut tant de succès dans les milieux franciscains ? Mais Bonaventure réintègre ici la syndérèse au domaine de la connaissance, même si elle vise la connaissance affective du bien. Il manifeste ainsi une autre influence : celle du premier averroïsme tel que R. A. Gauthier[1] a pu en mettre en évidence les caractéristiques. Ainsi, dans le commentaire anonyme de l'*Ethica nova* qu'il édite en 1975, la syndérèse apparaît à deux niveaux dans la classification des facultés : au sommet de la faculté motrice, mais aussi pour la connaissance du bien par l'intellect agent, selon le schéma[2] :

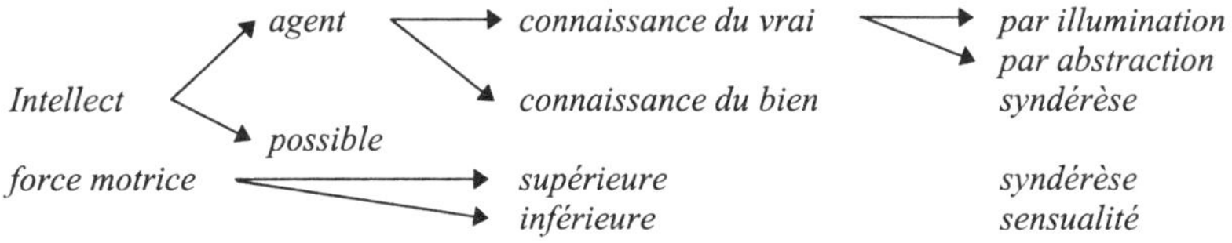

L'on sait qu'Alexandre de Halès, dans sa glose sur les *Sentences*[3] avait rectifié ce schéma en ne plaçant plus la syndérèse qu'au sommet de la puissance motrice. Ce qui persiste par contre dans l'École franciscaine à travers Jean de La Rochelle, c'est la distinction entre un double fonctionnement de l'intellect. L'un, assimilé à l'intelligence augustinienne procèdera par illumination lorsqu'il connaîtra des réalités qui lui sont supérieures, l'intellect humain fonctionnera ainsi comme celui des anges de manière platonicienne. En revanche, pour la connaissance des réalités inférieures, le second mode de fonctionnement suffira : par abstraction.

Ce qu'il faut retenir concernant la syndérèse, c'est qu'elle porte au bien une attirance ou une connaissance *in summa*. La connaissance intellectuelle par abstraction atteignait le vrai universel à partir de la particularité des fantasmes. Mais la connaissance par illumination l'atteint *in summa* de manière générale. De même la syndérèse vise le bien en général. Il n'est pas étonnant donc de la voir réquisitionner par Bonaventure pour une connaissance de l'attribut divin de Bien. Il est notable toutefois qu'elle actualise bien, dans l'*Itinéraire*, une connaissance, même s'il s'agit de la plus savoureuse, de la plus proche de l'extase séraphique et unitive. Elle n'en demeure pas moins connaissance et plus exactement contuition de la Trinité exigeant une illumination.

La théorie bonaventurienne de l'illumination est développée spécialement dans les *Questions disputées sur la science du Christ* et en particulier la quatrième. Ce n'est pas ici le lieu de se demander si ces questions relèvent de la philosophie de la connaissance ou de la théologie. Les arguments qu'elles avancent s'appuient sur l'autorité de l'Écriture et des Pères, d'Augustin en particulier. Pourtant la question

1. *Cours sur l'Ethica nova*, R. A. Gauthier *(éd.)*, « Le cours sur l'*Ethica nova* d'un maître ès Arts de Paris (1235-1240) », dans *A.H.D.L.M.A.*, 1975, p. 71-141.

2. *Ibid.*, p. 84.

3. Alexandre de Halès, *Glose sur les Sentences*, II, d. 40, Quaracchi, 1952, p. 380 *sq*.

4 traite de toute connaissance et non en particulier de celle du Christ. L'épilogue même de l'ensemble des questions sur la science du Christ dresse un tableau de toute connaissance divine angélique et humaine, bienheureuse, extatique, théologique, ou philosophique. Nous y chercherons donc la solution bonaventurienne au problème de la connaissance théologique. Rappelons d'abord la question : ce que nous connaissons avec certitude, le connaissons-nous dans les raisons éternelles ?

La réponse de Bonaventure cherche une voie moyenne entre deux positions extrêmes. La première ferait des raisons éternelles la norme unique de toute connaissance. Dans ces conditions il n'y aurait de connaissance possible que dans le Verbe. Science et sagesse, connaissances bienheureuse et *in via*, par nature et par grâce, par la raison et par la révélation deviendraient indiscernables. La seconde position au contraire, limiterait la raison de la certitude à une manifestation de la vérité éternelle. Mais une telle norme demeure insuffisante et contraire à la doctrine augustinienne exigeant que la vérité soit atteinte dans la lumière incréée elle-même et non dans sa seule manifestation secondaire.

Reste une voie moyenne exigeant à la fois une norme (*ratio*) incréée comme régulatrice et motrice, et une norme créée produite par le conditionnement de la connaissance in via[1]. Vouloir se passer de l'une ou de l'autre serait tomber dans l'erreur : celle de Platon rapportant toute connaissance au seul monde des idées éternelles ou celle d'Aristote qui entendait s'en tenir aux raisons créées[2]. Mais on n'est peut être pas obligé de perdre la science pour établir la sagesse ni de perdre la sagesse pour fonder la science. La norme éternelle n'exclut pas la nécessité de la norme créée[3]. Toutefois, tant du côté du sujet que de l'objet de la connaissance, la lumière créée ne suffit pas à la certitude d'une connaissance exigeant de rejoindre les réalités non en elles-mêmes ou dans leur genre propre, mais dans l'art éternel[4]. Ainsi chaque être pourra y remonter plus ou moins parfaitement selon le degré dont il en participe.

Nous retrouvons ici le fondement métaphysique de cette noétique de l'illumination. Les créatures pourront se rapporter à leur créateur comme vestige, image ou ressemblance. De cette distinction déjà relevée au cœur de la psychologie de l'*Itinéraire*, résultent trois niveaux de coopération noétique.

vestige	*principe créateur*
image	*raison motrice*
ressemblance	*don infus*

C'est ici que s'établit la différence entre science et sagesse. La science atteint les raisons éternelles, mais sans le savoir, la sagesse, elle, le sait et s'y repose. C'est pourquoi beaucoup peuvent être savants, mais peu seront sages[5], peu vou-

1. « Et ideo est tertius modus intelligendi, quasi medium tenens inter utramque viam, scilicet quod ad certitudinalem cognitionem necessario requiritur ratio aeterna ut regulans et ratio motiva, non quidem ut sola et in sua omnimoda claritate, sed cum ratione creata, et ut ex parte a nobis contuita secundum statum viae. Et hoc est quod Augustinus insinuat... », Bonaventure, *Quaestiones disputatae de scientia Christi*, q. 4, Quaracchi 5, p. 23.

2. Cf. *id.*, sermon « *Unus est magister noster Christus* », par. 18, édition bilingue, G. Madec, Paris, Vrin, 1990, p. 52-55, Quaracchi 5, p. 572.

3. *Id.*, *Quaestiones disputatae de scientia Christi*, q. 7, Quaracchi 5, p. 42.

4. « Cum res habeant esse in mente et in proprio genere et in aeterna arte, non sufficit sibi ipsi animae ad certitudinalem scientiam veritas rerum, secundum quod esse habent in se, vel secundum quod esse habent in proprio genere, quia utrobuique sunt mutabiles, nisi aliquo modo attingat eas, in quantum sunt in arte aeterna. », *id.*, *ibid.*, q. 4, p. 23-24.

5. « Attingere rationes illas non facit sapientem, nisi quis in eis quiescat et sciat se illas attingere, quod quidem spectat ad sapientem. Huiusmodi enim rationes attinguntur ab intellectibus

dront reconnaître cette source transcendante de leur connaissance. Faute de vouloir le reconnaître les philosophes qui persisteront à prétendre à la sagesse tomberont dans la folie. C'est un thème que nous retrouverons plus longuement développé dans l'*In Hexaemeron*.

Le Christ apparaît ainsi comme la pierre d'achoppement parce qu'il est Dieu. Sa présence est ainsi requise tant du côté du sujet que de l'objet de toute connaissance. Ni l'existence des réalités dans leur genre, ni celle dans l'âme n'ont l'immutabilité requise par une connaissance certaine[1]. Celle-ci ne se trouvera donc que dans leur existence dans le Verbe éternel. De même du côté du sujet connaissant, la lumière de son intelligence créée ne suffit pas à rejoindre une connaissance certaine[2]. Étant Dieu, le Christ est la source de toute illumination, qu'elle soit de foi, de science ou de contemplation selon le triptique mis en place dans le sermon universitaire : « *Unus est magister noster Christus* ». Il est donc voie vérité et vie selon le verset johannique qui fonde le plan du sermon[3].

C'est justement cet ordre d'accès à la sagesse que ne comprirent pas les philosophes : voulant s'appuyer sur la seule raison, ils ne purent parvenir à la contemplation faute du fondement de la foi. Ainsi les philosophes ont ils pu apporter comme contribution au savoir les neuf sciences profanes, mais lorsqu'ils voulurent y joindre la dixième, celle de la contemplation, croyant pouvoir s'appuyer sur les seules forces de leur raison, en se disant sages, il ont fait d'eux-même des fous[4]. Mais nous anticipons déjà ainsi sur la synthèse finale et inachevée de l'*In hexaemeron*. Disons pour l'instant que cette noétique de l'illumination permet une reconstruction épistémologique assez classique.

De la noétique à l'Épistémologie

La source de toute illumination ne saurait être que Dieu pour Bonaventure, aussi, préoccupé d'y ramener toutes les sciences, distingue-t-il dans le *De reductione artium ad theologiam* six lumières qui en découlent : celle extérieure de l'habileté technique, celle, inférieure de la connaissance sensible, celle de la connaissance philosophique qui est triple, selon qu'elle est rationnelle, naturelle ou morale, enfin celle de l'Écriture. Il est à remarquer ici que si Bonaventure revendique trois lumières pour la philosophie, il n'en attribue pas une particulière à la théologie qui s'éclairera à celle de l'Écriture. Il est aussi remarquable que l'illumination mystique, celle de la sainteté, ne figure pas dans ce sermon. Le maître franciscain, peut-être déjà Général de son ordre est soucieux surtout d'y montrer aux étudiants de Paris, dont le programme comporte une part importante de sciences profanes, comment ramener ces études à la vie d'union requise par leur profession religieuse. Mais si toute science, et même tout art se ramène à la théologie, c'est parce que toutes prennent source chez le Père des lumières et ne peuvent atteindre leur perfection qu'en lui.

L'*Itinéraire* propose déjà une reconstruction des différents domaines de la philosophie selon un rythme trinitaire ainsi schématisable[5]

scientium ut ductivae, sed ab intellectibus sapientium ut reductivae et quietativae (...) Ideo pauci sunt sapientes, licet multi scientes ; pauci quidem sunt, qui illas rationes sciant se attingere ; immo quod plus est, pauci sunt qui velint hoc credere... », *id.*, *ibid.*, p. 26.

1. Cf. *id.*, *Le Christ Maître*, par. 7, éd. cit, p. 32, Quaracchi 5, p. 569.
2. Cf. *id.*, *ibid.*, par. 10, p. 36 *sq.*, Quaracchi 5, p. 569-570.
3. Cf. *id.*, *ibid.*, par. 15, p. 46-48, Quaracchi 5, p. 571.
4. *Id.*, *Collationes in Hexaemreon*, 4, 1, Quaracchi 5, p. 349, cf. *infra*, n. 94.
5. *Id.*, *Itinerarium...*, *op. cit.*, p. 70, Quaracchi 5, p. 305.

Père (puissance du)	*Fils (bonté du)*	*Saint Esprit (sagesse du)*
Existence naturelle	*connaissance rationnelle*	*règles morales*

	naturelle	
métaphysique essence	*mathématique nombre*	*physique activité*
	rationnelle	
grammaire	*logique*	*rhétorique*
	morale	
individuelle principe	*familiale génération*	*sociale libéralité*

La conclusion qui suit ce schéma est que Dieu, soleil des esprits, est source des rayons illuminant toutes ces sciences. Mais à partir de ce soleil transcendant et unique, seule la philosophie est ici reconstruite, et l'on ne voit pas se mettre en place une hiérarchie des savoirs. L'on en retrouve une plus complète et classique à partir des six lumières du *De reductione*.

Cette fois, la lumière de l'Écriture est présentée comme la première où toutes les autres trouvent source et la dernière où elles doivent toutes être ramenées[1]. Mais cette hiérarchie assume principalement les divisions du *Didascalicon* d'Hugues de Saint-Victor. Ainsi la première lumière de l'habileté technique se subdivise selon les arts mécaniques distingués par le victorin : textile, armurerie, agriculture, chasse, navigation, médecine et spectacles. La seconde lumière sensible n'apporte aucune science à la reconstruction entreprise. Bonaventure ne retient donc pas pour la science expérimentale jugée ici inférieure, le rôle essentiel que Bacon voudrait lui faire jouer. En revanche, la troisième lumière, subdivisée en trois permet une reconstruction classique de la philosophie :

	rationnelle :	
Grammaire	*Logique*	*Rhétorique*
	naturelle	
physique	*mathématique*	*métaphysique*
	Morale	
individuelle	*domestique*	*politique*

La quatrième lumière, même si elle est présentée comme celle de l'Écriture met en place une division intéressante entre :

Génération éternelle	*incarnation*	*union*
docteurs	*prédicateurs*	*contemplatifs*
Augustin	*Grégoire*	*Denys*
Anselme	*Bernard*	*Hugues*

Ainsi se met en place au sein de la science de l'Écriture dont on a vu qu'elle n'est pas distinguée de la théologie une double division. Celle qui selon la fin oppose théologiens spéculatifs, prédicateurs et contemplatifs est peut-être propre aux trois finalités des études dans l'ordre franciscain. Mais celle qui ordonne les

1. « Unde omnis nostra cognitio in cognitione sacrae Scripturae debet habere statum, et maxime quantum ad intellectum anagogiae, per quem illuminatio refertur in Deum, unde habuit ortum. Et ideo ibi completus est circulus, completus est senarius, et propterea status. », *id.*, *De reductione artium ad theologiam*, 7, éd. bilingue, P. Michaud-Quantin, éd. Franciscaines, Paris, 1971, p. 62, Quaracchi 5, p. 322.

docteurs modernes de la génération préscolastique aux principaux Pères de l'Église semble annonciatrice de la remise en ordre de la théologie conçue comme culture chrétienne et comme héritage de la tradition de l'Église que nous retrouverons dans les *Collationes in Hexaemeron*. Face à cette assomption de la tradition, Bacon propose au contraire la recherche de sciences nouvelles.

BACON OU LA RÉDUCTION DE LA THÉOLOGIE AUX SCIENCES

Avec Bacon, nous avons à faire à un génie très différent de celui de Bonaventure. Ce dernier est maître en théologie, c'est un poète spéculatif et mystique. Bacon au contraire n'est que maître es-arts, mais il est lui aussi franciscain : c'est un pragmatique doublé d'un « spirituel ». Les deux personnages s'accordent cependant pour dire que toute science se ramène à l'Écriture Sainte. Nous verrons qu'ils ont pourtant des conceptions bien différentes du rôle joué en cela par la théologie.

La subalternation mythifiée

Primat de la révélation

Le primat de la théologie est affirmé par Bacon à plusieurs reprises, notamment au début de la deuxième partie de l'*Opus Majus*[1]. La vérité divine est contenue toute entière dans l'Écriture, mais comme dans le poing fermé. Cet hermétisme de la Révélation pourra être vaincu, selon Bacon par le recours aux sciences. La théologie les domine dans la mesure où elle s'en sert, mais elle est aussi dépendante d'elles pour parvenir à sa fin. Nous voyons donc d'emblée l'ambiguïté de la subalternation baconienne pour laquelle la science dominante ne fournit pas leurs principes aux sciences subalternées, mais dépend au contraire de leur aide pour parvenir à ses fins.

La supériorité de l'Écriture lui vient de la Révélation divine contenant sagesse et science de manière inséparable et que Dieu communiqua à quelques grands initiés au cours du temps. Notons au passage qu'elle n'est conçue dans une telle perspective que comme le reliquat d'une révélation privée, non comme le résultat de l'élaboration par la tradition judéo-chrétienne d'une Révélation destinée à tout un peuple de croyants. Alors que le traditionalisme bonaventurien assume les strates progressives de l'accumulation de la sagesse de l'Église, l'hermétisme baconien conçoit la sagesse sur le mode nostalgique d'une révélation perdue.

1. « Dico igitur quod vel est una scientia dominatrix aliarum, ut theologia cui reliquae penitus sunt necessariae, et sine quibus ad effectum perveniri non valet (...) aut melius una est tantum sapientia perfecta, quae in sacra Scriptura totaliter continetur, per jus canonicum et philosophiam explicanda. Expositio etenim veritatis divinae per illas scientias habetur. Nam ipsa cum eis velut in palmam explicatur, et tamen totam sapientiam in pugnum colligit per seipsam ; quoniam ab uno Deo data est tota sapientia et uni mundo, et propter finem unum. », R. Bacon, *Opus Majus*, II, 1, J. H. Bridges (éd.), Londres, 1900, Rééd. anast., Frankfurt/Main, 1964, II, p. 36.

Le mythe du savoir perdu

Certes, R. Carton distinguait chez Bacon, trois niveaux d'illumination[1]. Une illumination universelle, qui est générale, une illumination intérieure qui est individuelle, mais aussi une illumination originelle, plénitude de la sagesse qui semble réservée aux patriarches et à ceux qui ont pu bénéficier de leur savoir révélé. Mais la première n'est jamais explicitement distinguée des deux autres, sinon comme l'illumination de l'intellect agent assimilé à Dieu dans la perspective de ce que É. Gilson appelait à juste titre un augustinisme avicennisant[2].

Rappelons ici l'essentiel de cette doctrine. Le *Traité de l'âme* montrait bien que l'intellect agent, impassible ne pouvait être lié à la matière. N'ayant pas d'organe propre, il doit en être séparé, venir de l'extérieur. Aussi, comme Guillaume d'Auvergne, Robert Grosseteste et Adam de Marsch, Roger Bacon préfère voir en cet intellect agent Dieu même. Conscient de l'objection néoplatonicienne qui se contenterait d'une intelligence angélique pour éclairer celle de l'homme, il la récuse pour des raisons augustiniennes. L'agent principal de l'intellection humaine reste Dieu, comparable au soleil dans la vision, et l'ange se contente d'ouvrir la fenêtre, c'est-à-dire de disposer à son influence directe. L'auteur de l'*Opus Majus* entend ainsi satisfaire également à l'exigence augustinienne (soulignée par Bonaventure dans ses *Questions disputées sur la science du Christ*) d'un recours à la Vérité increée pour toute connaissance certaine.

Toutefois, la manière dont Bacon conçoit la transmission de la lumière increée procède d'une synthèse originale probablement inspirée par Grosseteste. Il propose en effet un parallèle entre la purgation et l'illumination opérées par les anges et la transmission de la lumière dans la vision sensible par la multiplication des espèces. Si l'on songe que pour Bacon ces espèces ne sont pas matérielles, mais sont le pouvoir d'une réalité supérieure de rayonner sur celles qui lui sont inférieures, la multiplication des espèces organise en termes néoplatoniciens la propagation de la lumière et sa perception visuelle, même si la source en demeure unique. De même, les théophanies angéliques seront le mode de communication de la lumière increée de l'intellect agent divin aux intellects possibles humains.

Remarquons d'ailleurs que cette théorie est développée en fait à propos de l'illumination individuelle de « tout homme venant dans le monde »[3]. Dans cette perspective, l'illumination générale par l'intellect agent divin n'a pas grand chose à voir avec la Révélation judéo-chrétienne. L'on peut même se demander plus généralement jusqu'à quel point les théories de la Révélation et de l'illumination sont compatibles, tant au plan théologique qu'au plan épistémologique.

Sa conception de l'illumination n'est d'ailleurs pas sans rapport avec les sympathies joachimites de Roger Bacon (qui lui valurent, on le sait, une surveillance assez serrée de la part de ses supérieurs). Son intuition spécifique (au sens où l'entendait Bergson) n'est-elle pas que la plénitude du savoir se trouve dans la Révélation divine originelle, et que toute connaissance profane n'en est qu'une manifestation partielle, qui plus est ordonnée comme à sa fin ? Ne doit-on pas voir dans ce concordisme l'intuition d'un possible savoir total, dont il s'ouvrit au futur

1. R. Carton, *L'expérience de l'illumination intérieure chez Roger Bacon*, E.Ph.M., 3, Paris, 1924.

2. « Agens principale illuminans et influens intellectum possibilem est substantia separata, hoc est ipse Deus. Cum igitur Deus illuminaverit animas eorum in principiendis veritatibus philosophiae, manifestum est quod eorum labor non est alienus a sapientia divina. », R. Bacon, *Opus Majus*, II, 5, *op. cit.*, p. 49.

3. *Jn.* 1, 9, cité en *Opus Majus*, II, 5, *op. cit.*, p. 45.

Clément IV avant même qu'il n'accédât au souverain pontificat ? Guy de Foulques, on s'en souvient, l'avait enjoint à deux reprises, avant et après son élection, de lui communiquer ses écrits, qui n'étaient pas encore mis en forme, ce qui le décida finalement à rédiger, non plus l'encyclopédie universelle dont il avait le projet, mais une « simple » « *persuasio* » qui sera l'*Opus Majus* [1].

Une révélation originelle et plénière avait été réservée aux patriarches de l'Ancien Testament, et peut-être aux prophètes. La grande durée de leur vie leur permettait d'expérimenter ce qu'ils avaient reçu. Tous ceux qui ont accédé aux mêmes vérités les ont reçues d'eux ou de leurs successeurs selon la tradition qui comprend plusieurs grandes périodes [2] :

1. La Sagesse fut d'abord donnée toute entière aux patriarches, Seth, Noé, Sem, Abraham, vrais philosophes et parfaits fidèles qui la transmirent aux Chaldéens et aux premiers philosophes profanes. Mais elle régressa à cause du péché originel chez des personnages comme Nemroth, Zoroastre, Prométhée, Atlas, Hermès Trismégiste…

2. Elle fut relevée et portée à son apogée par Salomon pour se perdre à nouveau à cause des péchés des hommes. C'est ainsi qu'elle fut reprise par Thalès, Pythagore, Socrate, Platon et surtout son successeur Aristote. Elle connût alors un développement considérable mais imparfait car ce dernier était infidèle.

3. Enfin Avicenne restaura la philosophie du Stagirite.

Parmi les temps forts de la transmission de la Sagesse, il en est deux où elle est reçue en plénitude, avec les patriarches et Salomon, d'autres où elle ne l'est qu'imparfaitement, comme avec Aristote et Avicenne. Le fait même que ces derniers aient reçu les vérités scientifiques des patriarches et prophètes illuminés par Dieu, justifie qu'on leur reprenne cet or, comme les juifs le firent avec les égyptiens en quittant leur pays. Mieux, la philosophie et le droit canon sont l'instrument privilégié d'une explication de l'Écriture ; non en vertu de leur instrumentalité, mais parce qu'ils procèdent à l'origine de la même illumination divine [3]. Pourtant les contemporains de Bacon en font, selon lui, un bien mauvais usage. Située dans cette suite de phases de restauration de la sagesse, la conjoncture n'est pas bonne. Le tableau qu'il brosse au début de l'*Opus minus* [4], des sept péchés capitaux des théologiens de son temps a même quelque chose d'apocalyptique.

Misère de la théologie

Le premier des sept péchés reprochés par le maître franciscain à ses contemporains est l'invasion des *Sommes* de théologie par la philosophie, ses thèmes propres et ses méthodes. Les questions proprement théologiques sont traitées brièvement à partir des techniques du *trivium*, tandis que l'on s'étend longuement dans les *Sommes* sur des questions comme la matière, l'être, l'union de l'âme et du corps…

1. Cf. D.-C. Lindberg, « *Lines of influence in thirteenth century optics : Bacon, Witelo and Peckham* », dans *Speculum*, 46, 1971, p. 68.

2. Cf. *Opus Majus,* III, p. 73 ; II, p. 373 ; *Opus Tertium*, p. 81. Pour l'aspect négatif : *Opus Majus III,* p. 31 ; *Opus Tertium*, p. 29.

3. « manifestum est quod philosophiae perfectio fuit primo data sanctis patriarchis et propohétis… Et ideo philosophia non est nisi sapientiae divinae explicatio per doctrinam et opus. Et propter hoc una est sapientia perfecta quae sacris litteris continetur, et sanctis a Deo data ; per philosophiam tamen, sicut per jus canonicum, explicanda », R. Bacon, *Opus Majus*, II, 5, *op. cit.*, p. 68.

4. Cf. R. Bacon, *Opus minus*, J. S. Brewer (éd.), *Fratri Rogeri Bacon opera quaedam hactenus inedita*, Londres, 1859, vol. I, II.

Le second péché est l'ignorance des sciences qui seraient vraiment utiles à l'explication de l'Écriture : les langues dans lesquelles elle a été rédigée (Hébreu, Grec, Arabe), ainsi que la philosophie, les mathématiques, la perspective, les sciences morales, expérimentales et l'alchimie. Celles en usage parmi les maîtres en théologie : grammaire latine, logique, une partie de la philosophie naturelle (la plus vile) ou de la métaphysique, ne sauraient procurer le bien de l'âme (comme les langues de l'Écriture et la morale) ou du corps (comme une alchimie pharmaceutique).

Le troisième péché est que cette ignorance des sciences utiles à l'Écriture, comme aussi d'ailleurs de celles effectivement utilisées, a conduit non seulement à de nombreuses erreurs théologiques, mais aussi à la glorification de maîtres contemporains comme Alexandre de Hales ou Albert le Grand. Les frères minneurs n'ont-ils pas rédigé au nom du premier une somme qui fait le poids d'un cheval ? Ces ignorants entrés dans les ordres avant d'avoir pu étudier aucune philosophie ne sont-ils pas cités de leur vivant à l'égal des Pères ?

Le quatrième péché consiste à renverser l'ordre de préséance en plaçant plus à l'honneur les commentaires des *Sentences*, voire les sommes par questions que celui de la Sainte Écriture. Le cinquième découle de l'ignorance des langues bibliques : les latins s'autorisent ainsi de multiples corrections du texte qui sont autant de corruptions. Et ce n'est pas seulement le texte, mais aussi son sens littéral ou spirituel qu'atteint l'ignorance en un sixième péché. Enfin le septième et dernier péché affecte plus gravement encore la compréhension du sens littéral de l'Écriture : c'est l'ignorance des propriétés des choses dont elle parle. Faute de les connaître en une science expérimentale, il est impossible de passer du sens littéral au sens spirituel. Ce dernier ne doit-il pas en effet être déduit du premier à partir de similitudes qu'il faut déjà y avoir reconnues[1] ?

Au terme de ce tableau apocalyptique, tout est à reprendre, en théologie comme en sciences. Le texte même de la Vulgate n'est pas sûr, et il faudrait avant de commencer à étudier l'Écriture, se mettre à apprendre les langues dans lesquelles elle fut d'abord rédigée. Cette entreprise critique, on le sait ne sera réalisée que bien plus tard et en langues vulgaires. En cela Roger Bacon fut prophète au-delà de ce qu'il pouvait penser, alors que l'édition critique de la Vulgate est en panne. Si l'on veut des sciences qui aident à entendre le sens littéral de l'Écriture de façon à en tirer le sens symbolique, ce n'est pas du côté de la spéculation mais de l'expérience qu'il faudra selon lui se tourner. Le bestiaire même de l'exemple proposé par Bacon : serpents, colombes, ânes et renards, laisse entendre qu'il n'envisage pas d'autre théologie que la théologie symbolique. En ce sens, ce « spirituel », prophète de la science et de l'exégèse modernes s'avère bien plus réactionnaire que le Prieur général de son ordre. Il n'a que faire de sauver l'apport principal de l'aristotélisme à la théologie scolastique : la métaphysique, préférant en rester au mode patristique de commenter l'Écriture. C'est ce qu'a bien vu C. Bérubé :

> Comme la philosophie ne vise pas à autre chose qu'à déchiffrer la nature des choses, on voit immédiatement qu'elle est l'instrument approprié pour découvrir l'enseignement spirituel caché sous ce symbole. Nous sommes donc au régime de la théologie symbolique et non à celui de la théologie spéculative. On

1. « Sed longe major causa erroris in sensu literali et spirituali accidit propter ignorantiam et proprietatem rerum in Scriptura. Nam sensus literalis consistit in rerum naturis et proprietatibus, ut per convenientes adaptationes et similitudines congruentes eliciantur sensus spirituales. », *id.*, *ibid.*, p. 357.

> comprend pourquoi Bacon fait si allégrement le sacrifice de la métaphysique aristotélicienne pour lui substituer les sciences "magnifiques" [1]

C'est que la science qu'il veut instaurer est une science expérimentale dont il nous faut comprendre le sens.

D'une science, l'autre

Bien de l'encre a coulé à propos de la conception prophétique de la science appelée de ses vœux par Roger Bacon. La plupart s'accordent pour la rapprocher de celle d'Auguste Comte. Plus que d'un positivisme visant la stabilité définitive du savoir, ne relève-t-elle pas plutôt d'un réalisme empirique doublé d'un pragmatisme typiquement anglo-saxons ? Ainsi sommes-nous bien à l'opposé de l'esprit spéculatif qui pouvait régner à Paris à même époque, sans être pour autant déjà rendus à celui du positivisme.

Brûler l'Aristote latin

Pour tenter d'expliquer cette philosophie, plutôt donc que de repartir de comparaisons avec celle d'un moderne comme Auguste Comte, nous voudrions saisir sur le vif quelques points où elle se trouve en rupture avec celle de ses contemporains[2]. D'un côté, Bacon affirme que l'œuvre d'Aristote est le fondement non seulement de la science, mais encore de toute la sagesse, et que les latins n'y entendent rien. Leurs traductions ont bon dos. C'est en fait la compréhension du Stagirite par Bacon qui diverge de celle de ses contemporains. A la suite de son maître R. Grosseteste, qui n'a pas négligé Aristote dont il a traduit l'*Éthique à Nicomaque*, il veut revenir à l'esprit expirimental du naturalisme du Stagirite, et en brûler la lettre latine trop mal traduite.

Ne le lit-il pas avant tout en maître es arts, séduit plus par son éthique et sa logique que par sa métaphysique ? L'analogie-même qu'il propose entre le contenu des divers livres de la métaphysique d'Aristote et sa logique ne prouve-t-il pas que la profondeur de la première lui échappe[3] ? Cet aplatissement triomphal de la métaphysique réduite à la logique, est des plus modernes. Mais peut-on y voir une gloire de la modernité ? Plus encore, à l'époque de Bacon, ne doit-elle pas être le fait d'un esprit bien peu spéculatif ? C'est que pour lui, ce qui doit être assumé de la métaphysique par la théologie passe par l'intermédiaire de l'Éthique. Ici encore la modernité surprend. Comme chez Kant, ce que l'on perd du côté de la spéculation et de la raison pure, l'on voudrait le « récupérer » du côté de la raison pratique.

1. C. Bérubé, *De la philosophie…*, *op. cit.*, p. 78.

2. « Robertus, quondam episcopus Lincolnensis sanctae memoriae, neglexit omnino libros Aristotelis et vias eorum, et per experientiam propriam, et auctores alios, et per alias scientias negotiatus est in sapientialibus Aristotelis ; et melius centies milesies scivit et scripsit illa de quibus libri Aristotelis loquuntur, quam in ipsius perversis translationibus capi possunt (…) Si enim haberem potestatem super libros Aristotelis ego facerem omnes cremari (…) Et quoniam labores Aristotelis sunt fundamenta totius sapientiae, ideo, nemo potest aestimare quantum dispendium accidit Latinis, quia malas translationes receperunt philosophi. », R. Bacon, *Compendium studii Philosophiae*, J. S. Brewer (éd.), *op. cit.*, p. 469.

3. « Metaphysica in decem libris eadem tractat secundum Aristotelem et Avicennam in substantia que logica, licet modo differat. », *id.*, *Compendium Theologiae*, H. Rashdall (éd.), Aberdeen, 1911, p. 37.

C'est au début de la septième partie de l'*Opus Majus*, consacrée à la morale, que la *Persuasio* entend en montrer la proximité à l'égard de la théologie, également conçue comme une science pratique[1]. Selon Bacon ces deux sciences pratiques poursuivent la même fin confessante : ordonner l'homme à Dieu, au prochain et à lui-même. Seuls les moyens diffèrent : purement humains dans le cas de l'éthique, ils sont en théologie fondés sur la foi. Mais cette convergence pratique repose aussi sur une certaine compréhension de la métaphysique qui la fait concourir vers l'éthique[2]. Ainsi en rapportant tout le matériel au spirituel, la métaphysique appraît-elle comme la meilleure propédeutique possible à l'éthique.

Nous comprenons aussi comment la métaphysique ne saurait être directement utilisable pour Roger Bacon en théologie. Ce qu'elle peut avoir de spéculatif est aplati et ravalé à l'usage logique ou critique des concepts qu'elle emploie. Quant à sa profondeur, l'on tente de la récupérer en théologie par le biais pratique de l'éthique. Au lieu donc de repartir de l'Aristote latin et métaphysique, c'est son regard expérimental sur les réalités matérielles qu'il faudrait retrouver par un retour au texte grec. Le modèle du scientifique moderne reste pour Roger Bacon, ne l'oublions pas le maître qu'il avait tant admiré à Oxford : Robert Grosseteste.

Il admire la méthode de son maître, reprenant de manière expérimentale les problèmes de physique abordés par le Stagirite pour les mener plus loin. En particulier, l'on sait que Grosseteste s'était intéressé à l'optique. Bacon y voit une science de première utilité, tant d'ailleurs pour la direction de la république que pour la théologie. Il s'en ouvre notamment dans le fragment de l'*Opus tertium* édité par P. Duhem[3]. Bacon développe dans ce passage une optique théologique de l'énigme tout à fait intéressante. Selon lui, en effet ce n'est pas une image, mais l'objet même qui est vu dans le miroir. Ce qui obscurcit la vision en ce monde n'est donc pas l'interposition des espèces sensibles, mais simplement le fait qu'elles se propagent selon des lignes réfléchies ou obliques. Il est remarquable que l'on retrouvera ce thème chez Pierre de Limoges. Mais l'exemple par excellence est celui de l'arc en ciel qui occupe presqu'entièrement la sixième partie de *l'Opus Majus* consacrée justement à la science expérimentale.

La science expérimentale et son utilité

Ce qui fait aux yeux de Bacon la valeur épistémologique de la science expérimentale, c'est on l'a vu, qu'elle s'intéresse aux propriétés des choses-même. Il l'oppose ainsi à la certitude atteinte par argumentation. L'exemple le plus commun

1. Haec vero practica vocatur moralis et civilis scientia quae ordinat hominem ad Deum et ad proximum, et ad seipsum (...) est de salute hominis per virtutem et felicitatem complenda ; et aspirat haec scientiam ad illam salutem, quantum potest philosophia ; ex quibus in universali patet quod haec scientia est nobilior omnibus partibus philosophiae (...) Similiter (...) Theologia non considerat nisi quinque praedicta licet alio modo, scilicet in fide Christi (...) Sed Theologia est scientiarum nobilissima ; ergo illa quae maxime convenit cum ea est nobilior inter caeteras. », *id.*, *Opus Majus*, 7, 1, *op. cit.*, p. 224.

2. « Sciendum autem quod Metaphysica et moralis philosophia maxime conveniunt ; nam utraque de Deo negotiatur et angelis et vita aeterna et hujusmodi, licet diversimode. Nam Metaphysica per communia omnium scientiarum investigat propria metaphysice, et per corporalia investigat spiritualia, et per creata reperit Creatorem, et per vitam praesentem negotiatur circa futuram, et multa praeambula ad moralem philosophiam praemittit. », *id.*, *ibid.*, p. 226.

3. « Nam nihil plus multiplicatur in Scriptura sicut ea que pertinent ad visionem et lucem, et colores, et specula, et hujusmodi (...) Nam ostendi in hac scientia, quod res ipsa sola videtur, et non ymago aliqua. Et ideo videmus facie ad faciem, sed non per rectas lineas, sed per reflexas... », *id.*, *Opus Tertium*, Fragment, P. Duhem (éd.), *Etude sur un fragment inédit de L'Opus Tertium de Roger Bacon*, Quaracchi, 1909, c. 8, p. 96-97.

est celui du feu. Aucun argument ne peut persuader de ce qu'il brûle de façon aussi définitive que le fait de l'avoir expérimenté sur sa propre main. Toutefois, lorsqu'il entend prouver l'avantage de la science expérimentale par rapport à celles pratiquées en son temps, le maître avance aussi les résultats techniques : le miroir permettant de mettre le feu en concentrant les rayons solaires est longuement loué pour ses applications guerrières. Ainsi le réalisme empirique n'a pas pour but unique de servir la science scripturaire, il n'exclut pas quelque application pragmatique et technique.

Notons d'ailleurs au passage qu'en manifestant les possibilités de la technique, la science expérimentale démasque les artifices de la magie. C'est là un autre de ses avantages souvent développés par Bacon. De plus, l'expérience n'est pas seulement externe et empirique pour le franciscain anglais qui développe aussi toute une théologie de l'expérience intérieure.

Cette science intérieure possède sept degrés dont les illuminations purement scientifiques ne constituent que le premier[1]. Le second est celui des vertus. Communes chez les anciens, elles leur permettaient d'atteindre bien des vérités que les maîtres latins manquent, justement à cause du défaut de vertu qui obscurcit leur âme. Le troisième degré correspond aux dons du Saint Esprit, le quatrième aux béatitudes, le cinquième aux sens spirituels, le sixième aux fruits, celui de la paix en particulier, le septième enfin atteint l'extase. Cette mystique expérimentale marque peut-être l'influence de Bonaventure, ou simplement de l'enseignement de la théologie morale et spirituelle que l'on pouvait recevoir dans les couvents franciscains de l'époque. Nous voyons qu'elle n'attend rien de la théologie, en particulier de celle des latins. La théologie telle qu'elle est pratiquée demeure inutile pour la prédication qui, selon Bacon, se porte bien mieux sans elle.

La position qu'il prend sur ce sujet est bien dans l'esprit originel de François, mais est-elle favorable aux mendiants[2] ? Il attribue non seulement le pouvoir de confesser, mais aussi celui de prêcher aux prélats. Le fait d'avoir étudié la théologie n'y fait rien. L'on pourra entendre un jeune frère ayant suivi à peine une centaine d'heures de théologie, dont il n'a d'ailleurs cure pour cet office, prêcher bien mieux que les plus grands maîtres en théologie. C'est que la connaissance des vices et des vertus, des peines et des gloires est inscrite dans les cœurs et dans le rituel de l'Église. N'est-ce pas cette connaissance par expérience interne qui aide à l'édification, plus que les études théologiques ? Certes, elles devraient y contribuer, et Roger Bacon feint d'en convenir, bien qu'il atteste justement que l'expérience de ses contemporains convainc à tous moments du contraire. N'est-ce pas là une preuve de la corruption des études théologiques ? Bacon n'envisage pas seulement leur réforme mais aussi celle des sciences. Il les ordonne selon une hiérarchie qu'il nous faut maintenant comprendre.

1. « Et sunt septem gradus hujus scientiae interioris, unus per illuminationes pure scientiales. Alius gradus consistit in virtutibus (…) Tertius gradus est in septem donis Spiritus Sancti, quae enumerat Isaïas. Quartus est in beatitudinibus, quas Dominus in evangeliis determinat. Quintus est in sensibus spiritualibus. Sextus in fructibus, de quibus est pax Domini quae exsuperat omnem sensum. Septimus consistit in raptibus. », *id.*, *Opus Majus*, 6, 1, *op. cit.*, p. 170-171.

2. « Opus praedicationis non est officium theologorum, sed praelatorum, qui commitunt illud officium quibus placet (…) unus simplex frater, qui nunquam audivit centum lectiones theologiae, quas si audivit non tamen curavit (…) melius sine comparatione praedicat quam maximi magistri theologiae (…) licet certe non sit negandum quin bonus theologus multo melius debeat praedicare, cum tamen, ut dixi, videmus contrarium ubique. Et hoc est magnum argumentum quod studium theologorum corruptum est… », *id.*, *Compendium studii Philosophiae*, *op. cit.*, p. 427-428.

La reconstruction des sciences profanes

Ce qui donne son importance primordiale à la science expérimentale selon Bacon, c'est que, portant sur les propriétés des choses, elle fournit aux autres sciences les principes mêmes sur lesquels elles vont pouvoir se construire. Ne sommes-nous pas dans la perspective inverse de celle d'Aristote ? Pour lui, la métaphysique est la science subalternante justement parce que, portant sur les concepts les plus abstraits, elle fournit aux autres sciences leurs principes fondateurs. Pour Bacon, au contraire, la science expérimentale est la moins abstraite qui soit, et pourtant, découvrant par l'expérience les propriétés mêmes des choses, elle fournira des connaissances nouvelles en pâture aux autres sciences. N'est-ce pas le sens de la seconde des prérogatives qu'elle a sur elles [1] ? Les vérités ultimes auxquelles celles-ci parviennent doivent encore être vérifiées par expérience. Elle seule peut les fournir à des sciences à qui elles n'appartiennent pas en propre, ni à titre de principes ni à titre de conclusions.

La première prérogative de la science expérimentale est qu'elle atteint ses propres conclusions par l'expérience et non comme les autres sciences au terme de raisonnements [2]. Ce n'est pas seulement la conception d'une connaissance du singulier qui s'oppose ici en une troisième prérogative à celle d'Aristote passant nécessairement par l'abstraction de l'universel. C'est toute la conception de la hiérarchie du savoir qui est renversée par ce pragmatisme empirique. Ayant, comme nous l'avons vu détrôné la métaphysique, il place l'éthique au sommet des sciences profanes.

Mais n'est-ce pas justement parce qu'elle reçoit de toutes les autres sciences les principes qu'elle utilise, que l'éthique prend ce caractère de science ultime pour Bacon ? Ce n'est sans doute pas la seule raison, sa ressemblance avec la théologie n'exige-t-elle pas qu'on la place ainsi ? Si l'éthique reçoit des conclusions de toutes les autres sciences, c'est quelle en est la fin [3]. Elle les domine en tant qu'elle assume leurs résultats comme lui appartenant en propre et en fait même ses principes qu'elle dépasse. Ce n'est pas là qu'une fin effet : ce caractère ultime de l'éthique révèle en fait la finalité pratique de la science prise dans son ensemble, ordonnée au salut des hommes.

Le sens même des autres sciences dépend donc de leur utilité en vue du bien de l'âme [4]. Nous ne pouvons d'ailleurs en user de manière juste qu'en les rapportant à la fin que leur assigne la science morale [5]. Cette finalité salvifique, nous avons vu

1. « Veritates magnificas in terminis aliarum scientiarum, in quas per nullam viam possunt illae scientiae, haec sola scientiarum domina speculativarum potest dare… », *id.*, *Opus Majus*, 6, 12, *op. cit.*, p. 202.

2. « Et haec scientia habet tres magnas praerogativas respectu aliarum scientiarum. Una est quod omnium illarum conclusiones nobiles investigat per experientiam. Scientiae enim aliae sciunt sua principia invenire per experita sed conclusiones per argumenta facta ex principiis inventis. », *id.*, *ibid.*, 6, 2, p. 172.

3. « Et quoniam Moralis Philosophia est finis omnium partium philosophiae, necesse est ut conclusiones aliarum scientiarum sint principia in ea secundum formam praecedentium scientiarum ad sequentes (…) Et ideo principia Moralis Philosophiae certificantur in scientiis praecedentibus : et propter hoc debent haec principia extrahi ex aliis scientiis, non quia sunt illarum sed quia ea suae dominatrici praeparaverunt. », *id.*, *ibid.*, 7, 2, *op. cit.*, p. 224-225.

4. « Et haec est scientia optima, et respectu cujus aliae non habent comparationem ; quia haec sola docet bonum animae. Caeterum isti omnes aliae sunt subjectae, et propter quam omnes aliae sunt inventae. Haec enim est finis omnium et domina et regina… », *id.*, *Opus Tertium*, *op. cit.*, p. 53.

5. « Et ideo si volumus uti eis secundum jus suum, necesse est ut in scientia morali ab omnibus aliis colligantur. », *id.*, *Opus Majus*, 7, 1, p. 225.

que l'éthique la partage avec la théologie, y tendant simplement selon une modalité et par des moyens différents. Comprenant cette hiérarchie baconienne des sciences, nous sommes en mesure de penser leur rapport à la théologie.

La subalternation à rebours

C'est bien en effet par le sommet des sciences profanes : l'éthique que s'opère pour Roger Bacon la jonction avec la théologie.

De l'Éthique à la théologie

Toute sagesse garde en effet pour lui une finalité pratique dont il déploie les différentes composantes temporelles et spirituelles. La sagesse est, selon Roger Bacon, au service de l'intelligence des vérités de foi, de leur mise en pratique, de leur prédication dans l'apostolat, de leur défense ainsi que de celle de la société religieuse, voire de la conversion des infidèles et de la répression de ceux qui s'obstinent dans le mal[1]. Pourtant, dans ses recherches spéculatives comme aussi et surtout dans sa quête pratique du salut moral, la philosophie prend conscience de son insuffisance et aspire à une science supérieure qui ne saurait être pour Bacon que la théologie chrétienne.

La convergence mutuelle de la philosophie et de la théologie est soulignée par la seconde partie de l'*Opus Majus*. Mais voyons d'abord ce qu'il en est de celle de la théologie vers la philosophie. En s'élevant aux choses divines, la philosophie comprend que ce qu'elle vise la dépasse[2]. Elle ne se satisfait pas de sa théologie naturelle, mais cherche parmi les religions s'il en est une qui parle de manière pleinement satisfaisante de la bonté divine. Or justement elle trouve son bonheur dans la religion chrétienne. A la différence des (autres) sectes, elle est en effet porteuse d'un enseignement à valeur universelle. Ainsi la théologie catholique est-elle découverte par la philosophie elle-même comme la doctrine de la religion la plus efficace. Qui plus est, elle va faire parvenir la sagesse profane à un degré supérieur d'unification.

La jonction s'opère bien par la morale qui est la fin de toute philosophie. Mais cette finalisation pratique de la philosophie n'efface pas la distinction entre sa partie spéculative et sa partie proprement morale[3]. En revanche, elle s'estompe dans les vérités divines des chrétiens. Entendons qu'ils contemplent et aiment Dieu d'un seul mouvement, même si cela exige aussi l'amour du prochain.

La loi morale des chrétiens ajoute en effet des articles à celle des philosophes. Qui plus est, comme elle n'est pas distincte de la spéculation, leur contenu sera métaphysique, fondant le complément ainsi apporté par le christianisme à la morale

1. Cf. *id.*, *ibid.*, I, 1, p. 1.

2. « Scit enim philosophia suam imperfectionem, et quod deficit a plena cognitione eorum quae maxime sunt cognoscenda, sicut Aristoteles dicit in Metaphysica pluries, et Avicenna similiter (…) Et propter hoc devenit philosophia ad inveniendum scientiam altiorem (…) et haec scientia est tota divina, quam theologiam perfectam vocant philosophi (…) soliciti fuerunt philosophi super omnia inquirere de certificatione sectae in qua esset salus hominis (…) quae non possunt reperiri nisi in secta Christi… », *id.*, *Opus Majus*, 2, 18, *op. cit.*, p. 75.

3. « Praeterea tota philosophia speculativa ordinatur in finem suum qui est philosophia moralis (…) et propter hoc potest philosophia speculativa praeparare principiis moralis philosophiae. Sic igitur se habent duae partes sapientiae apud infideles philosophos ; sed apud Christianos philosophantes scientia moralis propria et perfecta est theologia, quae super majorem philosophiam infidelium addit fidem Christi et veritates quae proprie sunt divinae. », *id.*, *ibid.*, 2, 19, p. 76-77.

des philosophes[1]. Ces vérités apportées par les chrétiens ne pouvaient être découvertes par les philosophes infidèles (privés de la foi). Les chrétiens doivent donc considérer la philosophie comme si elle était toute entière à réinventer en vue de sa fin nouvelle. En cette réinvention jaillissent de la foi même et des autorités scripturaires, des vérités qui sont communes à la philosophie ainsi complétée et à la théologie. On les reconnaît justement à ce qu'elles valent non seulement pour les fidèles mais aussi pour les infidèles qui ne peuvent s'appuyer sur leur philosophie pour les nier. Bien avant Nicolas de Cues, Roger Bacon rêve à une « paix de la foi » où toutes les philsophies et toutes les religions seraient mises d'accord par la plus parfaite d'entre elles devenue explicable en termes philosophiques.

Concordisme ou subalternation à rebours ?

Mais quels sont, demandera-t-on, ces articles philosophiques ajoutés par une théologie chrétienne ? La septième partie de L'*Opus Majus*, consacrée à la morale donne justement une liste de 17 thèses comprenant des doctrines de théologie chrétienne mais que Bacon entend prouver par la seule métaphysique[2]. Ces dix-sept thèses peuvent être ainsi résumées : 1. Dieu est. 2. Son existence peut être connue de l'homme naturellement (sans la grâce). 3. Puissance, bonté, substance et essence infinie, il doit être le meilleur, le plus sage et le plus puissant. 4. Il est un par essence, 5. mais aussi trine. 6. Il a créé et gouverne toute la nature ; 7. non seulement les corps, mais aussi les intelligences angéliques (pour autant qu'elles sont connaissables en métaphysique) ; 8. non seulement les anges, mais aussi les âmes rationnelles 9. qu'il a créées immortelles. 10. La félicité de l'autre monde est le souverain bien. 11. L'homme est capable d'une telle félicité. 12. Dieu gouverne le genre humain dans ses mœurs comme il gouverne les autres réalités dans leur être naturel. 13. Ceux dont la vie morale est conforme à son gouvernement sont promis par Dieu à la félicité future, ceux qui vivent mal à un horrible malheur, comme l'affirme Avicenne dans sa métaphysique. 14. On doit à Dieu un culte respectueux et dévot. 15. Comme l'homme doit par nature à Dieu le respect, il doit à autrui la justice et la paix, à soi-même l'honnêteté. 16 Toutefois, il ne peut connaître ces trois devoirs par sa propre recherche et a besoin que cette vérité lui soit révélée. 17. La révélation doit avoir lieu par un unique médiateur, entre Dieu dont il est le vicaire sur terre, et le genre humain qu'il gouverne au spirituel et au temporel comme législateur et grand prêtre. C'est encore Avicenne qui est paradoxalement invoqué par Bacon comme autorité fondant ce christocentrisme inavouable !

Ces « dix-sept thèses baconistes » appelleraient de nombreux commentaires. Les quatre premières correspondent aux affirmations de toute théologie naturelle aristotélicienne ou néoplatonicienne. La suivante concernant la Trinité peut se comprendre dans ce contexte platonicien, mais est déjà concordiste. De même pour les propositions 6 à 9 : ne postulent-elles pas la doctrine de la création et de la

1. « Lex Christiana, super legem philosophorum addit articulos fidei expressos per quos complet legem moralis philosophiae, ut fiat una lex completa. Nam lex Christi leges et mores philosophiae sumit et assumit (...) Et ideo philosophia completa apud Christianos debet sapere multum de divinis plus quam apud philosophos infideles ; et propter hoc Christiani debent considerare philosophiam ac si modo esset de novo inventa, ut scilicet eam facerent aptam suo fini ; et ideo debent multa addi (...) communia philosophiae completae et theologiae. Et haec cognoscuntur per hoc quod debent esse communia fidelibus et infidelibus, ut sint ita nota cum proferuntur et probantur quod negari non possunt a sapientibus et instructis in philosophia infidelium. », *id.*, *ibid.*, p. 77.

2. *Id.*, *ibid.*, 1, 7, p. 226-227.

conservation ? Les propositions 10 et 11 font écho aux âpres discussions relatives à la béatitude menées à partir des commentaires de la Nicomachie. Bacon tranche : il n'y a pas de souverain bien ni de béatitude en ce monde : ils sont à attendre dans l'autre. A l'objection qui voudrait que la puissance naturelle ne puisse être ordonnée à une finalité surnaturelle, il répond que celle-ci ne la dépasse pas : que l'homme en est capable, sans préciser toutefois si c'est par nature ou par grâce ! Les propositions 12 et 13 relatives à la providence et à la rétribution reposent sur un autre concordisme : celui que Bacon lit dans l'eschatologie qui termine la métaphysique d'Avicenne. Mais ce qu'il prend pour philosophique n'appartient-il pas déjà au fonds monothéiste, comme aussi les propositions 14 et 15 concernant la piété et la justice ? Les deux dernières entendent justement montrer les limites de cette ascension prétenduement métaphysique et la nécessité d'une révélation religieuse pour fonder aussi bien la morale que le culte. Mais la description qu'il donne du médiateur de cette révélation divine, bien qu'invoquant l'autorité d'Avicenne, semble plus proche du Christ prêtre que du prophète de l'Islam. Ce concordisme métaphysique n'est-il pas pourtant avancé avec les meilleures intentions du monde ? Il ne vise pas seulement l'unité des savoirs scientifique, philosophique et théologique, mais aussi celle des différentes religions.

Roger Bacon ne doute pas en effet que bien expliquées en termes philosophiques, les vérités atteintes par une refonte chrétienne de la philosophie ne parviennent à emporter l'assentiment des infidèles[1]. Préférant cette voie du dialogue à la guerre sainte, il ouvre une autre tradition franciscaine qui trouvera chez Raymond Lulle son prolongement. La vivacité originelle de la foi des infidèles trouverait alors un complément précieux dans les vérités chrétiennes rationnellement exposées et rendues ainsi accessible à tout érudit. Ainsi nous comprenons que les frontières de la philosophie et de la théologie sont également poreuses pour Bacon. Ceux qui philosophent ne peuvent donc s'arrêter aux arguments qu'ils trouvent dans les livres de philosophie, mais doivent s'abreuver de ceux employés par les Pères qui eux-mêmes philosophent souvent[2]. Les deux sciences ne sont donc pas séparées, elles communiquent et doivent faciliter le dialogue entre les religions. Nous le voyons, l'usage de la théologie en philosophie est donc au moins aussi légitime pour Bacon que celui de la philosophie en théologie.

L'usage des raisonnements philosophiques en théologie est légitime, quant à lui, en vertu de l'unité de la Révélation divine. Les vérités scientifiques et philosophiques ne viennent-elles pas en définitive de Dieu ? L'usage des vérités profanes en théologie n'est pas seulement un droit, mais aussi pour qui mène la quête baconienne de la sagesse, un devoir[3]. Il s'agit de tirer, comme on l'a vu, le plus possible

1. « Nam philosophi infideles multa ignorant in praesenti de divinis, quae si convenienter proponerentur eis et probarentur per principia philosophiae completae (...) licet complementum a fide Christi, recipere sine contradictione et gauderent de proposita sibi veritate, quia avidi sunt sapientiae et magis studiosi quam Christiani. », *id.*, *ibid.*, 2, 19, p. 77-78.

2. « Non igitur mirentur philosophantes si habeant elevare philosophiam ad divina et ad theologicas veritates (...) quoniam proculdubio philosophia et theologia communicant in multis. Et sancti non solum loquuntur theologice, sed philosophice, et philosophica multipliciter introducunt. Et ideo Christiani philosophiam volentes complere debent in suis tractatibus non solum dicta philosophorum de divinis veritatibus colligere, sed longe ulterius progredi usquequo totius philosophiae potestas compleatur (...) quoniam illa quae sunt communia philosophiae et theologiae potest secure tractare, et ea quae communiter habent recipi a fidelibus et infidelibus. », *id.*, *ibid.*, p. 78.

3. « Ex his sequitur necessario quod nos Christiani debemus uti philosophia in divinis, et in philosophicis multa assumere theologica, ut appareat quod una sit sapientia in utraque relucens (...) quoniam philosophis Deus multas concessit sapientiae suae veritates. Oportet igitur ut trahatur

la rationalité naturelle de la philosophie vers les vérités révélées. D'attester ainsi leur source commune en assumant les vérités atteintes par les philosophes chéris de Dieu. Mais il en va même de leur salut. Car les philosophes se damnent s'ils en restent aux limites de leur science. Ainsi la dépendance de la philosophie et de la théologie apparaît mutuelle et réciproque, mais non sans concordisme et confusion.

Cette manière de penser une domination de la théologie et de l'éthique qui leur donne des devoirs mutuels est sans doute la grandeur de la théorie baconienne de la subalternation. Dans sa démocratie des savoirs, les services sont mutuels entre la reine et ses suivantes. La théologie va plus loin que la philosophie car elle en reçoit des principes, mais les dépasse par la Révélation. Cependant, la philosophie ainsi régénérée devient outil de conciliation dans et entre les peuples et les religions. A elle revient la mise en œuvre des finalités pratiques de toute sagesse. Pourtant cette subalternation dépendante « marche sur la tête ». Pour elle en effet, une science n'est pas ultime et subalternante parce qu'elle fournit aux autres les principes sur lesquels elles pourront s'élaborer. Au contraire, nous l'avons vu pour la théologie comme pour l'éthique, elles ne sont ultimes que parce qu'elles reçoivent des principes des autres sciences, et ne pourraient exister sans elles[1].

Il convient d'expliquer l'Écriture par la philosophie et le droit canon, et c'est bien la tâche de la théologie. Mais elle a besoin pour cela de toutes les autres sciences qui lui sont subalternées. Elle ne pourrait exister sans elles. Le superbe isolement du Dieu aristotélicien indifférent et de sa métaphysique donnant aux autres sciences leurs principes est donc renversé au profit d'une reconstruction du savoir partant de la science expérimentale et assumant progressivement les résultats de toutes les autres jusqu'à la morale et la théologie. Leur domination vient ainsi non de ce qu'elles sont premières comme la philosophie du même nom chez Aristote, mais de ce qu'elles sont dernières dans l'ordre de finalité pratique que leur assigne le franciscain anglo-saxon. Pour quel résultat ? La grandeur du programme baconien peut-elle nous faire oublier la maigreur des résultats auxquels il conduit ?

Théologie baconienne appliquée

Nous ne prendrons ici que quelques exemples de l'application de la méthode baconienne à la théologie. Ils permettent de mesurer l'écart entre la pertinence des critiques formulées par le spirituel franciscain et l'efficacité de ses apports positifs. L'un des exemples qui revient sous sa plume est celui de la confusion occasionnée entre la poule sultane et le pélican[2] à la fois par les mauvaises traductions et par l'ignorance de la science naturelle. Bacon relève la confusion, que la science permettrait d'éviter, mais il ne montre pas l'enrichissement de l'interprétation de l'Écriture qu'elle pourrait apporter. Est-ce parce que la symbolique du pélican est évidente pour tout le monde à son époque ? De fait la vanité de la poule s'oppose à la gravité de l'oiseau marin nourrissant ses petits de sa propre chair. Mais de tout cela le spirituel ne souffle pas mot. Les remarques philologiques et scientifiques de Bacon à propos de l'Écriture sont toujours pertinentes, mais leur fruit spirituel reste maigre.

Un autre fruit pourtant lui donne à réfléchir, celui de l'arbre de vie. L'on sait en

philosophiae potestas ad sacram veritatem quantum possumus, nam valor philosophiae aliter non lucescit, quoniam philosophia secundum se considerata nullius utilitatis est. Philosophi vero infideles damnati sunt... », *id.*, *ibid.*, 2, 15, p. 69.

1. Cf. *supra*, n. 1, p. 75.

2. Cf. *Roger Bacon, Opus Minus*, *op. cit.*, p. 353.

effet dans quelle estime Bacon tient l'alchimie, et les longs développements qu'il consacre[1] à la possibilité, grâce à ses applications pharmaceutiques, de prolonger la durée de la vie. Comme la morale est par excellence la science utile à l'âme, l'alchimie est à ses yeux celle qui pourrait être utile au corps. Nous devons avoir présente à l'esprit la justification théologique de cette alchimie spéculative. L'immortalité suppose un état d'équilibre des éléments composant le corps de façon qu'il n'ait pas même besoin d'en compenser les manques par la nutrition. Le corps d'Adam prélapsaire fut celui qui s'approcha le plus de cet équilibre, mais de manière encore imparfaite. N'avait-il pas encore besoin de recourir au fruit de l'arbre de vie ? Il conserva en tout cas un certain nombre des recettes de longévité qui lui avaient été communiquées avec la sagesse divine et les patriarches en bénéficièrent encore, eux qui arrivaient à vivre jusqu'à six cents ans. Découvrir un corps chimique où serait établi l'équilibre entre les quatre éléments (et la quinte essence) serait résoudre alchimiquement le problème de la longévité, voire de l'immortalité. La formule de la résurrection n'est pas inscrite dans la Bible, et c'est vers la science que Roger Bacon tourne ses recherches alchimiques dont l'apport semble très pragmatique et subalterne plutôt l'Écriture à la science que l'inverse. Mais après tout ne relèvent-elles pas selon lui d'une même illumination originelle ?

Les trois quarts de la sixième partie de l'*Opus Majus*[2] où Bacon fait la louange de la science expérimentale sont consacrés à l'exemple de l'arc en ciel, objet d'étonnement pour les savants. Au chapitre 8 de la seconde partie, il expliquait déjà qu'Aristote, prince des philosophes, et Avicenne qui vient immédiatement après lui ont du avouer leur ignorance à son sujet[3]. C'est qu'étant infidèles, ils n'en pouvaient deviner la cause finale révélée dans le récit de la Genèse : l'évaporation des eaux. C'est là son rôle après le déluge. Cette finalité ne peut être atteinte que par l'effet des rayons du soleil, rassemblés par réfraction et réflexion. De la cause finale, Bacon en vient ainsi à la cause efficiente (la cause matérielle étant obvie : ce sont les gouttes d'eau). Faute de connaître la cause finale, divinement révélée, les philosophes n'ont pu atteindre la vérité ultime des créatures, qui n'est accessible que par une illumination spéciale de Dieu. Ainsi, s'en tiennent-ils au sens littéral de l'Écriture (et encore n'y parviennent-ils pas toujours pleinement). Sans évoquer les sens spirituels de l'arc en ciel, le maître es arts se contente de ses développements scientifiques, en fonction de l'altitude et de la latitude.

Si les critiques de Roger Bacon semblent prophétiques d'une nouvelle conception de la science et de la théologie, la mise en œuvre des bons conseils qu'il prodigue est bien peu édifiante. Bonaventure au contraire poursuit le chemin inverse. Dépassant les exigences scientifiques de l'enseignement scolastique de la théologie, il approfondit toujours plus les conditions mystiques de la connaissance de Dieu. Ainsi fait-il place, dès ses premières réflexions sur les dons du Saint Esprit, à une théologie mystique supérieure à la théologie spéculative, mais qui prend toute son ampleur dans les *Conférences* et en particuliers celles sur les six jours de la Création.

1. Cf. *id.*, *ibid.*, p. 359 *sq.* ; *Opus Majus*, 6, exemple 2, *op. cit.*, p. 204 *sq.*
2. *Id.*, *ibid.*, 6, 2 *sq.*, *op. cit.*, p. 172 *sq.*
3. *Id.*, *ibid.*, 2, 8, *op. cit.*, p. 51-53.

LE SENS BONAVENTURIEN DU DIALOGUE AVEC BACON

La théologie morale des vertus, dons béatitudes, fruits et sens spirituels est présente chez la plupart des maîtres du XIIIe siècle[1]. Nous avons vu Bacon faire de la vie qu'elle inspire l'équivalent intérieur de l'expérience externe si fondamentale pour la science qu'il appelle de ses vœux. Bonaventure la met en place dès son *Commentaire des Sentences*, nous en trouvons une version résumée dans le *Breviloquium*, plus étendue dans les *Collationes sur les Dons du Saint Esprit*. Nous nous en tiendrons ici à ces deux premières œuvres pour évoquer cette mise en place de la hiérarchisation de l'âme chrétienne dès les premiers écrits du docteur Angélique. Cela nous permettra de mieux comprendre le dépassement de la théologie spéculative par la théologie mystique opéré dans l'*In Hexaemeron*. Nous serons alors en mesure de conclure sur le sens bonaventurien du dialogue avec Bacon, en proposant une nouvelle interprétation du traditionalisme de Bonaventure et du progressisme de Roger Bacon.

Le *Bréviloque* nous donne un condensé franciscain de cette magnifique construction médiévale de la théologie morale et noétique, dont la peinture de la Chapelle des espagnols dans le cloître de Sainte Marie Nouvelle à Florence illustre la version dominicaine. La ramification de la grâce passe par trois types d'*habitus*. Les vertus (trois théologales et quatre cardinales) qui purifient, les sept dons du Saint Esprit qui préparent, les Béatitudes qui mènent l'âme à sa perfection. Notons toutefois que la valeur noétique des trois dons supérieures était déjà explicitée, dès le commentaire des *Sentences*. Mais c'est aux chapitres 4-5 de la cinquième partie du *Bréviloque* que nous trouvons cette mise en place très classique des ramifications de la grâce dans les vertus et les dons que nous pouvons ainsi schématiser :

	face supérieure de l'âme	
Souverain bien *Souverain difficile* *Souverain vrai*	*charité* *espérance* *foi*	*don de sagesse* *don de conseil* *don d'intelligence*
	face inférieure de l'âme	
raison *toute faculté* *irascible* *concupiscible*	*prudence* *justice* *force* *tempérance*	*don de science* *don de piété* *don de force* *don de crainte*

A ce schéma quelques précisions peuvent être apportées. Nous retrouvons du côté de la face supérieure de l'âme la tripartition qui correspondait chez Eudes Rigaud aux trois facultés platoniciennes : la foi cherchant le vrai par l'intelligence, l'espérance, le bien difficile par l'irascible et la charité, concupiscence du bien délectable. Par ailleurs, quelques fluctuations sont à noter dans la partie inférieure. La piété peut aussi être attribuée au concupiscible en tant qu'elle regarde les rapports à autrui, tandis que la sagesse regardera ceux avec Dieu. Seront alors rattachées à l'irascible, la crainte disposant les biens dans la prospérité et la force dans l'adversité. Notons que dans cette perspective les trois autres dons supérieurs seront rattachés à la puissance rationnelle en tant qu'elle est tournée vers Dieu : l'intelligence pour la spéculation, le conseil pour le choix et la science pour l'exécution.

Mais ce qui nous intéresse c'est avant tout le schéma du septénaire, ainsi que la manière dont il est assumé dans la perspective de la contemplation dionysienne.

1. Cf. O. Lottin, *Psychologie et morale aux XIIe-XIIIe siècle*, t. 2-4, Louvain, 1948.

Comme les vertus mènent purification, préparation et perfection, les quatre premiers dons : crainte, piété, science et force auront une fonction purificatrice de l'action, conseil et intelligence une fonction illuminatrice de la vie contemplative, dont la perfection sera atteinte par le don de sagesse. Cette distinction reprise à Anselme de Canterbury se retrouve aussi dans les *Conférences sur les sept dons du Saint Esprit*. De cette psychologie sanctifiée par les dons, le commentaire des *Sentences* tirait déjà les conséquences épistémologiques.

La distinction 35 du *Livre III*, consacrée aux trois dons de sagesse, d'intelligence et de science, donnait déjà l'occasion d'une mise au point sur les différents sens des termes qui les désignent. Ainsi la réponse de la première question en distingue quatre pour celui de sagesse : le plus général désigne tout savoir ou plutôt la totalité des savoirs. En un sens un peu moins commun, le « *sermo sapientiae* », désigne la connaissance des réalités éternelles par opposition à une science des réalités créées. Le sens propre est pour Bonaventure le troisième : la sagesse est la connaissance de Dieu selon la piété. Mais il en ajoute un quatrième, plus propre encore : celui justement où la sagesse n'est autre que le don du Saint Esprit « dont l'acte consiste à déguster la suavité divine ». Cette « connaissance expérimentale de Dieu » commence bien dans l'ordre cognitif, mais c'est dans l'ordre affectif qu'elle trouve sa consommation. Les *Conférences sur les sept dons du Saint Esprit*[1] décrivent cet accomplissement plénier de la sagesse dans toutes les facultés de l'âme. Bernard de Clairvaux est alors évidemment la référence principale pour une telle conception eschatologique du don de sagesse. Nous retrouvons son commentaire du verset du cantique : « Mangez amis, buvez, très chers, ennivrez-vous », distinguant les trois degrés de la contemplation sapientielle : encore imparfaite en ce monde et requérant une nourriture solide ; libérée du corps pour les âmes des morts, mais n'accédant à la plénitude de l'ivresse qu'avec la résurrection.

La science, objet de la seconde question, pourra elle aussi être entendue en quatre sens. Conçue comme intellection purement spéculative, fondée sur la raison et atteignant les créatures, elle n'est autre que la science humaine des philosophes. Si l'on prend maintenant l'intelligence inclinée vers l'*affectus*, fondée sur la foi, cette science ne sera autre que celle de l'Écriture requérant au minimum la foi informe. Inclinant à l'opération, la science pratique fondée sur le droit naturel, correspondra à la prudence. Enfin, si l'intellection est à la fois inclinée par la foi et inclinante à l'opération bonne, l'on atteint le don de science. Les trois premières étapes ainsi distinguées par le *Commentaire des Sentences* sont assumées dans les *Conférences sur les sept dons du Saint Esprit* comme les moments respectivement matutinal de l'acquisition du don de science, correspondant à l'acquisition des sciences par l'étude doctrinale, méridien lorsque la connaissance se porte sur l'Écriture, et vespérale lorsqu'elle devient morale et porte sur l'action. Comprenons que le don de science, associé traditionnellement à la béatitude des larmes est la prise de conscience par l'homme de ses péchés, de l'écart existant entre sa manière d'être et la miséricorde divine. Il a donc d'emblée un sens pratique, tourné vers l'agir humain, qui l'oppose à une science philosophique purement spéculative.

Mais venons-en enfin au don d'intelligence, objet de la troisième question de la distinction 35. Visant Dieu sous la raison de vrai, l'intelligence peut l'atteindre selon trois modalités[2]. Par simple adhésion, c'est le cas de la foi. Le don d'intel-

1. Bonaventure, *Conférences sur les sept dons du Saint Esprit*, Coll. 9, s. 5 *sq*., Quaracchi 5, p. 500-503.

2. « Uno modo habetur cognitio de Deo per simplicem assensum ; alio modo per rationis adminiculum ; tertio modo per simplicem contuitum. Primum est virtutis fidei, cuius est assentire ; secundum est doni intellectus, cuius est credita per rationem intelligere ; tertium est beatitudinis

ligence, lui, l'atteindra à l'aide de la raison. Et nous retrouvons ici le rôle même de la théologie : « comprendre par la raison ce qui est cru », n'est-ce pas « comprendre le croyable en tant qu'il devient intelligible » ? Ainsi cet intelligible théologique scruté avec l'aide de la raison informée par l'*habitus* du don d'intelligence s'étendra-t-il du Créateur aux créatures spirituelles. L'*habitus* propre du théologien repose donc pour Bonaventure sur le don d'intelligence. Il nous faut le souligner car nous verrons bientôt comment il s'en détache progressivement après lui, pour relever finalement d'une simple grâce charismatique chez Henri de Gand revendiquant une lumière spéciale pour la corporation naissante des théologiens scolastiques.

Mais s'il atteint par des raisons adaptées (*congruas*) à une compréhension du donné de foi, le don d'intelligence n'en sera pas encore pour autant selon le Docteur Séraphique une intuition ou plutôt une contuition simple. Celle-ci est réservée à la béatitude des cœurs purs, troisième modalité de l'intelligence distinguée ici par Bonaventure, correspondant au don d'intelligence, mais pour le dépasser en lui faisant atteindre sa fin. Tandis que la théologie continuait de s'approcher de Dieu par l'échafaudage de ses raisons, même si la puissance rationnelle y est illuminée par le don d'intelligence, les mystiques contemplatifs, les cœurs purs, l'atteignent directement en une contuition simple. N'est-ce pas ce type d'approche que le Général des franciscains voudra, dans l'*In Hexaemeron*, privilégier chez les vierges qu'il sermonne, de préférence aux déductions de la théologie ? N'est-ce pas son rôle de chef d'ordre ? Pourtant, il était conscient, dès son commentaire des *Sentences*, de cette supériorité de la connaissance mystique, mais aussi de son intrication serrée avec la vertu de foi et le don d'intelligence exercés en théologie.

Ce dépassement même du don par la Béatitude va permettre dès le commentaire des *Sentences*[1] un réordonnancement de la science, de l'intelligence et de la sagesse, conforme, nous semble-t-il, à celui développé par l'*In Hexaemeron*, et peut-être même plus précis. La science s'occupe des créatures selon leurs raisons créées, et a donc à faire non seulement aux créatures spirituelles, images de Dieu, mais aussi aux créatures matérielles qui n'en portent que le vestige. Le don d'intelligence, qui regarde les créatures dans leurs raisons éternelles, n'aura à faire qu'à celles qui sont spirituelles. La sagesse, elle, ne regardera dans les raisons éternelles, que ce qui est éternel. Le don d'intelligence, et avec lui la théologie apparaît bien comme cet intermédiaire entre science et sagesse. Car la science regarde seulement les créatures, mais dans les raisons créées.

Sagesse	*l'Eternel*	*raisons éternelles*
Intelligence	*Dieu et créatures*	*raisons éternelles*
Science	*réalités créées*	*raisons créées*

L'intelligence regarde à la fois les créatures et le Créateur, mais dans les raisons éternelles. Or peut-on pour Bonaventure atteindre ailleurs la vérité des créatures ? Une science qui resterait en-deçà ne serait-elle pas condamnée à l'erreur ? La science dont il s'agit ici n'est-elle pas en fait la science pratique du don de science, portant nécessairement sur des réalités singulières et créées, soumises à la contingence de l'action ? Dès le commentaire des *Sentences* les

munditiae cordis, cuius est Deum videre (...) donum intellectus – cuius actus est in contemplationem summi Veri elevare per lumen, quod non solum facit assentire, sed etiam per congruas rationes credita intelligere – non solum attenditur in contemplatione creatricis essentiae, sed etiam spiritualis creaturae. », *id.*, *In III Sent.*, d. 35, q. 3, *resp.*, Quaracchi 3, p. 778.

1. *Id.*, *ibid.*, ad. 1m.

modalités de son dépassement par la connaissance mystique sont donc mises en place. Rappelons-en la structure d'après le résumé du *Breviloquium*.

Nous revenons ici à des schèmes classiques, hérités du commentaire d'Augustin au sermon sur la montagne. Ils se retrouvent évidemment longuement expliqués dans la première partie des *Conférences sur les sept dons du Saint Esprit*, où le septénaire est notemment mis en relation avec les sept péchés capitaux opposés respectivement aux sept dons et béatitudes, mais aussi avec les vertus théologales et les fruits du Saint Esprit[1].

Sagesse	*artisans de paix*
intelligence	*cœurs purs*
science	*ceux qui pleurent*
conseil	*miséricordieux*
force	*affamés de justice*
piété	*doux*
crainte	*pauvres en esprit*

Nous passons sur les développements spirituels et plus particulièrement franciscains sur la béatitude des pauvres. Notons en revanche que celle des pacifiques ouvre l'usage des sens spirituels en une connaissance spécialement développée chez les prophètes[2]. L'on aura reconnu dans le passage cité, la structure psychologique à six niveaux reprise dans l'*Itinerarium*, argument supplémentaire en faveur de notre thèse de la cohérence de Bonaventure. Cette division psychologique n'est d'ailleurs pas abandonnée dans l'*In Hexaemeron* où on la retrouve au contraire en bonne position dans la cinquième *Conférence*[3].

La béatitude des pacifiques conduit aussi à la jouissance des fruits du Saint Esprit dans la charité suprêmement atteinte en ce monde par les extatiques et par les bienheureux dans l'autre. Nous devinons ainsi, à partir de la description de la mystique présente dès le *Breviloquium*, ce qui aurait pu nourrir les développements annoncés pour les trois dernières lumières de l'*In Hexaemeron* concernant la prophétie, le rapt et la vision béatifique. Nous comprenons mieux comment ce dernier ouvrage ne renie nullement, mais assume au contraire ce qui a déjà été dit de la science, de l'intelligence et de la sagesse dès le *Commentaire des Sentences* et le *Breviloquium*. La science au sens commun, la philosophie reste en deçà du don de science. Elle peut même s'y opposer si elle se refuse à reconnaître la source éternelle des vérités qu'elle atteint. Mais surtout, le don d'intelligence informant la raison dans son exercice théologique reste en deçà de la contuition atteinte par la béatitude des cœurs purs. Devenu Prieur général de son ordre, le Docteur Séraphique devra donc insister sur cette vie spirituelle mettant en œuvre vertus, dons et béatitudes pour exhorter ses ouailles à la vie mystique. Il n'eut pas le temps d'en développer la structure dans l'ordre prophétique des sens spirituels, et extatique des fruits de la charité. Pourtant, les quatre premières conférences de l'*In Hexaemeron* constituent déjà une tentative très achevée de remise en ordre de la culture chrétienne.

1. *Id.*, *Conférences sur les sept dons du Saint Esprit*, Coll. II, 1-3, Quaracchi 5, p. 462-463.

2. « Sensus vero spirituales dicunt perceptiones mentales circa veritatem contemplandam. Quae quidem contemplatio in Prophetis fuit per revelationem quantum ad triplicem visionem, scilicet corporalem, imaginativam et intellectualem ; in aliis vero iustis reperitur per speculationem, quae incipit a sensu et pervenit ad imaginationem et de imaginatione ad rationem ; de ratione ad intellectum, de intellectu ad intelligentiam ; de intelligentia vero ad sapientiam sive notitiam excessivam, quae hic in via incipit, sed consummatur in gloria sempiterna.», *id.*, *Breviloquium*, 5, chap. 6, Quaracchi 5, p. 260.

3. *Id.*, *In Hexaemeron*, 5, 24, trad. M. Ozilou, Cerf, Paris, 1991, p. 203, Quaracchi 5, p. 358.

Rappelons rapidement la structure de ces conférences prononcées entre Pâques et la Pentecôte de 1273 en pleine crise de l'Université devant ses principaux maîtres et plus de cent soixante frères mineurs du couvent parisien. Les trois premières veulent éveiller chez les étudiants franciscains et leurs maîtres le désir de passer de la sagesse mondaine qu'ils étudient à une sagesse contemplative proprement chrétienne. La troisième *Collatio* distingue ainsi sept niveaux d'intelligence qui annoncent le plan de celles à venir. Mais appelé au cardinalat le 28 avril 1273 à la veille du Concile de Lyon, Bonaventure qui devait mourir le 15 juillet 1274, n'eut le temps de traiter que les quatre premiers niveaux : l'intelligence innée (Conférences 4-7), élevée par la foi (8-12), instruite par l'Écriture (13-19), suspendue par la contemplation (20-23). Il ne put donc traiter des intelligences prophétique, extatique et béatifique. Le troisième niveau où se pense la subordination de la théologie à l'Écriture est le plus développé, représentant en volume plus que les deux premiers réunis.

L'on a vu dans les nombreuses diatribes de Bonaventure contre la science profane le signe d'une évolution : d'anti-philosophe et anti-aristotélicien, il devenait anti-scolastique. En fait son admiration et son estime pour la philosophie et les philosophes n'ont pas diminué depuis le début de sa carrière. Ne salue-t-il pas jusqu'au bout le courage monothéiste de Socrate préférant boire la ciguë[1] plutôt que de renier son enseignement par ses actes ? Il maintient la philosophie parmi les disciplines d'études nécessaires à la formation des religieux et théologiens, certes au dernier rang, nous y reviendrons. Mais surtout il reconnaît sa compétence propre dans les neuf sciences qui relèvent d'elle et dont il montre longuement l'utilité pour l'étude de l'Écriture[2]. L'erreur des *philosophantes* a été de croire qu'ils pourraient produire en s'appuyant sur leurs propres forces rationnelles une dixième science : de la contemplation.

> Toutes les difficultés de la philosophie pourraient s'expliquer ici. Les Philosophes enseignèrent neuf sciences, promettant de donner la dixième, c'est-à-dire la contemplation. Mais nombre d'entre eux, en voulant se séparer des ténèbres de l'erreur, s'enfoncèrent en de grandes erreurs car "dans leur prétention à la sagesse, ils sont devenus fous", s'enorgueillissant de leur science, ils sont devenus lucifériens (...). Tous ceux qui vécurent sous la loi de la nature, comme les Patriarches, les Prophètes et les Philosophes furent des fils de la lumière.[3]

Nous trouvons là comme une première critique interne de la philosophie. Remarquons qu'elle ne conteste nullement sa compétence dans son ordre propre. Simplement lorsqu'elle entend outrepasser ses prérogatives, elle tombe dans la folie. En prétendant traiter scientifiquement de la contemplation, elle se perd. Pourtant elle demeure un bon guide dans l'ordre pratique conduisant au salut les philosophes aussi efficacement que la foi pouvait y mener patriarches et prophètes de l'Ancien Testament.

Cependant Bonaventure ne se contente pas de cette critique interne, il la prolonge par une autre, menée du point de vue de la foi et atteignant cette fois la philosophie dans ses conclusions propres. Nous sommes ici à l'opposé de la confiance de Bacon en la sainteté des premiers philosophes, leur permettant de profiter de la révélation des patriarches. Au contraire, pour Bonaventure[4], à cause

1. *Id.*, *In Hexaemeron*, 5, 15, trad. M. Ozilou, Cerf, Paris, 1991, p. 197, Quaracchi 5, p. 356.
2. *Id.*, *ibid.*, *Conf.* 4-5, en particulier trad. M. Ozilou, p. 201, Quaracchi 5, p. 348 *sq.*
3. *Id.*, *ibid.*, 4, 1, trad. M. Ozilou, p. 171, Quaracchi 5, p. 349.
4. Cf. *id.*, *ibid.*, 6, 1-5, trad. M. Ozilou, p. 211-215, Quaracchi 5, p. 360-361.

du péché originel dont ils ignoraient l'existence, les philosophes sont tombés dans un triple aveuglement, une triple erreur. Ignorant l'exemplarité divine, la providence et l'ordonnancement de l'univers, ils en vinrent à affirmer l'éternité du monde, une béatitude limitée à cette vie, l'unité de l'intellect.

Cette diatribe vise sans doute plus les *philosophantes* du temps de Bonaventure que les philosophes antiques à qui il est injuste de reprocher leur manque de foi et de grâce. Le Général des Franciscains propose évidement de rectifier ces erreurs des philosophes par une sagesse chrétienne fondée sur la foi, seconde lumière qui fait l'objet des conférences suivantes. Nous en retenons simplement que la foi fait découvrir le Christ comme maître, puisqu'en lui se trouvent les espèces très claires permettant de contempler toute chose dans l'art éternel[1]. Mais cette contuition qui remonte des créatures à la lumière de leur Créateur, n'est possible qu'aux contemplatifs et non aux philosophes[2]. Il faut donc tracer la voie de sainteté qui permet de passer de la foi à la contemplation. Elle ne semble pas emprunter les chemins de la philosophie. Mais passe-t-elle par la théologie ?

L'Écriture constitue bien pour Bonaventure la dernière aide de l'âme illuminée par la foi, et l'on sait qu'il lui consacre les conférences qui suivent (13 à 18), soit la part la plus importante de l'*In Hexaemeron*.

> L'Écriture donc est la bouche de Dieu. C'est pourquoi Isaïe s'écrie : “Malheur à vous qui descendez en Egypte”, c'est-à-dire aux sciences séculières, et “la bouche de Dieu, vous ne l'avez pas interrogée”, c'est-à-dire vous n'avez pas consulté la Sainte Écriture. On ne doit pas en effet, descendre vers les autres sciences, afin d'atteindre à la certitude, sans avoir le témoignage sur la montagne, celui du Christ, d'Elie et de Moïse, c'est-à-dire du Nouveau Testament, des prophètes et de la Loi.[3]

Justement, ce qui aux yeux du Général des Franciscains stérilise la foi et la théologie, c'est de descendre à l'Egypte des sciences séculières sans avoir consulté la Sainte Écriture sur la montagne du Tabor ou furent présents, Moïse (la Loi), Elie (les Prophètes) et Jésus transfiguré (le Nouveau Testament). A qui ce reproche s'adresse-t-il ? Non plus semble-t-il aux *philosophantes* qui ont déjà eu leur lot, mais aux théologiens. On se souvient du sens spirituel du Tabor chez Honorius d'Autun en particulier : la contemplation anticipant sur la vision béatifique et nourrissant la recherche des théologiens (*studiosi*). L'on n'aurait donc pas ici une simple opposition entre deux sources : scripturaire et scientifique de la vérité théologique. Bonaventure ne demande pas de se contenter de l'une en négligeant l'autre. C'est là l'erreur au contraire, qu'il reproche à ses contemporains. Désespérant de l'expression symbolique de l'Écriture, ils préfèrent chercher directement la réponse à leurs questions théologiques dans les sciences profanes. Or la bonne méthode consisterait justement avant d'entreprendre ce détour éventuel par l'Egypte, à consulter le Tabor. Cette consultation de l'Écriture, on le comprend ne sera pas simplement studieuse : l'ascension au Tabor doit être pieuse. La sanctification apparaît bien ici comme une alternative à la science profane pour passer de la foi à la contemplation. Une alternative non pas contradictoire mais complémentaire. Bonaventure n'interdit nullement la descente, elle doit simplement être précédée par le témoignage de l'Écriture. Son reproche ne semble encore fustiger que les mêmes auteurs de *Sommes* visés aussi par Bacon. Mais il précisait dès la quatrième *Conférence* :

1. Cf. *id.*, *ibid.*, 12, 5-8, trad. M. Ozilou, p. 292-294, Quaracchi 5, p. 385.
2. Cf. *id.*, *ibid.*, 12, 14-15, trad. M. Ozilou, p. 297-298, Quaracchi 5, p. 386.
3. *Id.*, *ibid.*, 12, 17, trad. M. Ozilou, p. 299, Quaracchi 5, p. 387.

> Mais hélas ! Beaucoup aujourd'hui, veulent promouvoir les études adultères, pendant que plusieurs autres, qui devraient être utiles à l'Église, délaissent l'étude principale de la Sainte Écriture qui est la maîtresse de toutes les sciences, allumant la flamme d'une pernicieuse curiosité, s'attachent aux sciences philosophiques de l'Égypte, petites servantes de l'Écriture canonique, et, ce qui est plus méprisable, en divorcent pour des sciences prostituées et malhonnêtes. Mais ce qui est le plus condamnable, c'est de voir agir ainsi ceux qui sont et doivent être principalement des époux de la Sainte Écriture, par leur état et par leur Ordre auquel ils appartiennent. De leur union, naît le velu Esaü, descendant abominable qui frappe le ventre de l'Église sa mère, chasseur errant loin de chez lui. [1]

Le péché serait de préférer les servantes, les sciences séculières, à la fille du roi qui est offerte comme épouse au croyant. Ce reproche peut-il cette fois viser Roger Bacon ? C'est ce que suggère C. Bérubé[2]. Il est effectivement adressé par Bonaventure à des frères de son Ordre. L'on sait que le frère anglo-saxon consacra le plus clair de son séjour parisien à rendre compte pour le pape de ses recherches en sciences expérimentales. Devons-nous le reconnaître sous les traits de cet Esaü roux, velu et exilé qui frappe les flancs de sa sainte mère l'Église ? Bonaventure précise toutefois qu'il a encore en vue ceux qui défendirent les thèses condamnées en 1277. Il n'est pas exclu qu'il ait amalgamé Bacon parmi les spirituels et les averroïstes contestataires, florissants dans l'Ordre franciscain. Un autre passage peut aussi être appliqué à Bacon :

> Il y a péril dans cette dernière considération : il est dangereux de s'éloigner trop loin de la maison de l'Écriture, et l'enfant ne veut jamais s'éloigner beaucoup de la maison. De même, il y a danger dans les sciences qui s'étendent si loin dans leurs considérations qu'elles ne peuvent ensuite revenir à la maison de l'Écriture, mais aboutissent à la maison de Dédale, dont elles ne peuvent sortir. [3]

Sans maudire, cette fois, le prieur général se contente de constater, non sans miséricorde, qu'il est difficile de revenir, après un long séjour dans l'Égypte des sciences profanes, à la maison de l'Écriture dont on s'est ainsi trop et trop longtemps éloigné. Le risque est donc de s'enfermer dans la maison de Dédale, et de se contenter des images au lieu de viser le face à face. Ne l'oublions pas, la finalité de la théologie est pratique : conduire le croyant à la béatitude, tandis que les sciences spéculatives ne peuvent ici-bas atteindre Dieu qu'à travers les similitudes créées qu'elles étudient. Conscient de ce danger, Bonaventure n'interdit pas les sciences dans l'immédiat de l'organisation des études, mais il avertit, et va même plus loin, prophétisant un temps où l'autorité de l'Écriture pourra et devra se passer du secours des raisons philosophiques et théologiques[4].

La prophétie a plusieurs sens. Tout d'abord, en volant aux égyptiens leurs vases d'or et d'argent, les juifs n'eurent pas à retourner dans ce pays. Une fois assumés les arguments des sciences profanes leur usage théologique n'exige plus que l'on retourne les étudier pour elles-mêmes. Mieux, dans les temps d'épreuves, ces arguments ne sont plus d'aucun secours et il faut se contenter comme le Christ au désert du bouclier de l'autorité scripturaire. Cette prophétie a-t-elle pour Bonaventure une valeur immédiate ? Il semble que non dans la mesure où il continue de prôner l'étude des sciences et de la patristique en vue de la théologie. Pourtant, Bonaventure ne

1. *Id.*, *ibid.*, 4, 16, trad. M. Ozilou, p. 183, Quaracchi 5, p. 351-352.
2. Cf. C. Bérubé, *De la philosophie…*, *op. cit.*, p. 278.
3. Bonaventure, *In Hexaemeron*, 17, 25, trad. M. Ozilou, p. 387, Quaracchi 5, p. 413.
4. *Id.*, *ibid.*, 17, 28, p. 389, Quaracchi 5, p. 414.

nie nullement, tant s'en faut, que ce soit des raisonnements que la théologie tire sa prolifération luxuriante.

Plus exactement, alors que les quatre sens de l'Écriture sont comparés aux quatre fleuves du paradis, et ses figures sacramentelles aux germinations qu'ils fécondaient, c'est à partir de ses semences que vont se développer les « théories ». Ne sont-elles pas cette excroissance théologique procédant par mode perscrutatif et élaborant la rationalité de ce qui est d'abord cru ? Leur prolifération est infinie, même si leur unité se pense en Dieu. Les « théories » décrites par Bonaventure présentent surtout un regard historique sur l'économie du salut tant avant qu'après le Christ. Cette influence millénariste n'a-t-elle pas tendance à aplatir la symbolique par ailleurs développée par le docteur séraphique de manière si riche et profonde ? Nous passons en tout cas sur ces classifications des ères scripturaires (déjà rencontrées dès le *Commentaire des Sentences*), ou ecclésiales, dont l'intérêt demeure plus historique que spéculatif. C'est qu'au-delà des théories théologiques, le général des franciscains a en vue une autre forme d'intelligence du mystère divin : celle de l'âme suspendue par la contemplation.

Cette contemplation va porter sur les hiérarchies célestes et ecclésiastiques, ainsi que sur l'âme elle-même hiérarchisée. La contemplation des hiérarchies célestes découvre la répartition des ordres, des anges aux séraphins, selon leurs fonctions, auxquelles correspondent d'ailleurs celles exercées dans l'Église militante et triomphante. Cette contemplation, pensée en termes dionysiens exige un dépassement de l'intellect en une illumination qui affecte le sommet de l'âme[1]. Ne retrouvons-nous pas ici le rôle assigné par l'*Itinéraire* à la syndérèse ? Faut-il s'en étonner dans la mesure où la lecture franciscaine de Denys reste influencée par Thomas Gallus ? La contemplation des hiérarchies ecclésiastiques permet quant à elle de penser analogiquement le rôle des différentes formes de théologie selon le schéma suivant[2].

Église parée de ses figures	*théologie symbolique*
Illuminée par le soleil divin	*théologie mystique*
Ordonnée au combat	*théologie spéculative*

Mais cette seconde partie de la contemplation portant sur les hiérarchies ecclésiastiques doit elle-même être dépassée dans celle de l'âme hiérarchisée. Elle y découvre dans la suite de la vingtième Conférence, la Trinité comme principe originant, gouvernant et béatifiant tant des offices exercés dans l'Église que de son action assumée par la grâce. Elle parcourt ainsi en tous sens les degrés de l'échelle de Jacob où se correspondent grâces et vertus. Il y a donc bien pour Bonaventure un passage de la science à la sagesse : et il n'est autre que la sainteté.

> Le passage de la science à la sagesse n'est pas sûr, aussi faut-il fixer un intermédiaire, à savoir la sainteté. Or le passage consiste dans l'exercice. Il faut s'exercer à passer de l'étude de la science à l'étude de la sainteté, et de l'étude de la sainteté à l'étude de la sagesse (…) celui qui préfère la science à la sainteté ne prospérera jamais.[3]

Le passage par la sainteté exige un exercice constant, car celui en sens inverse, de la vérité à la vanité guette à tout moment, conforme à l'inclination de la nature pervertie par le péché originel. Mais ce passage par la sainteté exige aussi de l'ordre dans l'organisation même de l'étude qui en est le complément nécessaire.

1. *Id.*, *ibid.*, 20, 11, p. 431-432, Quaracchi 5, p. 427.
2. *Id.*, *ibid.*, 20, 21, p.438, Quaracchi 5, p. 429.
3. *Id.*, *ibid.*, 19, 3, p. 409-410, Quaracchi 5, p. 420.

C'est dans cette conception de l'organisation des études que nous discernons chez Bonaventure un traditionalisme équilibré. Faut-il y voir aussi une évolution par rapport au rôle assigné à la théologie spéculative dans le *Commentaire des Sentences* ?

Avant de répondre à ces questions fondamentales pour la compréhension du « dialogue » entre Bonaventure et Roger Bacon, nous voudrions en rappeler encore quelques traces. Nous avons constaté que chez Bacon l'expérience interne était structurée précisément de manière conforme aux ramifications de la grâce dans l'âme selon les vertus, dons, béatitudes, fruits et sens spirituels, tels qu'ils sont décrits dans le *Bréviloque*. Réciproquement, il est une page de l'*In Hexaemeron* qui présente des résonnances assez typiquement baconiennes.

> Cette sagesse a été manifestée (...). Cependant, comme un frère lai illettré qui tient un livre dont il ne sait que faire, nous ne la recherchons pas, et c'est pourquoi la lecture de cette Écriture nous est devenue difficile comme le grec, le barbare ou l'hébreu et sa source totalement inconnue. Cette sagesse est répandue en toute chose (...). Celui qui connaîtrait toutes les propriétés, jouirait clairement de cette sagesse. Les philosophes s'adonnèrent à considérer cette sagesse, et Salomon lui-même, qui s'en fit le reproche, en disant : "J'ai dit : je deviendrai sage ; mais celle-ci s'éloigna de moi plus encore". En effet, quand quelqu'un s'adonne à rechercher cette sagesse par une investigation curieuse des créatures, alors elle s'éloigne plus encore. [1]

Ce passage comporte deux caractéristiques essentielles des revendications baconiennes, concernant les langues bibliques et la connaissance expérimentale des propriétés des choses. Pourtant la position de Bonaventure s'en distingue, non peut-être sans quelque ironie. Il ne dit pas comme son frère anglo-saxon que l'étude de l'Écriture nécessiterait l'étude des langues bibliques. Il renverse au contraire ironiquement le reproche : elle nous est devenue aussi difficile justement que si elle se faisait en grec, en hébreu ou même ajoute-t-il en barbare. Lorsqu'il déplore que sa source nous soit inconnue pense-t-il aux sources linguistiques ou plutôt à la source mystique de toute sagesse ? De même, Bonaventure semble reprendre à Bacon l'idée que quiconque connaîtrait (par une science expérimentale) les propriétés des choses jouirait clairement de la sagesse divine qui s'y trouve inscrite. Mais c'est pour dénoncer immédiatement les philosophes et Salomon, symbole de la régression de la vérité à la vanité, qui se perdirent en une vaine curiosité. Le chemin proposé par Bonaventure est bien inverse de celui de Bacon.

Pour ce dernier, il faut révolutionner les sciences, et repartir du fondement de la science expérimentale pour découvrir par elle les enseignements d'une sagesse déjà inscrite en puissance dans l'Écriture. Pour Bonaventure, ceux qui s'attardent aux sciences profanes s'y perdent nécessairement, oubliant comme Salomon l'essentiel[2]. Les métaphores aquatiques abondent. Ils sont comparables à ceux qui préférant les eaux troubles de l'Egypte délaissent la source pure de Siloé. Ils seront finalement rattrapés par les fleuves de l'Assyrie qui règnera sur eux[3]. Cela ne veut pas dire qu'il n'y a pas un bon usage des sciences profanes, mais c'est celui des combattants de Gédéon qui lapèrent le fleuve en passant, sans s'y arrêter. Ceux au contraire qui s'agenouillent pour boire à longues rasades l'eau décevante des philosophes se plongent dans leurs erreurs et réchauffent des vipères dans leur sein[4]. Nous

1. *Id.*, *ibid.*, 2, 20-21, p. 136, Quaracchi 5, p. 339-340.
2. Cf. *id.*, *ibid.*, 19, 3, p. 409, Quaracchi 5, p. 420.
3. Cf. *id.*, *ibid.*, 19, 12, p. 415, Quaracchi 5, p. 422.
4. Cf. *id.*, *ibid.*, 19, 13, p. 415-416, Quaracchi 5, *ibid.*

découvrons ainsi le traditionalisme bien tempéré qui est la réponse de Bonaventure au problème de la formation des théologiens, tel que pouvaient le poser la crise des années 1270, ou les revendications d'un Bacon. Bonaventure n'exclut donc pas que l'on descende à la philosophie, mais à condition de ne pas en tirer mépris à l'égard des eaux pures de Siloé.

> Les maîtres doivent veiller à ne pas trop recommander ni estimer ce que disent les philosophes, de crainte qu'à cette occasion le peuple ne retourne en Egypte, ou n'abandonne à leur exemple "les eaux de Siloé", où se trouve la plus haute perfection, pour boire l'eau des philosophes, où stagne une éternelle déception.[1]

Tout est une question d'ordre et de dosage. La philosophie est utile à condition d'être précédée de la contemplation scripturaire et de savoir y retouner. Conscient du danger, le prieur général enjoint à ses frères de puiser la sagesse d'abord à sa source scripturaire, puis à celle des commentaires des Pères, et enfin aux *Commentaires des Sentences* et autres *Sommes* des théologiens. Citons tout au long ce texte qui nous semble fondamental pour une compréhension de la conception bonaventurienne, et plus généralement scolastique, au moins pré-thomiste de la théologie nouvelle et de son rôle dans la culture chrétienne.

> Par conséquent, la première chose importante est que l'homme connaisse l'Écriture (...). L'homme ne peut pas de lui-même parvenir à cette intelligence spirituelle, sans ceux par lesquels Dieu l'a révélée, c'est-à-dire par les œuvres des Pères comme celles d'Augustin, de Jérôme et d'autres. Il faut donc recourir aux œuvres des Pères. Mais ces œuvres sont difficiles. Aussi les *Sommes* des maîtres sont-elles nécessaires : en elles ces difficultés sont élucidées. Il faut éviter pourtant la multiplication de ces écrits. Mais comme ces écrits allèguent les paroles des philosophes, il est nécessaire que l'homme les connaisse ou les suppose.[2]

S'il est une évolution de la conception Bonaventurienne de la théologie, elle nous semble se trouver à ce moment où entre théologie scripturaire et théologie spéculative, vient se glisser la tradition patristique[3]. La théologie scolastique ne semble plus subalternée à l'Écriture directement, mais plutôt à son interprétation spirituelle par les Pères. Encore n'est-il plus question ici de la hiérarchie des savoirs, mais de l'ordre méthodique à suivre dans les études. De plus, nous avions déjà vu comment dès le *Commentaire des Sentences*, Bonaventure établissait des filiations entre Pères de l'Église et docteurs modernes. L'opposition ne doit donc sans doute pas être radicalisée. L'étude de l'Écriture livrera le sens littéral, celle des Pères donnera les sens spirituels, et celle des docteurs aidera à les ordonner de manière systématique en dépassant d'éventuelles contradictions entre les Pères. Ce que réalise Bonaventure en accentuant le rôle de la tradition n'est-ce pas justement ce qui échappe à Roger Bacon : l'impossibilité d'arriver seul à la sagesse, la nécessaire médiation de l'Église et de sa tradition ? Pris au sens fort ce terme désigne on le sait l'interprétation de la Révélation.

Bonaventure propose ici un ordre et une méthode pour les études. Il ne retire pas à la théologie, lorsqu'il s'agit de l'écrire, son rôle d'expansion de la Révélation, de pullulement des semences fécondées par une croissance qui les fait passer du crédible à l'intelligible. Le Général des frères Mineurs ne dit pas ici aux bacheliers comment ils doivent rédiger leur *Commentaire des Sentences*. Il indique aux

1. *Id.*, *ibid.*, 19, 12, p. 415, Quaracchi 5, *ibid.*
2. *Id.*, *ibid.*, 19, 10, p. 414, Quaracchi 5, p. 421-422.
3. Nous en avons relevé le rôle dès le *Commentaire des Sentences*.

jeunes franciscains une méthode, un ordre pour étudier tout en nourrissant leur vie spirituelle. Il faut, selon lui, commencer par puiser à la source scripturaire, en tirer toute la jouissance spirituelle à l'aide de la lecture qu'en proposent les Pères, et se guider dans cette lecture à l'aide des raisonnements clarificateurs des docteurs modernes, voire en lapant au passage quelques un de ceux qui peuvent être empruntés aux philosophes. Ces recommandations pratiques, loin d'être en contradiction avec la compréhension de la hiérarchie des savoirs, et des théologies, avec la psychologie qui leur est sous-jacente et demeure inchangée du *Breviloquium* à l'*In Hexaemeron*, nous semble pleinement cohérente avec elles. Simplement c'est en littéraire que Bonaventure hiérarchise ainsi les savoirs selon un ordre qui se retrouve dans toute bonne bibliothèque ; de l'Écriture à la Patristique, à la Scolastique et à la Philosophie. Ainsi la subalternation de la théologie n'est-elle pas simple transcription du modèle de la science aristotélicienne. Subalternation littéraire à la lettre de l'Écriture, saura-t-elle en préserver l'esprit ? Elle était en tout cas consciente du danger de refermer l'enseignement de la théologie sur les *Sommes*, en un avertissement adressé prophétiquement à toute scolastique et néo-scolastique :

> Il y a donc un danger à descendre aux œuvres des pères, puisque leur langage est plus beau que celui employé par l'Écriture (...). Mais le danger est plus grand à descendre aux *Sommes* des maîtres, puisque l'erreur se rencontre parfois chez eux. [1]

CONCLUSION :
UNE SCIENCE PRATIQUE SUBALTERNÉE À L'ÉCRITURE

Les deux franciscains semblent d'accord pour placer l'Écriture au sommet des savoirs. Ils paraissent même assez proches dans leur conception théorique de l'expérience mystique. Pourtant pratiquement tout les oppose. Le maître es-arts passa sa vie à écrire des travaux scientifiques et il en attendait le renouveau de l'exégèse. Le théologien devenu Général des franciscains nous laisse une œuvre dont la spéculation se fait sans cesse plus mystique. Le simple frère anglo-saxon est prêt à faire table rase, sinon du passé, du moins du présent de la science et de la théologie en brûlant l'Aristote latin et pourquoi pas avec lui ces *Sommes* inutiles pesant le poids d'un cheval, sans se préoccuper d'ailleurs le moins du monde de la lecture spirituelle des textes canoniques par les Pères. Le maître en théologie devenu prieur de son ordre est un latin, respectueux de la tradition de l'Église. Il est soucieux, lui aussi, de défendre l'étude de l'Écriture contre l'envahissement par les sciences profanes. Pourtant il entend en assumer tout ce qui peut être sauvé. Quant à la théologie scolastique naissante, il veut la remettre dans l'enseignement, à la place qui lui revient selon sa conception même de la culture chrétienne. Celle-ci doit centrer l'effort des études sur l'Écriture qui demeure sa source principale. Toutefois elle ne pourra en atteindre les sens spirituels sans l'aide des Pères. Les écrits des maîtres modernes viennent donc en troisième lieu pour expliquer les obscurités des Pères, trancher en cas de contradiction entre eux. Les uns et les autres procèdent pourtant de la même prolifération des théories au-delà de l'alimentation générale aux eaux des divers sens de l'Écriture. Le mode perscrutatif et inquisitif de la théologie spéculative n'est pas renié, simplement il est replacé

1. Bonaventure, *In Hexaemeron*, 19, 10-11, p. 414-415, Quaracchi 5, p. 421-422.

dans le contexte d'une culture chrétienne nourrie d'Écriture Sainte et éclairée par la tradition patristique et scolastique, voire par les écrits philosophiques qu'elle assume.

Sa finalité demeurant pratique, elle est aisément dépassée par une théologie mystique fondée sur la vie d'union, alimentée aux vertus dons et béatitudes, contemplant les hiérarchies ecclésiastiques et célestes. Confronté à la crise des année 1270, Bonaventure entend conserver les différentes sources de la sagesse chrétienne, et se contente de rééquilibrer leurs poids respectifs dans les études. Il tente d'en faire comprendre la nécessité à ses frères mineurs en suscitant chez eux un sursaut mystique, un supplément d'âme, de vie intérieure. Roger Bacon au contraire place tous ses espoirs dans les études, mais il veut pour cela les révolutionner de fond en comble. C'est la science expérimentale qui doit remplacer les spéculations tirées d'un Aristote latin bon pour le bûcher. C'est de la nouvelle compréhension des propriétés des choses apportée par l'expérience que la théologie devra tirer les sens spirituels. Les résultats sont maigres. En effet l'expérience intérieure allant des vertus aux sens spirituels reste d'ordre privé et ne peut apporter qu'à la prédication, non à la théologie.

En revanche, la réforme proposée par Bonaventure n'aboutira guère puisque les Sentences continueront à dominer toujours plus les études de théologie, relayées au XVIe par la *Somme de théologie* de Thomas d'Aquin jusqu'à l'extinction récente de la théologie néo-scolastique, et au retour massif à l'exégèse. Pourtant, entre ces deux extrêmes opposés, la sagesse traditionaliste de Bonaventure ne trace-t-elle pas, en rendant aux Pères leur rôle spirituel dans la culture chrétienne une voie moyenne qui prend une actualité prophétique ?

CHAPITRE IV

NAISSANCE DE L'ÉCOLE DOMINICAINE ÉMERGENCE D'UNE DIMENSION SPÉCULATIVE DE LA THÉOLOGIE

Si l'école franciscaine naquit de la prise d'habit d'Alexandre de Hales, l'école dominicaine compte aussi parmi ses premiers théologiens plusieurs frères qui entrèrent dans l'Ordre alors avaient déjà une formation universitaire. La différence toutefois est qu'ils avaient le plus souvent enseigné et pratiqué la médecine ou le droit. Ces points de départ quelque peu différents marquent la spécificité de chaque *studium*. La tendance franciscaine à favoriser la dimension scripturaire et mystique de la théologie ne s'enracine-t-elle pas dans cette origine même ? Celle des dominicains à assumer le réalisme aristotélicien n'y trouve-t-elle pas au-delà de la perspicacité de Thomas d'Aquin une vocation à se soucier de l'homme jusque dans le devenir de son corps[1] ? Comme son maître, Jean de Saint-Gilles[2], Roland de Crémone était ainsi probablement docteur en médecine quand il prit l'habit des prêcheurs vers 1218-1219. Il reçut la licence d'enseigner en 1230, après Pâques, et la conféra peu après au futur cardinal Hugues de Saint-Cher qui lui succéda à la tête du *studium* dominicain de Paris dès 1231. Ce dernier, était entré dans l'ordre avec un doctorat de droit. Son successeur dans la charge de théologien de l'ordre,

1. Cf. Notre article : « *Psycho-somatique de la vision béatifique chez Guerric de Saint-Quentin* », *R.S.P.T.*, 1994, 4, la conception des rapports de l'âme et du corps conditionne non seulement la théorie de la connaissance, mais même la théologie de la vision de Dieu chez cet autre fondateur de l'école dominicaine.

2. Le *Commentaire des Sentences* de Jean de Saint-Gilles, ne nous est pas parvenu. Il entra dans l'ordre seulement en 1230 ou 1231, mais Roland avait conquis sous lui sa licence. Il enseigne pourtant avant lui dans la chaire dominicaine en 1229-1230, tandis que Jean fondera la seconde chaire dominicaine de Saint Jacques et l'occupera de 1230 à 1233. Jean de Saint-Gilles, était semble-t-il déjà maître de l'Université de Paris, lorsqu'il prit l'habit blanc. Il donnait ainsi à son Ordre une seconde chaire à l'université de Paris, d'où il avait très bien pu, avant qu'elle ne devienne dominicaine, conférer la licence à Roland de Crémone. L'un et l'autre seront ensuite accaparés à Toulouse autant et plus semble-t-il par le zèle inquisiteur que par l'enseignement. Roland continuera de mener ces deux activités en Italie à partir de 1234, et sans doute jusqu'en 1258. Cf. notamment O. Lottin, Bulletin de Théologie Ancienne et Médiévale, 2, 1936, n. 1303, p. 670-672, citant E. Filthaut, *Roland von Cremona O.P. und die Anfänge der Scholastik im Predigerorden, Ein Beitrag zur Geistgeschichte der älteren Dominikaner*, Vechta, Albertus Magnus-Verlag, 1936, et O. Lottin, Bulletin de Théologie Ancienne et Médiévale, 3 (1939) n. 1080, p. 569, citant H. C. Scheeben, *Beiträge zur Geschichte Jordans von Sachsen, Quellen und Forschungen zur Geschichte des Dominikanerordens in Deutschland*, 35, Vechta, Albertus Magnus-Verlag, 1938.

Guerric de Saint-Quentin, était aussi médecin avant de prendre l'habit blanc. Ainsi se forme une première école parisienne dans les années 1230-1240. A peine plus tard, naît aussi une féconde école anglaise sous l'influence de Robert Grosseteste. Ses maîtres les plus fameux sont Richard Fishacre et Robert Kilwardby. Enfin, une troisième vague venue de l'Est porte bientôt la théologie dominicaine à son apogée avec Albert le Grand et ses disciples; en particulier Ulrich de Strasbourg et Dietrich de Freiberg.

La première école dominicaine de Paris

La chronologie suggérerait de commencer par Roland de Crémone. Toutefois les influences mutuelles semblent indiquer une antériorité d'Hugues de Saint-Cher. Il est vrai que celui-ci, bien qu'il ait été bachelier sous Roland, nous laisse un *Commentaire des Sentences*, tandis que l'œuvre de Roland est une *Somme* dont on n'a sans doute que le premier jet, mais qui dut être complétée à Toulouse dans les années 1232-1234. La pensée d'Hugues est en tout cas la plus primitive et remonte à la décennie précédente. Nous commençons donc par elle.

Hugues de Saint-Cher : une théologie rhétorique

Hugues semble hériter des problématiques grammaticales du siècle précédent appliquées aux noms divins. Sa conception de la théologie demeure relativement peu connue[1]. Elle reste proche de la sémiotique de la *Theologia summi boni* d'Abélard ou des *Regulae de sacra theologia* d'Alain de Lille. Il entend distinguer entre les termes renvoyant à l'essence, aux Personnes divines ou à leurs propriétés[2]. Il résulte de cette distinction une logique et une rhétorique réglant le juste emploi des termes rapportés à Dieu, selon qu'ils s'appliquent à la substance, aux Personnes ou à leurs propriétés. Nous n'entrons pas dans le détail de ces règles visant un usage logique cohérent des termes théologiques. Nous en donnerons simplement quelques exemples, en nous rapportant au tableau récapitulatif général proposé par l'auteur un peu plus loin[3], et qui indique leur point d'impact.

Cela donne ainsi la règle selon laquelle les notions abstraites de la première catégorie ne sauraient servir de sujet à des phrases comme : « *substantia generat vel generatur, essentia est de essentia*, etc »[4]. Les termes concrets signifient

1. Cf. J. Fischer, « Hugh of St. Cher and the Development of Medieval Theology », dans *Speculum* 31 (1956), p. 57-69. Nous citons le *Prologue* du *Commentaire des Sentences* dans l'édition de Fr. Stegmüller ; *Analecta Upsaliensa Theologiam Medii Aevi Illustrantia*, t. 1, Upsala-Wiesbaden, 1953, p. 33-57.

2. « Ex his patet quod omne nomen, quod de Deo dicitur, aut est essentiale, aut personale, aut notionale (...). Unde tria praedicamenta sunt in theologia : quid, quis, quae. », Hugues de Saint-Cher, *Commentaire des Sentences*, *Prologue*, éd. cit., p. 36.

3. Nous n'indiquons ici que la structure du tableau, sans entrer dans le détail de la classification des adjectifs.

«Tot sunt, quae de Deo dicuntur, divisiones nominum : Dictorum de Deo aliud : – essentiale : substantivum ; abstractivum, ut "essentia", "deitas", et similia ; concretivum, ut "Deus", "creator", et similia ; medium, ut "sapientia", "lumen" ; adjectivum (...)

– personale, ut "Pater", "Filius", "Spiritus Sanctus" et "Trinitas".

– notionale : abstractivum, ut "paternitas", "innascibilitas" ; et huiusmodi ; concretivum, ut "innascibilis" ; et similia. », *id.*, *ibid.*, p. 40-41.

4. *Id.*, *ibid.*, p. 36.

toujours l'essence, mais supposent parfois l'essence et parfois la Personne[1]... Définissant ainsi le bon usage de la langue théologique, celui qui commente les *Sentences* se contente de mettre au service de la lecture des textes sacrés, l'enseignement tiré de la pratique profane des arts libéraux et plus particulièrement du *Trivium*.

Mais après le *Prologue*, une petite introduction va préciser ce rôle du théologien. Le texte propose un commentaire allégorique du passage de l'Exode où Moïse gravit la montagne[2]. La montagne gravie par Moïse représente allégoriquement l'Écriture composée des vingt-deux volumes de l'Ancien et des huit du Nouveau Testament, pour deux raisons : à cause de l'éminence de la science qui y est contenue, mais aussi de son institution par Dieu à qui il serait malséant de s'opposer. L'institution nous renvoie ici à celle de la loi mosaïque. Nous comprenons qu'elle évoque le caractère révélé de la science contenue dans l'Écriture. Remarquons toutefois qu'avant même d'invoquer cette origine divine, l'auteur pose l'éminence de cette science par rapport à la plaine des sciences profanes. C'est l'ambiguïté même de l'allégorisation qui fait précisément par contiguité métonymique, de la montagne où elle fut reçue, l'allégorie de la révélation elle-même, restreignant d'autant la part d'une élévation préparatoire d'origine humaine. En comparaison avec les écrits des Pères à propos desquels les docteurs modernes prennent la liberté de se prononcer (*determinare*), l'Écriture a encore quelque chose de sacré. Elle est au-delà de toute contestation. Cependant les écrits patristiques représentent aux yeux du maître dominicain une sorte de garde-fou semblable analogiquement aux frontières de la montagne sainte qu'il était demandé au peuple hébreu de ne pas transgresser pendant l'ascension de Moïse, sous peine de mort.

Le sens mystique du passage conduit le futur cardinal à distinguer cinq types de croyants : deux parfaits et trois imparfaits, voir mauvais. Les premiers[3], représentés par Moïse sont les membres de la primitive Église, comme les Apôtres qui pénétrèrent la profondeur et l'obscurité de l'Écriture. Les seconds sont les bons docteurs qui scrutent l'immensité de l'Écriture sans se décourager et parviennent ainsi au terme de l'ascension. Ils sont figurés par Josué. S'ils dépassent les limites sacrées qui gardent l'Écriture des mauvaises interprétations, ce n'est pas par présomption, mais à l'invitation divine. Par ailleurs, ils ne se laissent pas décourager par la difficulté de l'ascension et sans redescendre, la poursuivent jusqu'au bout. Ils poussent ainsi à son terme l'exploration de l'Écriture.

Une troisième catégorie parvient aussi en haut, mais redescend, fatiguée[4]. Ce sont des craintifs (*timidos*) représentés par Hur, Aaron et les soixante-dix. Manquant de confiance en eux-mêmes ils délaissent les sommets théologiques et

1. *Id.*, *ibid.*, p. 37.

2. « Hic ergo possunt distingui quinque personae : Moyses solus in montem ascendens, Josue terminos non excedens, populus ad terminos non accedens, Hur et Aaron fatigati et redeuntes, alii transgressi terminos et pereuntes. Mons iste, quem solus Moyses ascendit, sacra Scriptura intelligitur (...) Terminos positos circa montem mystice hagiographa intelligimus, id est sanctorum expositiones, quorum tenemur adorare vestigia et sequi... », *id.*, *ibid.*, p. 44, allusion à *Ex.* 19, 12-25 ; 24, 9-14.

3. « Per Moysen mystice intelliguntur, qui in primitiva ecclesia ad huius montis eminentiam ascenderunt (...) Praeter hos autem sunt alii, qui usque ad terminos ascendunt, scilicet studiosi lectores (...) Tales per Josue significantur, qui non ex praesumptione transcendunt, nec ex diffidentia descendunt. », *id.*, *ibid.*, p. 44-45.

4. « Usque ad terminos procedunt, sed fatigati recedunt, qui librorum sacrae paginae immensitatem attendentes de se ipsis diffidunt, ideoque ad ceteras facultates, ubi facilius sibi videntur proficere, recurrunt (...) Tales designati sunt per Hur et Aaron et septuaginta... », *id.*, *ibid.*, p. 45.

retournent vers d'autres facultés ou facilités où ils progressent plus aisément. En cette timide retraite d'Aaron vers un art libéral comme la rhétorique où il excelle bien plus que son frère, le futur cardinal ne préssent-il pas la facilité qui sera dénoncée bientôt par Bonaventure, consistant à regarder en arrière et à préférer aux difficiles sommets scripturaires, les sciences profanes ? La quatrième catégorie est celle des paresseux (*pigri*), figurée par le peuple[1]. Ils restent en bas de la montagne, accaparés par les occupations du siècle, et se refusent à prendre le temps de méditer l'Écriture. Notons au passage cette exigence du jeune dominicain à l'égard du peuple. Ne témoigne-t-elle pas d'un réveil évangélique où l'accès à l'Écriture ne voudrait pas demeurer réservé aux clercs ? Enfin, les derniers sont ceux qui s'avancent au-delà des limites sans y avoir été invités : ajoutant leurs inventions aux dires des saints : ce sont les hérétiques blasphémateurs[2].

C'est pour ces trois dernières catégories que le Maître (Pierre Lombard) a composé son manuel : moins volumineux que le Canon des Écritures, pour ne pas décourager les craintifs, plus aisé afin de faciliter la tâche aux paresseux, multipliant enfin les autorités pour confondre les hérétiques[3]. Nous retrouvons ainsi, réinterprétée et allégorisée, la tripartition des tâches théologiques relevée dès la *Summa Aurea*. Nous le voyons, le génie d'Hugues de Saint-Cher réside moins ici en une réflexion sur le statut scientifique de l'Écriture ou de ses commentaires, qu'en sa capacité à en tirer une exégèse allégorique. L'approche en est pensée sur le mode privilégié de la mystique, même si une place est déjà faite à l'étude dans le cas des bons docteurs, figurés par Josué. Mais le cardinal est demeuré célèbre, au moins jusqu'au XVIIIe siècle, surtout pour ses commentaires de l'Écriture et ses concordances. En ce sens, il demeure plus proche de l'esprit du siècle précédent, centré sur la Bible, même s'il en renouvelle les méthodes d'accès.

Il accepte pourtant, au début du commentaire qu'il en propose, fort classique sur ce point, le plan et la finalité des Sentences du Lombard[4]. La présentation du plan opposant œuvre de création et de recréation traduit encore l'influence d'Hugues de Saint-Victor. Notons au passage que la distinction augustinienne entre *res et signa* est également assumée. Quant à la finalité de la théologie elle est adaptée à la distinction posée plus haut entre les trois types de nécessiteux qu'elle vient secourir : craintifs, paresseux et hérétiques.

Ainsi finalisée, la théologie est aussi finalisatrice pour les autres sciences, selon une conception encore très primitive de la connaissance[5]. Elle n'est pas seulement savoir sur tout, elle est aussi tout savoir. Car les autres sciences lui demeurent finalisées aux yeux du dominicain qui ne précise pourtant guère comment ni pourquoi. Ce sont surtout celles du *Trivium*, sciences des signes, qui sont ici mises directement à son service, sans exclure toutefois les sciences des choses, puisque l'objet de la théologie se divise en « *res et signa* ». Ne pourrions-nous reconnaître chez le futur cardinal un des traits anthropocentriques de l'humanisme du siècle précédent

1. « Sunt et alii, qui nec usque ad terminos accedunt, qui saecularibus negotiis applicati nihil de sacra Scriptura meditantur aut quaerunt. Isti sunt pigri... », *id.*, *ibid.*

2. « Sunt et alii, qui terminos transgrediuntur et pereunt, ut haeretici, qui sanctorum expositiones adinventionibus suis postponunt, et desingenio suo nova confingunt. Isti sunt blasphemi. », *id.*, *ibid.*

3. *Id.*, *ibid.*

4. *Id.*, *ibid.*, p. 46.

5. « Omnis doctrina. *Id* est theologia. Quae dicitur omnis doctrina, quia est finis omnis doctrinae (...) A grammatica constructionem habet, a dialectica argumenta, a rhetorica sermonem ornatum, et ita de aliis, sicut et homo dicitur omnis creatura (...) Est signorum, sicut sermonicales scientiae, scilicet grammatica, rhetorica, dialectica quae sunt de sermonibus sive signis. Aliae autem scientiae sunt rerum. », *id.*, *ibid.*, p. 54-55.

relevé notamment chez Honorius d'Autun[1] ? Comme l'homme est la *res* par excellence, et peut être dit « *omnis creatura* », la théologie tirée de l'Écriture sera la finalité de tous les « *signa* » et pourra être dite « *omnis doctrina* ». Ce sont donc principalement les sciences du *trivium* qui lui sont directement finalisées pour le grand exégète : la grammaire lui fournissant sa construction, la dialectique ses arguments et la rhétorique les ornements de son discours. Nous reconnaissons en tout cas ici la tendance littéraire héritée par Hugues de Saint-Cher du siècle précédent. Roland de Crémone donnera plus d'ampleur au thème traditionnel du règne de la théologie sur les autres sciences.

Roland de Crémone : pas de déduction en théologie

Premier maître dominicain, il a donné lieu à des interprétations contradictoires : fut-il ou non accueillant à la pensée d'Aristote ?[2] Le *Prologue* de la *Somme* de Roland manifeste clairement son admiration et sa connaissance du Philosophe. La plupart des lecteurs lui reconnaissent cette compétence aristotélicienne[3], mais ils sont gênés car le dominicain qui comprend bien la conception aristotélicienne de la science et ses enjeux, refuse de l'appliquer à la théologie. Ainsi M.-D. Chenu parle de son « aristotélisme aigu et sommaire »[4]. Sans faire de Roland un partisan avant l'heure de la double vérité, n'est-il pas plausible que son enthousiasme pour la philosophie naturelle d'Aristote, voire pour certains aspects de sa Métaphysique, n'ait pas suffi à lui faire croire que le schème de la science aristotélicienne s'appliquait à la théologie telle qu'elle était en train de naître comme discipline autonome à l'université et plus particulièrement dans le *studium* dominicain ?

Au plan théologique, il est dépendant de Prévostin de Crémone et surtout de la *Summa Aurea* de Guillaume d'Auxerre. Cette tendance marquera l'école dominicaine. Au contraire, il ne cite jamais Philippe le Chancelier qui influencera davantage l'école franciscaine. Nous voyons ainsi se fonder dans leurs sources mêmes les tendances des deux *studia* mendiants de Paris et à travers eux celles de la théologie de chacun des deux ordres[5]. Les dominicains plus marqués par la réflexion de

1. Le thème de la montagne gravie par Moïse leur est d'ailleurs commun.

2. A. Masnovo, « Guglielmo d'Auvergne e l'università di Parigi dal 1229 al 1231 », in *Mélanges Mandonnet*, II, 1930, p. 224-225 ; cf. F. Ehrle, « L'agostinismo e l'aristotelismo nella scolastica del sec. XIII », dans *Xenia thomistica*, III, Rome, 1925, p. 544 ; du même auteur, cf. « San Domenico, le origini del primo studio generale del suo Ordine a Parigi e la Summa theologica del primo maestro Rolando da Cremona », in *Miscellanea dominicana*, Rome, 1923.

3. Cf. E. Filthaut, « Roland von Cremona O.P. und die Anfänge der Scholastik im Predigerorden », *Albertus-Magnus-Verlag*, Vechta, 1936 ; O. Lottin, *Psychologie et morale aux XIIe et XIIIe siècle*, Louvain, 1942-60, t. IV, p. 851 ; F. Van Steenberghen, *La Philosophie au XIIIe siècle*, Louvain-Paris, 1991 (2e éd.), p. 147-148 ; C. R. Hess, « Roland of Cremon's place in the current of thought », dans *Angelicum*, 45 (1968), p. 429-477 ; *id.*, *The tract on holy orders in the Suma of Roland of Cremona*, pars dissertationis ad lauream in facultate S. Theologiae apud pontificiam universitatem S. Thomae de Urbe, Rome, 1969.

4. M.-D. Chenu, *La théologie... op. cit.*, p. 61, repris par I. Biffi, *Figure...*, *op. cit.*, p. 162 et 193.

5. E. Preto avait relevé cette opposition entre les deux sources divergentes des théologies dominicaine et franciscaine, mais en accentuant le rôle métaphysique de Guillaume d'Auvergne, et non d'Auxerre. Elle en faisait ainsi l'ancêtre d'une théologie de l'« *esse a se* » culminant avec l'« *ipsum esse subsistens* » thomiste, par opposition à une théologie franciscaine du « *summum bonum* » dont l'aïeul serait alors Philippe le Chancelier. Cf. E. Preto, « La posizione di Rolando da Cremona nel pensiero medioevale », dans *R.F.N.*, 23, (1931), p. 484-489. Cette opposition métaphysique devrait sans doute être nuancée, mais elle s'accorde bien avec celle que nous mettons en

Guillaume sur le statut noétique de la foi, et davantage ouverts à la faculté des arts seront plus intellectualistes. Les franciscains, plutôt en réaction augustinienne contre Aristote, puiseront dans la *Summa de Bono* une théologie volontariste de l'amour du bien, assumant les avancées mystiques du siècle précédent.

Du fait de la brève durée de son séjour parisien, la *Somme* de Roland ne semble pas avoir exercé une influence considérable sur ses successeurs. Elle témoigne pourtant de cet esprit fondateur du *studium* dominicain. Elle est de plus assez proche de la démarche des commentaires des *Sentences*, au point que la plupart des copistes s'y sont trompés. Dans son *Prologue* en effet, la différence n'est pas significative puisque l'auteur pose trois questions : celle du principe de toutes choses, du sujet de la théologie, et de la manière dont les autres arts se rapportent à elle[1].

Le manuscrit du Vatican fait précéder ces trois questions d'une courte introduction qui se termine par une « *petitio benevolentiae* » où l'auteur demande qu'on excuse les erreurs, et rapporte ce qu'il pourrait y avoir d'utile dans cette *Somme* à la prière de ses frères[2]. Ce passage atteste qu'il ne s'agit pas de la *reportatio* d'un disciple. Pourtant le développement qui précède fond en un entrelacs inextricable toutes sortes de citations scripturaires et d'allusions alchimiques, manifestant semble-t-il un état du texte encore loin d'être définitif. De cette exégèse audacieuse ressort pourtant une idée originale. Tentons de nous faire nous-même alchimiste pour en extraire la précieuse substance. A l'or de l'Écriture ne convient-il pas en le purifiant par le feu, de mêler un peu de l'argent des sciences profanes arrachées comme les vases d'Egypte aux païens, afin d'obtenir un électrum plus précieux encore ? Les deux métaux ne sont pas opposés et hiérarchisés selon leur noblesse. L'exégèse la plus commune de ce passage d'Écriture justifie au mieux les emprunts aux sciences profanes conçues comme subalternes, et sert plus souvent, songeons à Bonaventure, à dissuader les théologiens de s'y arrêter. Les deux métaux, les deux savoirs, doivent au contraire être mêlés l'un à l'autre selon Roland de Crémone, de façon à obtenir un alliage plus précieux encore. Mais la première question a un double but implicite : prouver l'existence et l'unicité de Dieu.

C'est bien une preuve par les causes qui est d'abord évoquée[3] : toutes choses ayant une cause, on ne peut remonter à l'infini. L'on ne peut s'empêcher de penser à l'argument aristotélicien, même s'il n'est pas repris ici directement à la physique. De même, l'objection relative aux dix prédicaments conçus comme autant de principes peut venir du corpus logique. Elle ne semble pas se situer d'emblée au même niveau métaphysique. Pourtant en ramenant les neuf prédicaments accidentels à

évidence au plan noétique, où cette fois c'est Guillaume d'Auxerre qui est opposé à Philippe le Chancelier.

1. « An sit principium rerum unum an plura et quod sit subjectum theologie et qualiter alie artes se habeant ad illam. » Roland de Crémone, *Summa, Prologue*, G. Cremascoli (éd.), in « La Summa di Rolando da Cremona. Il testo del Prologo », dans S. M., (3e série), 16 (1975) p. 860.

2. *Id., ibid.*, p. 858-860.

3. « Hoc modo probaverunt philosophi : hoc habet causam et illud aliud causam, et sic non procedatur in infinitum quia infinita non est pertransire : ergo stabitur in uno principio. Hec autem probatio insufficiens est, quia adversarius posset dicere : hoc habet causam et illud et illud, et sic stabitur in aliquo, ut verbi gratia in substantia ; sed quid dices in qualitatibus et quantitatibus et aliis predicamentis ? (…) Constat quod novem accidentalia predicamenta ad substantiam oportet reduci a quo dependent, unde substantia principium est aliorum novem (…) Constat quod substantia secundum quod est generalissimum non est Creator, quia cum predicetur de qualibet substantia, tunc quelibet substantia esset Creator, cum quelibet substantia sit illa. Iam constat quod decem genera non possunt esse principia prima. », Roland de Crémone, *In I Sent.*, *Prologue*, G. Cremascoli (éd.), art. cit., p. 861.

celui, premier, de la substance, la réponse y revient dans un esprit, sinon en des termes qui ne sont pas sans rappeler *Métaphysique* Z. Mais l'argumentation du dominicain va plus loin et dépasse la physique comme la métaphysique aristotéliciennes lorsqu'elle envisage implicitement le caractère nécessairement « *uperousios* » du Créateur. C'est sa transcendance à l'égard des créatures, plus que la multiplicité des catégories aristotéliciennes qui menace ici la preuve par les causes.

La discussion contre les manichéens est également serrée[1]. Elle témoigne peut-être du caractère tardif de la rédaction de la *Somme*. N'est-elle pas ici influencée par les discussions avec les hérétiques combattus par Roland en Albigeois ? L'ubiquité du principe spirituel du bien ne laisse aucune place à un principe du mal qui ne pouvant être localisé lui serait nécessairement mêlé et/ou soumis. Il faut donc penser que le mal n'est que privation du principe unique qui est le bien. Ce dernier pourrait d'ailleurs exercer sa puissance dans une infinité de mondes. L'orthodoxie de la révélation trouve ainsi des appuis métaphysiques[2]. Remarquons au passage que le refus de distinguer entre la puissance et l'essence[3] nous place clairement en-deçà des débats sur l'infinité divine qui conduisirent aux condamnation de 1241-44.

Quant au sujet de la théologie, il est d'emblée assimilé à celui de l'Écriture, à une époque où les deux termes sont interchangeables, et où leur contenu respectif se précise progressivement[4]. Roland fait allusion à ce qu'il a appris à la faculté des arts : toute science doit avoir un sujet, à l'exception de la dialectique. Mais quel sera le sujet de la théologie : Dieu en lui-même ou les articles de la foi ?

Dieu étant la vérité première, le croyant devra y adhérer « *per se ipsum* »[5]. Mais quel intérêt les raisonnements théologiques pourront-ils alors présenter ? Roland s'objecte la lecture de saint Paul (*He.* 11, 1) selon la *Glose*, reprise par le Lombard : « la foi est l'argument des choses qu'on ne voit pas ». Comme argument, elle prouve et n'a pas à être elle-même prouvée. Les articles du *Credo* sont donc prouvés par la foi et se retrouvent en position de conclusions plutôt que de principes. Mais Roland renverse ainsi la compréhension classique du texte hérité

1. *Id.*, *ibid.*, p. 862.

2. Ce *Prologue* semble faire mentir A. Dondaine, qui écrivait que Roland de Crémone « tente d'étayer le donné de foi sur des arguments d'ordre rationnel, mais il le fait avec un esprit très peu métaphysicien. Le plus souvent il demeure au plan de la physique et de l'expérience », A. Dondaine, « Un commentaire scripturaire de Roland de Crémone : "Le livre de Job" », in *A.F.P.*, XI (1941) p. 127.

3. « Deus autem ubique est, et si infiniti essent mundi eadem ratione omnes repleret qua unum, nec potest dici quod alicubi sit per potentiam et non sit ibi per essentiam. Potentia enim eius non est nisi essentia. Sed constat quod ubique exercet suam potentiam. », Roland de Crémone, *In I Sent.*, *Prologue*, G. Cremascoli (éd.), art. cit., p. 863.

4. « Secunda questione queramus quod sit subiectum divine Scripture. Constat, cum sit scientia, quod habet subiectum de quo agit. In alia facultate, dicimus quod omnis scientia habet subiectum, preter dialecticam que non est determinati generis. », *id.*, *ibid.*

5. « Deo autem debemus credere per se ipsum, cum sit ipse prima veritas. Forte dici potest quod articuli fidei sunt principia probantia et non probata, et ita sunt principia prima. Nec hoc stare potest, quia Apostolus dicit Ad hebreos 11, 1 : "fides est substantia et cetera, argumentum non apparentium." Et dicit ibi Glossa quod fides est argumentum et non conclusio, unde ipsa Glossa dicit : "argumentum, id est probatio et ostensio. Ergo articuli sunt probati, ergo sunt conclusiones, non ergo sunt principia prima. Et quod sacra Scriptura habeat aliqua ex quibus probat et aliqua que probantur, patet (...) Ad hoc videtur esse dictum quod sacra Scriptura habet subiectum, licet proprie loquendo non sit neque scientia neque ars, sed potius est sapientia et finis omnium aliarum scientiarum (...) Quod autem sit subiectum suum dico. Videtur quod Christus integer, secundum quod sepe solemus dicere in psalmis : "hic loquitur Christus integer". Sed cum dicitur Christus qui est unctus, intelligitur Pater ungens et Filius et Spiritus Sanctus et membra Christi : tota ergo ecclesia, scilicet secundum quod est catholica, id est universalis. », *id.*, *ibid.*, p. 864-865.

de la *Glose* et qui était aussi partagée par Guillaume d'Auxerre. Pour celui-ci, comme pour le Lombard, les articles de foi étaient des arguments, non des conclusions, «*probantes, non probati*». Pour Roland au contraire, ils sont des conclusions prouvées. Roland ne se contente pas de «laisser tomber la suggestion de Guillaume»[1], il la réfute. Pour lui, les articles de foi sont des conclusions et ne peuvent donc être pris comme principes premiers extrinsèques de la théologie. Pour le dominicain, il y a dans l'Écriture du prouvé et du probant.

La théologie a donc bien un sujet. Mais elle ne pourra pas pour autant être comptée parmi les sciences ou les arts proprement dits. Elle est plutôt une sagesse et comme telle, elle est la fin vers laquelle tendent toutes les autres sciences et tous les autres arts. Cet argument tiré des philosophes païens est aux yeux de Roland un des plus puissants à opposer à l'adversaire. Pourtant, lorsqu'il en vient enfin à définir l'objet de la théologie, comme «*Christus integer*», il recourt à une tradition théologique[2], que nous avons vu citer par Eudes Rigaud ou Bonaventure et dont nous verrons que le principal promoteur fut Robert Grosseteste. Ainsi le sujet de la théologie s'étend-il de Dieu, premier objet de la foi, à l'Église dans son universalité, mais en partant du Christ pour aller vers les autres personnes de la Trinité ou vers les membres de son corps mystique.

C'est ainsi à partir de l'unité de l'acte de foi dans le cœur du croyant, que tous les articles du *Credo*, centrés sur celui de la résurrection du Christ recevront son adhésion, chacun à part, et non selon le mode des sciences profanes à partir de plusieurs prémisses permettant l'élaboration du raisonnement syllogistique[3]. Ce schème concentrique plus proche de l'intuition semble ici préférable à la linéarité de la déduction logique. Avant Eudes Rigaud, Roland de Crémone voit donc en la théologie une discipline différente des autres, plus sagesse que science. Car seule la foi a valeur de preuve pour le premier maître dominicain. Et cela de manière non déductive et donc non scientifique au sens aristotélicien, mais par une illumination divine. Jusqu'à Thomas d'Aquin, M.-D. Chenu[4] a raison de le remarquer, tous les maîtres, qu'ils soient franciscains ou dominicains défendront cette supériorité sapientiale d'une théologie divinement inspirée dans la foi, voire éclairée par les dons du Saint Esprit, sur une science simplement déductive de type aristotélicien. Ainsi, les rapports de la foi et de la théologie ne sont pas pensés chez Roland de Crémone en termes de subalternation, mais plutôt dans ceux d'un combat fécond :

> Qui prouve la conclusion livre en quelque sorte le dernier combat qui réduit la question. Or la foi prouve, comme on l'a dit, c'est ainsi qu'elle écarte rageusement les questions de la théologie.[5]

La lutte dialectique n'est pas un simple duel. Elle vient s'inscrire au cœur même de la foi, comme celle-ci s'enchâsse au cœur même de la rationalité théologique. Ce schème d'enchassements concentriques doit être opposé à toute linéarité du langage, qu'elle soit dialectique ou déductive. L'on pourrait en effet penser que

1. M.-D. Chenu, *La théologie*..., *op. cit.*, p. 61.
2. Cf. E. Mersch, «L'objet...», art. cit.
3. «Et licet una sit fides in corde meo, tamen elicit ex se multos motus, qui motus sunt quasi probantes omnes articulos (...) movetur fides circa istum articulum : Christus resurrexit (...) Et si dicatur in alia facultate quod ex uno nihil probatur, hoc intelligendum est per viam artis vel scientie. Hec autem non est ars proprie vel scientia (...) sed quiddam nobilius, scilicet sapientia.», Roland de Crémone, *In I Sent.*, *Prologue*, G. Cremascoli (éd.), art. cit., p. 865-866.
4. M.-D. Chenu, *La théologie*..., *op. cit.*, p. 61.
5. «Qui enim probat conclusionem, quodam modo debellat questionem. Fides autem probat, ut jam dictum est, quare propugnat questiones theologie.», Roland de Crémone, *In I Sent.*, *Prologue*, G. Cremascoli (éd.), art. cit., p. 866, l. 201-203.

c'est la théologie qui pose les questions et y répond. Mais pour le théologien dominicain, elle ne pourrait y parvenir sans l'« argument » qu'est la foi. Hors de la foi, le théologien ne peut rien prouver et sa raison dialectique ou syllogistique reste vaine pour Roland. L'apparence rudimentaire de son texte ne saurait donc masquer une réflexion déjà profonde et inscrite dans la lignée de celle de Guillaume d'Auxerre sur les rapports entre foi et raison en théologie. Roland de Crémone a des pages sévères dans son Traité *de Fide* pour dénoncer la tendance hypocrite qu'il discerne déjà parmi les théologiens français et que nous verrons se préciser avec Henri de Gand[1]. C'est précisément parce que la théologie est sagesse et non science que seule la foi peut y tenir lieu de preuve, ce qui exige de ses enseignants non seulement la foi, mais la charité qui l'informe et donc la grâce sanctifiante.

Roland précise bien en effet que seule la *fides formata* dans sa ferveur germinative peut avoir le dynamisme de l'argumentation[2]. Il la compare ainsi à la graine de moutarde de l'Évangile (*Mt.*, 17, 19), tandis que la foi informe aurait plutôt la vertu dormitive de la laitue. La vigueur argumentative de la foi ne peut se contenter de la foi informe qui serait l'adhésion la plus simple au seul sujet de la théologie, acquise par raison apologétique. Elle requiert encore une connaissance des attributs dont les exemples énumérés ne sont pas sans rappeler le petit dictionnaire que nous avons trouvé chez Hugues de Saint-Cher. La différence est que leur rapport au sujet n'est plus seulement pensé en des termes grammaticaux, mais selon le schème d'une logique, voire d'une métaphysique aristotélicienne. S'il n'a pas la charité qui informe sa foi, le maître peut bien savoir parler de théologie, son langage est vain, il n'est que cymballe résonnante.

Car si la logique du syllogisme ne pouvait à l'instant rendre compte de la manière dont la foi prouve en théologie, c'est le réalisme empirique des spirituels de ce temps qui renoue avec elle et s'exprime ici en même temps qu'une double exigence. Pour être probante, la foi qui demeure le cœur de la théologie requiert la formation minimale qui la déploie selon les multiples feuilles des articles du Credo. Faute de cette formation elle n'aurait que la vertu dormitive de la laitue. Cet « opium du peuple », sera opposé à une foi formée qui, comme la moutarde monte en une plante susceptible d'accueillir les oiseaux du ciel selon le verset évangélique, mais aussi de réveiller ceux dont elle vient chatouiller les narines. Pourtant cette puissance de la formation théologique ne risquerait-elle pas d'être irritante, si elle n'était entée sur une expérience spirituelle, mystique, personnelle des prédicateurs ? Qui n'a pas goûté au miel d'une foi formée ne peut accéder à la saveur de la sagesse théologique.

1. « Et plus dico quod ipsa fides informis non facit in corde assertionem de credendis vel sperandis. Et quod dicitur quod aliqui sunt in Francia qui subirent mortem ex illa assertione quam facit fides informis in cordibus eorum, dico quod istud est falsum quia, quamvis videtur quod subirent mortem, tamen non facerent. Multa enim viderentur que non sunt. », Roland de Crémone, *In III Sent., XCVII, De diffinitione fidei secundum Apostolum*, A. Cortesi (éd.), *Monumenta Bergomensia*, Bergame, 1962, p. 297.

2. « Et est notandum quod sola fides formata est huiusmodi argumentum. Fides enim informis non est ut granum sinapis, quia non fervet, sed potius ut granum lactuce quod dormire facit (...) Accidentia autem sive predicata, que appellantur in alia facultate passiones, sunt bonum, malum, perditio, salvatio, passus, resurrexit et alia que dicuntur de his que pertinent ad subiectum (...) Sicut enim qui nunquam gustavit mel, nunquam habet veridicam scientiam de sapore eius (...) ita qui non est exercitatus in operibus fidei formate, theologie agnitionem non habet, et tamen scit loqui de theologia. », *id.*, *In I Sent.*, *Prologue*, G. Cremascoli (éd.), art. cit., p. 867.

La dernière question traitant de la finalisation des autres sciences par la théologie est la plus développée[1]. Roland de Crémone reprend ici au siècle qui précède ce lieu commun[2]. Mais il ajoute que la science philosophique est une graisse animale nécessaire à la théologie[3]. Parmi les disciplines qui la composent, cela est spécialement vrai, selon lui, de la logique du côté de la forme et la médecine de celui de la matière. Roland précise même dans son *Commentaire* sur Job que ces deux sciences devraient être requises dans la formation des maîtres[4]. La première permet de repousser les arguments fallacieux, la seconde fournit allégories et morales tirées de la réalité, comme le suggérait déjà Augustin.

L'auteur passe ensuite en revue les différents arts libéraux, en commençant par ceux du *trivium*. La grammaire est nécessaire, sinon à la théologie en elle-même, du moins à son enseignement. La logique est la balance de justice de toutes les sciences, démasquant les faux raisonnements. La rhétorique orne les paroles de la Sainte Écriture. Quant au *quadrivium*, son apport est justifié, pour l'arithmétique par toute une numérologie symbolique. La musique des sphères célestes, l'harmonie des vertus des apôtres... sont autant d'accords musicaux mis au service de la théologie. Sans oublier l'astronomie qui permet de faire la part du miracle dans les éclipses et autres phénomènes cosmiques décrits par les textes sacrés. La géométrie enfin permet une connaissance de la géographie terrestre utile pour se repérer dans les descriptions scripturaires. Cette manière de mettre les sciences profanes au service de la théologie reste formelle et les fondements d'une subordination réelle ne sont guère envisagés. Mais à côté de cette première école dominicaine parisienne, une autre se met en place en Angleterre sous l'influence de Robert Grosseteste.

LA PREMIÈRE GÉNÉRATION DOMINICAINE D'OXFORD

Comme Guillaume d'Auxerre ou Philippe le Chancelier, Robert Grosseteste fait partie de la génération qui précède immédiatement les premiers commentaires des *Sentences*. Nous constaterons son influence directe sur Richard Fishacre et à travers lui sur Robert Kilwardby qui sont les deux maîtres auxquels sera consacrée cette section. Afin d'en mesurer l'impact, il nous faut donc commencer par exposer la doctrine de Grosseteste.

1. Cf. G. Cremascoli, « "*Regina omnium scientiarum*", per la lettura di una "quaestio" di Rolando da Cremona », *Divus Thomas*, 79, (1976, 1/2), p. 28-66.

2. Cf. M.-Th. D'Alverny, « La sagesse et ses sept filles. Recherches sur les allégories de la philosophie et des arts libéraux du IXe au XIIe siècle », dans *Mélanges F. Grat*, I, Paris, 1949, p. 245-278.

3. « Sapientia excidit sibi columnas septem, id est septem artes liberales ; sed non congrue dicuntur artes columpne theologie : nam philosophi appellaverunt eam reginam omnium scientiarum (...) Item in Levitico 7, 24, dicitur quod filii Israel habebant sibi pinguedinem morticini in varios usus, et Glossa exponit quod pinguedo morticini est scientia philosophica que valde necessaria est theologie, maxime lo<g>ica et medicina (...) lo<g>ica valet ei quantum ad formam, medicina quantum ad materiam. », Roland de Crémone, *In I Sent.*, *Prologue*, G. Cremascoli (éd.), art. cit., p. 867-868.

4. Cf. art. cit., n. 33, p. 34.

Robert Grosseteste et son influence

C'est au début de son *Hexaemeron* que Grosseteste exprime sa conception originale de la théologie[1]. Un long préambule présente en un désordre encyclopédique qui n'est pas même alphabétique, une sorte d'histoire-géographie[2] mythique de la transmission du savoir sapientiel. Il insiste en effet, à la suite de saint Jérôme sur la nécessité d'une transmission orale du savoir par un maître[3]. Indispensable pour toutes les sciences et les arts libéraux, elle l'est plus encore dans le cas de la théologie qui les dépasse en complexité et en profondeur. Celle-ci porte en effet sur l'Écriture dont le sens spirituel parfois obscur et scellé (*signatus*) réclame l'explication du maître. Surtout qu'elle doit être affective, permettant de goûter la saveur de la sagesse divine. Cette nécessité pédagogique de la transmission orale de la sagesse exige dans la perspective de l'évêque de Lincoln, la clarification des rapports entre trois notions : doctrine, raison et expérience.

Encore à propos de Jérôme qui n'est pas toujours assez précis à ses yeux, Robert Grosseteste tente de clarifier le sens de ces trois termes clés dérivés du Grec, tout en faisant part des difficultés philologiques auxquelles il est confronté[4]. Pour commencer, nous rencontrons ici la notion de connaissance expérimentale d'une importance fondamentale pour les anglo-saxons, de tous les temps et en particulier ceux de notre période, tant franciscains que dominicains, qu'influença Gosseteste. Censée traduire le grec *peira* dans le latin *usus*, elle est ici distinguée à la fois de la connaissance rationnelle (renvoyant au *logos* grec), et de celle par l'autorité de la doctrine (*didaskalia, dogma* des grecs). La rigueur philologique se double ici, on le comprend, du souci de distinguer, non deux modes de connaissance rationnelle : philosophique et théologique, mais trois : expérimental, rationnel et religieux. N'est-ce pas cette ouverture qui influença Bacon ? Elle s'opère toutefois chez ce dernier au détriment de la rationalité aristotélicienne, du moins telle qu'elle est enseignée en son temps. On a vu en effet qu'il était prêt à abandonner au feu sa version latine, pour lui substituer une connaissance expérimentale qui demeurerait en tête à tête avec la connaissance théologique. Mais est-ce bien le sens de l'enseignement de son maître ?

Ayant relevé dans le *Prologue* ces préliminaires d'ordre pédagogique et méthodologique, nous pouvons en venir à l'enseignement spécifique de Grosseteste sur

1. Nous le citons dans l'édition de R. C. Dales, British Academy, *Auctores britanici Medii Aevi*, 6, Londres, 1990, sur sa doctrine, cf. J. Mac Evoy, « La connaissance intellectuelle selon Robert Grosseteste », dans *Revue Philosophique de Louvain*, 75 (1977), p. 5-48 ; *The philosophy of Robert Grosseteste*, Oxford, 1982 ; et sur son influence en particulier, R. C. Dales, « The influence of Grossateste's "Hexaemeron" on the Sentences Commentaries of R. Fishacre O. P. and Richard Rufus of Cornwall O.F.M. », dans *Viator*, 21 (1971), p. 271-300.

2. L'on pourra en retenir en particulier l'importance donnée aux sages de l'Egypte et surtout aux gymnophilosophes et Brahmanes de l'Inde, ainsi que l'insistance sur la présence chez Homère et Virgile d'un enseignement sur le Christ, conforme à la Révélation.

3. « Sine magistro ductore et previo non patet, in opacitatem sacre Scripture introgressio ; inculcat quoque adhuc eiusdem rei improbacionem per locum a maiori : quia cetere artes, non solum liberales sed eciam mechanice, non possunt haberi sine doctore, quanto magis nec ista que est omnium arcium complexiva et intellectu profundissima. », R. Grosseteste, *In Hexaemeron, Prologue*, R. C. Dales (éd.), *op. cit.*, p. 18.

4. « Ponit autem Ieronimus tria verba greca equipollentia hiis tribus verbis : doctrinam, racionem et usum ; sed in nullo exemplari potui adhuc invenire hanc grecam scripturam, nisi ita corruptam quod eam nescivi legere. Pro ultimo tamen trium verborum, quod est usum, ut conicere potui ex pluribus exemplaribus, scripsit peiran, quod satis congruit ; peira enim est cognicio experimentalis ; doctrina autem est grece didaskalia et dogma, racio autem logos. », *id.*, *ibid.*, n. 61, p. 33.

les rapports entre science expérimentale et théologie. Nous le trouvons exposé dans les premiers chapitres de la première partie de l'*Hexaemeron*[1]. Les « *credibilia* » de la sagesse théologique sembleraient de prime abord devoir s'opposer radicalement aux « *scibilia* » de la science aristotélicienne. Mais justement, la connaissance expérimentale vient enfoncer comme un coin entre les deux termes de cette opposition. Plus exactement, elle va être récupérée du côté des *credibilia*. Certes, ce n'est qu'accidentellement que la certitude expérimentale vient confirmer la connaissance théologique. En général celle-ci s'appuie plutôt sur l'autorité de l'Écriture. Mais justement, parmi ses objets de foi, ses « *credibilia* », il en est qui sont plus faciles à imaginer. Ce sont précisement ceux qui portent sur les réalités sensibles : le ciel, la terre, sans oublier la mer si fondamentale dans le monde insulaire de Robert Grosseteste. Mais de quelle connaissance expérimentale s'agit-il ici pour lui ? De l'expérience sensible commune que tout homme peut avoir des réalités matérielles, ou d'une science élaborée et mise à l'épreuve de la *peira*, de l'expérimentation scientifique ? Bacon optera clairement pour la seconde interprétation de l'enseignement de son maître, faisant de la science expérimentale et de ses découvertes, en particulier dans le domaine de l'optique, un fondement de l'exégèse Biblique. Mais n'outrepasse-t-il pas ici l'intention de son maître ? C'est en tout cas par l'enseignement concernant les réalités matérielles que la pédagogie divine devait amorcer son éducation scripturaire. Ne devra-t-il pas en être ainsi également pour la théologie ?

Notons d'ailleurs que dans ces premiers chapitres de l'*Hexaemeron*, pour Robert Grosseteste comme pour tous ses contemporains, les termes *sacra Scriptura* et *theologia* sont une fois de plus équivalents, renvoyant à une même réalité, encore désignée par le concept intermédiaire de *sapientia sacratissima*. C'est cette même sagesse divine et théologique qui se déploie dans l'Écriture et dans l'enseignement théologique. Ainsi le titre du chap. II, 3, indiqué en marge par l'auteur en tire la conséquence pédagogique : « *Quod theologia debet incipere a mundi conditione* ». Nous comprenons maintenant pourquoi le choix d'écrire un *Hexaemeron* n'est pas indifférent de la part de Robert Grosseteste. Il s'inscrit en cohérence avec toute une conception de la théologie. Commencer par les commencements permet d'être compris même des esprits les plus grossiers en leur parlant de ce dont ils ont une expérience sensible[2]. De là ils pourront s'élever à l'invisible, à ce qui, au-delà de l'imagination, ne peut être atteint que par une adhésion de foi. C'est que l'objet de la théologie, loin de se limiter à la création, demeure centré sur le Christ.

En reprenant le thème du « *Christus Totus* » comme objet de la théologie, Robert Grosseteste se fait le relais de toute une tradition patristique[3]. C'est le plus

1. « Huius igitur, ut dictum est, sapiencie subiectum sola fides accipit. Quapropter credibilia magis sunt huius sapiencie propria quam sint scibilia (...) quedam sunt facilius imaginabilia et quedam difficilius. Facillime vero ymaginabilia sunt species et forme huius mundi sensibilis (...) in quantum sunt extra certitudinem sensus et sciencie et venientes sub fidem, sunt simpliciter fidei magis et facilius capabiles. Quapropter hec scriptura que proponitur simpliciter toti humano generi, a sensibilibus huius mundi secundum quod sub fidem veniunt debet inchoari. », *id.*, *ibid.*, *Ia Particula*, c. 1, n. 1-2, p. 51.

2. « Mundi igitur sensibilis creacio, per modum quo mundus ymaginabilis est et per corporis exteriores sensus apprehensibilis, in primordio huius scripture debuit enarrari, ut quivis eciam rudis huiusmodi narracionem facillime possit per ymaginacionem et rerum corporalium ymagines apprehendere, et per dicentis auctoritatem in fide firmare. », *id.*, *ibid.*, n. 3, p. 51-52.

3. « Omnis scientia et sapientia materiam habet et subiectum aliquod (...) Unde et hec sapientia sacratissima, que theologia nominatur (...) Istud subiectum a quibusdam putatur Christus integer, Verbum videlicet incarnatum cum corpore suo quod est ecclesia. », *id.*, *ibid.*, I, chap. 1, n. 1, p. 49 ; cf. E. Mersch, « L'objet de la théologie ... », art. cit.

souvent à travers lui que la connaissent les premiers scolastiques lorsqu'ils la mentionnent. L'objet de la théologie serait le Christ mystique, dans son âme et sa divinité indissociable des autres Personnes, mais aussi dans son corps qui est l'Église[1]. Mais Grosseteste donne une tonalité particulière à cette idée en insistant spécialement sur l'unité et en particulier sur celle de l'Église. Il s'appuie pour cela sur rien moins que la prière sacerdotale (Jn. 17, 20-21). L'objet de la théologie est pour lui l'unité même que le Christ demande pour l'Église qui recevra le témoignage des Apôtres, unité qui se fonde en celle-là même qu'il a avec son Père. Plus exactement il distingue pour mieux les intégrer trois modes d'union ou d'unité : celle de la Personne divine du Verbe incarnée avec l'humanité du Christ, dans l'union hypostatique, celle qui unit le Christ à l'Église dont il a assumé la nature humaine, celle par laquelle en retour, l'Église s'unit à lui dans l'Eucharistie en son corps ; celui reçu dans le sein de la Vierge, crucifié, mort, enseveli et ressuscité, monté aux cieux en attendant son retour pour le jugement dernier.

Cette anamnèse eucharistique est bien pour Grosseteste l'« *épistrophè* » par laquelle l'Église répond au « *proodos* » de l'Incarnation. La théologie se trouve ainsi prise d'emblée selon lui, dans ce mouvement eschatologique. Plus exactement encore, ces unités s'ordonnent en une économie divine typiquement néoplatonicienne dont les étapes sont : La Trinité, son unité, le Verbe incarné, son corps qui est l'Église, par lequel les croyants et toute la Création sont réunis à Dieu et à la Trinité[2]. Ainsi, la théologie va-t-elle, du fait précisément de l'unité qui la caractérise, ordonner les autres sciences, même si elles se trouvent par rapport à elle selon une certaine extériorité. La théologie ne se présente-t-elle pas pour Robert Grosseteste comme une sagesse reposant essentiellement sur la foi au contraire des autres disciplines ?

La sagesse théologique ne peut atteindre son sujet : le Christ en son intégrité, ni par lui-même, ni par une science acquise. Elle requiert nécessairement pour

1. « Subiectum huius sapientie illud unum (...) In hoc namque uno de quo dicit : "ut et ipsi in nobis unum sint", videntur aggregari aliquo modo iste unitates sive uniones, videlicet qua Verbum incarnatum est unus Christus, unus videlicet in persona Deus et homo, et qua ipse est unus in natura cum ecclesia per assumptam humanam naturam, et insuper qua ecclesia reunitur ei per condignam assumpcionem, in sacramento eucaristie, illius carnis quam assumpsit de virgine, in qua crucifixus, mortuus est et sepultus, et a mortuis resurexit, et ad celos ascendit, iterum venturus iudicare vivos et mortuos. », *id.*, *ibid.*

2. « Ex quibus tribus unionibus videtur aggregari unum quo dicitur Christus integer unus ; de quo uno dicit Apostolus ad Ephesios : "Omnes enim vos unum estis in Christo Ihesu, vel secundum quod habetur in greco : "Omnes enim vos unus estis in Christo Ihesu". Videtur quoque illud unum de quo dicit : "ut et ipsi in nobis unum sint", adicere predictis, quod Filius Verbum sit unum in substancia cum Patre et per consequens cum Spiritu Sancto. Quam unitatem substantialem expressit Filius cum dixit : "Sicut et tu Pater in me et ego in te". Adicit quoque et unitatem conformitatis nostre in suprema facie racionis nostre cum summa Trinitate, ad quam conformitatem et deifotmitatem inducimur per mediatorem Deum et hominem Christum, cum quo sumus unus Christus. Hoc igitur unum, quo sumus unum in Patre et Filio et Spiritu Sancto – ait enim : "ut et ipsi in nobis unum sint – conglutinare videtur in se unum substancie Patris et Filii et Spiritus Sancti, unum unionis duarum naturarum in persona Christi, et unum quo sumus omnes unum vel unus in Christo, et unum renovationis in spiritu mentis nostre cum summa Trinitate. Unde et ab hoc uno sic aggregato et unito, tamquam a subiecto, potest esse descensus ordinabilis in Trinitatem, et Trinitatis unitatem, et Verbum incarnatum, et corpus eius quod est ecclesia, et in deiforme nostrum cum Trinitate. Unde et sapiencie de istis partes erunt ordinabiliter ad istam sapienciam pertinentes. Creature eciam omnes in quantum habent essentialem ordinem ad dictum unum huius sapiencie subiectum, hoc est in quantum ab hoc uno fluunt et in hoc unum recurrunt, ad istam pertinent sapienciam, licet secundum alias condiciones extra hanc sapienciam sint, et partes scienciarum aliarum », R. Grosseteste, *In Hexaemeron, Ia Particula*, R. C. Dales (éd.), *op. cit.*, p. 49-50, (nous donnons la seconde recension).

Grosseteste la médiation de la foi[1]. Elle concerne pourtant les créatures en tant qu'elles sont situées et ordonnées dans ce flux divin, mais selon un mode distinct de celui dont les considèrent les autres sciences. Qui plus est, elle concerne aussi le Créateur, et non seulement en lui-même, mais dans son rapport à la création qu'il sauve. Cette assimilation orientale de la théologie avec l'économie du salut, la place semble-t-il au-delà de toute science rationnelle. Pourtant c'est ici qu'interviennent les considérations relevées plus haut qui lui annexent la science expérimentale.

Toutefois, ce réalisme apparent ne résiste guère à la vague néoplatonicienne. Le sens littéral de l'Écriture se creuse bientôt d'un quintuple sens mystique où s'organisent précisément les six jours de la Création. Le sens littéral du premier jour où Dieu crée ciel et terre, ne peut pour Grosseteste renvoyer ni à la création des anges célestes, ni à celle de la matière, pris séparément[2]. Il s'agit du monde visible, ciel et terre, mais qui se rapporte à l'archétype primordial dans la pensée divine. Ensuite seulement il pourra se refléter dans les intelligences angéliques en un second sens « mystique ». Après quoi pourront être distinguées matière et forme ainsi que l'ordonnancement à partir d'elles du monde sensible. Enfin selon un mode allégorique on y verra celui qui règne dans l'Église, et selon un sens tropologique l'information de son âme selon la foi et les mœurs[3]. Les quatre sens de l'Écriture se télescopent ainsi avec les six jours de la Création selon le schéma suivant :

1. Création/ciel et terre (lumière/ombre)	*Monde incréé archétypal*
2. Création des anges (Firmament entre deux eaux)	*Connaissance angélique*
3. Création de la matière et de la forme (partage des eaux informes)	*ordonnancement du monde sensible*
4. Création et ordonnancement de l'Église (hiérarchie des luminaires)	*sens allégorique portant sur l'Église ordonnée*
5. Formation des âmes, eau du baptême, contemplation (poissons et oiseaux)	*sens tropologique concernant foi et mœurs*
6. Complément et ornement du monde visible (Création de l'homme)	

La sagesse de l'Écriture va donc se déployer en ses différents livres à partir de la Création à travers la généalogie du Christ, ses annonces prophétiques, sa vie et celle de l'Église jusqu'à sa gloire dans l'Apocalypse à laquelle rien ne peut être ajouté. Mais c'est dans ce déploiement même qu'elle contiendra toute science. L'enseignement de la théologie contient ainsi la vérité sur la création donc sur tout

1. « Sive igitur huius sapiencie subiectum sit istud unum quod diximus sive Christus integer, istius sapiencie subiectum neque per se notum est, neque per scienciam acceptum, sed sola fide assumptum et creditum. Nec posset esse intellectum, nisi prius esset creditum. Non enim cadit vel comprehenditur in aliqua divisione entis secundum quod dividit ens humana philosophia. Nec est Creator solum, nec creatura solum. », *id.*, *ibid.*, C. II, 1, p. 50-51.

2. *Id.*, *ibid.*, C. III, 1, p. 52.

3. « Unde per sensum primum literalem mundi creati, signatur mundus increatus archetipus, id est eterne et incommutabiles raciones in mente divina mundi creati. Signatur eciam per literalem sensum ymaginabilem angelorum condicio et mundi creandi in mente angelica cognicio. Signatur quoque materie et forme primordialium ex nichilo creacio, et mundi sensibilis ex illis primordialibus ordinata condicio. Signatur quoque allegorice ecclesie ordinacio, et tropologice per fidem et mores anime informacio. Sunt igitur in summa huius primordii de creacione mundi in sex diebus, sex intellectus et exposicionum modi ; qui forte senarius exposicionum per sex dies et eorum opera designantur. », *id.*, *ibid.*

ce qui relève de la nature. Mais il renferme aussi pour Robert Grosseteste, toutes les vérités rationnelles (entendons par exemple mathématiques) dont la perfection est présente dans le monde archétypal du premier jour. Il recèle toutes les vérités morales contribuant naturellement à notre salut mais aussi celles concernant son obtention surnaturelle par la rédemption[1]. Nous retrouvons ici une intuition fondamentale de Bacon. Mais l'avait-il comprise dans l'esprit de son maître ?

Pour l'un comme pour l'autre toute la théologie n'a qu'un but pratique. Mais tandis que Bacon s'arrêtera davantage au rôle moral, voire métaphysique, de la rationalité apportée par la Révélation, son maître insiste avant tout sur son rôle eschatologique : exposer l'état de gloire et y conduire. Ceux qui voudraient en tirer un pur savoir et non un enseignement moral feraient fausse route. La finalité de la théologie comme science de l'unité entre Dieu et l'homme, demeure la déification bienheureuse de ce dernier. Robert Grosseteste ne trouve-t-il pas chez les dominicains des disciples plus fidèles que Roger Bacon à ses principales orientations doctrinales ?

Richard Fishacre : une théologie de l'Église

Richard Fishacre est le premier dominicain d'Oxford à nous laisser un *Commentaire des Sentences*. Avant lui un autre frère prêcheur, Robert Bacon avait dû les lire mais son commentaire, s'il fut rédigé, ne nous est pas parvenu. Bien que son contenu ait incité Dom Lottin à le situer à une date antérieure (vers 1235-1240), l'éditeur du *Prologue* de Fishacre[2] donne des arguments solides en faveur des années 1240-1245. Il contient en effet une allusion à un article de la condamnation de 1241. De plus une lettre d'Innocent IV de 1246-1247 enjoint à l'évêque de Lincoln, Robert Grosseteste, de le laisser poursuivre son enseignement. Ce dernier avait en effet opté en faveur d'une théologie traditionnelle fondée uniquement sur la lecture de la Bible. La lettre du Souverain Pontife suppose, selon l'éditeur du *Prologue*, que le *Commentaire* de Fishacre était déjà achevé. Le texte témoigne en tout état de cause, de l'influence doctrinale de Grosseteste[3]. Ainsi faut-il revoir la classification que I. Biffi va rechercher chez M.-D. Chenu dans la version *pro manuscripto* du Saulchoir, datée de 1943. Elle fait de Fishacre un auteur correspondant à Oxford à la génération parisienne des Guillaume d'Auxerre et Philippe le Chancelier, laissant ainsi la place de véritable novateur à R. Kilwardby. N'est-ce pas lui qui voudra faire de la théologie une science, tandis que Fishacre y renonce[4] ? Mais précisément, l'étude des textes désormais édités de ces deux auteurs, et la dépendance de Kilwardby par rapport à Fishacre (non sans quelqu'ap-

1. « Tandem congruebat ut describeretur mundi finis et consummacio, et ecclesie in futuro impermutabilis et eterna glorificacio ; quod in Apocalipsi completum dinoscitur. Et cum statui glorificate ecclesie non succedet status alius, non est quod huic scripture possit adici amplius. Continet igitur in se hec scriptura totum quod continet natura, quia post mundi creacionem non est nove speciei seu nature adiectio. Continet eciam totum quod est supra naturam, quod videlicet est nostre reparacionis et future glorificacionis. Continet eciam totam moralitatem et totam scienciam racionalem. Ipse enim mundus archetipus est omnis rei racio et ars et regula et racionalis sciencia (...) Est autem huius admirabilis scripture finis status glorie. », *id.*, *ibid.*, I, 4-5, p. 54-55.

2. R. J. Long, « The science of Theology according to Richard Fishacre », *Medieval Studies*, 34, (1972), p. 71-98.

3. Cf. R. C. Dales, « The influence of Grosseteste's "Hexaemeron" on the "Sentences" commentaries... », art. cit.

4. M.-D. Chenu, *La théologie...*, p. 46 ; cf. I. Biffi, *Figure...*, p. 235-236.

pauvrissement) exige que l'on répare l'injustice qui faisait du premier un faible penseur et du second le grand novateur[1].

Celui à qui il appartiendra de défendre et de sauver sa discipline naissante, grâce à l'intervention directe du pape qu'il avait provoquée, contre son maître, l'évêque de Lincoln qui voulait la réduire à la lecture traditionnelle de la *pagina sacra*, est bien Fishacre. Et c'est plutôt Robert Grosseteste qu'il faut faire correspondre à la génération des grands rédacteurs de *Sommes* parisiens, Guillaume d'Auxerre ou Philippe le Chancelier. Au contraire, Fishacre ouvre brillamment cette nouvelle génération de jeunes maîtres appartenant pour la plupart aux ordres mendiants et qui entendent étudier et enseigner la théologie naissante à partir du commentaire des *Sentences* de Pierre Lombard. Ainsi, la manière dont ses lecteurs de notre siècle posent la question de l'usage d'Aristote par Richard Fishacre est-elle peut-être déformée par cette illusion rétrospective qui le place en rupture avec la revendication thomiste de la théologie comme science. Ainsi, F. Ehrle[2] le situait d'emblée à ce confluent de l'augustinisme et de l'aristotélisme qui marque les années 1230-1240. Mais outre sa connaissance de la philosophie de la nature d'Aristote, il relève dans les textes qu'il lit et édite, contrairement à É. Gilson, la subtilité de ses spéculations. Simplement, sa connaissance d'Aristote et même de certains commentaires d'Averroès, ne saurait évincer la dominante augustinienne de sa formation[3]. Si les premiers dominicains d'Oxford eurent jamais quelque préjugé défavorable sur la valeur spéculative de Fishacre comme le suppose Gilson, pour envoyer ses successeurs conquérir la licence à Paris, il semble que de cette capitale de la théologie européenne, Thomas d'Aquin lui-même ne l'ait pas partagé.

Sa subtilité a pu être appréciée sur plusieurs sujets pour lesquels ses textes sont édités[4]. Nous avons vu en particulier le rôle déterminant qu'il a pu jouer avec Guerric de Saint-Quentin dans l'articulation entre les disputes concernant l'infinité divine et celles relatives à la vision de Dieu. Les échanges entre les dominicains d'Oxford et de Paris étaient sans doute moins limités qu'on a pu le penser, puisqu'on a pu relever dans son *Commentaire des Sentences* l'influence de celui

1. Cf. É. Gilson, *La Philosophie au Moyen Age*, 4e éd., 1986, p. 483-484.

2. F. Ehrle, « L'agostinismo e l'aristotelismo nella scolastica del secolo XIII », dans *Xenia Thomistica*, III, 517-588., Rome, 1925.

3. Cf. F. Pelster, « Die Bedeutung der Sentenzenvorlesung für die theologische Spekulation des Mittelalters : ein Zeugnis aus der ältesten Oxforder Dominikanerschule », dans *Scholastik*, 2 (1927), p. 250-255 ; *id.*, « Der älteste Sentenzenkommentar aus der Oxforder Franziskanerschule », dans *Scholastik*, 1 (1926), p. 50-80 ; D.-A. Callus, *Introduction of aristotelian learning to Oxford*, Humfrey Milford Amen House, E. C., Londres, 1943 ; R. J. Long, « The virgin as Olive tree, A marian sermon of Richard Fishacre and the science at Oxford, dans *A.F.P.*, 52 (1975), p. 77-87 ; W. H. Principe, « Richard Fishacre's use of Averroes with respect to motion and the human soul of Christ, dans *Medieval Studies*, 40 (1978), p. 349-359 ; M. O' Caroll, « Two versions of a sermon by Richard Fishacre OP for the fourth sunday of Lent on the theme : "Non enim heres erit filius ancillae cum filio liberae" (Gal. 4, 30) », dans *A.F.P.*, 54 (1984), p. 113-141.

4. Cf. L. Sweeney et C. J. Ermatiger, « Divine infinity according to Richard Fishacre », dans *The modern Schoolman*, 35, 1958, p. 191-212 ; J. Gründel, « Die Lehre von den Umständen der menschlichen Handlung im Mittelalter, dans B.G.P.T.M.A., Band., 39, Heft. 5, Munster, 1963, p. 469-480 ; L. B. Gillon, « L'esprit, "partie" de l'univers. Autour d'un texte de Richard Fishacre », dans *San Thomaso. Fonti e riflessi del suo pensiero*, Saggi, Cità Nuova Editrice, Rome, 1974, p. 210-222 ; R. J. Long, « Richard Fishacre and the problem of the soul », dans *The modern Schoolman*, 52 (1975), p. 263-270 ; *id.*, « Richard Fishacre's "*quaestio*" of the Ascension of Christ ; an edition », dans *Medieval Studies*, 40 (1978), p. 30-55 ; *id.* « Richard Fishacre's Way to God », dans *A Direct Path : Studies in medieval philosophy and culture (Essays in honour of A. Hyman)*, Washington, 1987 ; F. Brown, « Richard Fishacre on the need of "Philosophy" », *ibid.*

d'Hugues de Saint-Cher sur l'Apocalypse[1]. Surtout, nous verrons que Richard Fishacre est bien le précurseur de Thomas d'Aquin dans son affirmation du caractère spéculatif de la théologie enseignée à partir du *Commentaire des Sentences*. Si ce n'est pas tant l'affirmation de la théologie comme science aristotélicienne que le primat donné au caractère spéculatif de la discipline naissante qui constitue le point de rupture de Thomas par rapport à tous ses prédécesseurs, tant dominicains que franciscains s'accordant unanimement pour y voir une science pratique, alors Fishacre apparaît ainsi comme un précurseur du docteur angélique, sur ce point essentiel. Ce serait donc cet esprit si peu spéculatif qui aurait défendu et institué la dimension avant tout spéculative de la théologie scolastique naissante ! Nous allons voir en quels termes.

Si la théologie en est pour lui la reine, Fishacre porte sur les autres sciences un regard spécialement méprisant. Il reprend la distinction de *Jc.* 3, 15 entre les esprits humain, animal et diabolique[2]. Les sciences « lucratives » sont ainsi encore humaines pour le dominicain d'Oxford, mais la physique est animale tandis que la magie et les diverses formes de divination sont sous l'empire du diable. Ni les unes ni les autres n'ont rien à voir avec la sagesse et la science de Dieu devant laquelle s'extasie saint Paul (*Rm.* 11, 33) et qui fait l'objet des *Sentences* du Lombard. Mais cette sagesse, selon une tradition qui est chez Bonaventure, est inscrite dans trois livres dont nous pouvons schématiser la répartition comme suit[3] :

Livre de vie	*bienheureux*
livre des créatures	*Adam pré-lapsaire*
Sainte Écriture	*théologiens ici-bas*

On notera d'abord la prééminence du livre de vie réservé aux bienheureux. Ils contemplent en lui la science parfaite inscrite en Dieu même. Si Thomas d'Aquin a possédé, comme il le désirait, le *Commentaire* de Fishacre n'a-t-il pu être influencé par ce thème ? La science des bienheureux est en effet activité plénière de l'intelligence lisant la vérité à même la *mens divina*. Il n'est pas encore question de subalterner un livre ou une science à l'autre. Mais si les bienheureux lisent à livre ouvert dans le livre de vie, si Adam voyait Dieu à travers ses créatures, il ne reste plus aux théologiens, en cet exil qui suit le péché, qu'un livre : celui de l'Écriture Sainte. Ils l'examineront selon les quatre causes aristotéliciennes, comme on l'a vu faire notamment aux auteurs de la *Somme Halésienne*, ou à Bonaventure selon une méthode qui était alors en train de devenir traditionnelle. Le théologien n'est pourtant pas si mal loti car si la sagesse se trouve tout entière dans chacun des trois livres, elle y figure de manière éminente dans le livre de vie ; elle est inscrite de la manière la moins noble dans le livre des créatures. L'Écriture sainte se présente ainsi entre les deux comme un mode intermédiaire[4].

1. D. M. Solomon, « The Sentence Commentary of Richard Fishacre and the Apocalypse Commentary of Hugh of St. Cher », dans *A.F.P.*, 46 (1976), p. 367-377.

2. « "Non est ista sapientia desursum descendens, sed terrena, animalis, et diabolica". Terrena quantum ad lucrativas scientias ; animalis quantum ad physicas ; diabolica quantum ad haereticas et magicas (...) constat quod nulla earum est illa cuius altitudinem admiratur Apostolus sic exclamans, "O altitudo"... », Richard Fishracre, *Commentaire des Sentences, Prologue*, R. J. Long (éd.), « The science... », art. cit., p. 79-80.

3. « Haec autem tripliciter est, quasi in triplici libro scripta : scilicet in libro vitae, in libro Scripturae, in libro creaturae (...) In libro enim vitae legunt beati spiritus in caelo. In libro creaturae legit Adam ante peccatum in paradiso. In libro vero Scripturae legendum nobis est in hoc exilio. », *id.*, *ibid.*, p. 80.

4. « Et haec sapientia sicut in libro vitae est nobilissima, sic in libro creaturae ignobilissima, et in sacra Scriptura medio modo. », *id.*, *ibid.*, p. 82.

De plus la théologie contient de manière éminente toutes les autres sciences, puisqu'elles sont elles-mêmes contenues dans la pensée de Dieu. Elles ne peuvent que fournir des *exempla* au théologien[1]. Nous retrouvons ici la thématique de Grosseteste, jusqu'en ses exemples et leur rôle. Mais Fishacre accentue le contraste. L'or emprunté aux égyptiens n'est rien à côté de la richesse de Jérusalem sous le règne de Salomon. Il concède pourtant qu'il est bon de se concilier les bonnes grâces des servantes si l'on veut accéder à la maîtresse. Il serait bien rustre celui qui voudrait y parvenir en les rudoyant. Il serait incapable d'ailleurs de fécondité, c'est-à-dire d'enseignement s'il ne commençait comme Abraham par l'exercer auprès de la servante. Mais plus blâmable encore celui qui s'arrêterait à ces amours ancillaires, délaissant ainsi l'épouse[2]. Nous retrouvons ici les termes même employés par Bonaventure pour condamner le trop grand intérêt des étudiants pour les sciences profanes. Ils y perdent leur vigueur juvénile et risquent de venir trop tard à la théologie, comme David qui dormit aux côtés de la très belle Abisag, mais ne la connut pas ! Le réalisme des comparaisons ne manque pas de sel ! Il montre la subtilité de la position du jeune théologien dominicain : il ne faut consacrer aux sciences profanes que le temps et l'attention nécessaires. Il serait aussi préjudiciable de les négliger que de s'y attarder.

L'auteur en vient ainsi à l'examen des quatre causes de la sagesse scripturaire. Et d'abord, qui peut en être l'auteur ? Cette sagesse étant infinie, ni l'homme ni même l'ange ne suffirent à la mettre en œuvre dans le livre des créatures ou à la rédiger dans celui des Écritures[3]. Certains livres sont pourtant attribués à Moïse, aux prophètes ou aux évangélistes. Mais ces derniers sont plutôt, pour notre dominicain, cause instrumentale par laquelle s'applique une efficience principalement divine. Sa théorie de l'inspiration des Écritures est encore, ainsi que nous le constatons, très instrumentaliste.

C'est de l'autorité de son auteur que l'Écriture tirera sa certitude, maximale, bien supérieure à celle des autres sciences. Nous avions trouvé ce thème chez Eudes Rigaud. Mais ici Richard Fishacre fait preuve d'une défiance originale à l'égard des vérités scientifiques. Pour que nous en ayons la certitude, il faut non seulement qu'elles soient démontrées, mais encore qu'il soit établi que le raisonnement qui les prouve est bien rigoureux[4]. La preuve devant à son tour être prouvée, elle est renvoyée à l'infini. Face à ce vieil argument sceptique, Aristote tranchait en affirmant qu'une croyance se trouve à l'origine de toute science (*An. Post.* I, 2, 72 a 24-b 5). Mais Fishacre rappelle que cette croyance de départ ne sera jamais aussi certaine que celle en Dieu qui fonde la théologie. Elle est infaillible, non par ses preuves mais par l'autorité sur laquelle elle s'appuie. Nous sommes loin des tentatives franciscaines d'Eudes Rigaud ou de Bonaventure pour penser une spécificité des raisonnements théologiques dont la valeur pourrait être comparée à ceux des sciences profanes. A ce compte, celles-ci ne peuvent rivaliser avec la

1. « Omnes aliae scientiae sunt huius pedisequae et ancillae (...) Patet quod omnes aliae laborant ad declarationem exemplorum huius scientiae. », *id.*, *ibid.*, p. 85.

2. *Id.*, *ibid.*, p. 86.

3. *Id.*, *ibid.*, p. 88.

4. « Quia homines sumus, falli possumus credendo esse demonstrationem quod non est demonstratio. Et ideo ad hoc ut certissime sciremus illam conclusionem, exigeretur non tantum ut demonstraretur per demonstrationem, sed etiam ut demonstraretur illam demonstrationem esse demonstrationem ; quod non posset fieri sine aliqua demonstratione ; quam esse demonstrationem iterum demonstrare oporteret. Unde Philosophus : Discentem credere oportet. Ergo quia scimus quod decipi possumus credendo esse demonstrationem quod non est, patet quod nihil demonstratione potest fieri nobis tam certum quam certum est illud nobis quod Deus dixit. De quo constat quod nec fallere vult, nec falli potest. », *id.*, *ibid.*, p. 89-90.

théologie, puisque leurs raisonnements sont révoqués en doute et que la croyance qui les fonde ne saurait égaler la certitude de la foi en Dieu. C'est bien sur une certaine misologie sceptique que Fishacre fonde la certitude théologique et sa supériorité. C'est qu'il veut assurer sa science, non d'une certitude rationnellement conquise, mais d'une infaillibilité divinement garantie.

A la différence d'Eudes Rigaud ou de Bonaventure, Richard Fishacre affirme que la théologie n'est aucunement une science déductive[1]. Elle ne part pas de principes pour arriver à une conclusion. Elle ne doit rien à la raison et tout à l'autorité de son auteur. Les deux franciscains lui concédaient un progrès à partir de prémisses empruntées aux principes d'une morale naturelle et/ou aux articles de la foi, par l'usage de syllogismes dialectiques. Mais pour le dominicain, la certitude de l'Écriture est plus grande que celle de toute démonstration. Il propose une comparaison : vouloir prouver le contenu de l'Écriture par une démonstration, serait comme ajouter pour la rendre plus certaine des arguments dialectiques ou sophistiques à une proposition parfaitement prouvée rationnellement. Mais après ces considérations intransigeantes sur sa forme, l'auteur en vient bientôt à la matière de la théologie. La construction de la théologie va dépendre d'une métaphysique élémentaire fort originale où se ressent toutefois l'influence de Grosseteste.

Fishacre distingue trois natures élémentaires qui vont pouvoir se combiner[2] deux à deux donnant finalement six composantes de l'univers réparties selon le tableau suivant :

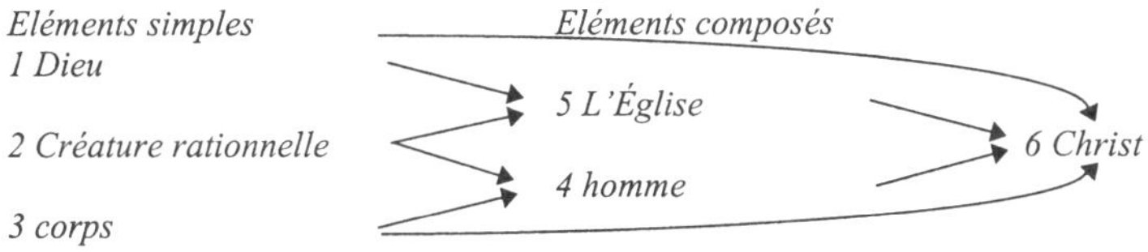

L'homme est bien un composé intermédiaire entre créature rationnelle et corps, l'Église et les fidèles deviennent membres du Christ par une union spirituelle à Dieu, enfin le Christ lui-même est composé des cinq éléments précédents. Nous reconnaissons ici l'influence de la cosmologie christocentrique de Grosseteste. Mais ce qui était pensé à partir du concept d'Un chez l'helléniste plus néoplatonicien est reélaboré par le dominicain à partir d'une métaphysique, certes encore rudimentaire, de l'être (alors que l'influence de l'hylémorphisme aristotélicien n'est plus neutralisée comme dans les premiers chapitres de l'*Hexaemeron*). On notera que cette métaphysique en apparence élémentaire assume en fait des choix de première

1. « Hinc patet quod haec scientia vel Scriptura non est demonstrativa (...) Et cum maioris certitudinis sit auctoritas huius Scripturae quam omnis demonstratio, probare aliquid scriptum in ea est ac si propositio aliqua optime demonstrata ratione probaretur dialectica vel sophistica, ut certior fieret. », *id.*, *ibid.*, p. 90.

2. « De quo autem sit haec tamquam de subiecto vel materia divisione investigandum. Tria quidem sunt simplicia : scilicet natura suprema quae est Deus ; et natura infima, quae est corpus : et natura media, scilicet rationalis creatura. Tria sunt insuper ex hiis composita : scilicet compositum ex infima et media natura, homo scilicet ; et compositum ex media et suprema (...) quod est Ecclesia, scilicet caput et membra ; et tertium est quod ex omnibus his componitur naturis, scilicet Christus. Sex igitur sunt in universo. Quid igitur horum erit huius scientiae subiectum ? Constat quod nec natura infima tantum, nec media tantum, nec compositum ex media et infima (...) Ergo aliquod trium reliquorum erit huius subiectum. Et ponunt quidam unum, quidam alterum, quidam vero tertium. », *id.*, *ibid.*,p. 91-92.

importance proventant de l'héritage humaniste du siècle précédent[1]. Car si l'homme est inférieur à l'ange, et l'ange inférieur à l'univers pris en sa totalité, les trois fins de sa création : son utilité propre, la réparation de la ruine des hiérarchies angéliques qu'il rend possible en occupant les places laissées libres par les esprits déchus, et enfin la perfection de l'univers doivent se trouver dans cet ordre. Mais dans la mesure même où l'homme est image de Dieu, c'est à lui que s'ordonne la création, en particulier selon un ordre qui n'assume plus seulement celui de la nature, mais aussi celui de la grâce. Hiérarchies métaphysiques et ministérialité surnaturelle des anges tissent ainsi un humanisme christocentré où l'Église corps mystique va jouer un rôle essentiel.

Des six éléments distingués par Fishacre, les trois inférieurs (2, 3, 4), considérés en eux-mêmes, ne pourront être pris comme objet propre de la théologie. Reste à se mettre d'accord sur l'un des trois autres ou sur les trois ensemble. Là-dessus les vues divergent et celle du maître dominicain sera assez originale. Il subit ici manifestement l'influence de la théorie du *Christus integer* qu'il trouve chez Robert Grosseteste. Mais voulant en tirer les conséquences métaphysiques, il est conduit à faire de l'Église dans son mystère d'union à Dieu l'objet propre de la théologie[2]. Il distingue en effet trois sujets : minimal, maximal, propre ; et propose une comparaison de la théologie avec la géométrie qui permet d'accorder ces trois sujets selon le tableau suivant :

de minimo	*de subjecto*	*de summe composito*
point	*lignes, surfaces*	*corps*
Dieu	*Un Ecclésial*	*Christ*

Ainsi, le sujet minimal de la théologie, dont tout le contenu découle sera-t-il Dieu. Celui qui assume la composition de toutes ses parties sera le Christ. Mais son sujet propre sera l'union de l'homme à Dieu dans l'Église, corps mystique du Christ. Nous retrouvons ici l'interprétation proposée par Robert Grosseteste de la tradition du *Christus Totus*, avec cette différence toutefois que les membres prennent le pas sur la tête. Sans avoir pleinement conscience de l'assimilation qu'il opère entre théologie et économie, le dominicain est cependant rapidement amené à distinguer de sa recherche proprement spéculative, une dimension pratique de la théologie, finalisée au salut. Cette dimension pratique lui permet au passage d'affirmer l'identité du sujet et de la finalité de la théologie[3]. Le raisonnement est le même que chez Eudes Rigaud. A la différence toutefois que pour le dominicain, la théologie n'est que partiellement pratique, tandis qu'elle l'est essentiellement pour le franciscain. Pour Fishacre, l'unité de l'Église avec Dieu est la finalité et donc le sujet de la théologie en tant qu'elle est une science pratique, mais comme science

1. Cf. L. B. Gillon, « L'esprit, "partie" de l'univers. Autour d'un texte de Richard Fishacre », art. cit.

2. « Mihi autem videtur quod de quolibet horum trium potest dici hanc scientiam esse sed tamen de unico eorum ut de subiecto (...) Sic dicitur geometria esse de puncto ut de minimo suo ; de magnitudine immobili ut de subiecto ; de corpore ut de summe composito in illo genere (...) Similiter aestimo hanc scientiam esse de Deo tamquam de minimo (...) De Christo vero est ut de maxime composito (...) Sed de illo uno, quod est ex natura media et suprema, est haec scientia tamquam de vero subiecto... », *id.*, *ibid.*, p. 92-93.

3. « Omnis autem scientia est de aliquo perfecto tamquam de subiecto et non efficit suum subiectum. Sed hoc verum est in his, quae speculativae tantum sunt scientiis ; sed in practicis idem est subiectum et finis (...) Sic haec scientia quidem est de dicto uno tamquam de subiecto. Et in quantum speculativa est, docet et notificat hoc unum et partes huius (...) Sed quia non tantum stat in cognitione subiecti sed extenditur ad praxim, ad hanc ipsam, in quantum practica est, monet unitatem et vitare contrarium... », *id.*, *ibid.*, p. 92-93.

spéculative, elle s'attachera à décrire et à comprendre cette unité et ses composantes.

De même, reprenant encore les arguments de Robert Grosseteste, Richard Fishacre résout à sa manière le problème de l'unité de l'objet de la théologie[1]. Nous reconnaissons au passage l'interférence de sa réflexion très originale sur l'infinité divine. Se refusant à penser l'opposition entre fini et infini sur le mode quantitatif issu de la physique, Fishacre lui donne une valeur métaphysique à travers la notion de *distantia*. L'infini n'est pas seulement un être plus grand que tout autre, sa différence avec le fini l'en éloigne infiniment. Il n'est pas un mauvais infini, cet autre du fini qui garderait une frontière, fût-elle intérieure avec lui. Il en est le tout autre, et se trouve ainsi éloigné de lui par une infinie distance qualitative. Mais alors, la créature et Dieu que séparent une distance infinie ne sauraient être unis sinon par une puissance infinie : ce sera la charité incréée qui remplira ce rôle. Cela suppose que la puissance humaine, bien qu'en acte par rapport à sa forme naturelle propre, soit en puissance de recevoir une forme surnaturelle qui lui soit supérieure. Ici encore c'est dans le cadre de la métaphysique de l'homme image de Dieu décrite plus haut, que la réflexion sur les rapports entre grâce créée et grâce incréée, puissance naturelle et obédientielle se mettent en place de manière certes encore rudimentaire. Toutefois nous voyons que les maîtres d'Oxford ont bien conscience des enjeux qui se jouent autour de la connaissance de Dieu *in via* et *in patria*. La théologie en retire, à l'égard de son objet, une unité surnaturelle bien supérieure à celle des sciences profanes avec le leur, qui reste dans la sphère de la nature. L'unité de la théologie, c'est l'unité même de son divin sujet.

Mais du côté du sujet connaissant, la dualité de finalité de la théologie comme science théorique et pratique va reposer sur une dualité anthropologique : celle de l'*affectus* et de l'*aspectus* reprise au texte pseudo-augustinien du *De Spiritu et anima*. Il conviendra donc de réordonner ces deux dimensions de la science théologique ainsi que leurs pédagogies respectives. Ainsi la perfection de l'union de l'*affectus* au souverain bien divin se réalisera-t-elle dans la patrie. Il y sera conduit ici-bas par un enseignement moral que devront délivrer les théologiens[2]. De même dans l'ordre spéculatif, la perfection ultime ne sera atteinte que dans la vision béatifique. Les théologiens devront donc se contenter d'une connaissance de foi et leur rôle sera de démêler les questions difficiles que présente l'Écriture. Nous

1. « Dico ergo quod licet anima sit ens actu et ideo non possibilis respectu alicuius naturalis, est tamen possibilis respectu alicuius quod est supra naturam. Et sic ex ipsa et illo quod est supra naturam, scilicet Deo, fit unum (...) Est enim una ab unitate subiecti sui. Subiectum autem est unum unitate supra naturam, unitate quidem virtutis infinitae unientis. Omnium autem aliarum scientiarum subiectum est unum unitate naturae et ideo per virtutem unientem finitam. Finitum autem ad infinitum non est comparabile. », *id.*, *ibid.*, p. 95-96.

2. « Divisio autem huius scientiae sic est, quia in natura media duo sunt : scilicet virtus motiva et apprehensiva, quae dicuntur aliis nominibus affectus et aspectus. Natura autem suprema est bonitas summa et summa veritas. *Id*eo haec scientia, quae est de uno ex duobus, habet partes duas : una est de unitate affectus cum summa bonitate, et alia est de unitate aspectus cum summa veritate. Unitatem autem affectus cum summa bonitate in via concomitatur in medietate, sicut per se accidens suum per se subiectum, sanctitas morum ; in patria vero fruitio omnium bonorum. Unitatem vero aspectus et summae veritatis, sicut possibile est in via, concomitatur in medietate, sicut per se passio subiectum, fides vel credulitas articulorum fidei ; et in patria intellectus (...) *Id*eo huius scientiae pars illa, quae est de unione affectus cum summa bonitate in via, insistit moribus instruendis ; pars vero alia, quae est de unione aspectus et summae veritatis in via, quaestionibus difficilibus circa articulos fidei discutiendis. », *id.*, *ibid.*, p. 96.

avons ainsi le tableau suivant :

affectus	*aspectus*
summa bonitas	*summa veritas*
fruitio	*intellectus*
sanctitas morum	*fides*
morum instructio	*de quaestioibus difficilibus disputatio*
pagina sacra	*theologia*

Reste à penser dans quel cadre ces deux enseignements : moral et spéculatif doivent être délivrés. Sur ce point Fishacre avait des vues divergentes de celles de Grosseteste et il semble qu'elles furent approuvées par Innocent IV qui jugea nécessaire d'intervenir dans leurs démêlés[1]. Grosseteste avait en effet pris parti en faveur d'un enseignement fondé exclusivement sur les livres canoniques et non sur la lecture des *Sentences* du Lombard. Fishacre au contraire, entendait concilier les deux : voyons comment. Il concède à Grosseteste que les deux enseignements spéculatif et moral sont contenus dans le texte de l'Écriture[2]. Mais tandis que la partie morale peut être exposée en même temps que la lecture de la *pagina sacra*, celle des questions difficiles devrait être réservée pour des disputes dont l'occasion est mieux donnée par l'explication des *Livres des Sentences*.

Ce qui est consommé ici, c'est la distinction entre les dimensions spéculative et pratique de la théologie. Richard Fishacre contribue à affirmer la spécialisation spéculative de la théologie enseignée à partir du *Commentaire* des Sentences et des questions qu'il soulève, laissant l'enseignement édifiant au plan moral à l'explication de l'Écriture. L'opposition n'est pas seulement entre deux pédagogies, mais entre deux manières de faire de la théologie : *legere* et *disputare*. La *disputatio* est exigée par la difficulté même des questions que se réserve une théologie spéculative partant d'une *lectio* des *Sentences*. Sur de telles bases, le plan même de la théologie spéculative pourra être reconstruit à partir de celui des *Sentences* du Lombard. L'auteur interprète à sa manière la division en *res* et *signa* reprise à Augustin par le Lombard[3]. Les trois premiers livres porteront sur les *res* : le Créateur (I), les créatures (II), leur composition dans le Christ (III). Le quatrième portera sur les *signa*, signes sacramentels de l'union de l'homme avec Dieu et leur continuation dans la gloire. Richard Fishacre garde donc l'idée de Robert Grosseteste d'une théologie ecclésiocentrée, mais il entend dissocier son enseignement pratique et moral encore susceptible d'accompagner la lecture de la *pagina sacra*, de son enseignement proprement spéculatif qui doit être disputé à part dans le commentaire des *Sentences*.

1. Innocent IV, *Lettre secrète*, cf. *Chartularium Universitatis Parisiensis*, H. Denifle et E. Chatelain eds., t. I, Paris, 1889, n. 127, p. 169-170.

2. « Tantum altera pars, scilicet de moribus instruendis, a magistris modernis cum leguntur sancti libri docetur. Alia tamquam difficilior disputationi reservatur. Haec autem pars difficilior de canone sacrarum Scripturarum excerpta in isto libro qui Sententiarum dicitur ponitur. », *id.*, *ibid.*, p. 97.

3. « Diximus secundam partem huius sacratissimae scientiae, scilicet quae est de difficilibus circa fidem quaestionibus, in hoc libro contineri (...) In prima parte tractantur quaestiones difficiles de articulis fidei quae circa res versantur ; et haec pars continet 3 libros. In secunda quaestiones difficiles de articulis fidei quae sunt circa signa, scilicet circa sacramenta ; et haec pars traditur in quarto libro (...) De quaestionibus difficilibus circa Creatorem est primus liber. De quaestionibus circa creaturas est secundus liber. De quaestionibus circa Christum, qui ex Creatore et creatura est compositus, est tertius liber. », *id.*, *ibid.*, p. 98.

Robert Kilwardby : synthèse tardive et appauvrie

La pensée de Robert Kilwardby, qui lui succéda, mais non immédiatement comme on l'a cru longtemps dans la chaire dominicaine d'Oxford, est mieux connue car plusieurs de ses textes sont aujourd'hui édités [1]. Sa vie est aussi assez bien connue en particulier certains épisodes marquants comme sa consultation en 1272 par le prieur de son ordre, Jean de Verceil sur les 43 questions également adressées à Thomas d'Aquin et surtout la condamnation oxfordienne prononcée cinq ans plus tard contre trente propositions pour la plupart d'esprit thomiste [2]. Il aborde déjà la question de la théologie dans son statut et son rapport avec les autres sciences dans le *De Ortu scientiarum*, toutefois il ne propose pas dans cet ouvrage écrit entre son entrée dans l'ordre des prêcheurs et la rédaction de son *Commentaire des Sentences*, d'idées originales qui justifieraient une étude séparée.

Ce dernier, datant des années 1252-54, témoigne d'une normalisation du genre et de son contenu doctrinal. Les problématiques et parfois leur ordre de succession sont proches de ce que l'on peut lire dans la question d'Eudes Rigaud *de Scientia theologiae* ou le *Commentaire des Sentences* d'Albert le Grand. Il s'agit d'ailleurs d'un *Commentaire par questions*, ce qui est conforme à la séparation que nous venons de voir prôner par Fishacre. Il commence en fait, comme le *Prologue de la Somme Halésienne* ou celui du *Commentaire* de Bonaventure, dont il est dépendant, selon la division des quatre causes aristotéliciennes. Notons que la première question qui annonce ce plan en glosant le verset fameux de *Pr.*, 9, 1 sur les sept colonnes de la sagesse, ne fait aucune mention des arts libéraux. Elle recherche plutôt ces colonnes à l'intérieur même des quatre livres des *Sentences*, dans les sept vertus, les sept sacrements ou les sept dons glorieux des bienheureux.

La question 2, portant sur le sujet de la théologie passe en revue les solutions possibles. Il peut être Dieu, mais ce sera selon la substance, le Christ selon la puissance, et son œuvre de Rédemption selon l'opération. Nous retrouvons résumée, la solution de la *Somme Halésienne* et d'Eudes Rigaud. Elle permet d'assumer la position d'Hugues de Saint-Victor insistant sur l'œuvre de recréation. Celle du Lombard reprenant à Augustin la distinction entre *res* et *signa* est également évoquée avec les difficultés qu'elle présente pour l'unité du sujet de la théologie, sans que soit avancée la solution que nous avons trouvée chez Fishacre. Une autre position en proposant l'*ens simpliciter* comme objet de la théologie l'assimilerait à

1. Robert Kilwardby, *Tabulae super Originalia patrum*, D.-A. Callus, « The "*Tabulae super Originalia patrum*" of Robert Kilwardby O. P. », dans *Studia Medievalia* in honorem... R.G. Martin O.P., Bruges, 1948, p. 243-270 ; G. Gàl, « Robert Kilwardby's Questions in Metaphysics and Physics of Aristotle », dans *Fr.St.*, 13 (1953), p. 7-28 ; *De ortu scientiarum*, A. G. Judy (éd.), *Auctores Britanici Medii Aevi, Britsih Academy, PIMS, Oxford University Press, Oxford*, 1976 ; *De natura relationis, In Donati Artem Maiorem III*, L. Schmücker (éd.), A. Weger, Brixen 1980 ; *Sermo in dominica in Passione*, P. O. Lewry (éd.), dans « A passiontide sermon of Robert Kilwardby O.P. », *A.F.P.*, 52 (1982), p. 89-113 ; *Quaestiones in librum Tertium Sententiarum, 1. Christologie*, E. Goessmann (éd.), *Verlag der Bayerischen Akademie der Wissenschaften*, Munich, 1982 ; *Quaestiones in librum Tertium Sententiarum, 2. Tugendlehre*, G. Leibold (éd.), *ibid.*, 1985 ; *Quaestiones in librum Primum Sententiarum*, J. Schneider (éd.), *ibid.*, 1986 ; *De Tempore, De Spiritu Fantastico*, P. O. Lewry (éd.), dans « Robert Kilwardby O.P., On Time and Imagination, *De Tempore, De Spiritu Fantastico* », *Oxford University Press*, Oxford, 1987 ; *Notulae Libri Priciani "de accentibus"*, P. O. Lewry (éd.), Medieval Studies, 1988, p. 96-185.

2. Cf. E.M.F. Sommer-Seckendorff, *Studies in the life of Robert Kilwardby O.P.*, Institutum Historicum Fratrum Praedicatorum, Rome, Sainte Sabine, 1937 ; D.-A. Callus, « The condamnations of St. Thomas at Oxford », Blacfriars, Oxford, 1955 ; J. A. Weisheipl, *Robert Kilwardby*, dans New Catholic Encyclopedia, 12, New-York, 1967, p. 533 ; H. F. Dondaine, « Le "De 43 quaestionibus" de Robert Kilwardby », dans *A.F.P.*, 47 (1977), p. 5-55.

la métaphysique. Mais le dominicain préfère finalement la dernière opinion : celle du *Christus integer*[1]. Il la récite dans l'esprit de Grosseteste, en citant la référence à la prière sacerdotale, mais en ne retenant que les deux dernières unités : celle du Verbe avec l'humanité du Christ et celle de ce chef avec l'Église qui est son corps mystique. C'est finalement la relecture même de Grosseteste par Fishacre qu'il cite sans en restituer le contexte. L'on se souvient des six éléments distingués par ce dernier. Pour Robert Kilwardby le sujet principal de la théologie est l'unité par grâce de la nature suprême, entendons Dieu avec la nature intermédiaire, c'est-à-dire rationnelle. Il ne précise plus si elle prend ou non une modalité ecclésiale. Cette synthèse très allusive entend d'ailleurs concilier toutes les positions relevées dans la *Somme Halésienne*.

Ce style synthétique et allusif de la *Somme* par questions de Kilwardby ne lui permet pas de restituer la richesse des disputes auxquelles il s'alimente tant du côté franciscain avec la *Somme Halésiennne* que dominicain avec Fishacre héritier de Grosseteste. Il leur reprend encore l'idée que dans le cas d'une science pratique comme la théologie finalisée à l'obtention du salut, le sujet et la fin se confondent (q. 3). Mais comment un même sujet pourrait-il porter sur Dieu et la créature ? L'auteur oppose la noétique d'Augustin à celle d'Aristote. Ainsi les philosophes ne pourront remonter vers Dieu qu'à partir de la connaissance intellectuelle ordinaire qui en ce monde part de celle des sens[2]. La connaissance théologique étant inspirée, n'a pas, pour le dominicain augustinien, à passer par un tel intermédiaire. Il ajoute, qu'une unité univoque n'est pas requise dans le cas de la science et qu'une unité analogique suffit entre la connaissance de Dieu et celle de ses créatures[3], conformément à l'enseignement de Fishacre dont il adopte finalement la solution : la distance infinie qui sépare le Créateur de sa créature est comblée par sa puissance infinie[4]. Il précise encore fidèlement à l'enseignement d'Augustin, que la théologie contient non toute vérité, mais toute vérité utile au salut (q. 5), et que le mode de la dispute convient pour les rendre explicites (q. 6). Il en vient ainsi à la causalité formelle à l'œuvre en théologie.

Le *Commentaire* de Robert Kilwardby pose ici les deux questions devenues alors traditionnelles sur le mode artificiel (q. 7) et la certitude (q. 8) qui lui est associée dans le cas de la théologie. Il propose en revanche une autre distinction, sans doute plus spécifique du contexte oxfordien, entre la causalité efficiente à l'œuvre dans la manière d'écrire (*modo tractandi*) et le mode d'enseigner (*modo docendi*) en théologie. Pour ce qui concerne la première, l'ordre des livres des

1. « Alii ponunt quod subiectum est Christus integer scilicet caput et corpus scilicet Christus et Ecclesia militans ac triumphans, sponsus et sponsa (...) Licet igitur multis modis quasi idem dictum sit, forte tamen optime nominabitur subiectum : Illud unum per gratiam ex suprema natura et media scilicet rationali creatura. », Robert Kilwardby, *Questiones in Librum Primum Sententiarum*, q. 2, J. Schneider (éd.), Munich, 1986, (*Bayerische Akademie der Wissenschaften* 13), p. 8-9.

2. « Aliter tamen potest dici et potius quod dupliciter potest cognosci Deus scilicet per revelationem et sic a sanctis, et sic non oportet quod cognoscatur ex praeexistenti cognitione sensitiva, vel per naturalem rationem, et sic ab aliis etiam cognitus est ut a philosophis. Omnis enim talis cognitio intellectiva humana vel in hac vita fit ex praeexistenti cognitione sensitiva, secundum quod alibi dicit Aristoteles quod omnis intellectus noster ortum habet ex phantasmate et ex sensu, etiam intellectus, quem de Deo habemus et de spiritibus insensibilibus. », *id.*, *ibid.*, q. 4, p. 12.

3. « Ad secundum dicendum quod unitas scientiae quoad hoc quod pertinet ad unitatem subiecti, non requirit subiectum omnino univocum per omnem modum, immo unitas analogiae ibi sufficit. Et sic Deum et creaturam comprehendere potest una scientia... », *id.*, *ibid.*, p. 13.

4. *Id.*, *ibid.*, p. 14.

Sentences suffit à la rendre évidente. Mais c'est à propos du second que se posent, selon le dominicain, les deux questions traditionelles. Il reprend ses deux principaux arguments à Richard Fishacre, mais dans un esprit qui rompt avec celui de Robert Grosseteste[1]. La théologie diffère des autres sciences parce qu'elle prend origine dans une inspiration divine, non dans une invention humaine. A cette dernière se rapportent les modes rationnels de définition, division et collection aristotéliciens, exigés par un enseignement oral. Au contraire, la vérité théologique s'étudie dans les livres par mode d'inspiration. Nous sommes loin de Robert Grosseteste qui affirmait la nécessité d'étudier sous un maître et par oral, plus grande encore dans cette discipline que dans les autres, du fait justement des obscurités de l'Écriture ! En revanche Kilwardby reste fidèle à Fishacre en affirmant que c'est à la source de l'Écriture que la théologie doit puiser son inspiration sans rien attendre des raisonnements.

Quant à la finalité, la théologie se distingue également des autres sciences[2]. L'auteur opère ici encore une synthèse entre les arguments de la *Somme Halésienne* et ceux de Fishacre. La philosophie est « science en tant que science ». Elle se cantonne donc à éclairer l'intelligence (*illuminare aspectum*). La théologie, quant à elle, parce qu'elle est « science en tant que sagesse », ne peut se contenter d'élever l'intelligence, mais doit aussi préparer l'affectivité à l'adhésion au souverain Vrai et à l'amour du souverain Bien. Il semble donc qu'en théologie, même la connaissance du vrai doive être affective et non purement intellectuelle en vertu de l'exigence requise d'une sagesse savoureuse. N'est-ce pas l'influence franciscaine qui se fait encore sentir ici ? La distinction des deux puissances et la répartition de leurs rôles n'est d'ailleurs pas si nette que chez Fishacre. Mais cette dimension affective et pratique de la théologie finalisée au bien justifie pour Kilwardby comme pour les franciscains les modes de l'Écriture : *praeceptivus, exhortativus, orativus*...

Contre la certitude de la théologie l'on retrouve un résumé très allusif des principaux arguments rencontrés chez Eudes Rigaud[3]. Ses principes sont extrinsèques, non évidents par eux-mêmes, et ambigus puisque entendus en quatre sens. A l'autorité du Saint Esprit produisant une certitude nécessairement supérieure à celle des raisonnements humains, le dominicain ajoute une réponse insistant encore sur le caractère affectif de la sagesse théologique. Son goût savoureux est opposé à la froide vision de l'évidence scientifique. Nous voyons que la position du dominicain reste encore très proche de celle des frères mineurs sur ce point. En sera-t-il de même quant aux causalités efficiente et finale à l'œuvre en théologie ?

La position de Robert Kilwardby semble ambiguë quant à la causalité

1. Respondeo : Scientia haec differt ab aliis in duobus scilicet in origine et fine. Et propter utrumque non sunt dicti modi necessarii in hac scientia sicut in aliis. Primum sic patet : Duplex est modus scientiae, unus divina inspiratione, alius humana inventione ; et differunt sicut scientia a libro per studium accepta et scientia per vivam vocem impressa. Et est hic magna similitudo, si profundius inspicias. De primo modo scientiae est theologia, de secundo philosophia. Rationalis enim creatura constituta est inter duo habens supra se primam veritatem increatam, extra se et intra se sensibilia et intelligibilia. Ab utrisque haurit veritatem. Sed veritas huius Scripturae tantum desuper hausta est per inspirationes, non per rationes. Aliae autem humana investigatione inventae sunt. Et ideo istae scientiae quae humana ratione perquirunt verum, necesse habent diffinire, dividere et colligere. », *id.*, *ibid.*, q. 7, p. 18.

2. « Item difert haec Scriptura ab aliis quoad finem. Est enim scientia ut scientia solum intendens rerum notitiam, et haec est philosophica. Et est scientia ut sapientia intendens amorem veri boni et cultum Dei scilicet pietatem, quae consistit in fide, spe et caritate. Prima nihil habet facere nisi illuminare aspectum et ipsum certificare. Secunda habet praeparare affectionem... », *id.*, *ibid.*, p. 19.

3. *Id.*, *ibid.*, p. 20.

efficiente[1]. Il concède d'abord que Dieu est seul auteur (*auctor*) de la doctrine sacrée. Cela ne réduit-il pas le rôle des apôtres (*promulgatores*), évangélistes (*scriptores*) ou compilateurs (*compilatores*) ? Le Lombard est rangé dans cette dernière catégorie, et le dominicain va finalement lui accorder un rôle de cause efficiente et d'« *auctor secundum quod compilatio...* », en raison de la charité même qui a animé la rédaction de son œuvre[2]. Il est bien l'auteur de la compilation. Le mérite de cette activité lui revient dans la mesure où il y est mû par une double charité ainsi qu'il le confesse lui-même dans le *Prologue*. Souvenons-nous : charité envers Dieu qu'il cherche à mieux connaître et faire connaître à ses frères pour l'amour desquels il tente ses explications. On se souvient que Bonaventure, lui, confère au Lombard le rôle d'auteur sans restriction en un domaine théologique capable d'un détachement fécond par rapport à l'Écriture.

Lorsqu'il traite de la finalité théologique, le dominicain demeure encore très proche de Robert Grosseteste et de sa lecture par Richard Fishacre. Il précise même que si l'homme a les capacités naturelles de connaître le monde qui lui permettent de découvrir que son Créateur est aimable, elles ne lui suffisent pas à reconnaître le médiateur de son salut. Il faut donc qu'il en soit instruit par l'Écriture Sainte[3]. Kilwardby n'annonce-t-il pas ici l'argumentation de Scot ? Mais justement, tout en reconnaissant la nécessité de la Révélation en vue du salut, le dominicain place le désir naturel de connaître en continuité avec la béatitude finale seule susceptible de le satisfaire. Il ne précise pas encore si le désir naturel vise ou non la vision béatifique, et si la Révélation est nécessaire à la reconnaissance ou à la seule obtention de cette fin ultime. Il place justement la béatification de l'homme parmi les finalités de la théologie[4]. Il pense cette fin non seulement dans sa dimension individuelle concernant la conjonction à Dieu de toute créature rationnelle sauvée, mais aussi dans sa dimension cosmique impliquant la consommation et la rénovation du monde sensible. Il ajoute même une question spéciale pour rendre compte de la dimension ecclésiale de l'eschatologie du salut.

La gloire consommée de la Jérusalem Céleste où les élus seront dans la société des anges bienheureux rend nécessaire la préparation de l'homme par la connaissance de l'union de la nature angélique à Dieu[5]. Mais la théologie a aussi une utilité pratique par la préparation morale aux exigences du salut. L'auteur précise

1. « Solus auctor Deus est (...) homines sunt huius doctrinae promulgatores vel scriptores vel etiam compilatores, ut Magister Sententiarum. », *id.*, *ibid.*, q. 9, p. 22.

2. « Nota quoque quod licet veritatis traditae in *Sententiis* Deus auctor sit, compilationis tamen efficiens vel auctor secundum quod compilatio est bene et vere dicitur Magister. Ubi notandum quod ipse est efficiens principalis. Sed gemina caritas eum movet... », *id.*, *ibid.*, p. 23.

3. « Et iterum quamvis mundus ostenderet Deum esse quaerendum, non tamen evidenter ostendit mediatorem (...) Sic igitur utilis et necessaria est Sacra Scriptura ad instruendum hominem super salute sua (...) *Id*em aliter declaratur sic : "Homo naturaliter appetit scire", secundum Aristotelem in principio *Metaphysicae*. Item secundum eundem in principio *Ethicae* "naturaliter appetit bonum". Et non quiescit iste appetitus omnino nisi in summo vero et summo bono (...) Sed non complete scitur summum verum nisi per visionem, nec complete habetur summum bonum nisi per fruitionem nudam. », *id.*, *ibid.*, q. 10, p. 24-25.

4. « "Spera in Domino et fac bonum." Sic igitur hominis instructio, iustificatio et beatificatio est hic finis (...) Quando autem fiet unicuique retributio secundum merita scilicet in fine temporum, renovabitur mundus sensibilis commutatus in suum optimunm (...) Ad hoc autem universi complementum non pervenitur nisi per hominis glorificationem, et ad illam necessaria est Sacra Scriptura, ut ostensum est. », *id.*, *ibid.*, p. 26.

5. « Ex iam dictis videtur congrue dici quod subiectum speculationis in theologia sit tota Ecclesia (...) Oportuit autem hominem propter statum condicionis propriae non solum scire quid esset Deo uniri, sed ad hoc agere secundum doctrinam Sacrae Scripturae, ut praedictum est. », *id.*, *ibid.*, q. 11, p. 28.

même l'utilité technique propre aux Livres des Sentences[1]. Ils sont directement utiles aux scolastiques à qui ils fournissent un recueil de citations patristiques d'usage aisé. Mais ils permettent surtout (*principaliter*) à l'Église l'exaltation de la vérité catholique et la réfutation des hérétiques. Sans toujours les articuler explicitement entre elles, Kilwardby maintient donc à la fois la finalité eschatologique ultime de toute théologie, dont il perçoit clairement à la suite de Grosseteste la dimension ecclésiale, et des finalités prochaines de nature plus pragmatique. Après ces questions sur le mode et la finalité de la théologie, le *Commentaire* de Robert Kilwardby revient sur d'autres, non moins classiques, et qui se trouvaient en tête de la dispute d'Eudes Rigaud.

Se demandant d'abord (q. 12) si la théologie est vraiment une science, il reprend des arguments déjà trouvés plus haut : elle est à la fois sagesse et science, inspirée donc infaillible, sans avoir besoin de recourir à l'universel et à la déduction. Mais il est amené à préciser sa conception des rapports entre philosophie et théologie. L'idée d'une continuité pratique entre philosophie et théologie se rencontre aussi chez Roger Bacon, et l'on peut soupçonner qu'elle prend origine chez Robert Grosseteste[2]. Les sciences pourraient être classées selon le schéma suivant :

Science purement spéculative	*Philosophie*
Science active (réparation) du corps	*Mécanique*
de l'âme selon les capacités humaines	*Philosophie morale*
réparation parfaite	*Théologie morale*
a aussi une dimension contemplative	*Sagesse/amour*

Mais la tradition de Grosseteste est bien perdue puisque Kilwardby rapporte immédiatement à nouveau les sciences philosophiques à un enseignement oral et la théologie à l'inspiration scripturaire[3]. Kilwardby approfondit en fait la distinction qu'il avait élaborée une première fois dans le *De ortu scientiarum* entre une science divine nécessaire à l'homme pour son salut et une science humaine utile, tandis qu'une troisième science, elle superstitieuse sera à éviter. Au sein de la science humaine utile il reprenait simplement la distinction aristotélicienne entre philosophie spéculative et pratique et au sein de la première entre les trois branches : sciences de la nature, mathématiques et théologie. L'articulation du *Commentaire des Sentences* qui fait intervenir la perfection morale et sapientielle apparaît ainsi plus subtile. Quant à savoir quel est l'*habitus* propre de cette science particulière (q. 13), Robert Kilwardby semble assez indécis.

Il reconnaît la présence en théologie, de la foi et de l'intelligence, voire d'une certaine raison démonstrative[4]. Mais il en exclut la modalité commune ainsi que

1. *Id.*, *ibid.*, p. 27.

2. « Respondeo : Est scientia speculativa tantum, ut philosophia quae vocatur speculativa tantum, et est scientia activa. Et haec vel propter corporis indigentiam reparandam ut mechanica, vel propter animae indigentiam ut moralis. Et haec aut est imperfecta, quia scilicet non plene reparat hominem in finem ad quem est. Et haec est moralis philosophica (...) Aut perfecta, quia plene reparat hominem quantum in ipsa est. Haec moralis est theologia (...) Haec est activa ad hominis perfectionem, tum per amorem Dei immediate, et haec pars eius est contemplativa et pertinet ad primum mandatum et proprie dicitur sapientia, tum per amorem proximi directum in Deum, et haec pars eius est activa et pertinet ad secundum mandatum et proprie dicitur scientia apud theologos. », *id.*, *ibid.*, q. 12, p. 30.

3. *Id.*, *ibid.*

4. « Sic et in theologia se habent fides et intellectus ut patet. Intellectus autem et scientia demonstrativorum, opinio etiam et fides dialecticorum non cadunt hic. Scientia autem ut est communis habitus fidei et visioni apud Augustinum, cadit hic, et sapientia similiter (...) Propterea

l'opinion et la conviction dialectique. Il retient finalement que l'*habitus* théologique est plus sagesse que science en raison de la saveur même qu'il comporte. Il reconnaît d'abord une certaine affinité de la théologie avec la philosophie, en particulier métaphysique et morale. Mais il refuse de penser leur rapport en termes de subalternation, et souligne leur différence fondée sur l'inspiration divine[1]. La métaphysique regarde Dieu et les anges en tant que principe moteur forme et fin des corps[2]. L'argument est assez proche d'Eudes Rigaud, à ceci près justement que celui-ci ne concédait à la métaphysique qu'une connaissance de la causalité efficiente et formelle, réservant la causalité finale à la théologie. Faute de pouvoir le faire, Robert Kilwardby rapporte cette dernière aux Mystères de la Trinité, de l'incarnation et de la Rédemption, creusant ainsi l'écart entre science profane et Révélation. De même l'éthique humaine traitera des mœurs et des vertus en une doctrine humaine finalisée à la paix terrestre. La théologie morale conduira à la paix céleste par les vertus infuses, selon une doctrine divine. Menant à Dieu par les passions de la crainte et de l'amour, confiante en la justice et la miséricorde de Dieu, elle procède selon des voies spécifiques bien distinctes de celles des autres sciences. Une fois de plus le dominicain anglais n'hésite pas à insister sur la dimension pratique de la science théologique, et ce en reprenant terme à terme les distinctions de la *Somme Halésienne*[3].

Robert Kilwardby tente donc une synthèse assez peu originale entre l'enseignement franciscain tel qu'on le trouve dans cette somme et celui qu'il a reçu de Fishacre. L'influence de Robert Grosseteste y est encore sensible mais son esprit originel est souvent trahi, en particulier sur le rôle joué en théologie par la tradition orale et magistrale, mais aussi sur la place de la science expérimentale. L'école dominicaine anglaise apparaît en tout état de cause plus proche des franciscains que celle qui va se développer à Paris à partir d'Albert le Grand. Nous en retiendrons une caractéristique fascinante : son sens de l'eschatologie. Elle l'amène, sous l'influence de Robert Grosseteste à penser l'Église, corps mystique du Christ comme objet d'une théologie qui reste avant tout finalisée à la béatitude voire à son atteinte collective dans la consommation cosmique du monde au jugement dernier.

Conceptuellement elle va plus loin que les premiers balbutiements que nous avons relevés à Paris, mais ses débuts sont un peu ultérieurs et durent au-delà. Pourtant, les communications entre les deux écoles sont réelles, si l'on en juge par l'influence de Hugues de Saint-Cher sur Richard Fishacre et par celle de ce dernier sur Thomas d'Aquin. A cet égard il nous faut encore insister sur le fait qu'alors que

communis habitus totius theologiae potest dici scientia, potest et dici sapientia. Tamen potissime dicitur sapientia quae a sapiendo dicitur... », *id.*, *ibid.*, q. 13,p. 33-34.

1. « Respondeo : Non est hic continentia subalternationis, sed continentia principalitatis et famulatus est hic. Et nota quod haec convenientiam quandam habet cum philosophia speculativa et maxime cum metaphysica, et quandam cum activa et maxime cum morali sive ethica... », *id.*, *ibid.*, q. 14, p. 35.

2. « Item differt a metaphysica in consideratione Dei et angelorum, quia illa in speculatione consistit, haec etiam actionem intendit. Item illa est de Deo et angelis, ut sunt principia motus rerum corporalium et forma et finis eorum, haec autem etiam de mysterio Trinitatis et unitatis (...) Differt etiam ab ethica, quia illa agit de moribus consuetudine adquisitis et virtutibus, haec de illis quae a solo Deo dantur, illa ad pacem terrestrem omnia ordinat in hac vita, haec ad caelestem in futura... », *id.*, *ibid.*, p. 36.

3. « Sacra Scriptura est, et pertinet ad motionem affectus (...) Propter quod theologia est sapientia ut sapientia, metaphysica sapientia ut scientia, ceterae vero scientiae sunt scientiae ut scientiae. », *id.*, *ibid.*, p. 36. La pensée de Kilwardby se caractérise encore par l'adjonction à ce niveau du Commentaire de trois questions (q. 15-17, p. 38-42) relatives à la haine de la vérité sur lesquelles nous passons car elles ne concernent pas directement notre propos.

Kilwardby compile habilement l'héritage et la *Somme Halésienne* et celui de Fishacre, ce dernier est le vrai novateur de l'école dominicaine d'Oxford. C'est lui qui défend en théorie et en pratique la dimension spéculative de la théologie, celle-là même que développera Thomas contre tous ses prédécesseurs. En ce sens, le fait que Kilwardby accepte d'appliquer à la théologie le schème de la science aristotélicienne tandis que Fishacre le refuse ne signifie nullement qu'il annonce la position de Thomas. En effet pour Kilwardby comme pour tous ses contemporains franciscains et augustiniens, la théologie reste une science pratique, et une sagesse savoureuse. Elle n'est nullement encore la science spéculative quasi-subalternée à celle de Dieu et des saints que voudra penser Thomas d'Aquin. Avant de consacrer à ce dominicain exceptionnel un chapitre à part il convient d'évoquer son maître colonais et ses disciples germaniques.

ALBERT LE GRAND ET SON INFLUENCE

Ce qui caractérise la position d'Albert le Grand sur la théologie est sans doute son insistance sur la finalité. Il s'agit selon lui d'une pieuse science sacrée considérant Dieu comme l'Alpha et l'Oméga. Mais ce regard sur la science théologique est fondé sur une noétique très précise. Ayant distingué les différents types de connaissance, Albert peut ainsi poser la question des rapports entre les deux théologies : celle des philosophes et celle des théologiens. L'influence d'Albert est multiple et difficile à évaluer. Nous tenterons d'en donner une idée en évoquant la manière dont cette dernière question est posée non seulement par ses disciples germaniques : Dietrich de Freiberg et Ulrich de Strasbourg, mais déjà par Siger de Brabant[1].

Albert le Grand, la théologie comme pieuse science pratique et son fondement noétique

Ce qui spécifie la théologie ce n'est pas tant l'objet divin sur lequel elle porte que sa manière de l'envisager. S'appuyant sur la Révélation, elle ne voit pas seulement Dieu comme cause de tous les êtres. Un tel point de vue reste celui de la théologie naturelle des philosophes. Celle des théologiens découvre encore Dieu comme finalité béatifiante de l'homme. Finalisée à la vision béatifique, cette pieuse science de Dieu comme Alpha et Omega demeure pour Albert une science pratique et une sagesse savoureuse. Toutefois la place de la connaissance de Dieu à laquelle elle peut parvenir est rigoureusement située parmi toutes les formes de connaissances possibles.

De cette noétique générale à l'œuvre dans les principales œuvres théologiques d'Albert, nous trouvons une synthèse saisissante dans la Question disputée « *De visione Dei in patria* ». Le modèle de toute connaissance y demeure la vision, selon une tradition augustinienne. Mais cette vision est expliquée en des termes aristotéliciens. Pour la vision corporelle, intervient un *medium a parte rei visae*, la *species* reçue dans l'œil, mais aussi un autre *ex parte videntis* qui est lui-même double. L'un est intrinsèque, il s'agit de la lumière composant la pupille qui sert de *medium* effectif sans lequel la puissance visive ne saurait être actualisée. Le *medium*

1. Nous résumons ici un chapitre que nous avons du publier sous forme d'articles afin de réduire ce livre à une taille acceptable pour l'éditeur.

extrinsèque n'est autre que la lumière diffuse dans l'air avoisinant et qui actualise les couleurs visibles[1]. Albert remarque que la spécification de la chose connue est opérée par le *medium* objectif. De même, dans la connaissance intellectuelle, l'espèce intelligible permet la connaissance déterminée de telle réalité particulière. L'intellect agent joue le rôle à la fois de *medium* subjectif intrinsèque, illuminant l'intellect possible et le confortant dans sa vision, et extrinsèque, actualisant pour lui les intelligibles.

Mais il est des intelligibles qui dépassent les possibilités de l'intellect humain et requièrent une lumière supplémentaire : celle donnée gratuitement par Dieu dans la foi. Celle-ci jouera alors le rôle de *medium* intrinsèque incitant l'intellect humain à adhérer à la lumière divine, tandis que le rôle de *medium* objectif et spécificateur reviendra aux articles de foi. Encore restons-nous dans cette connaissance de foi en-deçà de l'intellection suprême de l'essence de Dieu par les bienheureux. Celle-ci requiert derechef une lumière plus haute : celle du *lumen gloriae*, mais ne pourra comporter aucun *medium* extrinsèque, subjectif ou objectif puisque l'essence de Dieu reste infigurable et sa vision béatifique immédiate. C'est donc à partir du seul *medium* subjectif intrinsèque, du *lumen gloriae*, que le bienheureux parvient à la vision de l'essence de Dieu. Encore une telle connaissance suprême pour l'homme n'est-elle pas pour Albert capable d'atteindre « *de Deo quid est* ». Il faudrait pour cela pouvoir épuiser la connaissance de l'essence divine en une définition. Or Dieu seul possède une connaissance exhaustive de lui-même.

Nous avons donc sur la base de cette noétique et des analyses d'Albert sur la théologie, au moins six niveaux de connaissance de Dieu. Celle menée selon la raison naturelle par les philosophes, ne peut l'atteindre que *quia est* ou *quid non est*. La foi donne une lumière supérieure permettant d'accéder à des vérités plus difficiles : celles contenues dans les articles du *Credo*. La théologie fondée sur la Révélation, science de l'Écriture Sacrée suppose la foi. Elle explicite les quatre sens de l'Écriture en vue de l'édification des croyants et prend un mode plus logique pour polémiquer contre les ennemis de la foi. Au-delà de la foi, les dons du Saint Esprit donnent accès à une connaissance expérimentale non plus des seuls articles de foi, mais de Dieu en lui-même ou dans ses saints. Mais ce n'est pas encore la vision bienheureuse des saints par laquelle ils connaissent Dieu face à face, c'est-à-dire dans son essence et sans intermédiaire. Pour Albert, aucun de ces cinq niveaux de connaissance naturelle et surnaturelle n'est compréhension exhaustive de Dieu « *quid est* ». Il faut donc ajouter un dernier mode de connaissance, réservé à Dieu qui aura de lui-même cette compréhension exhaustive de son essence infinie.

1. « Sciendum tamen ad horum evidentiam, quod ad visionem corporalem duplex medium exigitur, scilicet unum a parte rei visae, quod est species ipsius recepta in oculo, sub qua res videntur ; alterum est ex parte videntis. Et hoc iterum est duplex, scilicet intrinsecum et extrinsecum ; intrinsecum, sicut est lux, quae est de compositione pupillae et dicitur medium effective, quasi medians potentiam visivam ad actum videndi ; si enim tali luce privaretur oculus, potentia visiva non posset producere actum videndi propter indispositionem organi, et secundum quod huiusmodi lux certificatur, confortatur virtus visiva in suo actu ; extrinsecum vero medians est lux quae est in circumferente aëre ; faciens colores actu visibiles. », Albert le Grand, *Qaestio de visione Dei in patria*, Aschendorff 25, 2, 1993, p. 98, l. 43-56.

Albert le Grand et Siger de Brabant sur les rapports entre la théologie des théologiens et celle des philosophes

Ces analyses noétiques permettent de préciser les différences entre la théologie des théologiens et celle des philosophes. Albert le fait dès son *Commentaire des Sentences*, I, d. 3, a. 3. Or Siger aborde la même question dans son *Commentaire de la Métaphysique*, VI, q. 1. Sans aucune dépendance formelle les six arguments de Siger recoupent sur le fond les cinq d'Albert en quatre points. Quant aux principes : ceux de la science naturelle sont connus par soi, ceux de la théologie sont révélés. Ainsi les modes de procéder diffèrent-ils puisque l'un se limite à la raison tandis que l'autre lui est supérieur. Il en découle une certitude plus grande dans le cas de la théologie révélée dont la cause efficiente précise Albert est la Vérité première elle-même. Mais Dieu est aussi cause finale pour la théologie des théologiens ce qui fait d'elle une science pratique tandis que la théologie des philosophes reste spéculative. Siger en tire la conséquence en considérant la première comme plus digne du titre de sagesse.

Les deux argumentaires prennent encore des directions distinctes qui tiennent sans doute au genre littéraire différent dans lequel ils interviennent. Siger rappelle que la Science scripturaire atteint non seulement les principes, mais encore les conclusions des autres sciences, ce qui lui vaut d'être plus universelle qu'elles. Albert quant à lui, suggère qu'elle est plus susceptible que la théologie naturelle des philosophes de s'approcher du *quid est* de Dieu. On l'a pourtant vu dénier la possibilité d'accéder à une telle connaissance, même aux bienheureux dans la Patrie ! Il ne s'agit certes pas ici de l'atteindre mais de s'en approcher seulement ! Ces convergences des deux auteurs ne permettent pas de conclure à une influence directe, mais attestent que ces questions étaient devenues classiques pour la réflexion scolastique tant des artiens que des théologiens. Nous en verrons d'autres formes de synthèses plus originales chez les disciples germaniques d'Albert.

Synthèses hétéroclites et originales des disciples germaniques d'Albert

Parmi les disciples d'Albert édités dans le Corpus des Auteurs Teutoniques il en est deux qui nous laissent une réflexion sur le statut de la théologie. Encore n'avons-nous de Dietrich de Freiberg qu'une question incomplète et douteuse[1]. On y trouve cependant une réflexion métaphysique profonde sur l'unité de la théologie et une distinction intéressante entre la théologie des philosophes qui ne s'intéresse qu'à la providence nécessaire à l'œuvre dans la nature tandis que celle des théologiens s'intéresse à la providence volontaire par laquelle Dieu récompense gracieusement les âmes de leurs actions méritoires.

Quant à Ulrich de Strasbourg, son Traité *De Summo Bono* est une œuvre de jeunesse écrite alors qu'il venait de prendre l'habit blanc, mais avant de partir lire les *Sentences*. Du commentaire qu'il put en donner son décès prématuré nous a privé. C'est donc avec sa culture philosophique principalement alimentée au commentaire d'Albert sur la *Métaphysique*, à son *De intellectu*, et avec sa mystique dionysienne de religieux qu'il aborde des questions dont nous avons constaté la lexicalisation scolastique. Cette fraîcheur le conduit à une synthèse distinguant cinq degrés de notre connaissance de Dieu. Car elle a tout d'abord pour lui un fondement

1. *Fragmentum de subiecto theologiae magistri theodorici ordinis fratrum praedicatorum*, L. Sturlese (éd.), D.V.F.O.O., 3, Hambourg, 1983, p. 279-282.

instinctif. Elle pourra cnsuite se prolonger selon les trois voies dionysiennes de causalité, négation et éminence. Elle culminera enfin dans une continuation avec l'intellect agent selon une dernière ascension qui semble d'inspiration farabienne. Lorsqu'il s'agit de marquer la supériorité de la théologie révélée, ce sont les attributs conférés par Aristote à la métaphysique qu'Ulrich lui applique. Synthèse originale qui comme celle pressentie chez Dietrich de Freiberg laisse penser que nous avons à faire à des individualités fortes plutôt qu'à une école albertienne constituée.

CONCLUSION

Les tout premiers maîtres dominicains parisiens présentent des marques d'archaïsme alliées au progressisme le plus novateur. Ainsi le recours d'Hugues de Saint-Cher voire de Roland de Crémone aux arts libéraux conserve le schème du siècle précédent qui en fait les servantes d'une théologie encore très exégétique. Pourtant, Roland de Crémone s'avère très ouvert à la science profane, à l'aristotélisme, tout en refusant à la théologie fondée sur l'Écriture, leur fonctionnement déductif. Mais c'est à Oxford avec Richard Fishacre qu'émergent d'un même élan, la mise en valeur de la dimension spéculative de la théologie et la revendication, pour lui donner tout son essor, d'un enseignement scolastique distinct de la lecture de la *pagina sacra*, mené par questions à partir du *Commentaire des Sentences* de Pierre Lombard. La dépendance continuelle de Kilwardby par rapport à Fishacre montre que ce dernier est le penseur original du *studium* dominicain d'Oxford.

Par rapport à cette avancée théorique, Albert si novateur dans sa pratique et ses lectures reste en retrait. Son intégration de la noétique aristotélicienne et de la théologie dionysienne le conduisent à une synthèse exceptionnelle lui permettant de situer les unes par rapport aux autres toutes les formes de connaissance naturelle et surnaturelle portant sur le monde ou sur Dieu. Pourtant, comme ses contemporains franciscains, il défend une conception de la théologie comme science pratique, mais dont il souligne la finalité béatifiante et non seulement morale. Fidèles à cette intuition fondamentale ses disciples germaniques développent des conceptions originales du statut de la théologie. Au total les deux grandes avancées dominicaines dont hérite Thomas d'Aquin nous semblent être la revendication de la dimension spéculative de la théologie des théologiens et la synthèse noétique d'Albert.

CHAPITRE V

THOMAS D'AQUIN, LA THÉOLOGIE COMME SCIENCE SUBALTERNÉE À CELLE DE DIEU

La théorie de la subalternation est ce que l'histoire a retenu de la conception thomiste[1] de la théologie. L'usage qu'en fait Thomas est effectivement original. Il mérite quelques explications le situant dans le contexte du mouvement doctrinal de son temps. Face à des contemporains plus marqués par Augustin, et qui considèrent davantage la théologie comme une sagesse, insistant éventuellement sur son caractère affectif, Thomas se montre résolument aristotélicien. Pour être pleinement sagesse, la théologie doit avant tout être une science à part entière. Pourtant, elle ne satisfait pas aux critères de scientificité aristotéliciens. Elle ne procède pas comme les autres sciences à partir de principes propres et connus par eux-mêmes. Ses principes lui sont donnés par la Révélation et dans la foi. Ils lui viennent donc de l'extérieur et ne sauraient jouir de l'évidence requise pour les principes de toute science aristotélicienne.

Confrontés à cette difficulté ses contemporains avaient proposé diverses solutions. Pour Eudes Rigaud, on s'en souvient, la science sacrée construit des syllogismes hypothétiques à partir de majeures empruntées à la syndérèse, raison pratique supérieure et de mineures provenant du donné de foi. Elle parvient de cette manière à des conclusions scientifiquement valables pour qui admet le donné de foi contenu dans la mineure. La connaissance théologique progresse ainsi selon un mode propre. Reprenant le raisonnement, Bonaventure considère quant à lui la science sacrée comme subalternée à l'Écriture dont elle reçoit ses principes. Il arrive ainsi à une conception très équilibrée de la culture chrétienne ordonnant le donné révélé, son commentaire inspiré par les Pères et les clarifications qu'y apportent les scolastiques en strates successives, hiérarchisées et complémentaires. Cette conception franciscaine ne pose-t-elle pas au moins deux problèmes ?

Dans une théologie révélée, des principes venant de la raison naturelle peuvent-

1. Nous ne nous intéressons pas ici aux développements plus tardifs de la réflexion thomiste sur la question, nous réservant la possibilité de le faire ultérieurement si nous poursuivons cette enquête jusqu'aux époques qu'ils concernent. Pour l'heure c'est la position originale de Thomas et son origine à elle qui nous intéressent. La littérature sur ce seul sujet est considérable. Pour un point bibliographique, l'on se rapportera aux deux livres de J.-P. Torrell : *Initiation à saint Thomas d'Aquin, Sa personne et son œuvre*, Fribourg, Paris, Cerf, 1993 ; *Saint Thomas d'Aquin, maître spirituel*, Fribourg, Paris, Cerf, 1996 et à son article : « Le savoir théologique chez saint Thomas », *R.T.*, 96 (1996/3), p. 355-396.

ils prendre le pas sur ceux provenant de la foi, en étant constitués en majeure de raisonnements dont ces derniers ne constitueraient que la mineure ? N'est-ce pas la foi qui devra au contraire fournir à la théologie les définitions dont elle devra partir (comme toute science aristotélicienne) avant de se déployer en raisonnements spécifiques ? Ainsi pour Thomas, la théologie part avant tout du donné de foi, mais ses frontières avec le contenu biblique de la Révélation ne sont pas clairement définies. *Sacra Scriptura*, *scientia* ou *doctrina sacra*, sont souvent employés indifféremment par lui comme par la plupart de ses contemporains. Il nous faudra donc être attentif à ce qui pourra concerner en propre la théologie telle qu'elle était conçue dans son enseignement scolastique universitaire naissant.

C'est ici qu'intervient la seconde difficulté : le schème bonaventurien si équilibré ne risque-t-il pas de figer l'enseignement de l'Église conçu comme une religion du livre ? Une science peut-elle être subalternée à la lettre inscrite dans ce livre, fût-il révélé ? Certes, Bonaventure en pense l'explicitation progressive dans l'histoire de l'Église : de l'établissement des textes canoniques à leur commentaire patristique et à la mise en ordre scolastique. Mais la science théologique qui peut être atteinte ici-bas à partir d'une telle révélation, si imparfaite aux yeux d'une épistémologie aristotélicienne par ses principes extrinsèques et dénués d'évidence, peut-elle se contenter d'une subalternation à la tradition historiquement constituée ? Ne doit-elle pas être subalternée de manière actuelle à une science parfaitement actuée ?

L'intuition fondamentale de Thomas se trouve là à nos yeux. La science de Dieu parfaitement en acte ne se trouve qu'en lui, et nous ne l'atteignons que par participation. Il l'exprime à de nombreuses reprises, mais en particulier, dès le *Prologue* qui, dans son *Commentaire des Sentences*, précède celui du Lombard[1]. La connaissance des choses divines ne convient pas en propre à l'intelligence humaine, mais à celle de Dieu. C'est une idée qui se trouve au début de la Métaphysique d'Aristote[2]. Thomas en tire la conséquence radicale. Il n'y a donc qu'une seule « théo-logie » parfaitement actuée : la connaissance que Dieu a de lui même.

Ce point de départ métaphysique doit être rapproché de son pendant éthique. Pour Thomas, Dieu seul est bienheureux par essence, les créatures rationnelles sont appelées à participer par grâce de cette connaissance bienheureuse et parfaite qu'il a de lui-même. C'est là la fin de leur nature, dont elles ont un désir naturel qui ne pourra pourtant être satisfait que par grâce[3]. La béatitude ultime, en effet, ne consiste pas même en la vertu[4], fût-elle la plus haute, comme le suggère Aristote. Thomas en cela se conforme à la lecture de l'*Éthique* courante chez les maîtres du premier averroïsme[5]. Pour Thomas comme pour les commentateurs de l'Éthique de son temps, un seul être est par essence la béatitude, et les autres ne peuvent atteindre celle-ci qu'en participant de la sienne. Leurs efforts sont vains s'ils ne consentent à la recevoir gratuitement de lui.

1. « Quod autem manifestatio divinorum pertineat ad Dei sapientiam, patet ex eo quod ipse Deus per suam sapientiam seipsum plene et perfecte cognoscit. Unde si quid de ipso cognoscimus, oportet quod ex eo derivetur, quia omne imperfectum a perfecto trahit originem », Thomas d'Aquin, *In I Sent., Prologue*, éd. Parme 6, p. 1, cf. aussi, *II Sent. Prologue*, éd. Parme 6, p. 381 ; *Contra Gentiles* II, c.4 ; *Somme, Ia*, q. 1, a. 3, *ad 2m* ; *In Boetium de Trin*, q. 2, a. 2, *resp.*, q. 5, a. 4, éd. Léonine 50, p. 95-96, 153-154.

2. Aristote, *Métaphysique*, A, 982b 28 *sq.*, commenté par Albert le Grand, *In Métaphysica*, I, 8, Aschendorff, 16, p. 25.

3. Cf. Thomas d'Aquin, *Contra. Gentiles. III.*, 27-55.

4. *Id.*, *ibid.*, c. 34-35.

5. Cf. à ce sujet : *Cours sur l'Ethica nova*, R. A. Gauthier (éd.), « Le cours sur l'*Ethica nova* d'un maître ès Arts de Paris (1235-1240) », dans *A.H.D.L.M.A.*, 1975, p. 94-141, et notre chapitre sur les averroïsmes dans : Ch. Trottmann, *La vision béatifique…*, *op. cit.*, p. 209 *sq.*

De sa Béatitude qui n'est autre que la connaissance qu'il possède de lui-même par essence, procède toute autre béatitude, mais aussi toute autre connaissance de Dieu, et de manière ordonnée. La première manifestation de sa sagesse est celle du Fils, dont découle toute révélation, pourtant encore voilée dans les similitudes des créatures ou les énigmes de l'Écriture[1]. Mais cette révélation a pour fin la connaissance parfaite gratuitement accordée aux bienheureux : participation de la créature finie à cette connaissance que Dieu a de lui-même qui est la seule théologie véritable. De cette compréhension métaphysique de la théo-logie comme science parfaite que Dieu a de lui-même découle selon nous la théorie de la subalternation chez Thomas. Elle met en place la dépendance de la théologie scolastique à l'égard des principes qu'elle reçoit d'une Révélation scripturaire encore voilée, mais aussi à l'égard de sa perfection actualisée en Dieu seul et par participation chez les bienheureux. Le schème aristotélicien de la subalternation, tel qu'on le trouve notamment dans l'*Éthique* ou les *Analytiques Postérieurs*, perd toute sa pertinence à l'égard de la théologie, si l'on n'a pas présente à l'esprit cette procession métaphysique de la connaissance de Dieu, dans sa perfection *ad intra* révélée par le Fils, dans sa manifestation créatrice et rédemptrice *ad extra*, dont la finalité demeure la vision béatifique.

Expliqué à partir de la métaphore du fleuve, ce mouvement de révélation et de rédemption est pensé par Thomas dans une admirable cohérence selon l'ordre même qui se déploie dans les *Sentences*. La révélation de la vie divine *ad intra* principalement par la mission du Fils sera l'objet du premier livre[2]. Mais cette sagesse divine est aussi créatrice et cette manifestation *ad extra* occupera le second livre[3]. La réparation doit venir de la même sagesse créatrice, par grâce, ce qui confère au troisième livre son contenu[4]. Enfin, la créature rédimée doit être menée à sa fin et préparée à cet effet par le remède des sacrements, ce qui met en ordre le contenu du dernier livre[5]. L'aristotélisme métaphysique de Thomas détermine ainsi son questionnement ultérieur sur la nécessité de la théologie, sa manière de la concevoir à la fois comme une science et comme une sagesse, ses réflexions sur son sujet et sa méthode.

1. « Recte ergo dicitur ex persona Filii : "Ego sapientia effudi flumina". Flumina ista intellego fluxus aeternae processionis qua Filius a Patre et Spiritus Sanctus ab utroque, ineffabili modo procedit. Ista flumina olim occulta et quodammodo confusa erant, tum in similitudinibus creaturarum, tum etiam in aenigmatibus scripturarum », Thomas d'Aquin, *In I Sent.*, *Prologue*, éd. Parme 6, p. 1.

2. « Venit Filius Dei et inclusa flumina quodammodo effudit (...) Et in hoc tangitur materia primi libri. », *id.*, *ibid.*

3. « Item ex parte creaturae : quia sicut trames procedit extra alveum fluminis, ita creatura procedit a Deo extra unitatem essentiae, in qua sicut in alveo fluxus personarum continetur. Et in hoc notatur materia secundi libri. », *id.*, *ibid.*, p. 1-2.

4. « Tertium quod pertinet ad Dei sapientiam, est operum restauratio. Per idem enim debet res reparari per quod facta est (...) Et in hoc tangitur materia tertii libri : in cujus prima parte agitur de mysteriis nostrae reparationis, in secunda de gratiis nobis collatis per Christum. », *id.*, *ibid.*, p. 2.

5. « Quartum, quod ad Dei sapientiam pertinet est perfectio, qua res conservantur in suo fine (...) Et in hoc tangitur materia quarti libri : in cujus prima parte agitur de sacramentis ; in secunda de gloria resurrectionis. Et sic patet ex praedictis verbis intentio libri Sententiarum. », *id.*, *ibid.*

Nécessité de la théologie, science révélée et rectrice

La première question que se pose Thomas est celle de la nécessité de la théologie. Cette démarche exercera une influence majeure sur ses successeurs et Duns Scot en particulier. L'homme ne pouvait-il se contenter de la connaissance atteinte par la raison naturelle ? Quel besoin d'ajouter une science révélée à la perfection atteinte par les sciences profanes ? Quel rapport entretiendra-t-elle avec elles ? Mais rappelons d'abord les conditions noétiques de la connaissance de Dieu.

Lorsqu'il évoque cette question au début de son *Commentaire au De Trinitate de Boèce*, Thomas commence par prendre ses distances par rapport au courant de pensée dominant de son époque qu'É. Gilson avait identifié sous le nom d'Augustinisme avicennisant. Le Docteur Angélique précise en effet que l'esprit humain n'a pas besoin d'une nouvelle illumination divine pour parvenir aux vérités qui relèvent de lui. Comme il le fera pour l'intellect possible contre les averroïstes dans le *De unitate intellectu*, Thomas précise dès le début de son commentaire de Boèce que l'intellect agent est non pas une intelligence extérieure, mais une puissance de l'âme[1]. Possédant en elle-même sa puissance passive (l'intellect possible), mais aussi sa puissance active, il ne lui manque aucune lumière supplémentaire pour accéder aux vérités naturelles[2]. En revanche, il est des vérités comme celles de la foi, qui dépassent la faculté de la raison et exigent une lumière supplémentaire[3]. Dieu ne sera-t-il pas par excellence le type d'objet qui dépasse les facultés de la raison naturelle ? Sera-t-il pour autant hors de portée de toute connaissance humaine ?

Ce que Thomas exclut en fait c'est une connaissance philosophique qui atteindrait en ce monde la *quiddité* de Dieu ou des intelligences séparées[4]. Elles seules se connaissent par essence, et la raison de notre incapacité à les rejoindre ici-bas de cette manière est d'abord noétique. Notre intellect agent ne peut saisir les intelligibles qu'en éclairant les phantasmes provenant à l'origine de la sensibilité et de la mémoire[5]. Partant de tels principes, il ne pourra atteindre la *quiddité* que des

1. « Set quia uerba Philosophi in III De anima magis uidentur sonare quod intellectus agens sit potentia anime (...) ideo in anima ponitur respectu intelligibilis operationis, que est cognitio ueritatis, et potentia passiua et potentia actiua. », *id.*, *Super Boetium de Trinitate,* q. 1, a. 1, *resp.*, éd. Léonine, 50, Rome, 1993, p. 82, l. 131-138.

2. Thomas précise d'ailleurs que l'institution originelle des puissances par Dieu ne suffit pas à leur actualisation qui requiert aussi son gouvernement providentiel : *id.*, *ibid.*, l. 159-176.

3. « Sic ergo sunt quedam intelligibiles ueritates ad quas se extendit efficacia intellectus agentis, sicut principia que naturaliter homo cognoscit, et ea que ab his deducuntur ; et ad hec cognoscenda non requiritur noua lux intelligibilis, set sufficit lumen naturaliter inditum. Quedam uero sunt ad que predicta principia non se extendunt, sicut sunt ea que sunt fidei, facultatem rationis excedentia, et futura contingentia, et alia huiusmodi ; et hec cognoscere mens humana non potest nisi diuinitus nouo lumine illustretur, superaddito lumini naturali. », *id.*, *ibid.*, l. 147-158.

4. « Sic cognoscere Deum vel alias substantias separatas, non est videre essentiam divinam vel quidditatem substantiae separatae ; sed est cognoscere per effectum, et quasi in speculo. », *id.*, *IV Sent.*, d. 49, q. 2, a. 1, éd. Parme, 7bis, p. 118 ; cf. aussi *I. Sent.*, d. 3, a. 2, éd. Parme, 6, p. 32-33, *Contra Gentiles, III 41, sq.* ; *Ia*, q. 12 a. 4. ; *Super Boetium de Trinitate,* q. 6, a. 4, *resp.*, éd. Léonine, 50, Rome, 1993, p. 170-171.

5. « Huiusmodi autem naturaliter cognita homini manifestantur ex ipso lumine intellectus agentis, quod est homini naturale ; quo quidem lumine, nichil manifestatur nobis nisi in quantum per ipsum phantasmata fiunt intelligibilia in actu : hic enim est actus intellectus agentis, ut dicitur in III De anima. Phantasmata autem a sensu accipiuntur, unde principium cognitionis predictorum principiorum est ex sensu et memoria, ut patet per Philosophum in fine Posteriorum ; et sic huiusmodi principia non ducunt nos ulterius nisi ad ea quorum cognitionem accipere possumus ex

réalités sensibles, pour les autres il parviendra tout au plus à conclure à leur existence et en connaître quelques qualités[1]. Ainsi pour Thomas, aucune science spéculative ne peut dire de Dieu ou des intelligences séparées ce qu'ils sont (*quid est*). Sur ce point il exprime clairement, et en s'appuyant sur l'autorité même d'Averroès son désaccord avec celui qu'il appelle Avempace (Ibn Baja) . Selon ce dernier, l'on pouvait atteindre la quiddité des séparés à partir de celle des sensibles[2].

A cette impossibilité, il y a bien-entendu un fondement métaphysique décelable d'ailleurs dès le *De ente et essentia*. Thomas distingue trois types d'êtres[3] : ceux qui subsistent dans une matière ; ceux qui subsistent par eux-mêmes et non dans une matière, mais qui sont distincts de leur acte d'exister (*esse*), les anges ; enfin, Dieu qui seul est son propre être subsistant (*ipsum esse subsistens*). La connaissance du premier type d'êtres nous est connaturelle du fait de notre union au corps. Nous ne revenons pas sur l'analyse du rôle des intellects humains. Quant aux anges, il leur est naturel de connaître les réalités existant hors de la matière, mais non l'*ipsum esse subsistens*. La connaissance de son propre être subsistant est donc réservée à Dieu seul. Aucune créature intellectuelle, humaine ou angélique, ne saurait le connaître par essence, de manière naturelle, mais seulement par grâce, s'il lui fait participer sa propre intellection de lui-même[4]. La connaissance de l'essence de Dieu n'est donc naturelle qu'à lui-même et elle est gratuitement participée par les bienheureux. En d'autres termes, parce qu'il est acte pur d'être, subsistant par soi, il est la vérité même, et se connaît comme tel[5]. Mais toute autre réalité subsistant dans un sujet matériel ou non (dans le cas des anges), pourra être vraie,

his que sensu comprehenduntur. », *id.*, *Super Boetium de Trinitate*, q. 6, a. 4, *resp.*, p. 170, l. 123-135.

1. « Quidditas autem substantiarum separatarum non potest cognosci per ea que a sensibus accipimus, ut ex predictis patet ; quamuis per sensibilia possimus deuenire ad cognoscendum predictas substantias esse, et aliquas earum conditiones ; et ideo per nullam scientiam speculatiuam potest sciri de aliqua substantia separata quid est, quamuis per scientias speculatiuas possimus scire ipsas esse, et aliquas earum conditiones, utpote quod sunt intellectuales, incorruptibiles, et huiusmodi. », *id.*, *ibid.*, l. 136-146.

2. « Et hec est etiam sententia Commentatoris in III De anima. Quamuis Auempache contrarium dixerit, ex hoc quod estimabat quiditates rerum sensibilium sufficienter exprimere quiditates immateriales ; quod patet esse falsum, ut *ibid*em Commentator dicit, cum quiditas de utrisque dicatur quasi equiuoce. », *id.*, *ibid.*, l. 147-153, cf. aussi, *Contra Gentiles*, III, 41. Ne pouvons-nous derrière cette condamnation d'Avempace reconnaître celle de ce qu'A. de Libera appelle l'arabisme ? La possibilité d'atteindre en ce monde une contemplation philosophique des séparés ? Saint Thomas la refuse ici pour des raisons strictement philosophiques. Son réalisme aristotélicien constate simplement l'impossibilité de remonter des phantasmes imaginatifs à la quiddité des séparés et de Dieu en particulier.

3. *Id.*, *Ia*, q. 12 a. 4, *resp.* Cf. *De Ente et essantia* VI, éd. Léonine, 43, p. 375.

4. « Relinquitur ergo quod cognoscere ipsum esse subsistens sit connaturale soli intellectui divino, et quod sit supra facultatem naturalem cujuslibet intellectus creati : quia nulla creatura est suum esse, sed habet esse participatum. Non igitur potest intellectus creatus Deum per essentiam videre, nisi inquantum Deus per suam gratiam se intellectui creato conjungit ut intelligibile ab ipso », *id.*, *ibid.*

5. « Cum enim intellectus perfectio sit verum, illud intelligibile erit ut forma tantum in genere intelligibilium quod est veritas ipsa. Quod convenit soli Deo : nam cum verum sequatur ad esse, illud tantum sua veritas est quod est suum esse, quod est proprium soli Deo, ut in Secundo ostensum est. Alia igitur intelligibilia subsistentia sunt non ut pura forma in genere intelligibilium, sed ut formam in subjecto aliquo habentes : est enim unumquodque eorum verum, non veritas ; sicut et est ens, non autem ipsum esse. Manifestum est igitur quod essentia divina potest comparari ad intellectum creatum ut species intelligibilis qua intelligit : quod non contingit de essentia alicuius alterius substantiae separatae. », *id.*, *Contra Gentiles*, III, 51. Cf. nos développements sur cette question de la connaissance bienheureuse dans : *La vision...*, *op. cit*, p. 302 *sq.*

elle ne sera pas la pure vérité susceptible de constituer la finalité ultime de toute intelligence.

Nous sommes ainsi reconduits par ces considérations métaphysiques au problème noétique. Thomas distingue deux types de connaissance : une réalité peut être connue par sa forme propre, ou par celle d'une autre qui lui soit semblable. La forme propre pourra être l'essence même de la réalité connue ou une espèce qui en serait abstraite[1]. La connaissance par la forme d'un autre est connaissance par les effets. Elle se divise à nouveau en deux selon que la puissance de l'effet correspond à celle de sa cause ou lui est inférieure[2]. Dans le premier cas la connaissance de l'effet permettra de remonter à celle de l'essence de sa cause, dans le second, l'essence de la cause restant inaccessible, la connaissance de l'effet permettra seulement de conclure à son existence. Ainsi s'ordonnent les connaissances de Dieu.

Forme propre	*Par effets*		
Forme=essence	*Forme=espèce* →	*Puissance égale*	*Puissance inférieure*
Dieu,Bienheureux			*Homme* in via

Dieu seul se connaît par essence, et il communique aux bienheureux dans la Patrie ce mode de connaissance qui ici-bas demeure impossible. De même, aucune espèce ne sera capable de représenter de manière appropriée, comme une forme propre abstraite, l'essence divine infinie[3]. Reste la connaissance par un autre. Notre connaissance part ici-bas des créatures ; lorsqu'elle vise ainsi le créateur à travers ses effets, elle ne peut en atteindre l'essence. La créature n'a pas la même puissance que le créateur et ne peut donc pas en atteindre le *quid est*. Reste donc pour notre connaissance théologique ici-bas à se contenter de son *quia est*[4].

Dans sa connaissance à partir des effets, elle pourra toutefois progresser selon une triple voie[5] : découvrant toujours plus son efficacité de cause, elle pourra en

1. « Dupliciter aliqua res cognoscitur : uno modo per formam propriam, sicut oculus uidet lapidem per speciem lapidis, alio modo per formam alterius similem sibi, sicut cognoscitur causa per similitudinem effectus, et homo per formam sue ymaginis. Per formam autem suam aliquid dupliciter uidetur : uno modo per formam que est ipsa res, sicut Deus se cognoscit per essentiam suam, et etiam angelus se ipsum ; alio modo per formam que est ab ipso : siue sit abstracta ab ipso, quando scilicet forma immaterialior est quam res, sicut forma lapidis abstrahitur a lapide, siue sit impressa intelligenti ab eo, utpote quando res est simplicior quam similitudo per quam cognoscitur, sicut Auicenna dicit quod intelligentias cognoscimus per impressiones earum in nobis. », *id., Super Boetium de Trinitate,* q. 1, a. 2, *resp.*, éd. Léonine, 50, Rome, 1993, p. 84, l. 47-63.

2. « Unde relinquitur quod solummodo per effectus formam cognoscatur. Effectus autem est duplex : quidam qui adequatur uirtuti sue cause, et per talem effectum cognoscitur plenarie uirtus cause, et per consequens quiditas ipsius. Alius effectus est qui deficit a predicta equalitate, et per talem effectum non potest comprehendi uirtus agentis, et per consequens nec essentia eius, set cognoscitur tantum de causa quod est ; et sic se habet cognitio effectus ut principium ad cognoscendum de causa an est, sicut se habet quiditas ipsius cause cum per suam formam cognoscitur. », *id.*, *ibid.*, l. 81-92.

3. « Quia igitur intellectus noster secundum statum uie habet determinatam habitudinem ad formas que a sensu abstrauntur (…) non potest ipsum Deum cognoscere in hoc statu per formam que est essentia sua, set sic cognoscetur in patria a beatis. Similitudo etiam quecumque impressa ab ipso in intellectum humanum non sufficeret ad hoc quod faceret eius essentiam cognosci, cum in infinitum excedat quamlibet formam creatam… », *id.*, *ibid.*, l. 68-76.

4. « Hoc autem modo se habet omnis effectus ad Deum ; et ideo non possumus in statu uie pertingere ad cognoscendum de ipso nisi quia est. », *id.*, *ibid.*, l. 92-95, cf. aussi *Ia*, q. 12, a. 12 ; *I. Sent.* d. 3, a. 3, éd. Parme 6, p. 33.

5. « Et sic tripliciter mens humana proficit in cognitione Dei, quamuis ad cognoscendum quid est non pertingat set an est solum : primo secundum quod perfectius cognoscitur eius efficacia in producendo res ; secundo prout nobiliorum effectuum causa cognoscitur, qui cum eius

reconnaître des conséquences plus nobles signe de son éminence, et se rendre compte de son éloignement par la multiplication des effets intermédiaires. Ainsi sont restituées les trois voies dionysiennes. Elles vont plus loin que la découverte de l'existence de Dieu (*an est*) et constituent cette connaissance de lui fondée sur l'imagination et sa négation qui vient se substituer à celle de son essence (*quid est*) hors de portée ici-bas[1].

Elles constituent ainsi une sorte de Méta-mathématique. A la suite de Boèce, mais en revenant à sa source en *Métaphysique* VI, Thomas reprend dans les questions 5-6 de son *Commentaire au de Trinitate*, la division aristotélicienne des trois sciences spéculatives. Résumons ici la lecture qu'il en propose. En effet, si la physique, portant sur la matière en mouvement, doit procéder *rationabiliter*, le jugement auquel elle parvient au terme de ses raisonnements repose encore sur la sensibilité[2]. Quant aux mathématiques, leur objet n'est plus en mouvement. Il ne peut cependant être considéré en toute indépendance à l'égard de la matière. Ainsi procèdent-elles *disciplinabiliter*, et leur jugement, dépassant la sensibilité, mais non tout conditionnement matériel s'arrête à l'imagination[3].

Quant à la science divine, portant sur des objets immobiles et immatériels, elle se doit de dépasser la sensibilité, l'imagination et même la raison pour procéder *intellectualiter*[4]. L'intellection des intelligences séparées ne peut être qu'intellectuelle. Ne pouvant être intuitive et par essence en cette vie, elle devra passer par la négation des images. Précisant ainsi sans cesse par la négation sa connaissance de Dieu « *quid non est* », elle dépasse effectivement la connaissance métaphysique du *an est* en une sorte de méta-mathématique ou de méta-symbolique. Ne pouvons-nous reconnaître dans cette mathématisation de l'imaginaire un ancêtre de ce que Nicolas de Cues appellera *transumptio* et qu'il pratiquera d'ailleurs en se réclamant de Denys ? La théologie atteint ainsi à l'intellectif selon trois modes imparfaits ici-bas : l'abstraction métaphysique, la voie dionysienne (causalité, négation, éminence), la foi. Et Thomas remarque que cette dernière est la plus proche de l'intellection purement intuitive qui ne sera atteinte que dans l'autre monde[5].

Sachant que l'objet des vérités de foi ne sera connu parfaitement que dans la Patrie sous la lumière de Gloire, ne sommes-nous pas dans un schème noétique assez proche de celui que nous avons relevé chez Albert[6], du moins dans sa question *de visione Dei in patria* ?

similitudinem aliquam gerant, magis eminentiam eius commendant ; tertio in hoc quod magis ac magis cognoscitur elongatus ab omnibus his que in effectibus apparent. Vnde dicit Dionisius in libro De diuinis nominibus quod cognoscitur ex omnium causa et excessu et ablatione. », *id.*, *ibid.*, p. 84-85, l. 105-117.

1. « Ita ergo de formis immaterialibus cognoscimus an est, et habemus de eis loco cognitionis quid est cognitionem per negationem, per causalitatem, et per excessum (...) non ut sciatur de ea quid est. », *id.*, *ibid.*, q. 6, a. 3, *resp.*, p. 168, l. 177-184.

2. *Id.*, *ibid.*, q. 5-6, éd. cit., p. 136 *sq.*

3. *Id.*, *ibid.*, q. 6, a. 2, *resp.*, p. 164-165, l. 95-107.

4. *Id.*, *ibid.*, q. 6, a. 1, p. 162-163.

5. « Ad quartum dicendum quod cognitio etiam fidei maxime pertinet ad intellectum : non enim ea rationis inuestigatione accipimus, set simplici acceptione intellectus tenemus. Dicimur autem ea non intelligere in quantum intellectus eorum plenariam cognitionem non habet ; quod quidem nobis in premium repromittitur. », *id.*, *ibid.*, q. 6, a. 2, ad 4m, p. 163, l. 424-430, cf. aussi, *Ia*, q. 12 a. 13.

6. « In hoc autem profectu cognitionis maxime iuuatur mens humana cum lumen eius naturale noua illustratione confortatur, sicut est lumen fidei et doni sapientie et intellectus, per quod mens in contemplatione supra se eleuari dicitur, in quantum cognoscit Deum esse supra omne id quod naturaliter compreendit. Set quia ad eius essentiam uidendam penetrare non sufficit, dicitur in se ipsam quodammodo ab excellenti lumine reflecti ; et hoc est quod dicitur, Gen. XXXII, super illud

Notons toutefois que l'ambiguïté qui plaçait les voies dionysiennes tantôt du côté d'une connaissance naturelle, tantôt du côté d'une connaissance révélée prend ici son sens. Elles peuvent être suivies sans la lumière de la foi et des dons, mais celle-ci aide grandement. De même nous comprenons que le progrès de la science théologique sera aidé par la grâce et les dons. Enfin, la grâce est elle-même pensée comme une réverbération de la lumière de Gloire. Ainsi s'ordonnent les trois lumières, naturelle, de grâce et de Gloire, de manière conforme à celle observée chez Albert, sans que Thomas entre ici dans le détail du fonctionnement naturel et surnaturel des puissances cognitives de l'homme. Ce qui est développé en *I Sent.*, d. III, ou en *Ia*, q. 12 est présenté de manière synthétique dès le début du *Commentaire au De Trinitate de Boèce*. Quatre formes de connaissance de Dieu s'ordonnent dans la q. 2, a. 2[1] : celle parfaite que Dieu a de lui-même, et qu'il fait participer aux bienheureux (1) ; le reflet qu'il nous en communique par grâce et qui est l'adhésion de foi (2) ; celle-ci sert de point de départ à une investigation théologique menée discursivement (3) ; ses principes révélés lui assurent la supériorité sur la connaissance de Dieu acquise par les philosophes (4) selon la rationalité humaine, mais en partant des données sensibles de la création. La théologie philosophique ne saurait en effet suffire à la connaissance de Dieu.

Remarquons tout d'abord un écart de formulation entre le *Commentaire des Sentences* et la *Somme*. Le premier se demandait si une autre science était nécessaire au-delà de la *Physique*[2], au-delà des disciplines philosophiques, rectifie la seconde[3]. On comprend en effet qu'au-delà de la physique, il y a par définition la métaphysique, mais que celle-ci demeure en-deçà d'une théologie révélée. Pourtant, si la *Somme* est plus précise sur ce point, elle l'est beaucoup moins sur le reste. Elle ajoute simplement une objection paresseuse, déjà invoquée d'ailleurs par le Lombard dans son propre *Prologue* au premier livre des *Sentences* : « Ne cherche pas plus haut que toi » (*Eccli.* 3, 22), ce qui dépasse la raison humaine. La réponse proposée dans la *Somme* est pourtant fondamentale. Il ne convient certes pas de scruter par la raison humaine ce qui la dépasse. Pourtant, c'est l'initiative même prise par Dieu de se révéler qui rend pertinente cette réponse théologique de la raison humaine, menée toutefois sous une lumière surnaturelle.

La seconde objection commune au *Commentaire des Sentences* et à la *Somme* allègue que la philosophie atteint tout objet créé ou incréé. La seule différence est que dans le *Commentaire des Sentences* c'est la physique qui est créditée de cette capacité tandis que dans la *Somme* c'est la métaphysique. Selon une conception plus conforme à l'enseignement du Stagirite, c'est elle qui atteint la complétude du savoir du fait même de l'universalité de son objet, l'être, et qui contient une partie

"Vidi Dominum facie ad faciem", in Glosa Gregorii "Visus anime cum in Deum intenditur, immensitatis coruscatione reverberatur". », *id.*, *ibid.*, q. 1, a. 2, *resp.*, p. 85, l. 118-131 ; cf. *III Sent.* d. 24, q. 1, a. 2, *qa I*, éd. Parme 7, p. 262.

1. « Et secundum hoc de diuinis duplex scientia habetur : una secundum modum nostrum qui sensibilium principia accipit ad notificandum diuina, et sic de diuinis philosophi scientiam tradiderunt, philosophiam primam scientiam diuinam dicentes ; alia secundum modum ipsorum diuinorum, ut ipsa diuina secundum se ipsa capiantur, que quidem perfecte in statu uie nobis est impossibilis, set fit nobis in statu uie quedam illius cognitionis participatio et assimilatio ad cognitionem diuinam, in quantum per fidem nobis infusam inheremus ipsi prime ueritati propter se ipsam (...) Ex quo patet quod hec scientia est altior illa scientia diuina quam philosophi tradiderunt, cum ex altioribus procedat principiis. », *id.*, *ibid.*, q. 2, a. 2, p. 95, l. 65-88.

2. « Utrum praeter physicas disciplinas alia doctrina sit hominis necessaria ? », *id.*, *In I Sent.*, *Prologue*, q. 1, a. 1, éd. Parme 6, p. 5.

3. « Utrum sit necessarium, praeter philosophicas disciplinas, aliam doctrinam haberi », *id.*, *Somme*, *Ia*, q. 1 a. 1.

théologique évoquée au début du sixième livre. Mais ici encore, sur le même objet divin, la lumière naturelle sera avantageusement complétée par une lumière surnaturelle.

Dans le *Commentaire des Sentences*, la principale objection venait en fait de l'*Éthique*, elle se retrouve en bonne place dans le *Commentaire sur le De Trinitate de Boèce*[1], elle est comme oubliée dans la *Somme*, mais ne le sera pas de Scot. Comme les autres créatures, sensibles ou non, l'homme qui est plus noble qu'elles doit pouvoir atteindre sa finalité, sa perfection de nature rationnelle, par la seule puissance naturelle de sa raison[2]. C'est à cette objection que répond non seulement le *sed contra*, mais encore le corps même de l'article du *Commentaire des Sentences*. L'autorité de saint Paul (*II Tim.* 3, 16) y rappelle négativement l'impossibilité de plaire à Dieu sans la foi (*He.* 11, 6) tandis que dans la *Somme* elle affirme positivement la nécessité de la Révélation. Ainsi la philosophie ne peut s'élever à cette fin. Mais dès le *sed contra*, le *Commentaire* ajoute à cette autorité une raison que nous avons déjà rencontrée : un effet ne pourra conduire qu'à une connaissance imparfaite de sa cause s'il ne lui est pas proportionné. Tel est bien le cas de la philosophie qui procède à partir de raisons créées pour connaître Dieu[3]. Ainsi y a-t-il des vérités sur Dieu qui échappent à son investigation purement rationnelle[4]. Cette imperfection de la tentative d'une théologie philosophique pour s'élever vers Lui doit donc être suppléée par une autre science, plus haute, procédant par révélation. La nécessité de la théologie révélée ne vient donc pas seulement des impératifs pratiques énumérés dans la *Somme* ou le début du *Contra Gentiles*[5] : éviter l'élitisme philosophique, ses atermoiements et ses erreurs. Elle a une raison plus profonde : l'incapacité pour l'homme d'atteindre par les forces de sa seule raison, sa finalité naturelle : la contemplation de Dieu[6].

Nous sommes ici au cœur de ce qui opposera Thomas aux averroïstes. Ils affirment en effet, en particulier dans leurs commentaires de l'*Éthique*, que l'homme est capable d'atteindre la perfection de sa finalité intellectuelle : la contemplation, par ses seules puissances naturelles[7]. Si la contemplation de Dieu dont l'homme est

1. *Id.*, *Super Boetium de Trinitate*, q. 6, a. 4, obj. 3 et 5, éd. Léonine, 50, Rome, 1993, p. 169.

2. « Sed ad perfectionem hominis sufficit illa cognitio quae ex naturali intellectu potest haberi. Ergo praeter philosophiam non est necessaria alia doctrina. Probatio mediae. Illud quod per se suam perfectionem consequi potest, nobilius est eo quod per se consequi non potest. Sed alia animalia et creaturae insensibilis ex puris naturalibus consequuntur finem suum, quamvis non sine Deo qui omnia in omnibus operatur. Ergo et homo, cum sit nobilior eis, per naturalem intellectum cognitionem sufficientem suae perfectioni habere potest. », *id.*, *In I Sent.*, *Prologue*, q. 1, éd. Parme 6, p. 5, obj. 3.

3. *Id.*, *ibid.*, *sed contra.*, cf. aussi *Super Boetium de Trinitate*, q. 6, a. 4, *ad. 2m*, éd. Léonine, 50, Rome, 1993, p. 171, l. 159-175 ; *Contra Gentiles*, II, 1.

4. *Id.*, *ibid.*, *resp.* ; *Contra Gentiles*, I, 5.

5. *Id.*, *Ia*, q. 1, a. 1 ; *Contra Gentiles*, I, 4.

6. Nous ne pouvons développer ici pour lui-même ce thème bien connu du désir naturel de voir Dieu.

7. « Illud quod est perfectissimum inter omnia animalia debet habere potentiam acquirendi suum finem ultimum. Modo homo inter omnia animalia est perfectior et finis ultimus eius est sua felicitas. Ergo possibile est hominem suam felicitatem acquirere secundum quod est possibile in hac vita, quia aliter non esset homo perfectus, et hoc dicit philosophus, notabiliter in fine illius capituli. Unde dicit ibi quod loquitur de felicitate secundum quod homines possunt dici felices et ut est possibile felicitatem naturae humanae inesse in hac vita. Et in hoc omnes philosophi concordant. », *Vat. lat.* 2172., cité par R. A. Gauthier, « Trois commentaires "averroïstes" sur l'Éthique à Nicomaque », dans *A.H.D.L.M.A.*, 1947-1948, p. 279. Nous reconnaissons ici les termes mêmes de la dernière objection du *Commentaire des Sentences* de Thomas.

capable dès cette vie, celle des philosophes[1], est parfaite, la vision béatifique promise dans l'autre aux croyants ne perd-elle pas de sa nécessité et avec elle la science qui est censée y conduire? L'on comprend la violence avec laquelle certains théologiens augustiniens comme Bonaventure dénieront toute valeur à une contemplation purement philosophique de Dieu. Mais Thomas est trop philosophe pour ne pas éviter de tels extrêmes. Il reconnaît que les philosophes ont eu raison de placer en la contemplation de Dieu la finalité de l'homme. Mais il en distingue deux modalités[2]. L'une imparfaite, celle du philosophe en ce monde, procède à partir des raisons des choses créées. Mais il en est une autre où Dieu est vu immédiatement et par essence: c'est la contemplation parfaite que l'homme atteindra dans la patrie et qui lui est rendue accessible par la foi. Seule cette dernière donnera lieu à une science proportionnée à sa fin car inspirée par la lumière divine, et non tirée des seules raisons créées, et cette science n'est autre que la théologie. Ainsi, la perfection temporelle des *habitus* acquis de sagesse et de prudence affective laissent place aux *habitus* infus de foi et de charité[3], ainsi qu'aux dons de sagesse et de science[4].

Thomas en tire immédiatement deux conséquences sur la place éminente de la doctrine sacrée par rapport aux sciences profanes. Elle les domine tant par son principe que par sa fin. La *Somme* précisera que sa certitude, tirée de la lumière divine, et non des raisons humaines toujours faillibles, lui assure la supériorité dans le domaine spéculatif[5]. De plus comme elle vise la fin ultime de l'homme: la béatitude éternelle, elle commande aux autres sciences que leurs fins respectives lui subalternent conformément au schème aristotélicien. Dans le *Commentaire des Sentences* c'est la domination de la médecine sur la pharmacie qui est proposée comme analogie, dans la *Somme* celle de la Politique sur l'art militaire. Dans tous les cas, c'est la subalternation des fins qui assure à la théologie révélée poursuivant la béatitude parfaite de la patrie sa position de science architectonique. Cette soumission des sciences profanes à la théologie n'a d'ailleurs rien de contraignant, elle découle de l'ordre qui règne entre la lumière naturelle mise en œuvre par la philosophie et la lumière supérieure reçue de la foi par le théologien[6]. L'ordre de la

1. « Dico quod licet intellectus noster secundum se consideratus, non ut perfectus est virtutibus et scientiis, sit insufficiens ad contemplandum entia divina, tamen intellectus noster, ut est perfectus sapientia, sufficiens est ad contemplandum prima entia, sed quod possibile est homini in hac vita ipsa contemplari. », ms. Vat. Lat. 2172, f. 51 D (= 832, f. 42 C).

2. « Solutio. Ad hujus evidentiam sciendum est, quod omnes qui recte senserunt posuerunt finem humanae vitae Dei contemplationem. Contemplatio autem Dei est dupliciter. Una per creaturas, quae imperfecta est (...) quae tamen est felicitas viae; et ad hanc ordinatur tota cognitio philosophica, quae ex rationibus creaturarum procedit. Est alia Dei contemplatio, qua videtur immediate per suam essentiam; et haec perfecta est, quae erit in patria et est homini possibilis secundum fidei suppositionem (...) homo manuducatur ad illam contemplationem in statu viae per cognitionem non a creaturis sumptam, sed immediate ex divino lumine inspiratam; et haec est doctrina theologiae. », Thomas d'Aquin, *In. I Sent., Prol.* q. 1, a. 1, éd. Parme 6, p. 5, cf. aussi *III Sent.* d. 24, q. 1, a. 3, *qa. I*, éd. Parme 7, p. 264; d. 35, q. 1, a. 2, *qa. I et III, ibid.*, p. 402-403; *Super Boetium de Trinitate,* q. 6, a. 4, *ad. 3m*, éd. Léonine, 50, Rome, 1993, p. 171, l. 176-185.

3. *Id., ibid.*, ad. 2m, p. 5-6.

4. Cf. *II Sent.* d. 35, q. 2, a. 1-3, éd. Parme 7, p. 407-413.

5. *Id., Ia*, q. 1, a. 5, *resp.*, cf. aussi *IIa IIae*, q. 2, a. 1 et 2; *III Sent.* d. 23, a.2, *sed contra* et *ad. 3m*, éd. Parme, 7, p. 248-249; *De Veritate*, q. 14, a. 1, *ad. 7m*, éd. Léonine, 22, 1970, p. 438, l. 244-254.

6. « Sicut autem sacra doctrina fundatur supra lumen fidei, ita philosophia fundatur supra lumen naturale rationis; unde impossibile est quod ea que sunt philosophie sint contraria his que sunt fidei, set deficiunt ab eis, continent tamen aliquas eorum similitudines et quedam ad ea preambula, sicut natura preambula est ad gratiam. Si quid autem in dictis philosophorum inuenitur contrarium fidei, hoc non est philosophie, set magis philosophie abusus ex defectu rationis... », *id.*,

grâce assumant celui de la nature, les vérités qu'ils atteignent ne sauraient être contradictoires, sinon en raison d'un usage fautif de la rationalité philosophique. En général celles de la philosophie sont simplement moins parfaites constituant ainsi les préambules de la foi [1].

Mieux, tout en pensant la différence entre *doctrina sacra* et *theologia philosophica*, Thomas est aussi capable d'en concevoir l'unité profonde au sein d'une même *theologia sive scientia divina* [2]. L'une considère les choses divines pour elles-mêmes et en tant que sujet de sa science, l'autre, seulement comme principes de son sujet. Comprenons que l'une et l'autre traitent de réalités qui sont séparées de la matière et du mouvement, mais à des degrés divers [3]. Dieu et les anges ne peuvent nullement se trouver pris dans la matière et le mouvement. Ils constituent le sujet propre de la théologie révélée et seulement les principes de ceux abordés par la métaphysique : être, substance, puissance et acte qui se trouvent parfois séparés et parfois non.

LA THÉOLOGIE ENTRE SCIENCE ET SAGESSE

Mais la théologie est-elle bien une science ? Et une seule ? Spéculative ou pratique ? N'est-elle pas plutôt une sagesse ? Telles sont les questions portant en propre sur la *sacra doctrina* telles que nous les retrouvons formulées dans la plupart des écrits de saint Thomas, comme dans ceux de ses contemporains. L'on sait l'importance de la première question et de sa réponse pour le thomisme jusqu'à M.-D. Chenu qui centre sur elle son étude du statut de la théologie au XIIIe siècle. Contre la reconnaissance de son statut de science, Thomas invoque principalement trois objections : elle traite d'épisodes particuliers dans les récits bibliques notamment, or la science aristotélicienne a pour objet l'universel. De même, celle-ci doit procéder de principes connus en eux-mêmes, or la théologie part du donné de foi qui n'est pas retenu par tous. A ces deux premières objections qui se trouvaient déjà chez Eudes Rigaud ou dans la *Somme Halésienne*, et seront reprises en ordre inverse par sa *Somme de Théologie*, le *Commentaire des Sentences* de Thomas d'Aquin en ajoutait une troisième. Toute science engendre l'acquisition d'un *habitus*, mais celui de la foi qui procède à la connaissance théologique est infus et non acquis ! Il nous faut souligner ici l'originalité qui ne consiste pas tant à poser la question de l'*habitus* de la théologie qu'à en faire un préambule à l'établissement de son statut épistémologique. Cette question de l'*habitus* de la théologie sera de première importance pour les successeurs immédiats de Thomas comme Henri de Gand ou Godefroid de Fontaines.

Les objections supplémentaires avancées par le *Commentaire sur le De Trinitate*

Super Boetium de Trinitate, q. 2, a. 3, *resp.*, éd. Léonine, 50, Rome, 1993, p. 99, l. 131-140 ; cf.aussi *Contra Gentiles* I, 7.

1. L'erreur pour Thomas comme pour Bonaventure consisterait à préférer la précision formelle d'une connaissance humaine portant sur des objets inférieurs à une sagesse moins précise portant sur des objets supérieurs. Cf. *Ia, IIae*, q. 66 a. 5, ad. *3m*.

2. « Sic ergo theologia sive scientia diuina est duplex : una in qua considerantur res diuine non tamquam subiectum scientie, set tamquam principia subiecti, et talis est theologia quam philosophi prosequntur, que alio nomine metaphisica dicitur ; alia uero que ipsas res diuinas considerat propter se ipsas ut subiectum scientie, et hec est theologia que in sacra Scriptura traditur. », *id.*, *Super Boetium de Trinitate,* q. 5, a. 4, éd. cit., p. 154, l. 175-182.

3. *Id.*, *ibid.*, l. 187-206.

de Boèce sont d'un moindre intérêt noétique. Dans les trois textes, l'autorité est empruntée à Augustin (*De Trin.* 14, 1). Mais tandis que le *Commentaire des Sentences* insistait comme Albert sur la finalisation de la science théologique à ce qui regarde le salut, la *Somme* et le *Commentaire* sur Boèce rappellent les divers rôles que lui assigne l'évêque d'Hippone : engendrer, nourrir, défendre et corroborer la foi.

On notera que la solution adoptée dans la *Somme* : la subalternation, ne se trouve pas encore dans le *Commentaire des Sentences*. L'argument apparaît en fait dans les réponses aux objections, dès le *Commentaire sur le de Trinitate de Boèce*[1]. Notons aussi au passage que l'exemple de subalternation proposé à l'analogie est encore celui d'un art : la médecine par rapport à la science physique. Dans son *Commentaire des Sentences*, à cette objection majeure portant sur les principes et que la subalternation vient résoudre, Thomas se contentait de répondre qu'il n'est pas étonnant que ceux-ci ne soient pas reçus par les infidèles, puisqu'ils procèdent d'une lumière qu'ils ne possèdent pas. De même les principes rationnels ne sauraient être connus sans la lumière de l'intellect agent. Thomas reste ici dans une perspective presque apologétique. Il ne confère pas encore à l'objection aristotélicienne toute sa force. Le problème n'est pas seulement que les principes tirés de la foi ne soient pas reconnus de tous. Comme les infidèles ne les saisissent pas, ceux de la raison naturelle, éclairés par l'intellect agent pourraient échapper aux imbéciles. Le problème vient bien plutôt de ce que les principes de foi ne tirent pas leur évidence d'eux-mêmes, mais d'une autre source, et ce problème a été identifié comme tel avant Thomas par Eudes Rigaud, Bonaventure ou Albert.

Mais Thomas est-il prêt à se satisfaire de leurs réponses respectives ? Il faudrait avec le premier fonder la théologie non sur les seuls principes de la foi, mais aussi sur d'autres prémisses, plus fondamentaux et tirés de la raison pratique naturelle. A moins de subalterner avec le second la théologie à l'Écriture. Mais ne risquerait-elle pas d'y perdre fécondité et dynamisme ? Peut-on se contenter avec Albert d'en faire une science affective, dont la piété dépasse la rationalité ? Cela suppose de la considérer comme pratique, sur quoi tous ces auteurs s'accordent.

Or Thomas, assumant les exigences d'une compréhension profonde de la *Métaphysique* d'Aristote, le refusera. Dans le *Commentaire des Sentences*, la questioncule où il se demande si la théologie est bien une science ne précède pas, mais suit celle qui l'amène à conclure qu'elle est spéculative et non pratique. Une science pratique pourraît-elle d'ailleurs se subalterner la plus haute des sciences spéculatives profanes, la métaphysique ? Thomas veut donc sauver à la fois la noblesse spéculative de la théologie, et sa dépendance à l'égard du seul donné de foi, mais surtout à l'égard d'une science de Dieu qui n'atteint sa perfection qu'en Lui. Les principes que le théologien reçoit dans l'obscurité de la foi font l'objet d'une parfaite science de la part de Dieu et des bienheureux à qui il la fait partager.

C'est ainsi que la solution de la subalternation s'impose à Thomas ; une subalternation, non à la lettre morte de l'Écriture, mais à la science en acte que Dieu a de lui-même. Cette fois, dans la *Somme* les exemples de subalternation sont ceux proprement aristotéliciens repris aux *Analytiques Postérieurs*[2] : de l'optique par

1. « In scientiis subalternatis supponuntur et creduntur aliqua a scientiis superioribus, et illa non sunt per se nota nisi superioribus scientibus. Et hoc modo se habent articuli fidei, qui sunt principia huius scientie, ad cognitionem diuinam : quia ea que sunt per se nota in scientia quam Deus habet de se ipso, supponuntur in scientia nostra, et creduntur ei nobis hec indicanti per suos nuntios, sicut medicus credit phisico quatuor esse elementa. », *id.*, *ibid.*, q. 2, a. 2, *ad 5m*, p. 96, l. 145-154.

2. Aristote, *Analytiques postérieurs*, I, 7, 75 b 14-17.

rapport à la géométrie, et de l'harmonique par rapport à l'arithmétique. Il ne s'agit plus de la domination d'une science pratique sur une autre ou sur un art (politique et art militaire, physique et médecine, voire pharmacie), ordonnés ainsi par leurs fins, mais bien de la subalternation par les principes, d'une science spéculative à une autre. Comme le musicien admet les principes qui lui sont transmis par l'arithmétique, le théologien admet dans la foi ce qui est vu par Dieu et par les bienheureux[1]. L'objection principale posée dès le *Commentaire des Sentences* requérait donc la solution de la subalternation qui n'apparaît pourtant comme telle que dans la *Somme* (après avoir figuré parmi les réponses aux objections dans le *Commentaire* au *De Trinitate* de Boèce).

Les deux autres étaient plus faciles à lever. Les réalités particulières dont traite la science sacrée ne l'intéressent pas en tant que telles, mais comme exemples moraux. Par ailleurs, l'*habitus* acquis ne concerne jamais les principes d'une science, mais ses conclusions. L'*habitus* de foi attaché aux principes de la théologie ne contrarie donc nullement l'acquisition d'un autre *habitus* spécifique qui en est distinct. Mais une science qui vise une pluralité d'objets particuliers peut-elle encore être une ?

A cette question plus classique, la réponse est aussi moins originale. La *Somme* se contente de rapporter l'unité des objets connus par la théologie à la source commune de la Révélation. Mais ils risquent alors d'être considérés d'un point de vue général, comme le suggère la réponse à la seconde objection. La solution du *Commentaire des Sentences*, tout en rappelant que plus une science est élevée plus elle est une, précisait bien que l'unité atteinte par la lumière divine qui éclaire la théologie ne rejoint pas seulement les réalités « *in communi* », comme la métaphysique, mais les saisit efficacement dans leur spécificité[2]. Ainsi, là où une pluralité de sciences sont nécessaires dans la lumière naturelle de la philosophie, la lumière divine de la théologie rejoint les mêmes objets de manière unifiée, même s'il s'agit de réalités morales ou naturelles, ou pire du Créateur et de ses créatures, dont l'unité se prend par analogie. Mais cette science qui semble dépasser le clivage entre la physique et la morale, sans passer par l'universalité de la métaphysique, sera-t-elle spéculative ou pratique ?

La plupart des prédécesseurs de Thomas se tiraient de cette difficulté en affirmant que la théologie est plus une sagesse affective et pratique, visant la béatitude et les œuvres qui y conduisent, qu'une science spéculative. Mais ce type d'argument passe chez Thomas en objection. Il est à notre connaissance le premier à affirmer le caractère principalement spéculatif de la théologie, et ce dès son *Commentaire des Sentences*. Le *sed contra*, s'appuyant sur le début de la *Métaphysique*, excluait que la science la plus noble puisse être pratique. Elle ne saurait en effet être voulue en vue de l'action qu'elle dirige, mais doit être désirée pour

1. « Duplex est scientiarum genus. Quaedam enim sunt quae procedunt ex principiis notis lumine naturali intellectus, sicut arithmetica, geometria, et hujusmodi : quaedam vero sunt quae procedunt ex principiis notis lumine superioris scientiae, sicut perspectiva procedit ex principiis notificatis per geometriam, et musica ex principiis per arithmeticam notis. Et hoc modo sacra doctrina est scientia, quia procedit ex principiis notis lumine superioris scientiae, quae scilicet est scientia Dei et Beatorum. Unde, sicut musica credit principia tradita sibi ab arithmetico, ita doctrina sacra credit principia revelata sibi a Deo. », Thomas d'Aquin, *Somme, Ia*, q. 1, a. 2.

2. « Ita et cum ista scientia sit altissima et per ipsum lumen inspirationis divinae efficaciam habens, ipsa unica manens, non multiplicata, diversarum rerum considerationem habet, non tantum in communi, sicut metaphysica, quae considerat omnia inquantum sunt entia, non descendens ad propriam cognitionem moralium, vel naturalium. », *id.*, *In. I Sent., Prol.* q. 1, a. 2, éd. Parme 6, p. 6.

elle-même[1]. Certes, dans ce texte comme dans la *Somme*, il reconnaît que la doctrine sacrée joue les deux rôles, de diriger l'action et de scruter les choses divines. Mais son gouvernement des actions humaines n'est qu'un moyen en vue de sa fin la plus haute qui est la contemplation inhérente à la béatitude éternelle. Ici encore la vision béatifique, finalité propre de la théologie révélée, envisagée, non dans son rôle de fin éthique, mais dans son contenu noétique, fonde le caractère spéculatif de la science sacrée[2]. Elle n'en sera pas moins sagesse.

Au contraire, ce qui en fait une sagesse est qu'elle considère toutes choses en fonction de la cause première. La plupart des prédécesseurs de Thomas rapportaient plutôt son caractère sapiential à sa poursuite savoureuse du bonheur ultime. C'est en tant que science, moins de la fin ultime que de la cause première, que Thomas y voit la sagesse suprême. Nous avons vu au contraire que les franciscains reconnaissaient dans cette opposition ce qui limitait la métaphysique et en faisait une «*scientia ut sapientia*». Mais Thomas précise que si la Métaphysique remonte l'ordre des causes en suivant des raisons tirées des créatures, la théologie considère la première cause à partir d'une inspiration reçue directement de Dieu. Ce caractère infus garantit d'ailleurs aussi sa supériorité sur les autres sciences qu'elle est ainsi en mesure d'ordonner.

Notons toutefois cette précision apportée par la *Somme* : il ne lui appartient pas de prouver les principes des autres sciences. Ils sont en effet soit évidents et indémontrables, soit prouvés par une science supérieure. Mais la connaissance propre à la science sacrée est reçue par révélation, non par raison naturelle[3]. Il n'appartient donc pas à la théologie de démontrer les principes des autres sciences, mais seulement d'en juger dans la lumière supérieure qu'elle reçoit de Dieu. Ce type d'argument se rencontrait chez Albert, mais Thomas n'en tire pas la conséquence en refusant comme son maître à la théologie révélée le caractère de science subalternante. Il eût fallu pour cela distinguer son rôle de science rectrice dans l'ordre des fins, même à l'égard des sciences profanes, de celui de subalternante qui eût exigé qu'elle prouvât en raison naturelle leurs principes. Ainsi l'architectonique de l'ordre des causes assure la position suprême de la science sacrée comme sagesse, mais celle des principes demeure incapable d'en faire une science proprement subalternante. Sa supériorité n'en est pas moins avant tout d'ordre spéculatif et non pratique.

Si Thomas fait ainsi figure d'exception en définissant la théologie révélée comme une science essentiellement spéculative, c'est qu'avec lui, la réflexion sur

1. « Dicit Philosophus, quod nobilissima scientiarum est sui gratia. Practicae autem non sunt sui gratia immo propter opus. Ergo cum ista nobilissima sit scientiarum, non erit practica. », *id.*, *ibid.*, a. 3, *qa.* I. On reconnaît un argument déjà présent dans le Commentaire d'Albert à *Métaphysique*, I, c. 4-9, Aschendorff, p. 21 *sq.*

2. « Unde perficit hominem et in operatione recta et quantum ad contemplationem veritatis : unde quantum ad quid practica est et etiam speculativa. Sed, quia scientia omnis principaliter pensanda est ex fine, finis autem ultimus istius doctrinae est contemplatio primae veritatis in patria, ideo principaliter speculativa est (...) est sapientia, eo quod altissimas causas considerat et est sicut caput et principalis et ordinatrix omnium scientiarum : et est etiam magis dicenda sapientia quam metaphysica, quia causas altissimas considerat per modum ipsarun causarum, quia per inspirationem a Deo immediate acceptam ; metaphysica autem considerat causas altissimas per rationes ex creaturis assumptas. », Thomas d'Aquin, *In. I Sent.*, *Prol.* q. 1, a. 3, *qa. III*, sol., éd. Parme 6, p. 7.

3. « Ad secundum dicendum quod aliarum scientiarum principia vel sunt per se nota, et probari non possunt ; vel per aliquam rationem naturalem probantur in aliqua alia scientia. Propria autem hujus scientiae cognitio, est quae est per revelationem, non autem quae est per naturalem rationem. Et ideo non pertinet ad eam probare principia aliarum, sed solum judicare de eis », *id.*, *Somme*, *Ia*, q. 1, a. 6 *ad. 2m*.

le caractère intellectuel de la foi atteint une précision chirurgicale. Même les maîtres franciscains, comme Eudes Rigaud situaient, nous l'avons vu, la foi dans l'intelligence et non dans la volonté, ce qui ne les empêchait pas de ranger la sagesse théologique du côté d'une contemplation amoureuse de Dieu. Thomas place, quant à lui, dans l'ordre intellectuel toute appréhension de Dieu depuis la contemplation des philosophes ou la foi des simples, jusqu'à la vision des bienheureux, en passant justement par la spéculation du théologien et le recours mystique aux dons du Saint Esprit. La foi, n'est que le reflet de la connaissance glorieuse que Dieu a de lui-même et qu'il fait participer aux bienheureux. Elle est aussi le point de départ des raisonnements théologiques. Mais cette théo-logie, la seule parfaite qui soit, célestement fondée dans la vision des bienheureux, constitue aussi la finalité de la spéculation du théologien en ce monde. Cherchant dans cette quête de la béatitude finale, une plus grande intelligence du mystère de foi, il aura recours aux capacités naturelles de sa raison et constituera ainsi un *habitus* spécifique. Mais il pourra aussi bénéficier des deux dons du Saint Esprit qui qualifient plus directement la foi : l'intelligence et la science, non sans les avoir demandés toutefois, ce qui ne lui est nullement interdit, au contraire. La connaissance du théologien s'exerce ainsi entre la foi des simples et la vision des bienheureux, mais plus précisément entre une foi formée et explicite, et la compréhension qui peut en être atteinte avec l'aide des dons du Saint Esprit.

Une fois de plus il est intéressant de remarquer que la raison pour laquelle la foi doit avoir son siège dans l'intelligence est la vision béatifique elle-même. Dans l'article de la *Somme* qui traite de ce sujet, Thomas retient en *sed contra* l'autorité de Paul fondamentale pour la vision bienheureuse : *I Cor.* 13, 12 : « Nous le voyons maintenant par le miroir et en énigmes, mais alors nous le verrons face à face ». Parce que la béatitude est essentiellement vision intellectuelle, la foi doit, elle aussi, concerner avant tout l'intelligence et dans sa finalité contemplative[1]. Thomas exclut ainsi que la foi ait son siège dans la volonté ni même dans l'intellect pratique[2]. Nous avons montré par ailleurs que cet intellectualisme qui fait de la contemplation intellectuelle de Dieu l'acte essentiel du bienheureux, faisant passer au second plan la jouissance de la volonté, est une spécificité de Thomas qui précise ainsi la pensée de son maître Albert[3]. La foi, conçue comme le reflet énigmatique ici-bas de cette science parfaite promise pour la patrie ne pourra être que du même ordre intellectif. Pourtant, elle implique aussi un *habitus* de la volonté qui joue un rôle important dans l'acte de foi[4].

Comment ces deux *habitus* s'articulent-ils dans cet acte intellectif ? Lui-même comporte selon la définition d'Augustin, deux aspects conjoints : cogiter et adhérer[5]. Sans pour autant douter, le croyant ne devrait-il pas toujours être en cogitation, « *in*

1. « Sed contra est, quod fidei succedit visio patriae (...) Sed visio est in intellectu. Ergo et fides. », *id.*, *IIa IIae*, q. 4, a. 2.

2. *Id.*, *III Sent.*, *d.* 23, q. 2, *a.* 3, *qa I et II*, éd. Parme 7, p. 250-251 ; *De Veritate*, q. 14, a. 4, éd. Léonine, 22, 1970, p. 448-450.

3. Cf. Ch. Trottmann, *La vision...*, *op. cit.*, p. 319-320.

4. « Credere est actus intellectus, secundum quod movetur a voluntate ad assentiendum. Procedit autem hujusmodi actus a voluntate et ab intellectu ; quorum uterque natus est per habitum perfici secundum praedicta (...) Credere autem est immediate actus intellectus, quia objectum hujus actus est verum, quod proprie pertinet ad intellectum. Et ideo necesse est quod fides, quae est proprium principium hujus actus, sit in intellectu sicut in subjecto. », Thomas d'Aquin, *IIa IIae*, q. 4, a. 2, *resp.*, cf. aussi, *III Sent.*, d. 23, q. 2, a. 3, *qa. I*, éd. Parme, 7, p. 250 ; *De Veritate*, q. 14 a. 4, éd. Léonine, 22, 1970, p. 449-450.

5. Cf. *id.*, *IIa IIae*, q. 2, a. 1, *resp.*, cf. aussi, *III Sent.*, d. 23, q. 2, a. 3, *qua. I*, éd. Parme, 7, p. 250 ; *De Veritate*, q. 14 a. 1, éd. Léonine, 22, 1970, p. 437.

pensiero», en « souci auprès de Dieu » ? C'est en tout cas ce qu'analyse Thomas avec une grande précision[1]. Dans la connaissance ordinaire, la cogitation doit précéder le jugement. Si elle se développe selon une démonstration rationnelle, elle conduira à la certitude de la science. Mais elle peut laisser dans l'incertitude absolue de celui qui doute, ne sachant où est la vérité qui pourrait entraîner son jugement. Celui qui a un soupçon penche dans un sens sans en avoir la certitude qui permettrait d'exclure les autres. L'opinion suppose un choix, mais n'excluant pas que la vérité soit ailleurs. L'acte de foi suppose une cogitation qui n'atteint pas la perfection de la vision. En quoi il est plus proche du doute, du soupçon, de l'opinion que de la science ou de l'intelligence. Pourtant il juge avec certitude. Car précise Thomas, la foi relève, non de la première opération de l'intelligence qui appréhende les quiddités, mais de la seconde, du jugement[2]. La foi n'apporte pas au croyant une nouvelle idée de Dieu, mais la certitude sur son existence et les vérités révélées à son sujet.

A cette analyse scolastique assez classique des actes intellectifs, Thomas ajoute une autre précision : la certitude du croyant lui vient de Dieu, mais en tant que sa révélation dans la grâce de foi entraîne la conviction de sa volonté[3]. C'est elle qui détermine l'acte de foi dans ce qu'il a de certain. Si nous tentons de récapituler cette analyse psychologique, nous avons une révélation divine qui suscite une cogitation, mais celle-ci demeure imparfaite, comme dans le cas de l'opinion, et emporte la certitude affective. C'est que cette révélation intellectuelle de la grâce de foi est accompagnée de l'amour de Dieu. C'est ainsi la réponse vertueuse à cet amour, la vertu de charité qui donnera sa forme à la foi[4]. Thomas refuse pourtant de distinguer deux *habitus* pour la foi formée et la foi informe. Selon lui, elles relèvent toutes deux d'un même *habitus* intellectif, et la différence entre elles ne se prend que de la volonté[5]. La foi formée requiert donc bien deux *habitus* : l'un de la volonté, l'autre proprement intellectif[6]. Pourtant elle n'en demeure pas moins avant tout une vertu théologale intellectuelle, ce qui lui vaut sa primauté sur toute vertu morale et même sur la charité, au moins selon un ordre génétique[7]. On ne

1. « Quidam vero actus intellectus habent quidem cogitationem informem absque firma assensione, sive in neutram partem declinent, sicut accidit dubitanti ; sive in unam partem magis declinent, sed tenentur aliquo levi signo, sicut accidit suspicanti ; sive uni parti adhaereant, tamen cum formidine alterius, quod accidit opinanti. Sed actus iste qui est credere, habet firmam adhaesionem ad unam partem : in quo convenit credens cum sciente et intelligente ; et tamen ejus cognitio non est perfecta per manifestam visionem ; in quo convenit cum dubitante, suspicante et opinante ; et sic proprium est credentis ut cum assensu cogitet. », *id.*, *ibid.* ; cf. *III Sent.* d. 23, q. 2, a. 2, *qa* I, éd. Parme, 7, p. 248 ; *De Veritate*, q. 14, a. 1, éd. Léonine, 22, 1970, p. 435-439.

2. *Id.*, *III Sent.* d. 23, q. 2, a. 2, *qa* 3, éd. Parme, 7, p. 248 ; *De Veritate*, q. 14, a. 1, éd. Léonine, 22, 1970, p.437-438.

3. « Intellectus credentis determinatur ad unum, non per rationem, sed per voluntatem H.E. et ideo assensus hic accipitur pro actu intellectus, secundum quod a voluntate determinatur ad unum. », *id.*, *IIa IIae*, q. 2, a. 1, *ad. 3m.*

4. *Id.*, *ibid.*, *IIa IIae*, q. 4, a. 3 ; *III Sent.* d. 23, q. 3, a. 1, éd. Parme 7, p. 253-255 ; *De Veritate*, q. 14 a. 5, éd. Léonine, 22, 1970, p. 452-453.

5. « Et ideo aliter dicendum, quod idem est habitus fidei formatae et informis. Cuius ratio est, quia habitus diversificatur secundum illud quod per se ad habitum pertinet. Cum autem fides sit perfectio intellectus, illud per se ad fidem pertinet quod pertinet ad intellectum (...) Distinctio autem fidei formatae et informis est secundum id quod pertinet ad voluntatem, id est secundum caritatem... », *id.*, *ibid.*, a.4, *resp.* ; *III Sent.* d. 23, q. 3, a. 1, qa III, a. 2 et 4, éd. Parme 7, p. 255, 257-258 ; *De Veritate*, q. 14 a. 6-7, éd. Léonine, 22, 1970, p. 450-454.

6. *Id.*, *ibid.*, a. 5.

7. « ...necesse est virtutes theologicas, quarum objectum est ultimus finis esse priores caeteris virtutibus. Ipse autem ultimus finis oportet quod prius sit in intellectu quam in voluntate : quia voluntas non fertur in aliquid, nisi prout est in intellectu apprehensum. Unde, cum ultimus finis sit

saurait en effet aimer que ce que l'on connaît. La foi a donc pour Thomas ce primat intellectif, et sa cogitation est bien pensée, dans son rapport à la volonté, sur le modèle de celle de la science, et non plus sur celui instinctif de la *cogitative*[1]. Nous avons vu que Guillaume d'Auxerre qui pensait ainsi la foi des simples ne parvenait pas à conférer définitivement à la théologie son statut scientifique. Même la foi des simples comporte pour Thomas une cogitation intellectuelle et non une simple adhésion instinctive.

Il n'est donc qu'un *habitus* de foi, qu'il soit ou non informé par la charité (et de ce fait méritoire). De même ce sera la même foi qui pourra être implicite chez les uns et explicite chez les autres. Remarquons toutefois qu'une explicitation est toujours requise pour le salut, sauf dans le cas des enfants morts en bas âge ou des fous ayant bénéficié du baptême. Ceux qui ont usage de leur libre arbitre ne peuvent mériter qu'en actualisant leurs vertus, celle de foi en particulier qui est première parmi elles ; qu'en croyant donc actuellement à quelque chose[2]. Toutefois les simples pourront se contenter d'une foi explicitée au minimum, c'est à dire adhérant aux articles qui les guident dans une vie vertueuse[3].

Dans sa distinction entre les simples et les clercs, Thomas demeure un homme de son temps, et nous retrouverons les bœufs et les ânes dans son paysage mental de citadin. Les simples, selon le Docteur Angélique, devront seulement croire que Dieu existe et qu'il rémunère justement (*He.* 11, 6). Ils devront croire explicitement aux «*prima credibilia*», que sont les articles de foi, mais nullement en leurs conséquences qui sont inscrites dans le détail des Écritures[4]. Approfondir le mystère de la foi qui peut rester implicite pour les simples devient ainsi un devoir pour des clercs appelés à les enseigner : les prêtres en vertu de leur rang, les prophètes, en fonction de la révélation reçue, les docteurs et prédicateurs en raison de leur ministère. Encore ne sont-ils pas tenus de connaître toutes les conséquences de tous les articles de foi, ce qui ne sera réalisé que dans la patrie, mais seulement, connaissant le contenu de tous, de pouvoir en expliciter certains[5].

Nous retrouvons à sa place l'autorité relevée aussi chez Guillaume d'Auxerre, commune à l'époque en cette matière : «les bœufs labouraient, et près d'eux, les ânesses paissaient»[6]. La distribution des rôles est claire, mais le prudent docteur se garde bien de traduire directement en termes de clercs et de laïcs, préférant les termes de «*majores et minores*». Dans le *Commentaire des Sentences*, le frère Prêcheur faisait des *majores* quasiment des demi-dieux. Intermédiaires entre les hommes et Dieu, ils restent pour lui des hommes, mais pour les hommes ils sont des dieux, en tant qu'ils participent à la connaissance divine[7]. Aussi les *minores* doivent-ils mettre leur foi en eux, comme ils la mettent en Dieu, sous réserve évidement qu'il n'y ait pas contradiction entre les deux obéissances. Dans la *Somme*, la hiérarchie ecclésiastique n'est pas moins présente, mais justifiée par son

quidem in voluntate per spem et caritatem, in intellectu autem per fidem ; necesse est quod fides sit prima inter omnes virtutes, quia naturalis cognitio non potest attingere ad Deum, secundum quod est objectum beatitudinis, prout tendit in ipsum spes et caritas. », *id.*, *ibid.*, a. 7, *resp.* ; cf. *III Sent.*, d. 23, q. 2, a. 5, éd. Parme 7, p. 252-253 ; *IIa IIae*, q. 4, a. 7.

1. *Id.*, *ibid.*, q. 2, a. 4, *ad. 2m.*

2. *Id.*, *ibid.*, q. 2, a. 5-6 ; *III Sent.*, d. 25, q. 2, a. 1, *qa I*, éd. Parme 7, p. 271-272.

3. *Id.*, *III Sent.*, d. 25, q. 2, a. 1, *qa I*, éd. Parme 7, p. 271-272.

4. *Id.*, *IIa IIae*, q. 2, a. 5, cf. aussi, *III Sent.* d. 25, q. 2, a. 1, *qa III*, éd. Parme 7, p. 271-272 ; *De Veritate*, q. 14, a. 11, éd. Léonine, 22, 1970, p. 470.

5. *Id.*, *III Sent.* d. 25, q. 2, a. 1, *qa III*, éd. Parme 7, p. 271-272.

6. *Id.*, *IIa IIae*, q. 2, a. 6, citant *Job.*, 1, 14 ; cf. aussi *III Sent.* d. 25, q. 2, a. 1, *Sal. IV*, éd. Parme 7, p. 273 ; *De Veritate*, q. 14, a. 11, éd. Léonine, 22, 1970, p. 470-471 ; ad He. chap. 11, lect. 2.

7. *Id.*, *III Sent.* d. 25, q. 2, a. 1, *qa IV*, éd. Parme 7, p. 273.

modèle céleste. Comme les anges inférieurs sont instruits par les supérieurs, les hommes supérieurs à qui il revient d'instruire les autres, sont tenus d'avoir plus pleinement connaissance de ce qu'il faut croire et d'y adhérer plus explicitement[1]. Dans cette science subalternée à la science des saints qu'est par définition la théologie, les théologiens ne devront-ils pas recourir à celle qu'ils peuvent atteindre dès ici-bas par les dons du Saint Esprit ? Le théologien peut-il se contenter d'avoir la foi, et une intelligence naturelle lui permettant de mettre à son service les sciences profanes ? Ne doit-il pas anticiper dès ici-bas la science des saints en recourant lui-même aux dons du Saint Esprit ?

La science théologique, comme la foi, est en effet pour Thomas subalternée à la science des saints. Entendons à la vision que les bienheureux ont dans la Patrie. Mais il est une actualisation de la science, de l'intelligence et de la sagesse des saints qui a lieu ici-bas grâce aux dons du Saint Esprit. Car les dons ne sont pleinement actualisés que dans la Patrie[2], ce qui ne les met nullement ici-bas au-dessus de la foi et des autres vertus théologales[3] qu'ils viennent seulement perfectionner. Il est à noter que selon Thomas, les dons d'intelligence et de science se rapportent plus directement à la foi qui est une vertu théologale intellectuelle, tandis que le don de sagesse, bien que concernant la connaissance surnaturelle de Dieu vient perfectionner la charité[4].

Leur rôle intellectuel respectif se répartit selon la distinction entre les deux premières opérations[5]. A l'égard des vérités de foi, une première opération[6] consistera à en pénétrer le sens. Tel est le rôle du don d'intelligence qui selon l'étymologie fantaisiste que Thomas aime à reprendre est une lecture de l'intérieur (*intus legere*). La seconde opération est le jugement. Selon qu'il portera sur les choses divines, créées ou sur les opérations singulières, il relèvera des dons respectifs de sagesse, de science et de conseil. Notons au passage que ces dons sont différents de la foi qui se contente d'adhérer aux vérités sur lesquelles portent leur pénétration ou leurs jugements[7].

Mais précisément toute la difficulté se trouve ici concentrée. Si la science du théologien a pour principe le donné de foi, peut-elle se contenter de le saisir par l'habitus de foi qui l'y fait adhérer ? Ne doit-elle pas se fonder sur quelqu'intellection intuitive de ces principes ? Or cette intellection ne saurait venir que du don

1. « Et ideo sicut superiores angeli, qui inferiores illuminant, habent pleniorem notitiam de rebus divinis, quam inferiores (...) ita etiam superiores homines, ad quos pertinet alios erudire, tenentur habere pleniorem notitiam de credendis, et magis explicite credere. », *id.*, *IIa, IIae,* q. 2, a. 6, *resp.*

2. Cf. *id.*, *Ia IIae*, q. 68, a. 6.

3. « Dona sunt perfectiora virtutibus moralibus et intellectualibus. Non sunt autem perfectiora virtutibus theologicis ; sed magis omnia dona ad perfectionem theologicarum virtutum ordinantur, sicut ad finem. Et ideo non est inconveniens, si diversa dona ad unam virtutem theologicam ordinentur. », *id.*, *IIa, IIae*, q. 9, a. 1, *ad. 3m.*

4. Cf. *id.*, *ibid.*, q. 8, 9 et 45.

5. « Sic igitur circa ea quae fidei proponuntur credenda, duo requiruntur ex parte nostra : – Primo quidem ut intellectu penetrentur vel capiantur ; et hoc pertinet ad donum intellectus. – Secundo autem oportet ut de eis homo habeat judicium rectum, ut aestimet his esse inhaerendum, et ab eorum oppositis recedendum. Hoc igitur judicium quantum ad res divinas, pertinet ad donum sapientiae ; – quantum vero ad res creatas, pertinet ad donum scientiae ; – quantum vero ad applicationem ad singularia opera, pertinet ad donum consilii. », *id.*, *ibid.*, q. 8, a. 6, *resp.* ; Cf. aussi, *Ia IIae*, q. 68, a. 7 ; *III Sent.*, d. 35, q. 2, a. 2, *qa. III*, éd. Parme, 7, p. 409.

6. Cf. *id.*, *ibid.*, *ad. 3m.*

7. « Donum intellectus est circa prima principia cognitionis gratuitae, aliter tamen quam fides. Nam ad fidem pertinet eis assentire, ad donum vero intellectus pertinet mente penetrare ea quae dicuntur. », *id.*, *IIa, IIae*, q. 8, a. 6, *ad. 2m.*

d'intelligence. L'aporie peut ainsi être reformulée. Les principes de la théologie, puisqu'ils sont donnés dans la foi ne sauraient être évidents par eux-mêmes. Telle était l'objection principale opposée très tôt chez les maîtres scolastiques à partir de la définition de la science aristotélicienne à une scientificité de la théologie. Mais précisément le fait même de poser ce donné de foi comme prémisse d'un raisonnement théologique en exige une intellection minimale. Ne pourraît-on dire dans ces conditions que de la qualité de l'intellection intuitive de départ portant sur ses principes (contenus dans le donné de foi) dépendra la portée des raisonnements mis en œuvre par le théologien ? Le don d'intelligence deviendrait ainsi au moins aussi nécessaire à la science du théologien que la rigueur logique. Dans cette science subalternée à celle des saints, notons que l'intellection dirigée vers le *quid* ne peut être parfaitement intuitive en ce monde, en particulier lorsqu'il s'agit de Dieu en son essence même[1]. Mieux, il est de la condition même de l'intellection humaine en ce monde de rester discursive. Et c'est pourquoi, précise Thomas, dès le *Commentaire des Sentences*[2], le don d'intelligence est associé à la béatitude des cœurs purs, car c'est par la voie négative d'une purification qu'il conduit à une meilleure intuition de la vérité divine révélée. Ainsi le don d'intelligence est-il requis pour la progression du théologien dans l'ordre d'invention[3]. Mais le don de sagesse sera-t-il aussi requis pour fonder ses jugements ? Car sa théologie est encore sagesse.

Or le don de sagesse est par excellence celui du mystique car il est une connaissance de Dieu par sympathie ou par connaturalité. C'est pourquoi, bien que siégeant dans l'intelligence, il est donné par la charité qui est la vertu unitive[4]. Notons que l'analogie proposée est celle de l'*Éthique à Nicomaque* que nous retrouverons bientôt. La chasteté peut être connue par connaturalité, de qui la pratique, ou intellectuellement seulement par le moraliste. La sagesse, don du Saint Esprit, correspond à cette connaissance par connaturalité. De même, la science, don du Saint Esprit, procède de celle que Dieu a de lui-même. Aussi sera-t-ellle intuitive et non discursive[5]. Or précisément la science que le théologien pratique *in via* reste discursive et les jugements auxquels il parvient au terme de ses raisonnements n'ont pas la simplicité intuitive de ceux qui découlent des dons du Saint Esprit.

Mais cette science des saints, n'est-elle pas réservée à une élite, comme aussi leur sagesse, leur intelligence et les autres dons du Saint Esprit ? Thomas semble

1. *Id.*, *III Sent.*, d. 35, q. 2, a. 2, *qa. I-II*, éd. Parme, 7, p. 408-410.

2. *Id.*, *ibid.*, *qa. II*, sol., p. 410.

3. *Id.*, *ibid.*, *qa. III*, sol.

4. « Sic igitur circa res divinas ex rationis inquisitione rectum judicium habere pertinet ad sapientiam quae est virtus intellectualis ; sed rectum judicium habere de eis secundum quamdam connaturalitatem ad ipsa, pertinet ad sapientiam secundum quod donum est Spiritus Sancti ; sicut Dionysius dicit in 2 cap. de div. Nom. a med. lect. 4, quod "Hierotheus est perfectus in divinis, non solum discens, sed et patiens divina." Hujusmodi autem compassio, sive connaturalitas ad res divinas fit per caritatem, quae quidem unit nos Deo, secundum illud I ad Corinth. 6, 17 : "Qui adhaeret Deo, unus spiritus est." Sic ergo sapientia, quae est donum, causam quidem habet in voluntate, scilicet caritatem ; sed essentiam habet in intellectu, cujus actus est recte judicare, ut supra habitum est. », *id.*, *IIa, IIae*, q. 45, a. 2, *resp.*

5. « Sed in Deo est certum judicium veritatis absque omni discursu per simplicem intuitum (...) cui similis est scientia quae ponitur donum Spiritus Sancti, cum sit quaedam participativa similitudo ipsius. », *id.*, *ibid.*, q. 9, a. 1, ad. 1m. Remarquons la différence avec *III Sent.*, d. 35, q. 2, a. 2, *qa. II*, où Thomas considère que l'intelligence de Dieu ne peut être intuitive qu'*in patria*. L'intelligence porte sur le *quid* et s'en tiendra *in via* à l'approche négative dionysienne du *quid non est*. Les jugements de la science peuvent procéder d'une intuition, ils ne risquent pas quant à eux d'épuiser la quiddité divine.

l'indiquer en distinguant comme deux niveaux de science[1]. L'une consiste à discerner ce qu'il faut croire ou ne pas croire et correspond au don de science tel qu'il convient à tous les saints. La seconde ne se contente pas de discerner ce qu'il faut croire, mais elle est aussi capable de le manifester aux autres afin de les amener à croire, ainsi que de réfuter les contradicteurs : celle-là ne relève plus de la grâce sanctifiante, mais de la grâce gratuite donnée seulement à quelques uns. Dans ces capacités à exposer le donné de foi et à réfuter les contradicteurs, nous reconnaissons le rôle même du théologien. Sa science relèverait ainsi, non tant du don que du charisme. Nous nous demandions si les dons ne concernaient pas des élus privilégiés, et nous découvrons ici que le charisme du théologien en matière de science semble aller plus loin encore en le rendant non seulement capable de discerner le contenu de la foi, mais de l'exposer et de le défendre.

La difficulté semble à son comble, si l'on se souvient que les dons sont nécessaires et dépendent de la grâce sanctifiante, à la différence notamment du charisme de prophétie. Comprenons que celui qui n'est pas en état de grâce ne pourra recevoir les dons de l'Esprit en particulier ceux de l'intelligence et de la sagesse[2]. Il faudra nous en souvenir quand nous retrouverons le problème chez Henri de Gand. Ces dons qui, nous l'avons vu, sont consentis en vue de la perfection de la foi, lui sont nécessaires. La grâce sanctifiante et les vertus théologales s'appuient sur eux pour amener le chrétien à sa béatitude[3]. Plus exactement, la grâce sanctifiante est suffisante, aucune autre n'est nécessaire, encore faut-il que le chrétien soit rendu capable de l'actualiser par la motion du Saint Esprit selon l'ordre de ses dons. Tout chrétien qui jouira de la grâce sanctifiante les aura aussi[4]. Pourtant, dans le cas du don de sagesse, il est un degré de participation supérieur du don conduisant à une contemplation plus haute et à la capacité de la faire partager aux autres[5]. Thomas y voit une grâce charismatique, mais s'agit-il encore de celle du théologien ? N'est-elle pas spécifique d'une théologie mystique ou spirituelle par opposition à celle plus spéculative, voire scientifique pratiquée dans l'École ? Les jugements de sagesse auxquels celle-ci parvient résultent en effet selon lui, non de la seule inspiration par le don du Saint Esprit, mais de l'étude, portant certes sur le donné Révélé[6].

En tout cas, loin de constituer le privilège des mystiques, les dons apparaissent comme le lot commun à tous les chrétiens, du moins en état de grâce. Même les trois dons intellectuels de science, intelligence et sagesse ont les deux dimensions spéculative et pratique[7]. Thomas d'Aquin apparaît ici très moderne en réduisant le

1. « Circa credenda duplex scientia potest haberi : – Una quidem per quam homo scit quid credere debeat, discernens credenda a non credendis ; et secundum hoc scientia est donum, et convenit omnibus sanctis. – Alia vero est scientia circa credenda, per quam homo non solum scit quid credi debeat, sed etiam scit fidem manifestare, et alios ad credendum inducere, et contradictores revincere ; et ista scientia ponitur inter gratias gratis datas... », *id.*, *ibid.*, *ad. 2m.*

2. *Id.*, *ibid.*, q. 8, a. 5 ; q. 45, a. 4.

3. « Sed in ordine ad finem ultimum supernaturalem, ad quem ratio movet, secundum quod est aliqualiter et imperfecte formata per virtutes theologicas ; non sufficit ipsa motio rationis, nisi desuper adsit instinctus et motio Spiritus sancti (...) quia scilicet in haereditatem illius terrae beatorum nullus potest pervenire nisi moveatur et deducatur a Spiritu sancto. Et ideo ad illum finem consequendum necessarium est homini habere donum Spiritus Sancti. », *id.*, *Ia IIae*, q. 68, a. 2.

4. *Id.*, *ibid.*, *IIa IIae*, q. 8, a. 4 ; q. 45, a. 5.

5. *Id.*, *ibid.*, q. 45, a. 5.

6. *Id.*, *ibid.*, *Ia*, q. 1, a.6, *ad. 3m.*

7. *Id.*, *IIa IIae*, q. 8, a. 3 ; q. 9, a. 3 ; q. 45, a. 3 ; Notons la différence avec *III Sent.*, d. 35, q. 2, a. 3, *qa. II*, éd. Parme 7, p. 410-411. Thomas y considérait encore le don de science comme pratique et non spéculatif. Il l'ordonnait principalement à éclairer sur les actions méritoires. Dans

privilège des clercs à une grâce charismatique et en étendant à tous les états de vie les dons de l'Esprit Saint. C'est que, comme médiéval, il n'a pas une conception élitiste de la mystique. Elle ne se mesure pas, comme pour une dévotion plus moderne aux grâces exceptionnelles de visions, extases… Elle est vécue par tous dans les vertus théologales et sous la motion des dons du Saint Esprit. Ceux-ci seront a fortiori à la disposition des théologiens. Mais devront-ils attendre d'en être inspirés pour mener à bien leur tâche spécifique ? Ne développent-ils pas un *habitus* distinct à la fois des dons et de la foi ? Leur science est-elle pour autant mise en œuvre de la seule rationalité naturelle ?

Thomas le rappelait en fait dès la première question de la *Somme*. Si la doctrine sacrée est bien une sagesse, elle se distingue à la fois de la sagesse profane et de celle qui est reçue comme don du Saint Esprit[1]. Et il employait pour le faire comprendre le même exemple, tiré de l'*Éthique* d'Aristote, rencontré plus haut à propos de ce don. Il est deux modes de compréhension : l'un par inclination, par connaturalité. De cette manière, en matière de morale naturelle, l'homme vertueux est mesure de la valeur des actes moraux, et celui qui est inspiré par le don de Sagesse peut juger de tout en matière divine. Mais celui qui connaît la philosophie morale pourra juger de la vertu sans être lui-même vertueux. Et c'est de cette seconde façon de juger que relève la science qui nous intéresse, obtenue par une étude menée à partir des principes de la révélation.

Les clercs semblent bien ainsi dispensés de l'obligation de sainteté qui paraissait leur incomber plus haut. Hiérothée a bien pu cumuler l'étude et la sanctification expérimentale du « *pathein ta theia* », il menait son investigation en théologie mystique. Dans leur quête d'une science conçue comme relevant du charisme et non de la grâce sanctifiante, les scolastiques pourraient donc, eux, se contenter de l'étude. Telle est la difficulté qui donnera lieu aux contestations de Thomas par Henri de Gand, Godefroid de Fontaines et Duns Scot.

La position du docteur angélique a l'avantage d'être très équilibrée. La sagesse du théologien est donc bien à ses yeux distincte de celle qui est gratuitement donnée par l'Esprit Saint. Elle est aussi distincte de celle des philosophes puisqu'elle part de la Révélation. Pourtant, pourra-t-elle se contenter d'y appliquer une rationalité purement naturelle ? Ne risquerait-elle pas ainsi de diminuer le mérite de la foi en démontrant son contenu ? Cette seconde question appelle une réponse plus simple que la première : la raison appliquée aux choses de la foi peut avoir une double action sur la volonté[2]. Si elle la précède, elle diminue le mérite, dans le cas de celui

la *Somme*, sa lumière porte avant tout sur la foi, vertu d'abord spéculative. C'est le don de conseil qui concernera les opérations singulières. Dans le *Commentaire des Sentences*, pour distinguer les dons de science et de conseil, tous deux considérés comme pratiques, Thomas les comparait aux vertus morales de prudence et d'eubulie. Par ailleurs, il plaçait le don de conseil du côté de la première opération de l'intelligence et laissait la science du côté du jugement. Cf. *III Sent.*, d. 35, q. 2, a. 4, *qa. II, sol.* éd. Parme, 7, p. 413. Nous voyons ainsi l'intellectualisme de Thomas s'accentuer progressivement.

1. « Dupliciter sapientia accipitur. Contingit enim aliquem judicare uno modo, per modum inclinationis : sicut qui habet habitum virtutis (…) est mensura et regula actuum humanorum. Alio modo, per modum cognitionis : sicut aliquis instructus in scientia morali, posset judicare de actibus virtutis etiam si virtutem non haberet. Primus igitur modus judicandi de rebus divinis pertinet ad sapientiam quae ponitur donum Spiritus Sancti (…) Secundus autem modus judicandi pertinet ad hanc doctrinam, secundum quod per studium habetur : licet ejus principia ex revelatione habeantur. », *id.*, *Ia*, q. 1, a. 6, *ad. 3m*.

2. « Ratio autem humana inducta ad ea quae sunt fidei, dupliciter potest se habere ad voluntatem credentis. Uno quidem modo sicut praecedens ; puta cum quis aut non haberet voluntatem, aut non haberet promptam voluntatem ad credendum, nisi ratio humana induceretur, et sic ratio humana inducta diminuit meritum fidei (…) Alio modo ratio humana potest se habere ad

qui est incité à croire par des arguments de raison. Mais celle-ci peut aussi intervenir après la détermination de la volonté à croire. Qui chercherait ainsi des arguments de raison en faveur de la vérité de foi, par amour pour elle, n'en aurait que plus de mérite et non moins. Nous aurons l'occasion de revenir sur le rôle assigné par Thomas à la raison dans le mode de la théologie scolastique.

Si le recours à la raison naturelle est nécessaire et légitime, est-il suffisant en théologie ? Une réponse équilibrée nous semblerait consister à éviter deux positions extrêmes. L'une attribuerait le charisme du théologien à quelque illumination spéciale, c'est celle que Duns Scot reprochera à Henri de Gand. L'autre réduirait la théologie à un application de la pure rationalité logique au donné révélé. N'est-ce pas la tendance d'une théologie nominaliste ? Entre ces extrêmes, le thomisme propose un compromis équilibré. Il distingue en effet l'*habitus* acquis du théologien à la fois de ceux des sciences profanes, de la foi et des dons du Saint Esprit.

Est-ce à dire qu'il peut s'acquérir indépendamment de ces trois types d'*habitus* ? Nous ne le pensons pas. Dans la mesure où Thomas fait de la *doctrina sacra* une science subalternée à celle des saints, elle ne nous semble pas pouvoir progresser sans la lumière des dons spirituels, en particulier celui de science. En ce sens nous nous refusons à voir en Thomas le Père d'une science théologique dont la rationalité serait la même que celle à l'œuvre dans les sciences profanes. Nous voulons voir en lui également un théologien de théologie spirituelle, pour employer une classification anachronique à son égard. Mais en rappelant la différence entre la sagesse théologique, celle des philosophes et celle directement inspirée du saint Esprit, Thomas ne fait-il pas encore preuve de prudence ? Le théologien scolastique ne pouvant pas compter seulement sur une inspiration charismatique se voit renvoyé à ses chères études. Mais par ailleurs, respectueux de la différence de sa sagesse à l'égard de celle des philosophes, il ne prétendra pas la mener sans l'aide de l'Esprit. Ne retrouvons-nous pas ici les deux tendances sempiternelles de tout théologien : le recours aux sciences humaines et à l'inspiration mystique ? Exclure l'une au détriment de l'autre ne serait-ce pas un déséquilibre ? Mais chacun des théologiens n'a-t-il pas sa manière de privilégier l'une ou l'autre tendance de façon systématique ou accidentelle ? Ses conditions noétiques ayant été précisées, restent à déterminer le sujet et la méthode de cette science théologique.

SUJET ET MÉTHODE DE LA THÉOLOGIE

Dans la *Somme*, Thomas pose dans sa simplicité la problématique de l'objet de la théologie dont nous avions rencontré une formulation voisine chez Eudes Rigaud. La définira-t-on comme science de Dieu ? Elle ne pourra rien dire de celui qui échappe à toute définition. Une forme simple précise le *Commentaire des Sentences* citant Boèce ne saurait être sujet. D'ailleurs la théologie traite de bien d'autres objets relatifs aux créatures, aux mœurs humaines… Science de tout elle n'est plus science de rien en particulier ; science de Dieu, son objet particulier

voluntatem credentis consequenter. Cum enim homo babet promptam voluntatem ad credendum, diligit veritatem creditam, et super ea excogitat, et amplectitur, si quas rationes ad hoc invenire potest ; et quantum ad hoc ratio humana non excludit meritum fidei, sed est signum majoris meriti. », *id.*, *IIa IIae*, q. 2, a. 10, *resp.*

ineffable lui échappe. Le *Commentaire* ajoutait encore deux objections plus communes reprises à Hugues de Saint-Victor qui fait de l'œuvre de réparation le sujet de la théologie, et à Augustin (repris par le Lombard) qui y distingue choses et signes.

Sa réponse restait aussi assez proche de celle d'Eudes Rigaud, distinguant trois sens du terme sujet. Il peut désigner tout ce qui est contenu dans la science, les deux dernières définitions, d'Augustin et du Victorin correspondront à ce premier cas. Mais il peut aussi viser l'objet principal : ce sera Dieu pour la théologie. Il pourra encore être ce par quoi elle se distingue de toute autre science : son inspiration divine qui fait du contenu de foi son objet propre. Thomas en vient ainsi à une définition assez précise issue des deux dernières. C'est l'être divin, en tant qu'il est connaissable par inspiration qui est le sujet de cette science[1].

Thomas précise encore, et plus explicitement dans la *Somme*, que le sujet n'est pas tant la matière contenue dans la science que le rapport sous lequel elle la considère. Or la théologie rapporte tout à Dieu qui est son sujet propre, comme l'indiquait l'étymologie. Elle pourra donc traiter de tout sans faire double emploi avec la philosophie[2]. C'est dans la lumière de la vérité première éclairant la foi, son principe, que la théologie pourra aborder toute autre réalité, dans la mesure où elle s'y rapporte[3]. Ramenant tout ce qu'elle étudie à Dieu comme principe et fin, elle sera à juste titre considérée comme la sagesse suprême. Ses principes mêmes qui sont les articles de foi se rapportent à Dieu et la contiennent virtuellement tout entière[4]. Ainsi la théologie n'est-elle pas science de rien, mais bien de l'être divin. Le docteur précise : en tant qu'il est connaissable par inspiration. Il évite ainsi deux écueils. Cette science ne s'arrête pas en effet à l'adhésion de foi, mais progresse à partir de l'inspiration qu'elle donne au départ, vers une connaissance. Pourtant, ce progrès acquis par l'étude peut-il se fonder sur la seule raison naturelle ? Ce n'est pas la seule adhésion de foi, mais aussi la connaissance théologique fondée sur elle qui procède de l'inspiration divine. Bien des problèmes rencontrés par les successeurs de Thomas viendront de la difficulté à penser la modalité spécifique de cette inspiration divine du théologien.

La théologie n'est pas science de rien, mais elle n'est pas pour autant à même d'enfermer son objet divin dans une définition. Thomas, après Albert le concède au Damascène. C'est là une autre difficulté qui trouve des échos plus modernes encore. Mais Thomas n'y voit pas un obstacle insurmontable. Comme Albert, il concède que nous ne pouvons connaître la quiddité de Dieu[5]. En bon aristotélicien, il rappelle que la théologie, comme bien d'autres sciences, est capable à partir de ses effets, de démontrer des propositions relatives à une cause, la cause première en

1. « Si autem volumus invenire subjectum quod haec omnia comprehendat, possumus dicere quod ens divinum cognoscibile per inspirationem est subjectum hujus scientiae. », *id.*, *I Sent.*, *Prol.* q. 1, a. 4, éd. Parme 6, p. 8.

2. « Creaturarum consideratio pertinet ad Theologos, et ad Philosophos ; sed diversimode. Philosophi enim creaturas considerant, secundum quod in propria natura consistunt ; unde proprias causas et passiones rerum inquirunt ; sed Theologus considerat creaturas, secundum quod a primo principio exierunt, et in finem ultimum ordinantur qui Deus est », *id.*, *II Sent. Prol.*, éd. Parme 6, p. 381 ; cf. aussi *Contra Gentiles*, II, 4.

3. *Id.*, *Super Boetium de Trinitate*, q. 5, a. 4, *ad. 8m*, éd. Léonine, 50, Rome, 1993, p. 156, l. 333-341.

4. *Id.*, *Ia*, q. 1, a. 7, *resp.*

5. Du moins ici-bas, en théologie, car on sait par ailleurs qu'il ne dénie pas cette connaissance aux bienheureux.

l'occurrence[1].

La question du sujet de la théologie ainsi posée et résolue, nous pouvons passer à celle de sa méthode. Elle comprend deux aspects qui ne sont pas dissociés dans le *Commentaire des Sentences*, mais donnent lieu à des questions différentes dans la *Somme*. L'un concerne les divers modes et sens de l'Écriture en général, l'autre le mode artificiel ou argumentatif employé dans le déploiement spécifique du contenu de foi par la théologie. Nous en traiterons séparément.

Dans la mesure où la *doctrina sacra* n'est pas distincte du contenu de la Révélation, les modes de la théologie sont d'abord ceux de l'Écriture. Ainsi retrouvons-nous chez Thomas comme chez la plupart des auteurs de son temps une description des divers modes qui y sont employés : *revelativus* (de la part de Dieu), *orativus* (pour le récepteur), *metaphoricus*, *symbolicus*, *parabolicus*..., ainsi que des quatre niveaux correspondant à leur explication. Mais Thomas les ordonne de manière originale, et situe par rapport à eux le mode argumentatif qui se retrouve de manière privilégiée «*in isto libro*», ce qui peut être élargi à la pratique scolastique de la théologie.

Dès le *Commentaire des Sentences*, il précise en effet que la *Sacra scriptura* progresse dans trois directions[2]. Elle détruit l'erreur, ce qui n'est pas possible sans recours aux arguments. Elle donne une instruction morale qui requiert quatre autres modes : *praeceptivus, comminatorius, promissivus, narrativus exemplorum in historialibus*. Mais cette science spéculative progresse également dans la contemplation de la vérité mise en œuvre dans les *Questions* sur l'Écriture Sainte. Cela exige encore un mode argumentatif qu'on observe en premier lieu dans les originaux des Pères et dans ce livre (les *Sentences*) qui en est pratiquement une refonte.

Dès à présent, nous pouvons avancer trois remarques. Le mode argumentatif prend son origine dans l'Écriture même. Le prologue au commentaire sur les Psaumes rapporte même le mode *disputativus*, plus spécialement au livre de Job et aux Lettres de Paul[3]. Il se déploie pour Thomas d'Aquin dans la tradition patristique et scolastique. Par ailleurs, il intervient dans la réfutation des erreurs, mais aussi pour expliciter la vérité révélée, et c'est ce dernier usage qui est le plus spécifique de la théologie scolastique, du moins telle qu'elle se pratique à partir des *Commentaires des Sentences* ou des *Sommes*.

D'ailleurs, le mode argumentatif n'exclut pas le recours artistique à la métaphore, du moins dans l'Écriture. Thomas lui consacre un article spécifique dans la *Somme*. C'est qu'il est requis par notre condition sensible. Il convient donc que dans l'Écriture, les choses spirituelles nous soient transmises par des métaphores corporelles[4]. Ainsi apparaissent-elles voilées, ce à quoi après Denys,

1. « Nos de Deo non possumus scire quid est ; utimur tamen in hac doctrina effectu ejus, vel naturae vel gratiae... », *id.*, *ibid.*, *ad. 1m.*

2. « Ex istis autem principiis ad tria proceditur in sacra Scriptura : scilicet ad destructionem errorum, quod sine argumentis fieri non potest ; et ideo oportet modum hujus scientiae esse quandoque argumentativum, tum per auctoritates, tum etiam per rationes et similitudines naturales. Proceditur etiam ad instructionem morum : unde quantum ad hoc modum ejus debet esse praeceptivus, sicut in lege ; comminatorius et promissivus, ut in Prophetis ; et narrativus exemplorum, ut in historialibus. Proceditur tertio ad contemplationem veritatis in quaestionibus sacrae Scripturae ; et ad hoc oportet modum etiam esse argumentativum, quod praecipue servatur in originalibus Sanctorum et in isto libro, qui quasi ex ipsis conflatur. », *id.*, *In. I Sent.*, *Prol.* q. 1, a. 5, éd. Parme 6, p. 9.

3. *Id.*, *In Psalmos Davidis expositio*, *Prologue*, éd. Parme 14, p. 148.

4. « Est autem naturale homini ut per sensibilia ad intelligibilia veniat ; quia omnis nostra cognitio a sensu initium habet. Unde convenienter in sacra Scriptura traduntur nobis spiritualia sub metaphoris corporalium. », *id.*, *Somme*, *Ia*, q. 1, a. 9, *resp.*

Thomas relève plusieurs avantages. Plus les métaphores seront corporelles, moins il y aura de risque de matérialiser Dieu en les prenant au premier degré. En revanche, de degré en degré, ce qui était voilé aux uns devient manifeste pour d'autres[1], pour des intelligences plus élevées, comme dans les hiérarchies angéliques. Par ailleurs, ce mode symbolique de connaissance de Dieu convient davantage à celle que nous pouvons avoir en cette vie et qui atteint ce que Dieu n'est pas plutôt que ce qu'il est. Enfin les choses divines sont ainsi mieux cachées de ceux qui n'en sont pas dignes[2].

Par ailleurs, l'interprétation de l'Écriture n'est pas requise par ses seules métaphores, mais aussi pour le sens historique où Dieu se sert des choses, des faits en leur sens historique ou littéral, comme de mots pour signifier également un sens spirituel[3] qui se divise à son tour en trois. Thomas l'explique dans la *Somme* à partir d'un exemple. La loi ancienne est une figure de la loi nouvelle : elle la signifie ainsi selon le sens allégorique qui la rapporte au Christ. Ce qui a lieu dans le Chef est aussi signe de ce que nous devons faire. En tirant de celui qui se rapporte au Christ, un enseignement moral pour les fidèles composant son corps mystique, on dégage le sens moral. Enfin Denys ajoute que la loi nouvelle est une figure de la gloire future, passant ainsi du sens allégorique au sens anagogique. Remarquons que pour Thomas, les métaphores et autres figures de style qui dans l'Écriture ne désignent pas le Christ relèvent du seul sens littéral. Tout passage de l'Écriture n'a d'ailleurs pas toujours les quatre sens, mais parfois seulement un deux ou trois[4].

Dans le *Commentaire des Sentences* les quatre sens de l'Écriture étaient répartis selon les trois directions assignées à la théologie. Ce qui est reçu de la vérité de la foi elle-même passe par le sens historique, c'est donc bien de lui que partira la théologie scolastique. Quant à l'enseignement moral, il procédera du sens moral de l'Écriture. Mais la théologie proprement dite ne s'arrête pas à la foi, elle s'élève à la contemplation de la vérité. Pour celles qui concernent cette vie, elle passe par le sens allégorique, pour celles relatives à la Patrie par le sens anagogique. On remarquera que le sens allégorique ne précède pas ici le sens moral, et n'est pas rapporté explicitement au Christ, mais à la connaissance de Dieu qu'il peut révéler ici-bas. Par ailleurs, il est mis en perspective dans la contemplation qu'il conduit, avec celle plus ultime des bienheureux signifiée par le sens anagogique. Enfin, le *Commentaire des Sentences* précise que la destruction des erreurs qui était la première direction de la théologie ne peut être menée qu'à partir du sens littéral. Les autres sens qui sont atteints et exprimés à partir de similitudes ne peuvent fonder une argumentation, ce qui faisait dire à Denys que la théologie symbolique n'est pas argumentative. Mais qu'en est-il de ce mode argumentatif qui semble propre à la théologie scolastique ? Est-il réservé à la seule réfutation des hérétiques ? Ou peut-il porter sur la foi sans diminuer la valeur de son adhésion ? Fera-t-il progresser la connaissance en ce domaine ?

Confronté aux objections fidéistes tirées d'Ambroise : « *tolle argumenta ubi fides quaeritur* », de Boèce ou de Grégoire : « la foi n'a plus de mérite là où la

1. *Id.*, *ibid.*, cf. aussi, *Quodl.* 7, q. 6, a. 16, ad. 3m., éd. Léonine, 25, 1996, p. 32.

2. *Id.*, *Somme, Ia,* 91, a.9, *ad. 2m et 3m.*

3. *Id.*, *ibid.*, a. 10, *resp.*, cf. aussi, *Quodl.* 7 q. 6, a. 14-15, *resp.* éd. Léonine, 25, 1996, p. 27-32. Cette interprétation selon les quatre sens ne convient d'ailleurs qu'à l'Écriture parce qu'elle est écrite par l'Esprit Saint en Personne, l'homme n'étant en cela qu'instrument, cf. *Quodl.* 7 q. 6, a. 16, *resp.*, éd. Léonine, 25, 1996, p. 32. Plus précisément, les déclarations objectives où la parole est directement donnée à Dieu par l'Écriture ne relèvent pas d'une telle interprétation. C'est dans les seuls récits ou indications liturgiques concrètes que les quatre sens pourront être recherchés.

4. *Id.*, *ibid.*, cf. aussi, *Quodl.* 7, q. 6, a. 14, *ad. 1m*, éd. Léonine, 25, 1996, p. 27-29.

raison apporte l'évidence»[1], Thomas précise bien que pas plus qu'aucune science profane, la théologie n'entend prouver ses principes. Pourtant il lui faut être prête à rendre raison de ce qu'elle espère (*I Pi.* 3, 15 citée seulement dans le *Commentaire des Sentences*), et la *Lettre à Tite* (1, 9) précise sa double tâche: «exhorter selon la saine doctrine et convaincre d'erreur ceux qui la contredisent»[2].

Ainsi donc, même si ce n'est pas son seul usage, le recours à l'argumentation concerne la réfutation des adversaires[3]. Thomas propose à ce sujet une comparaison avec les sciences profanes[4]. Elles ne prennent généralement pas la peine de défendre leurs principes, laissant ce soin à une science plus haute. Seule la métaphysique, science architectonique, devra disputer contre d'éventuels négateurs de ses principes. Alors de deux choses l'une. Soit ils concèdent l'un d'eux et elle pourra s'appuyer sur cette base pour leur fournir de véritables preuves. Dans le cas contraire, elle ne pourra disputer avec son contradicteur, mais devra se contenter de réfuter ses arguments. De même la science sacrée qui n'a pas de supérieure formera des arguments d'autorité contre les hérétiques au moyen d'un dogme qu'ils admettent pour leur faire accepter aussi celui qu'ils rejettent[5]. Avec les juifs ou les manichéens qui n'admettent respectivement que l'Ancien ou le Nouveau Testament on y puisera exclusivement les dogmes. De même avec les grecs qui n'admettent pas l'autorité des Pères latins, on n'aura recours, outre celles tirées de l'Écriture, qu'aux autorités patristiques qu'ils reconnaissent. Quant aux incroyants, il n'est pas question de leur prouver les articles de foi par la raison, mais il sera aisé de leur montrer la fausseté de leurs arguments. Étant dirigés contre la vérité première, ils ne peuvent être bien solides. Mais il ne s'agit encore dans ces discussions que de «*removere dubitum an ita sit*». La théologie doit être capable, comme la métaphysique, de défendre ses propres principes[6], mais aussi d'en tirer des conclusions recevables par les fidèles, comme celles des sciences profanes le sont de tous. C'est d'ailleurs pour cela qu'elle est, elle-aussi, une science à part entière. Pourtant ses raisonnements n'ont pas la valeur démonstrative de preuves pour qui n'aurait pas la foi. Ce sont des arguments de convenance montrant que ce que propose la foi n'est pas impossible. Pour les fidèles qui admettent les principes dont ils partent, ils ont en revanche une valeur scientifique.

Reste donc l'usage positif du mode argumentatif, destiné aux croyants. L'exemple proposé par Thomas[7] est celui de Paul déduisant notre résurrection

1. *Id.*, *ibid.*, a. 8, objections, cf. aussi *In I Sent. Prol.* q. 1; a. 5, éd. Parme 6, p. 8; *Super Boetium de Trinitate,* q. 2, a. 1, éd. Léonine, 50, Rome, 1993, p. 92.

2. *Id.*, *ibid.*, *sed contra.*

3. Les deux sont intimement liées, cf. *Contra Gentiles*, I, 2.

4. *Id.*, *Ia*, q. 1, a. 8, *resp.*

5. «Unde sacra scriptura, cum non habeat superiorem, disputat cum negante sua principia, argumentando quidem, si adversarius aliquid concedat eorum quae per divinam revelationem habentur; sicut per auctoritates sacrae doctrinae disputamus contra haereticos, et per unum articulum contra negantes alium. Si vero adversarius nihil credat eorum quae divinitus revelantur, non remanet amplius via ad probandum articulos fidei per rationes, sed ad solvendum rationes, si quas inducit contra fidem. Cum enim fides infallibili veritati innitatur, impossibile autem sit de vero demonstrari contrarium, manifestum est probationes quae contra fidem inducuntur non esse demonstrationes, sed solubilia argumenta.», *id.*, *ibid.*, cf. aussi, *Contra Gentiles,* I, 2; *Quodl.* 4, q. 9, a. 18, *resp.*, éd. Parme 9, p. 517, éd. Léonine, 25, 2, Rome, 1996, p. 340.

6. «Rationes quae inducuntur a sanctis ad probandum ea quae sunt fidei, non sunt demonstrativae, sed persuasiones quaedam manifestantes non esse impossibile quod in fide proponitur (...) Ex his autem principiis ita probatur aliquid apud fideles, sicut etiam ex principiis naturaliter notis probatur aliquid apud omnes.», *id.*, *IIa IIae*, q. 1, a. 5, *ad. 2m*, cf. aussi *Ia*, q. 66, a. 5, *ad. 4m.*

7. *Id.*, *Ia*, q. 1, a. 8, *resp.*

future de celle du Christ (*I Cor*. 15, 12). Mais dans ce cas nous avons à faire à deux articles de foi. La progression de la vérité théologique resterait-elle donc enfermée dans le cadre étroit du *Credo* en ses diverses formulations ? Les réponses aux objections de la même question précisent que l'argumentation théologique ne prouve pas les articles de foi, mais se fonde sur eux pour accéder à d'autres vérités (*alia*)[1]. La foi n'est-elle pas elle-même argument ? Or c'est dans la même lumière de foi que sont manifestés les principes et les conclusions de la doctrine sacrée.

Thomas distingue dès le *Commentaire des Sentences* trois manières pour la foi de manifester quelque chose d'autre[2]. Nous retrouvons l'exemple de la déduction de la résurrection des morts à partir de celle du Christ, mais aussi ce qui peut être déduit en Théologie, par syllogismes à partir de principes tirés de la foi. Car, la foi d'un homme peut confirmer celle d'un autre. Par ailleurs, la foi est encore argument en tant qu'elle est anticipation de la vision future dans laquelle la vérité sera connue en plénitude. Enfin, la foi est argument en tant que lumière infuse manifestant les articles de foi. Elle joue ainsi le même rôle dans l'ordre surnaturel (*in via*) que l'intellect agent pour les principes d'une connaissance naturelle, tandis que les articles de foi correspondent aux espèces. Le recours de la doctrine sacrée à la raison humaine ne cherche pas à prouver la foi, ce qui en diminuerait le mérite, mais à manifester certaines vérités qui sont transmises par cette doctrine[3]. Il semble qu'elles ne sont contenues que de manière implicite, comme en puissance par les articles de foi[4], et qu'il appartienne à la théologie de les expliciter et de les transmettre par l'étude des Pères[5].

Il y a ainsi un progrès dans le temps de la connaissance théologique de l'objet même de la foi, qui dépasse la simple déduction des articles les uns des autres au fur et à mesure de leur révélation. Par ailleurs Thomas distingue une triple croissance subjective de la foi. Selon qu'elle comporte une part de cogitation, elle connaîtra un progrès dans la connaissance. Selon l'adhésion elle pourra croître en constance dans sa certitude. Selon son information par la charité, elle pourra croître

1. *Id., ibid., ad. 1m.*

2. « *Id*eo ipsum lumen quo manifestantur principia sicut principiis manifestantur conlusiones, potest dici argumentum ipsorum principiorum. Et his tribus ultimis modis potest dici fides argumentum ipsorum principiorum. Primo in quantum ipsa fides est manifestiva alterius, sive inquantum unus articulus manifestat alium, sicut resurrectio Christi resurrectionem futuram ; sive inquantum ex ipsis articulis quaedam alia in Theologia syllogizantur ; sive inquantum fides unius hominis confirmat fidem alterius. Secundo potest dici argumentum, inquantum est praelibatio futurae visionis, in qua veritas plenarie cognoscitur. Tertio inquantum lumen infusum quod est habitus fidei, manifestat articulos sicut lumen intellectus agentis manifestat principia naturaliter nota. Sed esse argumentum secundum primum modum accidit fidei ; et ideo in definitione fidei ponitur argumentum secundum alterum duorum modorum ultimorum. », *id.*, *III Sent.* d. 23, q. 2, a. 1, *ad. 4m*, éd. Parme, 7, p. 246.

3. « Utitur tamen sacra doctrina etiam ratione humana, non quidem ad probandum fidem (quia per hoc tolleretur meritum fidei), sed ad manifestandum aliqua alia quae traduntur in hac doctrina. Cum enim gratia non tollat naturam sed perficiat, oportet quod naturalis ratio subserviat fidei (...) Et inde est quod etiam auctoritatibus philosophorum sacra doctrina utitur, ubi per rationem naturalem veritatem cognoscere potuerunt... », *id.*, *Somme, Ia*, q. 1, a. 8, *ad. 2m* ; cf. aussi, *IIa IIae*, q. 2, a. 1, *ad 1m*.

4. « Ad quartum dicendum quod articulus dicitur indivisibilis veritas quantum ad id quod actu explicatur in articulo : sed est divisibilis quantum ad ea quae potentia continentur in articulo, secundum quod qui dicit unum, quodammodo dicit multa : et haec sunt ea quae praecedunt ad articulum, et consequuntur ad ipsum : quantum ad hoc potest explicari et dividi articulus fidei. », *id.*, *III Sent.* d. 25, q. 2, a. 2, *qa VI, ad. 4m*, éd. Parme, p. 275.

5. « Alio modo id quod in articulo continetur, non est articulus, sed aliquid concomitans articulum ; et quantum ad hoc potest fides quotidie explicari, et per studium sanctorum magis et magis explicita fuit. », *id.*, *ibid.*, *ad. 5m*.

en dévotion. Dans la mesure où ces modes de croissance, et en particulier les deux derniers dépendent de la volonté, ils ne varieront guère en fonction des temps, sinon en raison de l'intensité de la grâce et de la disponibilité des personnes à son égard. En revanche, dans ce qui dépend en elle de l'intelligence, la foi croît avec le temps[1].

Le maître qui enseigne cette science à des étudiants déjà croyants ne peut s'en tenir aux articles de foi, ni même aux autorités de la Sainte Écriture. Sans quoi, il les assurerait sans doute du contenu de leur foi (*quod ita est*), mais ne leur communiquerait à son sujet aucune science, aucune intelligence, et c'est vides de tout cela qu'ils le quitteraient[2]. Telle est la différence entre une discussion « *an ita sit* » avec des non ou des « mal » croyants (juifs, hérétiques...), et un enseignement proprement théologique s'adressant à des croyants désireux de progresser dans l'intelligence de leur foi. A cet effet le théologien scolastique ne pourra se contenter d'invoquer des autorités, il devra avoir recours à la raison. La théologie est donc bien une construction rationnelle distincte de l'apologétique. Celle-ci met en œuvre ses raisonnements en vue de conduire au donné de foi, d'assurer « *quod ita est* ». La théologie part du donné de foi supposé acquis, mais veut conduire au-delà, à une intellection de son contenu. Son rôle est ainsi de montrer : « *quo modo sit verum quod dicitur* ». Il n'est pas seulement logique et critique, relevant les modes qui assurent la vérité d'un discours. La théologie doit entrer par ses raisonnements dans une intellection du donné de foi. Montrer en quoi son contenu est vrai, c'est en tirer des conséquences implicites, appliquer de manière détaillée à la vie de l'homme ce qui la concerne, pénétrer le mystère de Dieu par la raison. Mais cela lui est-il possible par ses propres forces, ou grâce au passage ouvert par l'exercice du don d'intelligence ?

Ainsi, même à propos du mystère de la Trinité, l'on peut procéder à partir d'autorités ou de raisons, au dire même d'Augustin, et Boèce a choisi la seconde voie[3]. Encore, le théologien qui aura après lui recours à la raison le fera-t-il humblement sur des sujets comme la Trinité qui la dépassent, qui ne peuvent être connus ici bas que dans la foi, et dont l'intellection plénière ne peut être espérée que dans la Patrie[4].

1. *Id., ibid., sol. I.*

2. « Qaedam vero disputatio est magistralis in scholis, non ad removendum errorem, sed ad instruendum auditores ut inducantur ad intellectum veritatis quam credunt : et tunc oportet rationibus inniti investigantibus veritatis radicem, et facientibus scire quo modo sit verum quod dicitur : alioquin si nudis auctoritatibus magister quaestionem determinet, certificabitur quidem auditor quod ita est ; sed nichil scientiae vel intellectus acquiret, sed vacuus abscedet. », *id.*, *Quodl.* 4, q. 9, a. 18, *resp.*, éd. Parme 9, p. 517, éd. Léonine, 25, 2, Rome, 1996, p. 340.

3. « Modus autem de Trinitate tractandi duplex est, ut dicit Augustinus in I De Trinitate, scilicet per auctoritates et per rationes. Quem utrumque modum Augustinus complexus est, ut ipsemet dicit ; quidam uero sanctorum patrum, ut Ambrosius et Hylarius, alterum tantum modum prosequti sunt, scilicet per auctoritates ; Boetius uero elegit prosequi per alium modum, scilicet per rationes, presupponens hoc quod ab aliis per auctoritates fuerat prosequtum. », *id.*, *Super Boetium de Trinitate, Prologue*, éd. Léonine, 50, Rome, 1993, p. 76, l. 97-106.

4. « Respondeo dicendum quod pluralitas personarum in divinis, est de his quae fidei subjacent, et naturali ratione humana nec investigari, nec sufficienter intelligi potest ; sed in patria intelligendum expectatur, cum Deus per essentiam videbitur visione fidei succedente. Sed tamen sancti patres propter instantiam eorum qui fidei contradicunt, coacti sunt et de hoc disserere, et de aliis quae spectant ad fidem, modeste tamen et reverenter absque comprehendi praesumptione. Nec talis inquisitio est inutilis, cum per eam elevatur animus ad aliquid veritatis capiendum quod sufficiat ad excludendos errores. », *id.*, *Qaest. disp. De Pot.*, 9, a. 5, *resp.*, éd. Parme 8, p. 185, cf. aussi In I. Sent. d. III, q. 4, éd. Parme 9, p. 34 *sq.*, *Super Boetium de Trinitate,* q. 1, a. 4, éd. Léonine, 50, Rome, 1993, p. 88-91 ; *Ia*, q. 32, a. 1.

La Trinité est l'exemple de dogme sur lequel les philosophes ne purent avoir de connaissance propre. Tout au plus, les platoniciens perçurent-ils ses effets en une connaissance per *appropriata*. Thomas le leur concède à la suite d'Albert dans son *Commentaire des Sentences* et pour faire bref dans la *Somme*, mais non dans le *Commentaire sur Boèce*[1]. Là il montre qu'ils ne pensèrent pas la consubstantialité des Personnes, n'atteignirent pas la troisième dans sa spécificité et son rôle de *nexus* entre les deux premières. Mais cela n'empêche nullement le théologien de recourir à la raison pour éclairer ce dogme. C'est même pour lui un devoir, puisque le Philosophe lui-même se l'assigne[2]. Mais qui s'en tiendrait à ses raisons naturelles s'exposerait à commettre un triple péché[3] : la présomption d'atteindre par cette voie une connaissance parfaite, faire passer la raison avant l'adhésion, comme dans les sciences profanes, alors qu'en théologie, il convient de partir de la foi, se lancer enfin dans une investigation des choses divines qui dépasse le mode de ses propres capacités.

C'est bien la doctrine de la Trinité qui donne à Thomas l'occasion d'une réflexion critique sur la rationalité théologique. Il conçoit que dans leurs discussions avec les contradicteurs de la foi, les Pères ont élevé leur âme à des vérités qui suffisent à exclure l'erreur, même si elles ne sauraient prétendre à une compréhension du mystère. Sur cet exemple où l'on pense aux images des trois puissances de l'âme mises en évidence par Augustin, sommes-nous seulement dans une démarche négative de dispute ou positive mais simplement apologétique ? La suite de la question disputée, et la pratique habituelle de Thomas sur ce mystère et sur les autres semble permettre de répondre dans les deux cas par la négative. Les analogies du verbe et de l'amour utilisées pour penser les processions des Personnes ne sont mises en œuvre par lui ni pour réfuter ceux qui nient le dogme de la Trinité, ni pour y conduire les incroyants à partir de l'expérience intérieure de leur âme et de ses puissances. Il s'agit bien plutôt de mettre en œuvre une forme de rationalité qui permette au croyant d'approfondir à partir de ces analogies son appréhension du mystère de la Trinité. Pour cela il est licite de recourir à la raison et selon les formes scolastiques de la dispute[4] ; non pour repousser un doute, mais pour confirmer la vérité de foi et progresser dans son intelligence.

Thomas précise qu'il existe deux modalités de la raison[5]. L'une démonstrative, viendrait évacuer la foi ou en diminuer le mérite si elle était appliquée ou applicable en théologie. Mais il est une raison persuasive, procédant à partir de

1. *Id.*, *Super Boetium de Trinitate*, q. 1, a. 4, ad 8m, éd Léonine, 50, Rome, 1993, p. 90-91, l. 163-178 ; cf. *I Sent.* d. 3, a. 4, *ad. 4m*, éd. Parme, 6, p. 34 ; *Ia*, q. 32, a. 1, *ad. 1m*.

2. Aristote, *Éthique à Nicomaque* 1, 10, cité par Thomas d'Aquin, *ibid.*, q. 2, a. 1, *resp.*, p. 93, l. 79-86.

3. Thomas d'Aquin, *ibid.*, l. 87-104.

4. « Non video quare hoc non liceat, cum tota die in scholis magistrorum disputetur et de Trinitate et de aliis articulis fidei, non propter dubitationem sed propter veritatis intellectum et confirmationem », *id.*, *Responsio ad magistrum Joannem de Vercellis de 43 articulis*, éd. Léonine, 42, Rome, 1979, p. 333, l. 459-463.

5. « Ad quintum dicendum quod duplex est humana ratio : una demonstratiua, cogens intellectum ad consensum ; et talis ratio non potest haberi de his que fidei sunt, set potest haberi ad euacuandum ea que fidem esse impossibilem asserunt : quamuis enim ea que sunt fidei demonstrari non possint, non tamen possunt demonstratiue improbari ; si autem talis ratio ad probandum ea que sunt fidei induceretur, euacuaretur meritum fidei : quia iam assentire his non esset uoluntarium set necessarium. Ratio autem persuasoria sumpta ex aliquibus similitudinibus ad ea que sunt fidei inducta, non euacuat fidei rationem, quia non facit ea esse apparentia, cum non fiat resolutio in prima principia que intellectu uidentur ; nec iterum meritum fidei euacuat, quia non cogit intellectum ad consensum, unde assensus remanet voluntarius. », *id.*, *Super Boetium de Trinitate*, q. 2, a. 1, *ad 5m*, éd. Léonine, 50, Rome, 1993, p. 94, l. 137-154.

similitudes et qui n'évacue pas la foi. Elle ne se ramène pas en effet aux premiers principes de la raison, et n'a pas la valeur contraignante de la raison démonstrative, mais laisse l'assentiment à la volonté libre. Ce sont ces raisons de convenance qui sont utiles à un progrès théologique partant du donné de foi pour entrer plus avant à l'aide de similitudes dans l'intellection de son mystère.

Ainsi ce recours à la raison est-il strictement réglementé par le Docteur angélique. C'est un devoir pour elle de servir la foi qui lui donne son achèvement pourvu qu'elle demeure toujours «*in obsequium Christi*»[1]. Thomas précise trois usages légitimes et deux erronés de la doctrine philosophique[2]. Elle peut servir à démontrer les préambules de la foi, relatifs à Dieu comme son existence ou son unicité, ou même à ses créatures. Elle peut aider par certaines similitudes à expliciter le donné de foi. Le *De Trinitate* d'Augustin est cité ici en exemple. Enfin, elle permet de résister à ceux qui s'opposent à la foi en leur montrant que ce qu'ils disent est faux, ou au moins sans nécessité. En revanche, qui userait d'une philosophie corrompue, comme Origène, ou voudrait faire entrer le donné de foi dans les limites de la simple raison philosophique errerait gravement. Au contraire, pour Thomas, ceux qui font à bon escient entrer des vérités philosophiques dans leurs écrits théologiques ne se contentent pas de mêler l'eau au vin, ils la transforment en vin[3].

En théologie le recours à l'autorité ne marquera pas comme dans les sciences profanes une faiblesse de l'argumentation. Il sera au contraire spécifique de cette science qui s'appuie sur la révélation divine. Ainsi sera-t-il plus certain en raison de cette origine que toute argumentation provenant de la faiblesse de notre intelligence créée[4].

Enfin les autorités elles-mêmes doivent être ordonnées selon leur degré de certitude ou de probabilité[5]. Les dires des philosophes ou des poètes profanes sont retenus comme des arguments étrangers à cette science et seulement probables. Les seules autorités certaines proviennent du canon de l'Écriture. Quant aux «docteurs de l'Église», entendons sous ce terme à la fois les Pères et les docteurs modernes, ils fournissent à la théologie des arguments qui lui sont propres, mais seulement probables. Remarquons d'ailleurs que les écrits des Pères sont considérés comme

1. *Id.*, *Ia*, q. 1, a. 8, *resp.*, citant II *Cor.* 10, 5.

2. «Sic ergo in sacra doctrina philosophia possumus tripliciter uti: primo ad demonstrandum ea que sunt preambula fidei, que necesse est in fide scire, ut ea que naturalibus rationibus de Deo probantur, ut Deum esse, Deum esse unum, et alia huiusmodi uel de Deo uel de creaturis in philosphia probata, que fides supponit; secundo ad notificandum per aliquas similitudines ea que sunt fidei, sicut Augustinus in libro De Trinitate utitur multis similitudinibus ex doctrinis philosophicis sumptis ad manifestandum trinitatem; tertio ad resistendum his que contra fidem dicuntur, siue ostendendo ea esse falsa, siue ostendendo ea non esse necessaria. Tamen utentes philosophia in sacra doctrina possunt dupliciter errare: uno modo in hoc quod utantur his que sunt contra fidem, que non sunt philosophie, set corruptio uel abusus eius, sicut Origenes fecit; alio modo, ut ea que sunt fidei includantur sub metis philosophie, ut scilicet si aliquis credere nolit nisi quod per philosophiam haberi potest, cum e conuerso philosophia sit ad metas fidei redigenda, secundum illud Apostoli II Cor. X: "In captiuitatem redigentes omnem intellectum in obsequium Christi."», *id.*, *Super Boetium de Trinitate,* q. 2, a. 3, *resp.*, éd. Léonine, 50, Rome, 1993, p. 99, l. 148-171.

3. *Id.*, *ibid.*, *ad. 5m*, p. 100, l. 204-216.

4. *Id.*, *Ia*, q. 1, a. 8, *ad. 2m.*

5. «Sed tamen sacra doctrina hujusmodi auctoritatibus utitur quasi extraneis argumentis et probabilibus. Auctoritatibus autem canonicae Scripturae utitur proprie et ex necessitate argumentando; auctoritatibus autem aliorum Doctorum Ecclesiae quasi arguendo ex propriis, sed probabiliter. Innititur enim fides nostra revelationi Apostolis et Prophetis factae qui canonicos libros scripserunt, non autem revelationi si qua fuit aliis Doctoribus facta.», *id.*, *ibid.*

inspirés[1]. C'est le même Esprit qui inspire ceux qui rédigent l'Écriture et ceux qui l'expliquent. Thomas ne dit pas que c'est le même mode d'inspiration, et précise qu'outre ce qui concerne l'exposition de l'Écriture proprement dite, les Pères ont mêlé à leurs écrits des opinions personnelles ne relevant pas de la foi et sur lesquelles ils pouvaient se tromper[2].

Ainsi s'ordonne la culture Chrétienne en un traditionalisme équilibré qui n'est pas sans rappeler Bonaventure et sa source finalement augustinienne. Les emprunts à la culture profane : littéraire et philosophique ne sont pas exclus, mais ils demeurent de l'ordre de l'appropriation d'un bien étranger (l'or des égyptiens). Les docteurs modernes et le Lombard en particulier viennent éclaircir et ordonner un legs propre venant des Pères et des Ecrits canoniques. Mais seuls ces derniers sont certains, tandis que les interprétations des premiers demeurent seulement probables et ne requièrent pas l'adhésion de foi.

Ainsi la théologie scolastique prend-elle sa place aux yeux de Thomas dans l'ensemble de la culture Chrétienne et dans l'enseignement de l'Église. A ce titre, l'enseignement du « Docteur Commun » s'étend aux domaines de la théologie Biblique et de la théologie spirituelle[3]. Sa théologie vient en effet apporter une lumière rationnelle au legs patristique. Son point de départ est bien la foi, mais elle en tire une intelligence. Cette intelligence n'est que le pâle reflet de celle que Dieu a de lui-même et c'est à ce titre qu'elle lui est subalternée. Rectrice dans l'ordre des fins, elle demeure ainsi imparfaite car ses premiers principes reçus de la foi n'ont pas l'évidence de ceux des sciences profanes. Pourtant, les bienheureux en ont une intelligence parfaite par participation à celle de Dieu. Et c'est pourquoi la science des docteurs scolastiques demeure subalternée à cette parfaite théo-logie. Son objet est bien en effet le Dieu de la Révélation, mais en tant qu'il est connaissable à partir de la foi. Ce progrès de la science à partir de la foi s'appuie, nous l'avons vu, sur la raison naturelle et ses argumentations de convenance, mais dans la lumière des dons du Saint Esprit. Elle développe pourtant par l'étude éclairée un *habitus* particulier qui ne se confond ni avec celui d'une science profane, ni avec celui de foi ou avec les dons du Saint Esprit. Elle est ainsi une sagesse spéculative et non pratique selon la conception intellectualiste qu'en propose Thomas.

Conclusion

L'originalité du point de vue de saint Thomas d'Aquin sur le statut noétique de la théologie tient donc moins à l'usage qu'il fait de la notion aristotélicienne de subalternation pour en justifier la scientificité, qu'à son affirmation contre l'avis de tous ses prédécesseurs et contemporains, et même de son maître saint Albert le Grand, du caractère principalement spéculatif de la théologie. Mais cette spéculation ne saurait rester purement philosophique, et elle procède de la lumière de la foi, supérieure à celle de la raison naturelle à laquelle elle recourt pourtant au sein même de la lumière de foi. Mieux, la lumière des deux projecteurs de puissance

1. « Respondeo dicendum quod ab eodem Spiritu Scripturae sunt expositae et editae. », *id.*, *Quodlibet* 12, q. 17, a. 26, éd. Parme 9, p. 628, éd. Léonine, 25, 2, Rome, 1996, q. 16, a. unicus, p. 421.

2. *Id.*, *ibid.*, *ad. 1m.*

3. Cf. J.-P. Torrell, *Saint Thomas d'Aquin, maître spirituel*, *op. cit.*, et « Le savoir théologique chez saint Thomas », art. cit., rappelant *in fine* que Thomas ouvre la voie au renouveau exégétique accompli par Nicolas de Lyre.

inégale ainsi focalisés sur l'objet de l'investigation théologique est encore renforcée par celle des dons du Saint Esprit, dont le théologien ne saurait refuser l'aide. Même s'il ne peut compter sur eux pour se substituer à l'exercice de sa raison naturelle nécessaire à sa recherche théologique, ces dons, et celui d'intelligence en particulier accompagnent normalement la croissance dans la foi et donc la pénétration de sa lumière. Saint Thomas se situe ainsi en-deçà de la dissociation entre théologie scolastique et théologie mystique. Pour lui, la lumière qui alimente la théologie scolastique est bien celle de la foi, mais d'une foi formée, vive, croissant dans une charité non moins vive, et sous la direction des dons du Saint Esprit. Elle n'en est pas moins science recourant à toutes les possibilités de la raison naturelle, sans céder à la tentation d'illuminisme.

Son originalité réside donc dans l'affirmation intellectualiste du caractère principalement spéculatif de la science théologique. Elle est également pratique dans la mesure où elle reste finalisée à la béatification de l'homme. Mais précisément, celle-ci est conçue comme vision intellectuelle de Dieu, dont la jouissance volontaire n'est qu'une conséquence. Tandis que la pieuse science d'Albert considérait Dieu à la fois comme principe et comme fin, celle purement spéculative de Thomas veut le regarder en lui-même, de la vision même dont il se contemple lui-même, et qu'il fait participer aux bienheureux. Dieu seul est parfaitement théologien, cette affirmation de Scot vient sans nul doute d'une compréhension profondément métaphysique de l'intuition fondamentale de Thomas d'Aquin. La subalternation n'en est qu'une conséquence logique dont le frère Mineur ne voudra pas, préférant faire fonctionner la distinction entre connaissance intuitive et abstractive. Mais le tournant opéré par Thomas, et qui devient incontournable pour tous ses successeurs, y compris Henri de Gand et Godefroid de Fontaines qui le critiquent avant Scot, n'est-il pas le passage d'une pieuse science pratique à une théologie spéculative ?

CHAPITRE VI

HENRI DE GAND, PROFESSIONNALISATION DE LA THÉOLOGIE

C'est essentiellement dans les premiers articles de sa *Somme théologique* qu'Henri de Gand pense le statut noétique de la théologie. Nous suivrons donc l'ordre de ces vingt articles couvrant plus de cent-vingt folios. Le Gantois revient sur certains points dans diverses questions de *Quodlibet* que nous évoquerons le cas échéant de manière complémentaire au moment où nous aborderons les problèmes dont elles traitent dans le cours des développements de la *Somme*[1].

Il est remarquable qu'avant même de se poser, à partir de l'article VI, les questions désormais classiques sur la théologie comme science, spéculative ou pratique, comme sagesse..., Henri de Gand consacre les cinq premiers articles au problème de la connaissance humaine en général. C'est bien ainsi d'emblée en termes noétiques, plus d'ailleurs qu'épistémologiques, qu'il envisage de poser le problème du statut de la théologie. Il le fait ensuite dans les articles VI à XX. Ce n'est donc qu'au terme de cette longue réflexion critique occupant près de la moitié de la première partie de la *Somme* (123 folios sur un peu plus de 260) que peut commencer un discours portant proprement sur Dieu et non plus sur la théologie. Encore, la question de la cognoscibilité de Dieu par l'homme, en son essence en particulier revient-elle bientôt dès les premières questions des articles 22 et 24. Cet exposé très détaillé de la *Somme* n'intègre pas encore les ultimes évolutions noétiques d'Henri de Gand, mais il représente un état déjà fort avancé de sa réflexion en ce domaine[2].

1. Pour une bibliographie très complète sur Henri de Gand, les éditions de ses œuvres, mais aussi les études le concernant depuis le siècle dernier, cf. P. Porro, « An historiographical image of Henry of Ghent », suivi de « Bibliography », dans *Henry of Ghent, Proceedings of the international Colloquium on the occasion of the 700th anniversary of his death (1293)*, W. Vanhamel éd., Louvain 1996, p. 373-434.

2. Selon R. Macken, les articles 1 à 61 furent données à l'éditeur ensemble et en 1289 seulement, cf. Henri de Gand, *Summa*, art. XXXI-XXXIV, R. Macken, (éd.), *Opera Omnia*, 27, p. LIV.

De la noétique à la théologie dans les articles I à V de la *Somme*

La réflexion générale sur la connaissance humaine qui ouvre cette *Somme des questions ordinaires* du Docteur Solennel apparaît d'abord assez classique dans les trois premiers articles, considérant successivement la connaissance humaine en général, en sa possibilité même et ses modes d'acquisition, puis d'un point de vue subjectif mesurant sa certitude, enfin du point de vue objectif, regardant ses objets et leur étendue. En revanche les deux derniers articles proposent une approche plus originale. Le quatrième pose la question du désir de savoir, de son étendue et de sa légitimité, et le cinquième celle de l'étude par laquelle l'homme y répond.

Sur la connaissance humaine et ses dimensions subjective et objective

Contre les sceptiques dont il réfute les arguments au début du premier article, Henri de Gand affirme la possibilité pour l'homme d'atteindre une connaissance, tant à partir du témoignage extérieur d'un autre qu'à partir de sa propre expérience intérieure. Il affirme ainsi la possibilité pour l'homme d'atteindre par ses seules lumières naturelles une connaissance philosophique[1]. Ce sont cette fois les positions extrêmes de l'augustinisme avicennisant qui sont visées. En suggérant que l'intellect créé ne peut atteindre la vérité sinon dans les raisons (*regulae*) éternelles et par une illumination spéciale, ils le sous-évaluent gravement. Pour Henri de Gand, les conclusions tirées de premiers principes atteints par une lumière naturelle peuvent être obtenues sans qu'intervienne aucune autre illumination spéciale. Il reconnaît d'ailleurs bien volontiers que cette première lumière portée sur les premiers principes est déjà une illumination divine. Mais dans cet ordre elle n'en requiert pas d'autre pour que les conclusions qui en découlent puissent être déduites. Dieu et la nature font bien les choses, dotant l'intellect humain de la lumière naturelle requise par son opération propre.

En revanche, entre ces deux positions extrêmes : celle des sceptiques pour laquelle l'homme ne saurait atteindre aucune connaissance, et celle des partisans d'une illumination augustinienne portant sur le contenu de toute connaissance, il reconnaît encore volontiers que dans le cas d'une connaissance comme celle de foi, dont les principes ne sont pas accessibles par la seule lumière naturelle, une illumination spéciale est requise afin d'en tirer les conséquences. Or n'est-ce pas là précisément le rôle de la théologie ? Nous le verrons bientôt se dessiner davantage.

Auparavant, il précise dans la deuxième question du premier article, sa conception de l'illumination-vérité. L'intellect humain est fait pour saisir ce qu'est la réalité (l'*id quod est* de l'*ens*), en revanche, il en saisira la vérité par composition et division, comme conformité à son modèle (*exemplar*). Mais cette saisie de l'*exemplar* se dédouble elle-même du point de vue de l'objet comme de celui du

1. « Nunc autem proculdubio verum est quod in aliquibus cognoscibilibus primum illorum non potest (homo) cognosci aut sciri ex puris naturalibus, sed solum ex speciali illustratione divina, ut in illis quae per se et simpliciter sunt credibilia. Et ideo in talibus simpliciter et absolute concedendum est quod non contigit hominem scire aliquid ex puris naturalibus, sine speciali illustratione divina lumine aliquo supernaturali infuso. Et credunt hoc esse mente Augustini in omnibus libris suis ubicumque tractat quod quicumque verum videt in prima veritate, sive in regulis aeternis, sive in luce aeterna illud videt (...) Sic dicentes multum derogant dignitati et perfectioni intellectus creati. », Henri de Gand, *Summa*, a. 1, q. 2, éd. 1520, Réédition : Franciscan Institute Publications, New York, 1953., f. 4.

sujet. L'*exemplar* peut être l'espèce créée dans l'âme ou son modèle dont use Dieu dans son art éternel. Il peut être saisi extérieurement par le sujet connaissant, comme un simulacre peint, selon un mode imaginatif qui n'accédera pas à sa vérité. Il peut être saisi intérieurement mais encore comme espèce intelligible. En revanche l'exemplaire éternel pourra être connu comme objet de la connaissance ou comme la raison qui la mesure. Dans tous les cas une telle connaissance de la vérité éternelle exige une illumination spéciale de la lumière incréée. Obtenue à partir de l'exemplaire divin, elle seule sera parfaite. Toute autre connaissance, provenant d'un exemplaire abstrait restera obscure[1]. Par la seule connaissance naturelle, l'intellect peut tout au plus parvenir au seuil de l'illumination spéciale requise pour atteindre la vérité pure (*sincera*).

Pourtant, Henri de Gand précise encore (q. 3) que la lumière divine qui illumine la connaissance humaine n'est pas saisie en elle-même comme objet de connaissance. La comparaison avec les trois éléments impliqués dans la vision sensible : lumière couleur et œil est longuement développée. La lumière divine purifie l'intellect de ses nébulosités, lui présente l'exemplaire éternel de la chose dont il a abstrait l'espèce, mais ne s'offre pas à lui comme objet de contemplation directe. L'intellect humain est donc disposé par nature à la connaissance, mais en puissance seulement. Pour que cette connaissance devienne en acte, l'étude est encore requise. Mais pour que son actualisation soit parfaite, il y faut surtout l'illumination par Dieu contenant seul la vérité des exemplaires éternels. Une telle connaissance ne requiert donc d'autre maître que Dieu (q. 5 à 7). La connaissance naturelle se passe en effet de la transmission artificielle du savoir à travers les signes mis en œuvre par un maître. En revanche, la connaissance humaine a besoin, pour parvenir à sa perfection, d'atteindre les exemplaires présents en Dieu. Pourtant cela ne requiert pas de Dieu un acte d'enseignement particulier. Il illumine les exemplaires sans les enseigner, comme Monsieur Jourdain...

Mais si l'homme ne peut se passer de son divin maître, peut-il aussi apprendre des anges ? Cette question (8) donne lieu à des développements noétiques très complexes qui mériteraient d'être repris pour eux-mêmes mais ne peuvent l'être ici. Disons simplement que le Gantois distingue le cas des âmes séparées dont la connaissance est semblable à celle des anges et peut donc être reçue d'eux selon leur mode de communication habituelle. C'est à propos de l'âme encore dans ce corps que le problème se pose. Il en distingue trois modes de connaissance : naturel, partiellement surnaturel dans la foi, et tout à fait surnaturel dans l'extase. Mais ce dernier mode se rapporte à celui des âmes séparées. Reste donc à considérer si les anges peuvent enseigner les hommes selon la nature et selon la foi. Au terme de nouvelles distinctions fort complexes l'auteur conclut que cela ne se réalisera que de manière accidentelle, comme dans le cas de l'enseignement par un autre homme. Car il est bien évident qu'un homme ne peut s'apprendre à soi-même (q. 9) ne pouvant être à la fois en acte et en puissance sous un même rapport. Il lui faudra pourtant passer d'un savoir primitif en puissance à un savoir en acte par l'étude (q. 10). Henri de Gand pense de manière complexe les rapports de l'inné et de l'acquis dans ce savoir originel[2]. Ainsi, même la connaissance des singuliers passe par une acquisition à partir d'une science naturelle et confuse de l'universel (q. 12).

1. « Perfecta igitur ut dictum est informatio veritatis non habetur nisi ex similitudine veritatis menti impressa de re cognoscibili ab ipsa prima et exemplari veritate. Omnis enim alia impressa a quocumque exemplari abstracto a re ipsa, imperfecta obscura et nebulosa est. », *id.*, *ibid.*, f. 7 L.

2. *Id*, *ibid.*, q. 11, f. 21-22.

Si le premier article portait sur la connaissance prise en elle même, le second regarde son mode subjectif et en particulier la certitude qui la caractérise. Il s'articule autour des questions suivantes. L'homme parvient-il à connaître quelque chose avec certitude (q. 1) ? Connaît-il avec certitude tout ce qu'il sait (q. 2) ? La certitude est-elle égale entre toutes les connaissances d'un homme ou de plusieurs (qui connaîtraient les mêmes choses) (q. 3 et 4) ? Tous les sujets humains et tous les objets de connaissance sont-ils voués à une égale certitude (q. 5 et 6) ?

Le fondement de la certitude réside pour Henri de Gand dans la connaissance des premiers principes dont les conclusions seront logiquement déduites. Ainsi, parmi les sciences spéculatives distinguées par Aristote, la certitude est maximale pour les mathématiques dont les objets gardant un fondement sensible sont immuables, au contraire de ceux de la physique qui y perd ainsi en certitude. Mais celle-ci est minimale en théologie dont les objets sont suprêmement abstraits et éloignés du donné sensible. De même les dispositions subjectives, le degré de perfection des *habitus* de science, entraînera des inégalités entre les hommes quant à la certitude de leurs connaissances respectives d'un même sujet. De même que tous les sujets humains n'ont pas les mêmes aptitudes naturelles à la connaissance et à sa certitude, de même, tous les objets ne s'y prêtent pas également. Les plus parfaits dans l'ordre de l'être seront aussi susceptibles d'une connaissance plus vraie et donc certaine.

Ainsi, dans l'ordre de ses objets, Henri de Gand se refuse à étendre la connaissance humaine menée selon la lumière naturelle, au non être (q. 1) dont il n'existe aucune espèce, ni même à tous les êtres (q. 2), en raison cette fois de ses limites subjectives. Non que la faculté intellectuelle ne soit proportionnée à ses objets propres, mais les sciences philosophiques mêmes (q. 3) ne consacrent pas une partie de leurs développements à la connaissance des êtres spirituels, ce qui prouve qu'ils échappent à leur investigation. Ainsi à partir de ses seules facultés naturelles (q. 4), l'homme ne peut-il connaître tous les êtres. Partant nécessairement de la connaissance sensible, il ne peut notamment remonter à Dieu par aucune similitude adéquate. En revanche, il en reçoit par grâce une aide qui lui permet de connaître ce qui excède sa nature. Il est ainsi conduit par la volonté et l'affectivité en même temps que par l'intelligence[1]. L'insuffisance de la raison naturelle à l'égard de ces objets surnaturels et le rôle compensateur de la volonté méritante dans la foi est évoqué de manière plus classique dans le Quodlibet 8, q. 14[2].

1. « Nunc autem sicut Deus agit et movet sicut primus motor (...) Et ideo sicut dupliciter movet (ut dicitum est) creaturas corporales, una scilicet providentia naturali et generali, et altera providentia speciali et voluntaria, similiter congruit ut dupliciter moveat creaturam spiritualem. Motus autem eius est in intelligendo et volendo, et hoc scilicet providentia generali movendo eam lumine naturaliter sibi indito ad cognoscendum ea quae subsunt cognitioni naturali, et similiter ad ea agendum, quae sibi ex naturalibus agere competit. Providentia autem speciali movendo eam lumine supernaturaliter infuso ad cognoscendum quae sunt super facultatem rationis naturalis, et similiter voluntarie ad agendum quae sibi per gratiam agere competit, ut sic homo ordinetur tam ex parte intellectus, quam affectus... », *id.*, *ibid.*, a. 3, q. 5, f. 30.

2. « Sic non solum impossibile est probare aliquem articulorum fidei demonstrative, sed nec absolute, sed dono gratiae credere, quia sunt de illis quae in tantum facultatem naturalis rationis excedunt quod contraria eorum per illa quae videt in naturalibus probabiliora sunt (...) Innumera itaque miracula, et alia quae non nisi divinitus possunt fieri in huiusmodi nobis fidem faciunt, et dubitare non sinunt. Utimur itaque in eorum attestatione sive etiam confirmatione signis pro argumentis, prodigiis pro experimentis. Verum est ad persuadendum voluntati ut velit credere, non autem ad declarandum ratione veritatem eorum quae redenda sunt, ut propter eorum declarationem et perspicuam veritatem credat, fidem scilicet praeveniendo. Aliter enim meritum fidei evacuaretur. », *id.*, *Quodlibet* 8, q. 14., 1518, f. 325.

L'on remarquera d'abord l'insuffisance de la raison à conduire jusqu'à la foi. S'il y a bien une démarche apologétique, elle ne peut conduire qu'au seuil de la foi qui requiert la grâce. Et encore généralement l'autorité sera nécessaire pour désavouer les conclusions d'une connaissance naturelle, sensible et intellectuelle trop limitée. L'on remarquera également que le passage de l'adhésion de foi à l'intellection est encore pensé dans les termes thomistes comme déduction d'un contenu de foi à partir de la conjonction d'un ou plusieurs autres. La transformation du donné de foi en intelligible n'est pas ici explicitée. Enfin, Henri de Gand analyse avec perspicacité le rôle de ce qui pourrait, d'un point de vue apologétique, se substituer aux insuffisances de la raison naturelle : le témoignage des miracles et prodiges. Ceux-ci ne sauraient convaincre la raison du contenu de la foi. Ils peuvent seulement inciter la volonté à l'y faire adhérer. Le mérite de la foi est ainsi préservé, tandis qu'une démonstration rationnelle l'aurait perdu.

Le désir humain de savoir et son objet surnaturel

L'article IV du premier livre de la *Somme* est consacré au désir de savoir. Est-il naturel, égal en tout homme ? Peut-il porter sur ce qui dépasse la raison ? Après avoir ainsi montré dans les cinq premiers articles comment ce désir conduit de la nature au surnaturel, Henri de Gand examine les objets de ce désir et la manière dont ils s'ordonnent à partir de leur sommet.

La question du désir de savoir connaît chez Henri de Gand un double rebondissement. Il s'agit de montrer que l'homme désire savoir avant de se demander si un tel désir est naturel. Mais la question se pose dans les deux cas au niveau de l'individu et de l'espèce. L'espèce humaine est caractérisée par son intellect dont la fin est précisément de savoir. Or la volonté de l'homme désire que chacune de ses facultés parvienne à sa fin qui est son bien. Il y a donc bien dans la volonté de l'homme un désir de son bien intellectuel qui est de savoir[1]. Mais un tel désir de savoir est-il vraiment observable chez tous les hommes (q. 2) ? Henri de Gand répond oui, en tant qu'ils appartiennent à l'espèce humaine. Mais chaque individu sera attiré par un savoir correspondant à son désir personnel. Pourtant ce désir spécifique est fondé en nature[2]. Car l'intellect reste en puissance tant qu'il n'est pas actualisé par la connaissance, et le désir de savoir n'est autre que cet appétit de passer de la puissance à l'acte. Pourtant, tous les hommes ne semblent pas l'éprouver avec la même vitalité (q. 4). C'est que les uns sont plus aptes que les autres au savoir, et surtout que certains sont mieux informés par la connaissance imparfaite qui leur fait désirer la perfection du savoir.

Une fois ce désir naturel reconnu, la question qui intéresse le théologien est évidemment de savoir s'il peut porter sur ce qui excède la raison humaine (q. 5). Là, il doit se garder de deux extrêmes subtilement exposés dans les objections. L'un consiste à dire qu'une puissance naturelle n'est ordonnée qu'aux objets

1. « Appetitus igitur rationalis in homine, sive voluntas movere habet omnes alias potentias animae ad actus suos et in proprios fines [...] Cum ergo de numero illarum potentiarum una sit intellectus, cuius objectum et finis est verum et scire, dicendum quod homo per voluntatem appetit scire, sed secundum intellectum.», *id.*, *ibid.*, a. 4, q. 1, f. 30 v.

2. « Absolute ergo dicendum quod homo ante acquisitionem omnis notitiae appetitu illo qui non est animalis sed in ipso pure naturalis naturaliter appetit scire simpliciter. Sicut post adeptam aliqualem cognitionem imperfectam, appetitu cognitivo, appetit scire hoc vel illud : secundum quod imperfectam habet notitiam huius vel illius, ut scientia imperfecta in ipso perficiatur. Et hunc appetitum cognitivum praecedit ille appetitus naturalis sine omni cognitione. », *id. Summa*, *ibid.*, q. 4, f. 32.

qu'elle peut atteindre par sa propre nature. Celle-ci ne saurait travailler en vain. L'on reconnaît ici la position de l'aristotélisme radical, et pourtant, c'est la seconde qui est attribuée à Averroès. Elle consiste à prétendre que l'intellect humain peut atteindre naturellement les intelligences séparées. Le désir humain de connaissance n'excéderait pas les possibilités de la raison dans le premier cas, parce qu'elles sont limitées au monde sensible, dans le second parce qu'elle prétend accéder par sa propre nature à celle des intelligences séparées qui la dépassent.

A cela Henri de Gand oppose trois arguments[1]. Notre intellect est en puissance tant par rapport à l'intellection des réalités naturelles qu'il peut atteindre par ses forces naturelles qu'à l'égard des réalités surnaturelles qu'il ne peut atteindre que de manière surnaturelle. Cela n'en est pas moins naturellement qu'il désire connaître les unes et les autres. D'autre part, la connaissance imparfaite de Dieu et des intelligences séparées à laquelle l'homme parvient en appliquant sa raison aux réalités naturelles, lui en fait désirer une connaissance parfaite. Il ne saurait se contenter de la connaissance imparfaite qu'il peut en avoir, et dont il perçoit l'imperfection. Il désire naturellement fuir l'ignorance qu'elle représente à ses yeux exigeants de philosophe[2]. Le désir naturel de connaître de l'homme culmine en un désir naturel de voir Dieu, car ainsi que l'exprimait Augustin, son intellect ne saurait être en repos tant qu'il ne contemplera l'essence même de Dieu qui est la vérité première. Reste à penser à quels objets et selon quel ordre s'étend ce désir.

Le désir de connaître s'étend à toute chose (q. 6) si on le prend universellement, mais non à chacune en particulier. Il ne s'appliquera d'ailleurs pas à tout également, à la fois en raison des dispositions du sujet désirant qui ne sauraient être égales (q. 7) à l'égard de tous les objets possibles, et du fait de ces objets même dont la connaissance n'est pas également désirable. En revanche il doit exister, comme en tout ordre de biens, un premier désirable (q. 8) vers lequel se porte le désir de connaître[3]. Sachant que dans cet ordre pas plus qu'en aucun autre, on ne saurait remonter à l'infini, ce premier existe et n'est autre que l'objet de connaissance suprême et le plus parfait qui soit pour l'homme : la vérité première. La connaissance de tous les autres sera ainsi désirable par rapport à la sienne, comme tous les biens particuliers s'ordonnent en tant que moyens par rapport au bien ultime voulu comme fin[4]. Mais cette fin difficile exige pour être atteinte que l'on en passe par l'étude, objet de l'article suivant.

1. *Id.*, *ibid.*, q. 5, f. 33.

2. « Absolute ergo dicendum quod homo appetit scire ea quae rationis naturalis notitiam excedunt, ita quod per naturam quiescere non potest humanus appetitus quousque deveniat ad apertam notitiam separatorum, maxime quidditatis et essentiae eius qui est prima veritas, ita quod nihil citra ipsam sedare posset eius appetitum. Etiam si videat clare omnes substantias angelicas, immo esset tunc amplius eius desiderium ad nudam divinam essentiam videndam (...) Cum enim anima naturaliter capax sit summi boni per affectum, et summi veri per intellectumn, minori impleri non potest », *id.*, *ibid.*

3. « Quare cum non possit procedere appetitus intendendo in infinitum, necessario est hominis aliquis finis determinatus, quem sciendo attingere appetit, in quo cum sciendo perventum fuerit, cessabit omnino in eo appetitus sciendi aliquid ulterius. Hoc autem non potest esse nisi quia scitum illud sit summum et perfectissimum scibile homini ultra quod non est aliud, quod non est nisi primum scibile et prima veritas. », *id.*, *ibid.*, q. 8, f. 34 v.

4. « Dicendum ad hoc quod appetitibus ordinatis ad aliquid unum ut ad ultimum appetibile et finem, necesse est omnia alia appeti propter illud ultimum appetibile », *id.*, *ibid.*, q. 9, f. 35.

Du rôle de l'étude

Le cinquième article consacré à l'étude s'organise autour des questions suivantes. L'étude est-elle requise en vue de la connaissance (q. 1) et de la connaissance de toute chose (q. 2) ? L'homme doit-il étudier en vue de savoir tout ce qui peut être connu par les sciences philosophiques (q. 4), ou même au-delà (q. 3), voire en vue d'une connaissance des singuliers (q. 5) ? Enfin l'étude doit-elle poursuivre le savoir pour lui-même (q. 6) ou si l'homme doit imposer une limite à sa propre étude (q. 7) ? Ce questionnement s'organise donc selon trois grandes directions, à commencer par la nécessité de l'étude.

C'est le mode déductif de progression de la connaissance humaine qui exige le passage par l'étude[1]. Pourtant cette étude ne doit pas porter sur tout. Il serait vain en effet de croire qu'une connaissance exhaustive de la Création est requise pour accéder à celle du Créateur. D'abord, parce que notre vie n'y suffirait pas, et ensuite car qui l'entreprendrait négligerait le plus nécessaire[2] : la seule science susceptible de mener au salut. Augustin n'est pas ici cité explicitement, mais on reconnait son enseignement. Les sciences profanes y sont considérées comme une propédeutique dont la fin est dans l'étude de la sagesse chrétienne inscrite dans l'Écriture. Il reste, dans ce cadre, à articuler les limites d'une telle étude par rapport à celle des sciences philosophiques.

C'est ainsi que la troisième question de ce cinquième article donne lieu à des précisions noétiques fondamentales pour saisir le point de vue spécifique d'Henri de Gand sur le statut de la théologie. Loin d'attendre tout ce savoir d'une illumination charismatique, selon l'image que Duns Scot a pu donner de lui, il affirme la nécessité d'une étude portant sur ce que le contenu de foi peut recéler de difficile à comprendre. Citant Augustin, Henri de Gand se moque de ceux qui attendraient d'un rapt au troisième ciel ou d'une vision du Christ lui-même l'explication de ces difficultés qu'ils peuvent trouver dans un livre ou en écoutant un prêche. S'en tenir à leur attitude suicidaire, c'est tenter Dieu[3] !

Et le maître Gantois de distinguer trois niveaux de connaissance : des réalités naturelles selon un mode naturel, des réalités surnaturelles selon un mode surnaturel enfin selon une connaissance intermédiaire[4]. Le premier correspond à la

1. « Dicendum ad hoc quod omnis homo qui intendit devenire ad terminum aliquem, ad quem devenire non potest, nisi per viam deducentem ad ipsum terminum, necesse habet se ponere in via et ambulare per eam. Nunc autem est ita quod terminus unus est vite humane ad quem devenire intendit homo, scilicet notitia perfecta summi veri, ad quam pervenire non potest nisi ambulando in cognoscendo per alia vera quae sunt ad ipsum tanquam per viam, ut dictum est, ambulare autem per notitiam ab uno in aliud non potest nisi studendo scientie », *id.*, *ibid.*, A. 5, q. 1, f. 36.

2. « Dicendum est ergo quod non est homini studendum ad sciendum omnia in vita ista ; primo quia hoc est impossibile, ut dictum est ; secundo quia per hoc negligeret magis utile [...] Sed solum studendum est ei sic : ut studeat ad vitae futurae utilia, et inter illa ad magis necessaria. », *id.*, *ibid.*, q. 2, f. 36 v.

3. « Dicendum ad hoc secundum Augustinum in principio De Doctrina Christiana, quod error erat aliquorum quod praecepta de modo studendi et investigandi obscura sacrae Scripturae non erant necessaria, sed quod intellectus eorum divino munere esset expectandus et ita negebant quod esset homini studendum ad sciendum scibilia supra scientias philosophicas. Contra quos dicit Augustinus (...) quod per hominem discendum est. (...) Dicere ergo absolute quod talibus quae sunt super scientias philosophicas non est studendum, error est et tentare Deum.», *id.*, *ibid.*, q. 3, f. 37.

4. « Verumtamen sciendum quod triplex est modus cognoscendi res : quidam naturalis et modo naturali, quidam supernaturalis et modo supernaturali, quidam medius supernaturalis et modo naturali. Primus est quo cognoscuntur scienda in disciplinis philosophicis, quae sunt de rebus naturalibus, quarum notitia est naturalis (...) Secundus est ille quo cognoscuntur clare et aperte

connaissance philosophique qui requiert l'étude. Le second à la vision intuitive des bienheureux, qui ne saurait être acquise en ce monde par l'étude, mais y est parfois accordée temporairement et par pure grâce et reste en tout cas promise dans l'autre. C'est donc pour le troisième mode de connaissance que le problème se pose. Les réalités surnaturelles y sont connues dans la foi, c'est-à-dire sous une lumière surnaturelle, mais encore par la médiation naturelle « en énigme » des réalités sensibles. Henri de Gand précise que ce qui est ainsi connu dans la foi suppose une compréhension naturelle des termes employés. Par ailleurs, comme les premiers principes des sciences philosophiques, ceux de la foi contiennent en puissance les conclusions qui pourront en être tirées rationnellement[1].

Mais ce ne sont pas seulement les articles de foi qui se déduisent ainsi les uns des autres. La connaissance théologique se propose une pénétration intellectuelle du donné de foi. Il convient donc de l'étudier afin que ce qui est cru devienne connu : « *ut credita fiant intellecta* ». Nous relevons ici l'influence de Bonaventure. Pourtant, il serait insensé pour Henri de Gand, de les étudier par les seules forces de la raison naturelle. Il y faut l'aide d'une lumière surnaturelle. C'est ici qu'intervient le *lumen speciale* qui n'est ni celui de la raison ni celui de la foi, mais prolonge celui-ci jusqu'à l'intellection de son donné initial. Toutefois il ne dispense nullement de l'étude dans l'esprit du Gantois, mais vient simplement l'éclairer d'une lumière qui complète et dépasse celle de la raison. La position de ce pédagogue aguerri de la théologie est fort subtile. Certes, tous ceux qui étudient ne progressent pas dans la connaissance théologique. Il y a malheureusement toujours des étudiants studieux qui demeurent peu éclairés. Mais réciproquement, les plus éclairés ne sauraient vaincre les exigences requises pour l'acquisition de la science théologique sans livrer la bataille de l'étude. L'étude et l'illumination spéciale sont deux conditions nécessaires à l'acquisition de la science théologique, mais aucune ne saurait sans l'autre être suffisante.

Il en donne un exemple[2]. La raison naturelle suffit à comprendre ce que c'est que d'enfanter, mais il faut une lumière surnaturelle pour comprendre que c'est une vierge qui a enfanté. L'étude comporte ainsi trois niveaux pour Henri de Gand. Le fidèle doit d'abord chercher à connaître ce qui est à croire, puis comment il peut le comprendre. Mais ces deux niveaux d'une recherche intellectuelle s'accom-

quiditates caelestium spirituum Dei et angelorum (...) Tertius modus est ille quo supernaturalia et divina hic cognoscuntur per fidem, quorum notitia est supernaturalis, quia per lumen infusum, modo tamen naturali quia in aenigmate rerum sensibilium. Non enim in istis complexa et articulos fidei credimus per lumen fidei, nisi prius terminos et incomplexa lumine rationis naturalis adminiculo sensus intelligamus. (...) Nemo potest credere in Deum nisi aliqua intelligat, tamen fide sanatur ut ampliora intelligat.», *id.*, *ibid.*

1. « De talibus ergo sciendis notandum quod initia fidei accipimus divino lumine, sicut initia primorum principiorum scientialium sumimus lumine naturalis rationis, et quod se habent prima credibilia fidei ad omnia posteriora credibilia, sicut et prima scibilia philosophica ad posteriora scibilia. (...) Sic ad cognitionem illorum quae fidei sunt studere, non potest antequam lumine fidei prima principia credibilium cognoverit. Quibus cognitis ad duo investiganda studendum est. Primo ut ex primis credibilibus investigentur posteriora (...) Secundo autem studendum est eis quae sunt fidei, ut credita fiant intellecta. (...) Ut ergo quae fide sola tenemus intelligamus, studere debemus, non viribus solum naturalis rationis. (...) In hac ergo scientia sapientes mundi stulti facti sunt, quia solo naturali ductu (...) Non ergo solis viribus naturalis ad sciendum supernaturalia studendum est, sed viribus naturalis rationis adiutae lumine supernaturali ad intelligendum illa. (...) Gratia enim est adiutorium infirmitatis nosrtae. Adiutorium autem non dormientibus datur, sed festinantibus et praevalentibus. Sicut enim in bello non omnis qui pugnat vincit, nemo tamen vincere poterit nisi pugnaverit, sic non omnes qui student et legunt acquiruntur scientiam spiritualem. Nemo tamen acquirere potest nisi studiosus fuerit ad legendum, assiduus ad audiendum. », *id.*, *ibid.*, f. 37 v.

2. *Id.*, *ibid.*, f. 38.

pagnent d'un troisième, mené au plan d'une affectivité purifiée par les bonnes œuvres. Une telle étude rend-elle inutile celle des sciences philosophiques ? Il n'est pas non plus dans l'intention du Gantois de le prétendre (q. 4). Simplement, il distingue entre les sciences totalement inutiles, superstitieuses et démoniaques comme la divination, et les sciences vraiment philosophiques, utiles dans la mesure où elles sont mises au service de la Sainte Écriture, seule capable de mener à la vie bienheureuse. L'étude doit donc être menée par ordre.

D'ailleurs les différentes sciences doivent être étudiées selon des modes différents (q. 5) variant selon leur objet et selon les connaissances dont partent ceux qui les étudient. Henri de Gand cite à ce propos la distinction aristotélicienne entre la physique portant sur des objets mobiles et non abstraits, les mathématiques dont les objets sont immobiles mais non totalement abstraits et la théologie portant sur des réalités à la fois immobiles et abstraites. Qui plus est l'étude ne saurait pour Henri de Gand être prise pour une fin en soi (q. 6). Après l'avoir récité, le Docteur Solennel critique au passage le point de vue d'une misologie chrétienne qui rapporterait toute science à l'action caritative, seule méritoire. Au contraire, le maître scolastique affirme la supériorité de la vie contemplative sur la vie active[1].

Mettant en œuvre les vertus intellectuelles, elle est plus méritoire que la vie active qui s'en tient aux vertus morales, pourvu du moins qu'elle reste dans la charité. Mais ainsi toute science méritoire ici-bas est voulue, non pour elle-même, mais en vue soit des bonnes actions morales, soit de l'amoureuse jouissance spéculative. De cet ordre par rapport à la finalité de la vision béatifique, découle naturellement la réponse à la question suivante. L'homme ne doit imposer de limites dans sa quête de la connaissance que par rapport à celle qui n'est pas directement ordonnée à cette fin. En revanche, il doit chercher à progresser sans cesse dans son étude de l'Écriture sainte[2]. Ainsi seule l'étude des sciences profanes doit être limitée pour laisser place à l'essentiel : la science menant au salut. Mais précisément l'investigation de l'Écriture portant sur un mystère divin infini, et directement finalisée à la béatitude éternelle peut être poursuivie indéfiniment. Loin de lui imposer des limites, ces prolégomènes purement noétiques ouvrent un champ infini à l'étude de la théologie.

ESSENCE ET FINALITÉ DE LA THÉOLOGIE

C'est ainsi que la réflexion peut, à partir du sixième article et jusqu'au vingtième, en venir à cette discipline, considérée d'abord en elle-même, puis selon les quatre causes suivant un plan classique dans bien des prologues. Les articles IX à XVIII, consacrés essentiellement à la transmission des connaissances théologiques regardent la causalité efficiente qu'elle met en œuvre, les articles XIX et XX la causalité matérielle.

1. « Non est ergo scire simpliciter propter agere, sed econverso. Et quod scire dirigit agere, hoc est propter se (...) Nec est agere per virtutes morales omnino maioris meriti quam secundum intcllcctualcs. Immo cconverso quantum est de ratione operis maioris meriti est opus contemplative quam active (...) inquantum tamen contemplari ex voluntate imperatur, et charitatis amore. », *id.*, *ibid.*, q. 8, f. 40.

2. *Id.*, *ibid.*, f. 41.

La théologie en soi, science et sagesse unifiée

Mais le maître Gantois commence par considérer la théologie en elle-même (a. VI) et par rapport aux autres sciences (a. VII) avant d'aborder son rapport à la causalité finale. A un questionnement désormais classique se demandant successivement si la théologie est une science (q. 1), si elle est une sagesse à proprement parler (q. 2), si elle est une science une (q. 3) et parfaite (q. 4), Henri de Gand propose des réponses originales. Ainsi, penser la théologie comme une science appelle selon lui des précisions noétiques fondamentales pour le sujet qui nous intéresse[1]. Tout d'abord Henri de Gand affirme bien que le point de départ de la théologie est le donné de foi. Mais il doit devenir grâce à elle intelligible. Plus exactement ce passage du donné de foi d'un statut de *credibilia* à celui d'*intelligibilia* suppose un double concours : celui de l'homme menant l'étude requise, mais aussi celui de Dieu qui l'illumine pour cela d'une lumière nouvelle. Nous avons vu précédemment que ni la lumière de foi, susceptible seulement de générer les *credibilia*, ni l'étude menée selon la seule lumière de la raison ne sauraient suffire à rendre ceux-ci *intelligibilia.*

Mais cette mise au point noétique appelle de nouvelles précisions épistémologiques, moins originales dans le contexte scolastique. Le terme de science pourra être entendu en un sens large ou en un sens strict[2]. Considérée au sens large comme une connaissance certaine de la vérité, la science est classiquement opposée au doute, au soupçon et à l'opinion. Dans ce sens large, la certitude qui s'attache à la foi la place non de leur côté, mais bien de celui de la science. En revanche au sens strict, le critère de scientificité devient l'évidence, source d'une certitude expérimentée « de visu ». Une telle science s'oppose à la foi qui requiert le témoignage d'un autre, d'où lui vient sa certitude[3]. Pourtant une telle science évidente se subdivise à nouveau selon la lumière qu'elle met en œuvre. Menée à propos des seules réalités naturelles et guidée par la seule lumière naturelle, celle de l'illumination générale, elle correspond aux sciences philosophiques. Mais elle peut aussi moyennant l'aide d'une illumination surnaturelle spéciale atteindre les réalités surnaturelles. Tel est le cas de la science théologique qui opère à cet effet la transformation des *credibilia* en *intelligibilia*, quand elle n'a pas la chance de travailler sur des intelligibles déjà élaborés comme tels.

Ainsi la théologie est-elle une science, tant au sens large grâce à la certitude du donné de foi dont elle part, qu'au sens strict grâce à l'évidence que lui confère la lumière surnaturelle spéciale qui la guide. Pourtant l'auteur ne manque pas d'insister de nouveau sur l'opposition qui demeure entre une telle évidence et ce qui,

1. « Ad quaestionem istam intelligendum, cum theologia sit credibilium, et nullorum aliorum, nisi ut accipitur ab initio, ut per fidem credita. Nunc autem ita est quod credibilia primo per fidem nata sunt fieri scita per intelligentiam, ut quae proponuntur homini primo credenda per fidem, postmodum lumine divino adiutus et proprio studio aptatus, capiat ea per intelligentia », *id.*, *ibid.*, a. 6, q. 1, f. 42 v.

2. *Id.*, *ibid.*

3. « Sed intellectus talis dupliciter potest haberi. Et secundum hoc scientia proprie est duplex. Uno enim modo haberi potest vi naturalis rationis operantis modo naturali illustratione solius luminis naturalis, aut cum divina illusrtatione generali, de qua dictum est supra. Alio modo vi naturalis rationis operantis modo supernaturali illustratione speciali luminis supernaturalis. Primo modo habetur intellectus de rebus naturalibus in scientiis phisicis. Secundo autem modo habetur de rebus supernaturalibus in ista scientia, et hoc in quantum credibilia sunt intelligibilia quaedam in potentia, vel iam intellecta, ut infra videbitur. », *id.*, *ibid.*

dans la matière première de la théologie résiste à cette alchimie d'intelligibilisation et reste à jamais dans l'obscurité de la foi[1].

Car la théologie n'est pas seulement science, elle est aussi sagesse (q. 2). On pourrait hésiter pour savoir qui, de la philosophie ou de la théologie, doit être appelée sagesse. Car la seconde n'est pas autonome par rapport à la foi. Mais le maître Gantois tranche : la sagesse sera une science « *de diviniis* », or si la métaphysique s'y intéresse, c'est de la théologie que les choses divines restent l'objet propre. Qui plus est, la certitude n'est pas un critère valable d'architectonicité. La philosophie première est à cet égard en position de faiblesse, aussi bien par rapport aux mathématiques, dont l'objet est certes inférieur, que par rapport à la théologie portant sur le même objet divin mais à partir de la révélation qu'il donne de lui-même. La science du théologien dépasse donc celle du métaphysicien, non seulement en certitude, mais encore en extension, puisquelle atteint la connaissance que Dieu a de lui-même et qui reste hors d'atteinte à partir de celle des créatures[2]. Qui plus est, portant comme la métaphysique sur les causes premières, mais avec une évidence qui vient de leur révélation divine même, la sagesse du théologien se trouve en position architectonique[3].

Sa position dominante par rapport à toutes les sciences humaines vaut selon notre théologien à sa science de se voir attribuer à un titre éminent tous les qualificatifs élogieux de la métaphysique aristotélicienne : elle est seule vraiment libérale, suprêmement honorable... C'est encore cette primauté de la théologie qui fondera son unité (q. 3). Le discours du maître Gantois n'a pas besoin de faire preuve d'originalité sur ce point où il précise toutefois la supériorité de la théologie sur la philosophie qui connaît des subdivisions selon les types d'êtres qu'elle considère. En les rapportant tous à Dieu, la théologie manifeste une unité supérieure[4]. Sa position éminente lui assurera également la perfection (q. 4) selon les trois critères aristotéliciens de la quantité, de la qualité et de la finalité, ici encore rien de très original. Une fois considérée cette science en elle-même, reste à comprendre ses rapports avec les autres.

La théologie et les autres sciences : dominance et indépendance

Pour cela il faut se donner des critères de distinction (q. 1 à 3), puis envisager les éventuels rapports de subalternation et de domination (q. 4 à 8), enfin d'utilité mutuelle et de convergence (q. 9 à 12). Selon un premier mode de distinction dont le modèle est l'opposition de la morale et des mathématiques qui n'ont rien à voir ensemble, on ne peut trouver nulle science qui soit à ce point distincte de la

1. « ... ista scientia continet credibilia quae non perfecte sunt homini intelligibilia in vita ista... », *id.*, *ibid.*

2. « Non enim philosophus habet certissimam scientiam quantum est ex parte evidentiae sibi factae de scibilibus in illa scientia, quoniam evidentiam multo maiorem habet mathematicus de scibili suae scientiae. Et ideo ratione illa mathematica deberet dici sapientia potius quam metaphysica, quod falsum est. Sed philosophus certissimas causas considerat quantum est ex parte rei scitae (...) Quare cum theologia considerat causas altissimas et profundiora et altiora circa illas, quam scientia humana posset attingere (...) Circa enim Deum, theologus considerat non solum quae circa eum philosophus ex creaturis potuit cognoscere, sed etiam illa quae ipsi Deo soli nota erant naturaliter de se. », *id.*, *ibid.*, f. 43 v.

3. « Absolute ergo dicendum quod theologia vere et proprie debet dici sapientia super omnes scientias humanas, non obstante quod minorem habet evidentiam de suo scibili quam scientiae philosophicae de suo [...] Unde omnia ea quae dicit philosophus in commendationem suae sapientiae, multo verius possumus dicere in commendationem huius nostrae sapientiae », *id.*, *ibid.*, q. 2., f. 44.

4. *Id*, *ibid.*, q. 3, f. 45 v.

théologie[1]. Il faut donc que la théologie soit distincte des autres sciences, tout en gardant par son objet une relation de domination sur elles. C'est encore selon son mode de procéder qu'elle sera différente, partant du créateur pour aller vers les créatures, alors que la philosophie y remonte à partir d'elles[2].

Quant au critère de certitude, il est en faveur de la théologie, tant par l'objet connu qui est le plus certain que de par le sujet connaissant. Dans le second cas, une subtile distinction est nécessaire[3]. En effet, la théologie qui part du donné de foi ne saurait avoir l'évidence que la raison naturelle confère aux mathématiques, son origine révélée lui procure pourtant une certitude supérieure à celle de l'évidence naturelle. On remarquera qu'ici le *lumen specialis* n'est pas invoqué en vue d'une évidence théologique susceptible de rivaliser avec celle des mathématiques. Mais leur supériorité est relative (*secundum quid*), tandis que celle de la théologie est absolue à cause de son objet divin[4].

Le second critère d'universalité assure encore la supériorité de la théologie, mais en s'appuyant directement sur le Philosophe qui dit dans la Métaphysique que s'il existe une substance immobile, la science qui la prend pour objet sera la première et la plus universelle. Paradoxalement, c'est précisément parce qu'elle a Dieu seul comme objet propre qu'elle s'intéresse universellement à tous les autres êtres qui dépendent de lui[5]. Cette différence qui fait de la théologie la science éminente ne la coupe donc pas des autres à l'égard desquelles elle exerce sa prérogative de science subalternante.

Toutefois, afin de comprendre comment la théologie se subalterne les autres sciences, il convient selon Henri de Gand, de distinguer entre différents modes de subalternation qu'il trouve chez le Philosophe au nombre de quatre[6]. La science

1. « Primo modo scientiae sunt omnino diversae et disparatae penitus abinvicem distinctae. Sicut diversae scientiae sunt, mathematica et moralis, quia sunt de disparatis omnino, nullo modo connexis (...) Hoc modo distinctionis theologia a nulla alia scientia distincta est. Omnium enim aliarum subiecta aliquo modo sunt, connexa subjecto eius quia omnis ens est ens propter ens primum. », *id.*, *ibid.*, a. 7, q. 1, f. 47.

2. « Tertio modo ista scientia diversa est a qualibet alia, quia etsi considerat id quod alia considerat, tamen secundum aliud. Philosophus enim ex creaturis in Dei cognitionem procedit, et primo considerat de creaturis, ultimo de Deo. Theologus vero econtra ex Creatore tendit in notitiam creaturae, et primo considerat de Deo, ultimo de creatura. », *id.*, *ibid.*, f. 48 v.

3. « Unde sicut quod principia illa sunt incerta aliqui est incertitudo eorum secundum quid, sic, quod ista scientia sit incerta, quia non in evidenti notitia, hoc est incertitudo secundum quid. », *id.*, *ibid.*, q. 2, f. 49.

4. « Dicendum quod isto modo sciendi, ista scientia non est certissima, sed multo sunt certiores philosophicae et maxime mathematicae. Sed ista certitudo cum sit mendicata ab alio, illa autem prior habetur a natura rei, ista quae est per medium est certitudo secundum quid respectu illius que fit ex natura rei in se. Et ideo, simpliciter et absolute dicendum quod ista est certissima, quia est de rebus certissimis in sua veritate, et ex parte scientis securissima et evidentissima, viro spirituali lumine intellectuali illustrato, prout homini in vita ista est possibile. », *id.*, *ibid.*, f. 49 v.

5. *Id.*, *ibid.*, q. 3, f. 50 v.

6. « Et notantur quatuor modi subalternationis per quatuor genera exemplorum (...) Primo modo est primus modus subalternationis quo astrologia subalternat sibi navalem scientiam (...) idem considerant, videlicet stellarum coniunctionem in praesagium tempestatis aut tranquilitatis futurae. Quam coniunctionem cognoscit astrologus per rationem ut causam illius, et ita ut "propter quid". Nauta vero solum per sensum et experientiam ut signum eiusdem, et ita ut "quia" tantum. Secundo modo est secundum modus subalternationis, quo sterometria quae est pars geometriae, considerans per rationem et causam ; et ita ut propter quid, modum constructionis aedificiorum ex corporibus solidis, subalternat sibi scientiam machinativam (...) est tertius modus subalternationis, secundum quem illa pars geometriae que dicitur altimetria, considerans de linea simpliciter (...) subalternat sibi perspectiva (...) Et ita quod considerat altimetra ut "propter quid", considerat perspectivus ut "quia". (...) est quartus modus subalternationis secudum quem arithmetica quae

navale se dirige empiriquement par rapport aux étoiles sans savoir comme l'astronome, le *propter quid*, les causes de leur mouvement. De même, la stéréonomie qui étudie la géométrie des volumes connaît le *propter quid* de ce que la « *machinativa* » manipule en vue de construire des édifices. Elle est comme l'architectonique par rapport aux mains des ouvriers exécutant ses plans selon leurs habitudes qui n'en voient que le *quia*. Tels sont les deux premiers modes de subalternation procédant d'une différence dans la démarche du sujet connaissant.

Les deux suivants se prendront de différences entre les objets de connaissance. Ainsi la géométrie linéaire que notre auteur appelle altimétrie, se subordonne l'optique qui considère les lignes en tant que rayons visuels, obéissant toutefois aux lois de la géométrie. Ici encore les points de vue se partagent selon le *propter quid* et le *quia*. Pourtant, la différence tient à ce que l'objet de la science subalternée est chargé d'un imperceptible poids de matière : celui de la lumière dans ce troisième exemple, celui du son dans le quatrième. L'arithmétique qui considère les nombres en eux-mêmes se subalterne en effet la musique et en particulier cette partie appelée harmonique.

Ces distinctions établies, reste à considérer lequel de ces modes de subalternation correspond en propre à la théologie[1]. Or Henri de Gand considère que seuls les deux premiers sont pertinents dans son cas. Ainsi, comme l'astronomie se subalterne la science de la navigation, la théologie qui ramène tout à sa connaissance de la première cause, se subalterne toutes les sciences spéculatives qui ne regardent qu'une causalité seconde et partielle. Comme la *stéréométrie* se subalterne la *machinative*, la théologie, par sa connaissance de la fin ultime se subalterne les autres sciences qui ne considèrent que des fins intermédiaires et partielles. En revanche, et c'est là sa différence avec Thomas d'Aquin et la scolastique qui s'en réclamera, le Gantois refuse toute subalternation des sciences à la théologie, prise selon les deux derniers modes par une hiérarchisation de leurs objets. La science de Thomas est subalternante parce que subalternée à celle ultime des saints qui voient intuitivement le même objet divin qu'elle cherche à connaître rationnellement ici-bas. Mais cet objet divin assume toute sa Création. La théologie d'Henri de Gand, elle, n'assume nullement l'objet des autres sciences. Elle ne se les subalterne que par les causes et les fins, selon un mode subjectif qui lui donne accès au *propter quid* de ce que les autres sciences ne considèrent que *quia*, sans aucun fondement objectif. Mais de cette manière elle ne saurait être subalternée à aucune des sciences humaines, incapables de dire le *propter quid* de ce dont elle indique le

considerat de numero simpliciter et absolute subalternat sibi musica, quam Philosophus in suis exemplis nominat harmonicam, quae considerat de numero sonore (...) Isti proculdubio sunt IV modi (...) Nec sunt plures nec pauciores (...) primi duo modi sumuntur ex parte modi considerandi (...) Duo vero alii modi summuntur ex parte rei consideratae », *id.*, *ibid.*, q. 4, f. 52.

1. « His expositis videndum est an aliquo istorum modorum theologia aliis scientiis connexa est (...) Ad modum igitur quo astrologia subalternat sibi scientiam navalem (...) theologia subalternat sibi omnes alias scientias, quia illa prima quae sapiens mundi supponit ex experientia, qua sciuntur prima principia Primo Metaphysicae et Secundo Posteriorum, ut per se nota, Theologus dicit habere essendi causam volutatem divinam (...) hoc quo ad scientias speculativas. Consimiliter et in eodem modo subalternandi subalternat sibi omnes scientias practicas. In talibus enim ipsum propter quid sumitur a fine, respectu cuius a quolibet alio fine sub ipso sumitur ipsum quia. Quaecumque igitur scientia finem ultimum operandorum attingit, secundum quem totum opus debet regulari, subalternare sibi debet omnes alias scientias quae attendunt finem inferiorem non cognoscendo rationem finis ultimi (...) Tertio vero et quarto modo subalternationis, clarum est quod nullam aliarum scientiarum sibi subalternat, quia nulla earum subjectum suum cum determinatione sibi extranea considerat (...) Deus enim nullo modo determinari potest », *id.*, *ibid.*, f. 52v-53.

quia. Le cas de la métaphysique envisagé dans la seconde objection mérite toutefois une attention particulière. Dieu n'est-il pas un des êtres dont elle s'occupe[1] ?

La réponse d'Henri de Gand ne porte pas sur l'hypersubstantialité de l'objet divin de la science théologique, mais sur le mode surnaturel dont elle l'approche. Tandis que la métaphysique doit se contenter de mener son investigation à partir de la seule lumière naturelle, la théologie bénéficie des lumières de la foi lui offrant sa révélation comme point de départ et de l'intelligence, lumière spéciale grâce à laquelle ce contenu de foi devient intelligible. Le maître ajoute qui plus est une distinction entre *subalternatio* et *subministratio*. La première suppose que les sciences subalternées mendient leurs principes de départ à celles qui les dominent. La seconde au contraire suppose que les sciences inférieures apportent quelque chose aux supérieures. Ces rapports de services mutuels sinon réciproques ne sont pas sans rappeler la théorie de Roger Bacon. Toutefois il les rangeait sous le terme de subalternation, faute de disposer de la distinction proposée ici par Henri de Gand. Celui-ci envisage pourtant la position thomiste qui voudrait que la théologie soit subalternée à la science des saints et de Dieu lui-même[2]. Mais elle procède selon lui d'une ignorance de ce qu'est réellement la subalternation. Il la rapporte en effet non à une dépendance d'origine objective, mais purement subjective tenant à la différence entre connaissance *propter quid* et *quia*. Or la science intuitive des bienheureux ne saurait exposer discursivement le *propter quid* des principes de la théologie, eux-mêmes déjà d'une simplicité ultime. Les raisonnements des théologiens ne sauraient donc, pour Henri de Gand, être subalternés à l'intuition des bienheureux, et c'est pourquoi il refuse la conception thomiste de la subalternation.

En résumé, pour le maître séculier, la théologie ne se subalterne les autres sciences que selon son mode surnaturel d'investiguer la première cause et la fin ultime, quant à leurs objets propres, elle bénéficie de la subministration des autres sciences qui lui apportent le meilleur d'elles-mêmes en vue de sa propre investigation. Mais la subministration des autres sciences n'est qu'un aspect de la primauté réservée par le maître Gantois à sa discipline. S'il renonce à certaines formes de subalternation, il n'en affirme pas moins que sa science dirige et régule les autres[3].

Une dignité supérieure ne suffit pas à assurer aux sciences libérales une prérogative identique sur les sciences pratiques ou les arts mécaniques. En revanche, de même que la politique, appelée par Henri de Gand science civile, gouverne toutes les autres sciences pratiques et les régule en leur assignant leur fin, de même, la théologie exercera son rôle régulateur en dirigeant toutes les sciences tant spéculatives que pratiques. Quant aux spéculatives, son intérêt pour la première cause lui

1. « Unde quod defendit aliarum scientiarum principia, hoc non est quia subalternet eas aliquo modo, sed quia est scientia universalis super eas, et illud convenit ei quia considerat id quod est primum et optimum in genere entis ut dictum est supra. Et ex hoc etiam sic principalis est super omnes alias quod aliae omnes famulentur ei et subministrent, sed hoc nihil ad subalternationem. », *id.*, *ibid.*, q. 5, f. 54.

2. « Tali autem scientiae in qua principia alterius sunt per se nota, subalternatur scientia quae suponit sua principia ab alia esse nota, igitur ut videtur oportet concedere quod theologia subalternetur scientiae superiori scilicet divinae vel angelicae. Ista positio ex simplicitate et ignorantia naturae subalternationis venit (…) Licet ergo principia theologiae sciantur clarius in scientia superiori, propter quid tamen non plus sciuntur in illa scientia quam in ista. Immo multo minus, quia scientia Dei et beatorum discursiva non est a primo in postremum per medium sicut est nostra ut alias forte videbitur. Non est autem scientia propter quid nisi per medium discursus. », *id.*, *ibid.*, f. 53 v.

3. *Id.*, *ibid.*, q. 6, f. 55.

assure comme à la métaphysique aristotélicienne, mais à un titre plus éminent du à son mode surnaturel, la primauté sur toutes les autres. En outre, son discernement de ce qui est ou non conforme à la vérité surnaturelle de la foi lui assigne un rôle régulateur de censeur dans l'ordre spéculatif. Dans l'ordre pratique, c'est la fin qu'elle poursuit, la béatitude ultime de l'homme qui lui confère par rapport aux autres sciences un rôle également dirigeant et régulateur.

Henri de Gand développe encore les différents modes de sa primauté : selon le temps, il la fait commencer avec l'humanité tandis que la philosophie ne commença à briller, selon lui qu'avec les Egyptiens puis avec Solon chez les Grecs. Quant à l'origine, la théologie est encore première grâce à sa rhétorique ornée. Selon la dignité, elle l'emporte aussi bien par la certitude de la vérité, la grandeur de l'autorité, la noblesse du sujet, la fécondité de la parole, que par l'intégrité de la perfection. Cette dernière découle de son ultime primauté dans l'ordre de la doctrine constatée précédemment, qui lui vaut, sondant les vérités les plus ultimes et cachées, de gouverner toutes les autres sciences.

C'est ainsi que toutes sont ordonnées à elle (q. 8), selon un ordre que le *m*aître Gantois reprend à Hugues de Saint-Victor : les spéculatives par rapport au principe premier, les pratiques selon la finalité. C'est encore cette finalité ultime de la vision béatifique qui lui fait assumer toutes les autres sciences pour les mener à leur fin[1]. Nous retrouvons encore la hiérarchie des sciences d'Hugues de Saint-Victor, mais ordonnée à sa fin par une théologie explicitement pensée comme finalisée elle-même à la vision béatifique. Encore ne faut-il pas s'y tromper, les sciences profanes ne sauraient se substituer à l'Écriture ou en donner un sens qu'elle ne contiendrait pas déjà. C'est au contraire celui qui a bien assimilé l'Écriture qui saura tirer profit pour consolider sa foi de ce qu'il aura appris par ailleurs en Philosophie.

Pour autant, ce n'est pas seulement en vue de cette science que les autres doivent être apprises (q. 10). Certes sa finalité est ultime et ordonne celle de toutes les autres. Pourtant, elles poursuivent chacune une finalité intermédiaire propre qui mérite qu'elles soient apprises pour elles-mêmes. Elles demeurent ordonnées à Dieu par cette science ultime, et la philosophie en reste une bonne propédeutique à condition qu'on ne se laisse séduire et arrêter par elle. De même les vérités découvertes par les autres sciences peuvent être assumées par la théologie, mais seules celles qui concourent à la gloire de Dieu doivent l'être (q. 11). Ainsi, toutes les sciences ne sont pas également utiles à la théologie : les plus spéculatives, métaphysique en tête le sont immédiatement, suivies des sciences pratiques et logiques. Ici encore, la classification d'Hugues de Saint-Victor est implicite. Ce n'est pas non plus par une force contraignante que les vérités atteintes par les sciences profanes et celles de la théologie s'accordent, mais en vertu de la source divine de ces dernières[2]. Ainsi les discordances que certains pourraient mettre en avant

1. « Revera postquam haec scientia certificatur per alias in eis quae sunt quaesita in illis et quae assumit in usum suum ab eis, ducit omnes in finem humanae vitae ad quae nulla aliarum per se et immediate potest attingere, et ideo omnes vanae sunt, et vanos homines faciunt, nisi quatenus assumuntur in usum huius scientiae. Ad hanc enim Deus omnes alias licet per ignorantes ordinavit secundum quod dicit Hugo super prolog. Cel. Hier. », *id.*, *ibid.*, q. 9, f. 59.

2. « Veritas igitur theologica et philosophica in omnibus concordant, et est veritas philosophica manductiva ad veritatem theologicam et gradus ad illam. Unde rationes quae videntur ex principiis philosophiae constructae contrariae veritati fidei et theologiae non ex veris principiis philosophiae, sed solum per errorem humanae industriae sunt constructae (...) omnes vere dissolubiles sunt. », *id.*, *ibid.*, q. 13, f. 62 v.

résultent aux yeux du théologien d'une construction humaine erronée, dont la contradiction peut être mise en évidence par rapport aux principes même de la philosophie.

La théologie et sa causalité finale

L'utilité de la théologie n'est pas difficile à prouver, puisqu'elle ordonne directement l'homme à sa finalité ultime (q. 1). Mais cette science n'est pas seulement utile, elle est nécessaire. La raison avancée est celle fondamentale déjà présente chez Thomas d'Aquin : l'homme est la seule créature corporelle qui soit capable de s'élever, par grâce à un bien supérieur à celui qui lui est accessible par sa seule nature[1].

Cette finalité n'est autre que la vision béatifique, mais qui n'est accessible qu'après la mort. En cette vie donc, la pédagogie divine veut que la contemplation de l'homme s'applique progressivement à des objets de plus en plus élevés et difficiles, et c'est précisément le rôle de la théologie que de le guider sur ce chemin. Nous verrons plus tard le maître séculier de l'université de Paris réserver à certains une telle pédagogie. Le donné de foi ne suffit-il pas au simple ? Pour l'heure il affirme sans restriction la nécessité de la théologie pour préparer l'œil trop faible de notre intelligence ici-bas à la vision face-à-face qui l'attend dans l'autre vie. Mais une fois affirmée l'utilité et la nécessité de cette science, la question que pose son rapport à la causalité finale est celle cruciale de son statut spéculatif ou pratique.

Après avoir précisé le sens aristotélicien de la distinction entre science spéculative et pratique, Henri de Gand récite la thèse classique qui voudrait que la théologie soit partiellement spéculative et partiellement pratique, visant à la fois à instruire la foi et à amender les mœurs. Mais il la refuse, comme aussi le compromis franciscain consistant à dire qu'elle est principalement pratique[2]. Si cette science a plusieurs fins, elles doivent s'ordonner de telle sorte qu'une seule soit ultime. Or celle-ci ne pourra être que de l'ordre de la contemplation et non de

1. « Solus autem homo sic creatus est ut naturaliter habilis sit elevari ad ulterius bonum per gratiam quem possit attingere per naturam [...] Quare cum homo ordinatur ad hoc ut supernaturaliter perficiatur perfecta cognitione divinorum clara scilicet et aperta, statim pro statu huius vitae eam capere non sufficit, sed necesse est quod agens superius actu perfectum illorum cognitione aliqua illorum cognitione imperfecta et obumbrata primo imbuatur, per quam ad perfectam proficere possit (...) Haec sunt illa quae docentur per hanc scientiam. *Id*eo dicendum simpliciter quod homini haec scientia summe necessaria est. », *id.*, *ibid.*, a. 8, q. 2, f. 64.

2. « De ista igitur scientia dicunt quod est sicut media participans naturam utriusque, partim practica, partim speculativa, quia finis eius, et est veritas fidei, et est bonitas morum (...) Quod non potest stare. Cum enim haec scientia sit utilissima inter scientias huius vitae ad quam et ad eius finem omnes aliae et fines earum reducuntur (...) Unicus ergo finis principalis necessario debet poni huius scientiae, non duo aeque principales (...) Quod aliqui concedunt dicentes quod principaliter est practica, quia non est in ea speculatio, nisi propter actionem (...) Quod non potest stare. (...) Nunc autem indubitanter constat quod melior est ex se veri cognitio quam boni operatio (...) Operatio igitur boni ad hoc est, ut oculus mentis sanus fiat, et in spéculando opus sanitatis agat, ut primo speculando per fidem, intantum proficiat, ut credita intelligat, quantum possibile est in praesenti, et tunc deinde in futuro, credita et intellecta facie ad faciem videat. », *id.*, *ibid.*, a. 8, q. 3, f. 65.

l'action, aussi la théologie doit-elle simplement être dite spéculative et non pratique[1]. Cette position est au moins aussi radicale que celle du dernier Thomas d'Aquin. Henri de Gand précise même que si la morale qui est une science pratique est bien obligée de spéculer c'est en vue du seul bien qui est sa fin pratique. De même si la théologie conduit à certaines œuvres, c'est en vue de sa seule fin spéculative. Elle doit donc être considérée comme purement et simplement spéculative, comme l'Éthique est purement et simplement pratique. Mais Henri de Gand se pose encore des questions sur sa transmission écrite.

La loi divine devrait être inscrite dans les cœurs, rendant inutile son inscription sur des tablettes extérieures (q. 4). Mais précisément, c'est pour les temps difficiles où les hommes ne respectent pas la loi morale et a fortiori celle qui conduit à la contemplation, qu'elles doivent être mises par écrit. Ainsi, c'est le cœur brisé comme ses premières tables, que Moïse dut mettre le décalogue par écrit. C'est donc en réparation du péché qui assombrit depuis Adam le cœur des hommes où la loi divine était d'emblée inscrite, qu'il fallut la mettre par écrit.

Mais ne convenait-il pas de la consigner toute entière et en sa perfection, et non progressivement dans l'un puis l'autre Testament (q. 5) ? Le maître Gantois y voit une pédagogie divine faisant sortir l'homme progressivement et par degrés de son imperfection tant de la connaissance que des mœurs. Mais précisément, cette imperfection n'est-elle pas encore présente dans l'Écriture, n'exige-t-elle pas un troisième évangile éternel comme le suggèrent les millénaristes ? C'est leur thèse qui est explicitement réfutée (q. 6) par le maître parisien, rappelant l'anathème qui pesait par avance sur eux d'après *Galates*, I, et fondant sur bien d'autres autorités scripturaires le fait que la Révélation soit complète et complètement consignée dans les Écritures. Mais les deux testaments ont-ils bien le même auteur ? Telle est la question qui ouvre l'article suivant.

CAUSALITÉ EFFICIENTE EN THÉOLOGIE

Après les causalités formelles et finales, Henri de Gand consacre de longs développements à la causalité efficiente, s'interrogeant selon un ordre hiérarchique sur l'auteur, le docteur et l'auditeur de cette science.

Dieu, seul auteur de la théologie

Derrière les Manichéens prétendant attribuer le seul Nouveau Testament à Dieu et l'ancien à Satan, ce ne sont plus les millénaristes, mais les Cathares que nous reconnaissons. Henri de Gand se contente de rappeler (a. 9, q. 1) que le Nouveau Testament est la révélation de ce qui était encore voilé dans l'Ancien. L'auteur des deux Testaments est donc bien Dieu lui-même[2]

Cela suppose de mettre en place une théorie de l'inspiration. Celle qu'Henri de Gand, reprend à Augustin, reste peu critique. Elle précise que Dieu seul sait ce qu'il dit lors même que le prophète ou l'apôtre met par écrit son texte inspiré. Sans

1. « Simpliciter ergo debet dici haec scientia speculativa et non practica. Sicut ergo moralis scientia speculatur verum, sed non nisi ad operandum bonum, non tamen dicitur speculativa sed practica, sic ista scientia, licet, aliquo modo respiciat opus, quia tamen propter speculationem simpliciter debet dici speculativa. », *id.*, *ibid.*

2. Cf. a. 9, q. 3, f. 71.

l'inspiration, ils ne diraient rien, avec elle, ils ne disent pas tout, mais seulement ce qui leur est communiqué. Les hommes ne sont même pas la source de la forme et des mots qu'ils emploient pour mettre par écrit une révélation dont le seul auteur est celui qui sait et confère à la révélation son autorité : Dieu. Nous le voyons, la théologie est ici assimilée à l'Écriture, ce qui est habituel chez les premiers scolastiques. Mais tandis qu'un Bonaventure reconnaissait à Pierre Lombard un rôle plus que de compilateur, d'auteur pour la discipline qui naissait dans l'université du commentaire de ses *Sentences*, Henri de Gand ne reconnaît plus même aux prophètes et apôtres à qui sont attribués les divers livres composant l'Écriture qu'une autorité de seconde main.

Ainsi n'est-ce pas à cause d'elle, mais de celle de Dieu même qu'il faut croire à la révélation contenue dans les Écritures (q. 3). Ceux qui transmettent la révélation : rédacteurs ou apôtres et leurs successeurs ne jouent un rôle que de cause seconde[1]. Et les modèles empruntés par Henri de Gand pour décrire cette causalité, sont ceux qu'offre la nature inanimée. Ces hommes que Dieu utilise pour transmettre sa bonne nouvelle ont beau être des créatures rationnelles et libres, il semble qu'Il s'en serve comme de moyens inertes. Dans une telle perspective où elle est rapportée à la seule cause première qui est Dieu, l'autorité de l'Église même devra s'effacer devant celle de cette science théologique (a. 10, q. 1).

L'article 10 envisage ainsi les rapports de l'autorité de l'Écriture avec celle de l'Église et de la raison naturelle. Quant à l'Église, son enseignement ne saurait dévier de celui qui se trouve dans les Écritures. Toutefois dans l'absolu son autorité s'efface devant celle du canon scripturaire. Henri de Gand n'évoque pas les rapports du magistère et de sa direction par le souverain pontife avec le *studium* des maîtres en théologie de Paris[2]. Il situe le débat non à ce niveau pratique de son application politique, mais au niveau théorique le plus élevé. Assimilant l'autorité de la théologie à celle de l'Écriture sainte, il n'envisage guère que l'autorité de l'Église puisse s'y opposer, et la raison naturelle non plus d'ailleurs.

Qui faut-il croire : l'autorité de cette science ou sa raison naturelle (q. 2) ? L'élaboration de la réponse est laborieuse, envisageant séparément ce qui est cru et celui qui croit. Du point de vue de l'objet, l'Écriture aura la primauté, tirant sa vérité de la rectitude divine même. Mais pour le sujet de la science, il aura raison de croire sa raison si elle est véridique et que les passages scripturaires qui semblent s'y opposer sont en fait mal interprétés[3]. Mais comme il peut toujours être induit en erreur par sa raison ou celle d'autrui, il devra toujours reconnaître la primauté du Canon de l'Écriture sur toute autre raison[4].

1. « Et licet per prophetas et apostolos intermedios ista doctrina tradita sit, et auctoritate eorum divina auctoritas nobis in eis credita est, tamen propter Christi auctoritatem, immo Dei in Christo (...) nullum mediorum dicitur esse agens per se, nisi quia agit in virtute primi agentis », *id.*, *ibid.*, q. 3, f. 72 v.

2. C'est pourtant en ces termes que la question se posera en 1333 lors de la condamnation de Guiral Ot. Cf. *Sur la vision de Dieu aux multiples formes*. Le quodlibet de Guiral Ot : édition critique, traduction et introduction de Christian Trottmann, *Sic et non*, Vrin, à paraître.

3. « Et est distinguendum ut supra quod de duobus alteri magis esse credendum potest intelligi vel ex parte rei credite, vel ex parte credentis. Qantum est ex parte rei credite, dicendum est simpliciter quod magis credendum est auctoritati scripturae quam cuiuscumque naturali rationi (...) Quantum vero est ex parte credentis maiorem dubitationem habet (...) Aut enim est ratio veridica quae evidentem veritatem rei ostendit, ita ut nullo modo intellectus de ea possit venire in dubium, aut non. Si primo modo (...) si litera scripturae videatur esse contraria, hoc non est nisi quia male est intellecta, et tunc magis credendum est rationi naturali quam auctoritati scripturae. », *id.*, *ibid.*, A. 10, q. 3, f. 74.

4. *Id.*, *ibid.*, f. 75 v.

La possibilité d'un conflit entre raison et foi n'est encore guère affrontée. La formulation de la question suivante semblerait en envisager la possibilité : l'autorité de cette science pourrait-elle s'opposer à la raison (q. 3) ? La réponse écarte en fait une telle éventualité. La science théologique n'aboutit qu'à des vérités et elles ne sauraient être en contradiction avec celles qu'élabore de son côté la raison naturelle. Leur dissonance ne peut donc résulter que d'une erreur. L'autorité de la science théologique, se confondant avec celle de l'Écriture s'avère donc intangible, du fait même de son auteur qui ne saurait être que Dieu. Qu'en sera-t-il maintenant de son docteur ? Pourra-t-il être autre que Dieu ?

Qui peut être docteur en théologie ?

De fait la théorie de la connaissance par illumination élaborée par le Gantois dans les premiers articles de la *Somme* n'exclut Dieu d'aucun acte d'enseignement. Son illumination intérieure est requise, même dans la connaissance naturelle pour atteindre l'exemplaire incréé des réalités considérées. A fortiori, la théologie qui requiert la lumière surnaturelle de la foi, voire celle d'un *lumen specialis* aura-t-elle Dieu pour docteur. Mais là n'est pas la difficulté. Ce qu'il faut comprendre, c'est comment l'homme coopère aussi avec Dieu à cet enseignement. Henri de Gand recourt à un épisode des Actes des Apôtres pour le faire comprendre[1].

L'ange avait annoncé au centurion Corneille son salut, mais il y fallait aussi la visite de Pierre, non seulement pour lui administrer les sacrements, mais encore pour l'instruire, lui et sa famille de la foi et des œuvres qui l'accompagnent. Cet enseignement aurait pu être délivré directement par l'ange, mais Dieu a voulu au contraire que ce soit l'homme qui prenne part à l'enseignement de ses semblables. Ainsi le fait que Dieu, par son illumination intérieure, soit le seul véritable docteur de la théologie n'exclut pas que l'homme contribue à sa propagation par un enseignement extérieur. Mais quels hommes pourront être dignes d'exercer un tel ministère ?

Sûrement pas des femmes (q. 2), ni des jeunes gens (q. 3). Ce n'est certes pas de fait qu'ils sont exclus d'un tel enseignement, mais de droit[2]. Quatre qualités sont simplement requises : la constance et l'efficacité à prêcher, l'autorité et la vivacité du verbe emportant la conviction. Le maître parisien s'empresse de les dénier aux femmes, mais il ajoute immédiatement une raison de droit[3]. Saint Paul n'a-t-il pas interdit aux femmes de parler dans les assemblées publiques de l'Église ? Elles pourront donc par charité délivrer un enseignement privé destiné à leurs sœurs, mais non enseigner publiquement dans l'Église et y exercer l'office de docteur. Quant aux jeunes gens, le principal obstacle est qu'ils sont sous l'emprise de passions qui ne favorisent pas le recueillement et la paix requis pour enseigner. Henri de Gand rappelle l'âge minimum de trente-cinq ans exigé pour commencer à enseigner la théologie.

1. « Dicendum igitur quod simpliciter solus Deus docet haec scientiam, quia ipse solus dat eam intelligi, quod est proprie eam docere. (...) Cornelium centurionem quamvis exauditas orationes eius et eleemosynas respectas ei angelus nuntiavit ; Petro tamen traditum scimus imbuendum per quem non solum sacramenta perciperet, sed etiam quid credendum, quid sperandum, quid diligendum esset audiret. Et poterant utique omnia haec per angelum fieri... », *id.*, *ibid.*, a. 11, q. 1, f. 77v.

2. « Respondendum igitur ad istas quaestiones quantum ad potentiam docendi, non de facto, sed de iuris permissione. Planum est enim quod de facto, quilibet homo sciens, sive vir, sive mulier, sive senex, sive iuvenis, sive religiosus, sive secularis, sive clericus, sive laicus, potest docere quem novit. », *id.*, *ibid.*, q. 2, f. 77 v.

3. *Id.*, *ibid.*, f. 78.

Enfin un religieux peut-il être docteur en théologie ? N'oublions pas qu'Henri de Gand est un maître séculier, aussi fait-il bon accueil aux objections tendant à prouver que les charges de l'enseignement sont incompatibles avec l'état de religieux ou de moine. Pourtant, il adopte d'emblée une position raisonnable refusant d'exclure tout religieux suffisamment lettré du doctorat[1].

Mieux, distinguant autorité pastorale de l'enseignement délivré dans la prédication et autorité doctorale des leçons, il ne voit aucun obstacle à ce qu'un religieux pratique le premier type d'enseignement, pourvu qu'il ait été exempté des offices de son état par ses supérieurs. On s'attendrait à ce que le Gantois soit plus réticent dans le cas d'un enseignement universitaire, sachant sa position face aux mendiants. Il n'en est rien. Une fois de plus il prend la question, non au niveau de son application politique contemporaine, mais du point de vue théorique le plus élevé. Les saints ermites n'ont-ils pas délivré déjà un enseignement ? L'état de religieux est celui qui assure la plus grande conformité de vie avec le contenu de l'Écriture sainte qu'il s'agit d'enseigner.

A l'opposé, l'état de pécheur sera-t-il compatible avec la fonction de docteur ? la réponse du maître parisien entre dans une casuistique subtile, et nous allons voir que le « *lumen specialis* » qu'il revendique pour sa corporation lui autorise de secrètes licences. L'on s'attendrait en effet à une argumentation plus simple : la théologie supposant la grâce tant pour recevoir la lumière de foi que celle de l'intelligence permettant de poursuivre au-delà l'investigation, le docteur se couperait lui-même de la source de son enseignement en péchant mortellement. Remarquons que pour le docteur de Sorbonne qui n'a sans doute pas tort en cela, le péché d'un saint benêt qui usurperait la fonction enseignante serait plus grave que celui du pécheur compétent qui entendrait s'y maintenir. Mais la distinction proposée par Henri de Gand est plus subtile voire hypocrite pour qui la regarderait de l'extérieur du milieu clérical dont la pratique prudencielle semble l'inspirer[2].

Le principe implicite de cette casuistique semble être « malheur à celui par qui le scandale arrive » ; et d'abord à l'hérétique dont le cas est envisagé d'emblée. Péchant contre la doctrine même il risque de contaminer par son enseignement et doit donc en être exclu. Mais faut-il en faire autant d'un maître qui pécherait en secret et continuerait d'enseigner une saine doctrine avec laquelle seuls ses mœurs ne sont pas en accord ? Il y eut de cela des cas célèbres comme celui d'Abélard qui une fois secrètement marié ne péchait même plus d'ailleurs.

Ici encore, le casuiste Gantois avance une nouvelle distinction. Si c'est en exerçant sa fonction même qu'il pèche, c'est à lui-même qu'il fait ainsi du mal et devrait se retirer. Et encore, le maître suggère qu'il vaut mieux avoir comme collègue un mercenaire peu vertueux mais compétent qu'un pieux imbécile. Et il refuse

1. *Id.*, *ibid.*, a. 11, q. 4, f. 79 v.

2. « Verumtamen distinguendum est propter argumenta et dicta sanctorum circa hoc quod malus et peccator est aliquis, aut contra veritatem doctrinae sentiens sicut haereticus, aut contra veritatem doctrinae agens, sicut peccans in moribus. Malus et peccator primo modo non debet docere omnino, neque esse doctor huius scientiae, tum quia excommunicatus est, tum quia auditores corrumperet (...) Secundo modo peccator fidelis est et sanam doctrinam habet, sed vitam non habet, de quo distinguendum, quia aut est occultus et bonae famae, aut diffamatus est super mala vita et manifestus. Si sit occultus, aut ergo peccat ex ipso actu docendi, quia docet ad quaestum, aut vanam gloriam, aut est peccator ex actu alio, pura invidus, vel cupidus et huiusmodi (...) Si ergo sit peccator occultus in moribus non ex actu docendi, nec contra veritatem doctrinae sentiendo, ut non sit excomunicatus, dicendum quod talis licet occulte agat contrarium ei quod docet, quia in hoc utilis est aliis, et hoc est sibi proficuum, sicut et alia opera misericordiae facta in mortali, bene licitum est ei docere et potest esse doctor. », *id.*, *ibid.*, q. 5, f. 80 v.

l'argument puritain de ceux qui voudraient que tout pécheur se retire de l'enseignement dès lors que sa vie ne lui est plus conforme. Il ajoute au contraire que si son péché porte sur autre chose, l'enseignement demeure une bonne œuvre dont il ne convient pas d'éloigner le docteur pécheur. Cette complaisance place évidemment dans une très haute estime l'enseignement théologique[1] et semble prête à tolérer bien des licences. Mais s'il vaut mieux pour assurer la charge d'enseignement un docte pécheur qu'un pieux ignorant, comment expliquer que les premiers apôtres aient été de simples pêcheurs du lac de Tibériade ?

Si le Christ avait choisi des puissants, ils auraient pu s'enorgueillir et attribuer leur élection à leur condition humaine. S'il avait choisi des doctes, on aurait pu croire que c'était par leur sagesse qu'ils étaient parvenus au salut et ils auraient été tentés de puiser dans l'ancien pour le mélanger avec le neuf. Au contraire, en rendant folle la sagesse des sages et en se servant de ce qu'il y avait de fou ou en tout cas de plus humble, le Christ fit bien apparaître que son enseignement était d'origine divine. Il ne pouvait être attribué à la seule humanité de Pierre ou Paul.

Mais si les premiers apôtres bénéficièrent ainsi d'une *licentia docendi* malgré leur ignorance de la sagesse mondaine, il reste à expliquer pourquoi cela n'est plus valable pour les docteurs actuels[2]. C'est que si le rôle des premiers docteurs fut de fonder la foi chez les croyants, celui des suivants fut de la rendre dans la mesure du possible intelligible à ceux qui avaient cru. Aussi convient-il que ces derniers soient instruits dans les sciences mondaines afin d'en mettre les raisonnements et connaissances au service de l'intelligence de la foi[3]. Après l'auteur et le docteur, c'est à l'auditeur de cette science que s'intéressent les articles 12 et 13.

Qui peut apprendre la théologie et comment ? Nécessité de l'illumination

Les trois premières et les trois dernières questions du premier article fixent quels sont ceux qui sont appelés à étudier cette science. Les questions 4 et 5 de ce premier article, ainsi que les deux premières du suivant envisagent le rôle de la raison naturelle et des sciences profanes dans l'acquisition de la théologie. Enfin les questions suivantes précisent le rôle de l'illumination divine ainsi que ses modalités et limites dans l'acquisition de cette science.

Les premiers exclus des cours de théologie sont encore les femmes, les jeunes gens et les pécheurs. Les premières[4] sont admises comme les hommes à apprendre ce qu'il faut croire, et les actions à accomplir pour être sauvé, non ce qui permet de défendre ou d'expliquer publiquement ce donné de foi, car il ne leur convient pas de le faire. Quant aux jeunes gens ce n'est pas seulement leur lubricité, mais surtout leur instabilité qui rend leur âge inconvenant pour ce type d'enseignement (q. 2). Le pécheur enfin ne peut profiter des leçons de la théologie portant sur la foi ou les mœurs. Sa mauvaise concupiscence obscurcit en effet son œil spirituel de

1. Sur ce point cf. *Quodlibet* 1, q. 35 où la supériorité de l'enseignement théorique de la théologie par rapport à son application pratique est affirmée avec force : « multo melius est talem studio insistere, ut fiat magnus architecton et luminare maius in ecclesia, quam si statim dimitteret et permaneret quasi caementarius et luminare minus », éd. cit. p. 200.

2. « Sicut enim primorum doctorum principale opus fuit fidem suadere, sic opus posteriorum est fidem persuasam, quantum possibile est homini in via intellectam facere », *id.*, *Summa*, Art. XI, q. 7, f. 82 v.

3. « Opportunum est ergo doctores posteriores huius scientiae instructos esse litteris secularibus », *id.*, *ibid.*, f. 83 v.

4. *Id.*, *ibid.*, a. 12, q. 1, f. 84.

manière qu'elle l'empêche non seulement de convertir ses mœurs, mais même de recueillir la vérité spéculative contenue par la foi. Tout au plus la prédication pourra-t-elle le guérir de son amertume.

Mais ne faudrait-il pas dire plutôt que tous sont appelés (q. 6) à profiter de l'enseignement de cette science dont la finalité est la leur propre : la vision béatifique ? Ici encore la réponse distingue entre la prédication qui, reçue par la masse du peuple, lui suffit et l'enseignement réservé à une élite qui seule a le devoir d'étudier la théologie pour aider au salut des autres[1]. Tout homme n'a pas à étudier la théologie, et tous ne doivent pas être admis à son étude. Le Gantois propose une subtile distinction entre la première audition du message évangélique et son approfondissement théologique[2]. Certains en effet, entendant le message évangélique en deviennent ennemis, et il ne convient pas de donner ses perles à de tels pourceaux qui se retournent contre leurs apôtres. Seuls les hommes de bonne volonté, qui ont accueilli le donné de foi avec bienveillance sont appelés à en approfondir l'intelligibilité en profitant d'un enseignement de théologie. Qui plus est, ajoute Henri de Gand, certains aspects spirituels de cet enseignement ne pourront être compris que d'hommes spirituels (q. 8), tandis qu'aux charnels un enseignement adapté conviendra mieux. Est-ce à dire que cet enseignement charnel s'appuierait sur la raison naturelle et les sciences profanes ? Il n'en est rien évidemment.

Qui voudrait rester dans les limites de la simple raison naturelle et ne donner son assentiment qu'à ce qu'elle lui permet d'apprendre ne saurait accéder, pour Henri de Gand, à l'étude de cette science. Mais il discerne une autre manière de rester dans les limites de la simple raison[3]. Celui qui s'en tient à la simple raison dans son ordre, mais en admet un autre auquel il rapporte le premier et accède par la foi, tirera grand profit de cette dernière en cherchant toujours à passer à l'intellection de ce qu'il a d'abord cru.

Mais si la raison naturelle n'est pas une lumière suffisante pour accéder à la théologie, l'acquisition des sciences qu'elle a produites n'en est pas moins requise de ceux qui entendent faire profession de théologiens[4]. Ainsi, ceux qui se contentent

1. *Id.*, *ibid.*, q. 6, f. 87 v-88.

2. « Ab initio ergo, antequam constat de obstinatione et rebellione alicuius contra veritatem evangelii, nemo excludendus est ab auditu huius scientiae, neque in lectione, neque in praedicatione. Sed quia, post auditum non omnes obediunt evangelio, sed aliqui inimici eius fiunt (...) quicumque tales inventi fuerint ad auditum huius scientiae non sunt admittendi, sed praecludendi, et est eis sacrae Scripturae litera penitus occultanda et subtrahenda, et solis benivolis proponenda, quousque et ipsi rebelles benivoli fiant, et digni quod ad eius auditum admittantur. », *id.*, *ibid.*, q. 7, f. 89.

3. « Dicendum ad hoc quod inhaerere naturali rationi contingit dupliciter. Uno modo ut homo nulli assentiri velit, nisi quod naturali ratione poterit attingere, limitem cognoscendorum ab homine infra naturalem rationem ponendo. Alio modo ut limitem cognitionis humanae infra naturalem rationem non includat, sed etiam illi rei cui fides super naturalem rationem assentiendum esse dicat (...) Inhaerens naturali rationi primo modo omnino esse auditor huius scientiae non potest. (...) Inhaerens autem rationi secundo modo, ille est multum conveniens auditor, quia quod audit et fide credit, manductione rationis citius intelligit. », *id.*, *ibid.*, q. 4, f. 86.

4. « Dicendum ad hoc quod auditor huius scientiae potest ipsi intendere dupliciter (...) Uno modo ut solummodo ex ea discat quid credendum et quid agendum quantum sibi ad futuram vitam adipiscendam sufficiat. Alio modo ut ex ea discat quantum hoc ipsum quod in ea discit, piis opituletur et contra impios defendatur. Auditorem ergo primo modo non oportet esse instructum scientiis secularibus, quia hic scriptum habet sufficienter in superficiae doctrinam simplicem credendorum et agendorum, qua sicut lacte parvulos nutriat, et quam quilibet sine industria secularium litterarum capere potest. Auditor vero secundo modo, si ad perfectionem et magisterium maxime modernis temporibus huius scientiae tendere velit, necessario debet esse

d'apprendre ce qui est nécessaire à leur propre salut n'ont nul besoin des sciences profanes. En revanche, ceux qui entendent défendre la foi contre les impies et l'enseigner auront besoin de s'appuyer sur elles. Nous retrouvons ici la distinction habituelle.

Il faut donc admettre que cette science peut être apprise d'un autre homme (a. 13, q. 1). Mais Dieu n'en était-il pas le seul docteur ? Henri de Gand revient sur les acquis noétiques des premiers articles[1]. Il critique de nouveau ceux qui feraient du docteur en théologie un charismatique attendant tout de la lumière divine. La revendication corporatiste d'une lumière spéciale pour les théologiens n'exclut nullement la nécessité de l'étude. Or celle-ci peut être pratiquée dans les livres ou sous un maître. La théologie s'apprend donc bien alors d'un homme en même temps que de Dieu.

Mais elle ne peut être apprise d'un homme sans une illumination spéciale de Dieu (q. 2). Henri de Gand rappelle que selon sa perspective noétique, l'homme est ordonné à une double connaissance : naturelle à laquelle sa raison suffit, mais aussi surnaturelle qu'il ne peut atteindre par ses seules forces[2]. Il lui faut donc l'aide d'une lumière spéciale, infuse grâce à une illumination spéciale, déjà évoquée plus haut et dont le maître précise ici le rôle : assainir les yeux spirituels de l'esprit, éclairer pour lui les objets de connaissance spirituels d'une manière suffisante pour qu'il devienne capable de les apprendre. Remarquons que l'idée d'un renforcement et d'une élévation de l'intellect reprise également ici se retrouve chez la plupart des scolastiques lorsqu'il s'agit de décrire le *lumen gloriae*. Ainsi le *lumen specialis* semble être une anticipation *in via* de la gloire de la patrie. Cette lumière s'ajoute-t-elle à la foi ou se confond-elle avec elle ?

L'insuffisance de la raison naturelle et le rôle de la foi sont évoqués aussi dans le quodlibet 8, q. 14. Si la raison naturelle ne suffit pas à conduire à la foi, elle peut en revanche coopérer avec elle pour rendre son contenu de plus en plus intelligible[3]. L'on remarquera qu'il n'est pas question à ce niveau d'un *lumen spécialis* guidant cette investigation théologique. Il semble au contraire que ce soit la raison naturelle qui mène cette recherche progressive d'une intelligibilité toujours plus grande du contenu de la foi. Henri de Gand précise même dans ce quodlibet comment la raison naturelle peut progresser à partir du donné de foi par des syllogismes hypothétiques. Il se situe ainsi dans la ligne d'Eudes Rigaud.

A ce niveau du texte, il lui semble possible de progresser dans la connaissance théologique à partir de raisonnements dont la majeure et la mineure découleraient

instructus scientiis secularibus ad cognitionem creaturarum secundum quod supra de doctore dictum est. », *id.*, *ibid.*, q. 5, f. 86 v.

1. *Id.*, *ibid.*, a. 13, q. 1, f. 90.

2. « Dicendum ad hoc secundum superius determinata, quod homo naturaliter ordinatus est, ut quaedam possit scire ad quae solo adiutorio luminis naturalis et illustrationis generalis potest attingere, et aliqua quae omnem eius facultatem naturalem excedunt (...) Quare, si talia debet scire, necessario requiritur aliquid supernaturale et speciale ei infusum, quo in virtute fortificetur et elevetur et in visu acuatur. Hoc autem est quod apellamus speciale lumen, speciali illustratione infusum (...) Cum ergo de talibus quae sunt secundi generis sit ista scientia, ut infra videbitur, ab homine disci non potest omnino sine speciali illustratione divina », *id.*, *ibid.*, q. 2, f. 91.

3. « Unde sicut in cognitionem naturalium et mathematicorum non statim habitis primis suppositionibus ascenditur ad intellectum ultimarum conclusionum, licet virtute sint in ipsis suppositionibus, sed gradatim per media proximiora suppositionibus quae principia sunt ad conclusiones priores, et deinde ad ulteriores utendo conclusionibus pro principiis respectu ultimorum, sic in cognitione credibilium non statim creditis articulis fidei praesumendum est posse ascendere ad illorum intellectum », *id.*, *Quodlibet* 8, q. 14, f. 325 v.

respectivement de syllogismes l'un démonstratif et l'autre topique[1]. Ainsi en théologie, la conclusion reste-t-elle logiquement valide et vraie dans le cadre de la foi qui est celui de la mineure. Nul besoin pour mener de tels raisonnements d'une lumière supérieure à celle de la raison, ou à celle de la foi pour en accepter la mineure. Le *lumen spécialis* ne semble pas encore avoir fait son apparition à ce niveau de la pensée du Gantois !

Pourtant, la foi est pour Henri de Gand une condition nécessaire, mais non suffisante pour l'acquisition de la science théologique. Elle est nécessaire car l'objet de cette science dépasse les capacités de la raison naturelle qui y adhère ainsi dans la foi[2]. Toutefois la lumière de foi permet à l'homme de croire ce qu'il ne voit pas encore avec évidence, non de le rendre intelligible. Il lui faut donc à la fois commencer par recevoir cette première lumière de foi et en attendre une autre qui le mène à l'intelligence de ce qu'il a d'abord cru. Mais elle ne l'y mènera pas à la manière d'une vision où tout est donné. C'est son étude, son investigation laborieuse qu'elle viendra éclairer[3]. Ainsi, la lumière de foi ne saurait suffire qu'en vue d'un premier niveau d'investigation des réalités surnaturelles : celui où l'on apprend ce qu'il faut croire et faire pour être sauvé. Mais il est un second niveau correspondant à la science théologique, où ce qui est cru devient intelligible et rationnellement défendable. Pour l'acquérir est requise une nouvelle lumière spéciale à cette science[4].

Pour le faire comprendre, le Gantois propose une dernière analogie subtile[5]. Il distingue une constance dans la foi résultant d'une grâce *gratis data* et non sanctifiante, de la vertu même de foi. La première découle d'un don supérieur. De même selon Henri de Gand, l'intelligence de la foi réclame une lumière supérieure à la simple adhésion de la vertu. L'analogie n'est pas sans poser quelque problème, dans la mesure où elle semblerait pouvoir laisser supposer que la lumière de foi

1. « Quare igitur fides prima et intellectus bene stant simul (...) Vera autem certisssime cognita coniuncta aliis, licet non ita clare cognitis, de aliis ulterioribus minus clare cognitis secundum se clariorem facere possunt cognitionem, ut si maior nota sit syllogismo demonstrativo et minor topico, certius scitur conclusio quam si maior esset solummodo cognita syllogismo topico, quia tunc posset negari maior, et per hoc similiter conclusio, non autem quando maior nota est syllogismo demonstrativo. Ex eis ergo quae post fidem acceptam habentur ex naturalibus cognita per acquisitionem, sive ante fidem, sive post cum aliis quae sunt fidei accepta, aut eis suppositis, possunt certiori cognitione intelligi ea quae sunt posteriora credibilia quam sine illis sint cognita sola fide », *id.*, *ibid.*, f. 326.

2. « Quare discentem in hac scientia, primo oportet veritates credere, et fide tenere ab eo a quo expectat eas evidenter scire, cum nutritus per fidem, ad hoc ut evidenter eas sciat, factus sit idoneus. Ille autem solus Deus est, de ipso enim principaliter est ista scientia, et credenda omnia, et ipse solus seipsum perfecte novit. Fidem ergo exhibendo Deo, ut teste veritatis eorum quae dicuntur in hac scientia, oportet addiscere hanc scientiam, ut per fidem primam praeparemur ad eius intelligentiam. », *id.*, *Summa*, a. 13, q. 3, *op. cit.*, f. 91 v.

3. *Id.*, *ibid.*, f. 91 v- 92.

4. « Ad sic addiscendum hanc scientiam, necessario requiritur illustratio aliqua superior illustratione fidei, quia hoc modo sciuntur non solum credendo, sed et credita intelligendo, ut infra videbitur. Et sicut primum fit auctoritate Scripturae acquiescendo adiutorio luminis fidei, sic fit secundum veritatem scriptorum percipiendo adiutorio alicuius illustrationis superioris (...) aliud est scire tantummodo quid homo credere debeat propter adipiscendam vitam beatam. Aliud vero scire quoniam hoc ipsum scire et piis opitulatur, et contra malos et impios defenditur. », *id.*, *ibid.*, q. 4, f. 93.

5. « Sicut ergo haec constantia fidei quod est donum gratis datum, differt a fide quae est virtus, in eo quod ipsa datur dono aliquo superiori, sic notitia quae scientia vel sapientia est huius scientiae necessario differt a notitia fidei, ita quod illustratione aliqua superiori datur quam habeatur ex notitia fidei, et scire hanc intelligendo eam tali illustratione, hoc est proprie scire eam. », *id.*, *ibid.*

découle elle-même de celle supérieure de la théologie comme la vertu de la grâce. Or en fait l'une relève de la grâce sanctifiante, et l'autre de la grâce charismatique, sans être nullement entre elles dans un rapport hiérarchique et causal.

Mais il y a plus grave encore : nous avons vu le maître séculier affirmer qu'un docteur pouvait enseigner la théologie en état de péché mortel, pourvu que son péché ait une cause privée, ne portant ni sur le donné de foi ni sur sa pratique de l'enseignement. Il va donc prouver que la grâce sanctifiante n'est pas requise pour enseigner la théologie (q. 5). Pour cela il ajoute un étage à la distinction précédente[1]. Au-delà de la science minimale réduite au donné de foi et de celle qui dégage son intelligibilité, il y a la sagesse qui goûte ce qui a été ainsi compris. Elle seule requiert la grâce sanctifiante qui permet à l'affectivité de se délecter de ce que l'intelligence a compris. Mais pour apprendre de manière purement intellectuelle le contenu de la foi, voire son intelligibilité, la grâce sanctifiante n'est pas requise aux yeux du Gantois. Simplement, celui qui connaît la loi divine et ne l'applique pas est comparable à celui qui a bâti sa maison sur le sable. Mieux vaut déroger à la volonté de Dieu par ignorance qu'en connaissance de cause.

Si la science théologique ne relève pas de la grâce sanctifiante, elle n'en dépasse pas moins celle qui accompagne la simple adhésion de foi (q. 6). Pour en penser le statut spécifique, Henri de Gand introduit une nouvelle distinction noétique. Reprenant l'exemple scolastique de l'éclipse : il discerne trois manières d'en avoir connaissance[2] : en faisant confiance à son maître qui vous l'annonce, en la constatant *de visu*, ou en la prévoyant par un calcul effectué sur la trajectoire des planètes. De même entre la connaissance produite par l'audition du donné de foi et la vision directe des bienheureux, il y a place pour une investigation rationnelle des réalités surnaturelles. L'on remarquera que cet exemple lexicalisé se trouve également dans la question 14 du *Quodlibet 8* (daté de Noël 1284), mais elle y vient seulement après la distinction entre vision, intellection et foi, pour l'expliquer et non avant pour la fonder. Au contraire, il est rappelé à nouveaux frais dans le *Quodlibet 12* (q. 2), pour expliquer la différence entre *credere, intelligere* et *videre*[3].

1. « Dicendum ad hoc quod triplex est modus sciendi hanc scientiam. Unus modus est quo quis ea quae sunt huius scientiae sola fide discernit. Alius quo ea defensare novit, de quibus dictum est in praecedenti quaestioni. Tertius est quo ea quae novit intellectu assentit affectu, ut ei sapiant in affectu quae novit intellectu, ut iuxta proprietatem vocabuli haec scientia sit proprie sapientia, id est sapida scientia. Primis duobus modis bene contingit addiscere hanc scientiam sine dono gratum faciente, sed solum dono gratis dato, ut per donum fidei informis quo ad primum modum, vel per donum alicuius illustrationis divinae ultra gradum illustrationis communis, et hoc quo ad secundum modum. Tertio autem modo non contingit omnino eam addiscere sine gratia gratum faciente, quia illa solum facit ut homines spiritualiter sapiant quae audiunt, et tali adiutori solummodo ista scientia valet ad salutem, et solummodo valet huic scientiae ad eam perseveranter sustinendam. », *id.*, *ibid.*, q. 5, f. 93.

2. « Dicendum ad hoc quod sicut in disciplinis circa idem triplex est modus cognoscendi discipulo possibilis : unus ex solo auditu quo credit dictis magistri et eius auctoritati, puta quod luna eclipsatur, si hoc dicat ei magister eius. Alius ex aspectu corporali, quo cernit oculis quia luna eclipsatur, sed propter quid ignorat. Tertius ex ratione sola, qua certis temporibus et certis sitibus ex motibus solis et lunae circa terram, noverit lunam necessario eclipsari, licet non videat quod nunc eclipsatur, neque aliquis hoc ei dicat. Consimiliter in notitia eorum quae sunt fidei in hac scientia triplex est modus cognoscendi. Unus qui est solius fidei, quasi ex auditu assentiendo divinae auctoritati, quia in Scriptura sua illa asserit, Roma. X, "fides ex auditu". Alius est ex rei creditae apparentia, quo modo cognoscunt eam sancti in patria. Tertius modus est medius quo cognoscuntur credita, non solum auditu, nec apparentia rei quasi visu, sed ex rationis evidentia, qua intellectui conspicuum est naturam rei sic se habere sicut fides tenet. », *id.*, *ibid.*, q. 6, f. 94.

3. *Id.*, *Quodlibet* 12, J. Decorte (éd.), *Opera Omnia*, L.U.P., 1987, q. 2, p. 23.

C'est cette investigation rationnelle propre à la théologie étudiée ici-bas qui requiert une lumière spéciale revendiquée pour la corporation des théologiens, considérés comme spirituels et rendus capables grâce à elle, d'accéder au sens caché des Écritures. Celui qui en reste à la foi se contente d'adhérer aux vérités qu'elle contient, tandis que le la lumière spéciale qui le guide rend l'homme spirituel, le théologien capable d'en comprendre le sens caché[1]. L'exemple de Joseph interprétant les songes de Pharaon ne tendrait-il pas à faire du théologien une sorte de prophète ? La position d'Henri de Gand est en fait assez subtile. Il se refuse à renvoyer l'intellection du donné de foi à la vision béatifique, et la revendique donc pour ici-bas selon un mode théologique[2]. Mais il reconnaît aussi, dans la réponse à la première objection qu'une telle connaissance pour être rationnelle n'en est pas moins toujours obscure ici-bas parce que dépendante du donné de foi dont elle part[3].

Ainsi, les nouvelles distinctions posées dans les deux dernières questions permettent à Henri de Gand de reformuler de manière synthétique la noétique exposée dans les cinq premiers articles de la *Somme*, avant de la faire fonctionner dans l'article suivant pour formuler de manière définitive sa conception des rapports entre la foi et la rationalité théologique[4]. Les cinq (voire six) types de connaissance peuvent ainsi être ordonnés si nous appelons L la lumière, M le mode et R les réalités connues et que nous les affectons d'un exposant n s'ils sont naturels, s s'ils sont surnaturels.

L^s, M^s, R^s : Vision des bienheureux
L^s, M^n, R_s : Connaissance des réalités surnaturelles :
par les théologiens clairement par la science
par les fidèles obscurément dans la foi
L^s, M^n, R^n : Connaissance des réalités naturelles par les fidèles ici-bas
L^n, M^n, R_s : Connaissance des réalités surnaturelles par les philosophes
L^n, M^n, R^n : Connaissance des réalités naturelles par les philosophes

Ce tableau récapitulatif classe par ordre décroissant les cinq types de connaissance distingués par Henri de Gand. Ce schéma va être immédiatement mis en œuvre dans la réponse à la question suivante où il se démarque de ses prédé-

1. « Unde sicut simplici notitia Ioseph per intellectum cognovit significatum in somnio Pharaonis spiritu prophetico, cuius Pharao solum species sensibiles apprehendit, sic dono aliquo intellectus potest homo spiritualis intelligere veritates credibilium assentiendo eis ex evidentia rationis, non ex solo auditu fidei, quas alius non intelligit, sed sola fide tenet. Non enim minoris virtutis est lumen supernaturale ad ostendendum intellectui investiganti ea quae latent sub sensibilibus supernaturali colligantia, quam lumen naturale ad ostendendum intellectui investiganti ea quae latent sub aliis naturali colligantia. Unde hanc investigationem Augustinus intelligens faciendam in expositione sacrae Scripturae dicit. », *id.*, *Summa*, a. 13, q. 6, f. 94 v.

2. « Augustinus loquitur de intelligere huius vitae contra eos qui exponunt illud Esaie : "nisi credideritis, non intelligetis", solummodo de intellectu futurae vitae, ad quem necessario paeambula est fides huius vitae. Quamvis enim hoc verum sit, tamen non solum hoc verum est. Verum enim simul est, et pro intelligere praesentis vitae. », *id.*, *ibid.*

3. « Notitia enim que est hic per intellectum de credibilibus, nunquam est pura ab omni obscuritate fidei », *id.*, *ibid.*, ad. 1, f. 95.

4. « Unde notandum quod quinque sunt modi humanane cognitionis per intellectum. Prima lumine supernaturali et modo supernaturali et de re supernaturali, qualem in gloria habent angeli et sancti de Deo et de rebus divinis. Secunda lumine supernaturali, modo naturali, de re naturali, qualem habent fideles per fidem de rebus naturaliter cognitis. Tertia lumine supernaturali, modo naturali, de re supernaturali, qualis habetur in praesenti a fidelibus de rebus per se credibilibus, vel obscure per solam fidem, vel quodammodo clare per scientiam et rationem. Quarta, lumine naturali, modo naturali, de re naturali, qualem habent philosophi de rebus sensibilibus. Quinta, lumine naturali, modo naturali de re supernaturali, qualem habent philosophi de substantiis spiritualibus. », *id.*, *ibid.*, f. 95 v.

cesseurs tant augustiniens que thomistes. Pour eux la science des réalités surnaturelles n'est acquise que dans la vision béatifique, jusque-là, nous cheminons dans l'obscurité énigmatique de la foi (I *Cor.* 13, 12). Ainsi, dès lors qu'il y a science sur le mode de la vision, la foi disparaît (I *Cor.* 13, 10). Ils acceptent cependant que certains contenus de foi soient accessibles à la raison naturelle, comme certains attributs tels que l'unité, la spiritualité de Dieu, mais dans ce cas, la foi disparaît totalement lorsqu'est menée leur investigation naturelle, métaphysique. Dans tous les cas de connaissance de Dieu, naturelle ou surnaturelle, la foi ne peut exister en même temps que la science. C'est précisément cette opposition binaire entre foi et science que vise à dépasser le schème noétique ternaire mis en place dans la question 6 ainsi que celui des cinq types de connaissance qui en découlent.

Le premier reproche avancé par Henri de Gand semblerait s'adresser plus particulièrement à ses confrères augustiniens : ils ne sont pas capables de penser l'intellection autrement que sur le mode de la vision[1]. Mais si l'on veut comme lui distinguer vision et intellection, il faut comprendre que la différence entre les deux modes de connaissance tient à la présence ou à l'absence de l'objet connu. Ainsi dans la vision sensible, seul un objet présent peut être vu, de même dans la vision béatifique. C'est parce qu'elles leurs sont immédiatement présentes que les réalités spirituelles sont ainsi connues des bienheureux. Dans la connaissance intellectuelle au contraire l'objet connu n'est pas présent directement à l'esprit, mais seulement par l'intermédiaire d'une espèce.

Nous assistons ici à la naissance ou plutôt à la conception secrète de ce qui deviendra avec Scot la distinction entre connaissance abstractive et connaissance intuitive. Mais précisément, ce qui est décrit ici comme connaissance intellectuelle médiatisée par l'espèce, évacue le problème de l'abstraction. La distinction entre présence et absence rappelle plutôt celle qui fonde chez Augustin l'opposition entre vision sensible et spirituelle, c'est-à-dire imaginative. Car précisément l'imagination est cette capacité à représenter l'objet ou le sujet absent à l'esprit qui le

1. « Dictum istorum in primo fundamento de differentia inter fidem et intellectum deficit, quia non faciunt ulterius distinctionem inter cognitionem per visum et per intellectum, sed sumunt intellectum pro visu. Verum est enim secundum quod dicit Augustinus, De videndo Deum, quod illa quae creduntur absentia sunt, sed eis alterius idoneo testimonio assentitur. (...) Sed distinguendo notitiam visionis proprie sumptae a notitia intellectus vel scientiae, proprie dicitur esse notitia visionis quando res est praesto videnti per seipsam, sicut visui corporali praesto sunt in lumine visibilia corporalia, et intellectui angelico et humano in gloria praesto sunt ea quae vident in Verbo et luce increata. Proprie autem dicitur notitia intellectus, quando res est praesto intelligenti vel scienti per speciem solum suam vel alienam, sicut geometra habet intellectum et scientiam figurarum corporalium ad absentiam earum secundum rem per veridicam rationem quam habet de eis adminiculo specierum suarum apud animam. Secundum quod triplex ita cognitio, fide, visu, intellectu, distincta est in principio quaestionis praecedentis in notitia eclipsis solis. De cognitione autem visionis, quia ipsa propter rei presentiam; claram in seipsa, nullam in se patitur obscuritatem (...) talis notitia quandocumque advenit, fidem evacuat, vel quo ad habitum, ut in beatis, vel quo ad actum, ut in raptis (...) Et de tali modo intellectus non intelligo determinasse quod in praesenti credibile possit fieri quocumque lumine spiritali homini intelligibile, ut statim dicetur. Sed loquendo de intellectu proprie dicto, cui res praesto est per speciem, et maxime per speciem alienam, sicut sunt ipsi praesto credibilia de Deo, quae sunt per se et absolute credibilia, quae in praesenti fiunt intelligibilia manductione fidei, non est ex rei praesentis evidentia, sed ex veridicae rationis efficacia ; loquendo inquam de tali intellectu, non est verum quin simul de eodem potest aliquis habere fidem et intellectum, quia talis intellectus non est omnino perspicuus et clarus, propter quod secum compatitur aliquam fidei obscuritatem, et ideo, non omnino fidem evacuat, quia non tollit ei rationem sui obiecti, potest enim talem intellectum et fidem homo habere de eodem crediti intelligendo ex ratione veridica cum divine illustrationis adiutorio. », *id.*, *ibid.*, q. 7, f. 96.

considère, tandis que pour Augustin la connaissance non plus spirituelle, mais intellectuelle saisit l'idée comme intelligible. Tout se passe ainsi comme si cette connaissance intellectuelle était revêtue par Henri de Gand de la capacité de celle qui lui est inférieure pour Augustin, la connaissance spirituelle, c'est-à-dire imaginative : représenter à l'esprit un objet absent. C'est aussi ce qu'en retiendra Scot qui après Henri de Gand l'appellera abstractive, désignant ainsi sous ce qualificatif un processus qui ne relève guère de l'abstraction, mais plutôt de l'imagination. Le sens réaliste de l'effort abstractif qui représente une élévation du sensible à l'intelligible est ainsi perdu au profit d'une conception de la connaissance plus proche de l'opposition entre présence sensible et figuration imaginative de l'absent. Entre la vision intuitive des réalités spirituelles par les bienheureux et la connaissance sensible des objets matériels ici-bas, les premiers augustiniens interposaient de multiples degrés dont l'imagination et la raison qui semblent ici se confondre ! C'est donc sous les traits de l'imagination qu'Henri de Gand dépeint l'intellection au moment même où il entend la distinguer de la foi et de la vision en leur appliquant le schéma ternaire dégagé dans la question précédente à partir de l'exemple de l'éclipse.

Le Gantois reconnaît bien volontiers que la vision par présence des bienheureux évacue nécessairement l'obscurité de la foi qui ne saurait nullement assombrir une telle science. Lorsqu'advient la science, la foi disparaît, soit totalement comme *habitus* chez les bienheureux qui n'en auront plus jamais besoin, soit temporairement dans le rapt chez les extatiques ici-bas. Henri de Gand reconnaît que ses adversaires ont raison sur ce point, mais il oppose précisément à cette vision par présence une intellection d'un objet absent par la médiation d'une espèce intelligible. Dans ce cas ce qui est cru dans la foi devient intelligible mais jamais assez clairement pour qu'il cesse totalement d'être cru. Il y a pourtant bien une intellection, qui n'atteint cependant jamais la clarté définitive d'une vision par présence, et garde donc toujours quelque chose de l'obscurité de la foi.

Selon l'image reprise par Henri de Gand qui l'oppose tant à l'obscurité de la foi qu'au grand jour de la vision béatifique, c'est cette connaissance matinale, qui caractérise la théologie[1]. Ici encore, le rapprochement avec la connaissance angélique s'impose et Scot ne manqua pas de le remarquer. Toutefois Henri de Gand assure ainsi un renversement fondamental : au lieu que le crépuscule de la mort creuse entre l'obscurité de la foi et la claire vision des bienheureux un fossé infranchissable, l'aube de la contemplation théologique assure une progression continue d'une foi enténébrée à la lumière de midi qui illumine les saints au ciel. En attendant la clarté parfaite de la vision béatifique, il y a donc place pour une intellection du donné de foi ici-bas, mais qui n'en dissipe jamais totalement l'obscurité.

1. « Unde sicut ab ortu diei usque ad meridiem, semper procedit lucis augmentum, et tenebrarum decrementum, quae omnino evacuantur circa meridiem, sic claritas intellectus praedicti circa credibilia. Postquam enim homo prius credita omnino inceperit intellectu percipere, si proficiendo continue procedat, continue clareficit notitia eius circa credita (...) quousque visione aperta evacuetur quod obscurum est ex fide, et perficiatur quod imperfectum est intellectus claritate. », *id.*, *ibid.*, f. 96 v.

Ainsi, Henri de Gand préfère-t-il substituer à la métaphore paulinienne du lait et des aliments solides, celle du fondement d'un édifice[1]. L'enfant qui arrive à prendre une nourriture solide délaisse le lait, mais l'édifice repose d'autant plus lourdement sur ses fondations que son édification est parvenue à son faîte. Ainsi la foi n'est-elle jamais évacuée ici-bas par l'intellection théologique, comme elle peut l'être par la vision faciale des bienheureux. Celui qui s'adonne à la théologie ne passe pas simplement ainsi du lait à la nourriture solide, il assimile des aliments de plus en plus riches en une progression continue jusqu'à la vision béatifique. La foi contemplative assure ainsi une continuité avec la vision béatifique, sans pour autant jamais se séparer de son fondement ici-bas.

Mais cette illumination spéciale qui se distingue de la foi sans en dispenser peut-elle suffire à l'acquisition de la science théologique sans qu'il soit nécessaire de recourir à un maître (q. 8) ? Henri de Gand, sans exclure la possibilité d'une grâce spéciale qui le permette, constate la nécessité de l'enseignement, tant des apôtres pour transmettre aux fidèles ce qu'il faut croire que des docteurs, pour initier ceux qui s'en chargeront aux arguments permettant de le défendre. Il ajoute même une comparaison savoureuse. L'on peut bien essayer d'apprendre la langue grecque dans les livres, ou comme une langue vivante en l'écoutant parler, l'on progressera plus facilement sous un maître capable d'expliquer le sens des mots[2]. A fortiori, l'Écriture recèle des significations difficiles qui requièrent une explication magistrale. Et c'est un suprême orgueil de la part des philosophes de croire que leur science profane peut leur suffire à scruter le sens de l'Écriture[3].

Mais ceux qui furent les premiers à l'écrire n'eurent d'autre maître que Dieu dans la lumière spéciale qui les inspirait. Faut-il en conclure qu'ils n'ont pu comprendre parfaitement tout ce qu'ils écrivaient (q. 9) ? Henri de Gand considère qu'ils ne se contentèrent pas de connaître les mots qu'ils écrivaient, mais scrutèrent aussi les mystères divins qu'ils révélaient, chacun selon ce qui lui était donné. Il reprend les distinctions augustiniennes des modalités de la prophétie : limitée à la sensibilité ou à l'imagination, ou aussi intellectuelle et capable d'interpréter les images. Chacun reçoit ainsi l'intellection convenant à son état et au moment où il écrivait. Mais le Gantois distingue de cette perfection relative celle absolue par laquelle la contemplation de Moïse anticipait sur la vision béatifique.

CAUSALITÉ FORMELLE ET MATÉRIELLE EN THÉOLOGIE

Après ces longues considérations noétiques menées à propos du rôle de la causalité efficiente en théologie, la causalité formelle donnera lieu à une réflexion

1. « Unde fides respectu intellectus huius vitae potius habet similitudinem fundamenti ad edificium quam lactis ad cibum. Quoniam cum puer solidum cibum attingit, lac despicit, sed cum aedificium surgit, fundamentum non dimittit. Et sic intellectus vitae huius nunquam fidem evacuat, sed semper in fundamento suo habet, quia propter debilitatem nostri intellectus in vita ista, sine fidei temperamento tam ardua capere non posset, sicut ea capiunt intellectus angelorum et beatorum. », *id.*, *ibid.*

2. « Unde sicut homo ignorans idioma graecorum, licet dictiones graecas disciplinabiliter prolatas audiat, instrui tamen per illas non potest nisi prius instructus in vocum significatione, consimiliter legens Sacram scripturam, eam intelligere non potest sine interpretante ei rerum proprias et figurativas significationes ignotas aut dubias. », *id.*, *ibid.*, q. 8, f. 98.

3. « Summa ergo fatuitas est, maxime hominum in scientiis saecularibus instructorum quod ad nutum et sine doctore, sacram Scripturam per se praesumunt capere et intelligere. », *id.*, *ibid.*

surtout pédagogique concernant la manière de la transmettre et de l'exposer. Quant à la causalité matérielle, elle est l'occasion d'un exposé classique de l'objet propre de cette science.

Sur la transmission de la théologie

A propos de la transmission de la science théologique, Henri de Gand pose deux questions classiques : son mode est-il multiforme ; est-il argumentatif ou narratif? La diversité des modes de cette science tient à la fois à des raisons objectives : la diversité des genres littéraires des différents livres de la Bible et leurs fonctions : exhorter, conseiller, prier... C'est là un lieu commun, qui n'entame en rien l'unité du contenu de la révélation. Mais Henri de Gand y ajoute des raisons subjectives : chacun doit pouvoir y trouver la nourriture qui lui convient, allant du simple donné de foi au sens spirituel pour qui est capable d'y accéder[1]. Pourtant, cette unité, comme aussi la certitude de cette science se prend, non de ses méthodes, mais de la divinité de son objet.

Ainsi est-ce selon un mode d'autorité et non par une simple démonstration rationnelle qu'elle doit être transmise, précisément parce qu'elle concerne le donné de foi. La nécessité d'un maître se laisse ainsi mieux comprendre[2]. Cette science qui porte sur le donné de foi doit en manifester l'intelligibilité, et c'est pourquoi elle doit procéder selon un type de discours authentique, affirmatif (*autenticus, sententiativus*), et non comme une recherche (*investigativus*). Or on se souvient qu'un mode *inquisitivus* sinon *investigativus* était attribué par Bonaventure à la théologie. Ici Henri de Gand prend ses distances avec la tradition franciscaine pour déclarer que la transmission de la théologie ne passe pas par une intellection obtenue par une investigation, mais doit être menée selon un mode authentique d'autorité qualifié de narratif (*narrativus*). Si la revendication par Henri de Gand du caractère purement spéculatif de la théologie pouvait paraître très moderne, sa conception de la transmission, mais aussi de l'exposition de cette science l'est moins.

Sur l'exposition de la théologie

La manière d'exposer cette science varie, selon lui, en fonction de celui qui l'explique et de ceux à qui il s'adresse (a. 18 et 19), mais aussi en fonction de sa transmission (a. 17) et du texte lui-même. L'explication est nécesaire (a. 15, q. 1) d'abord en vue d'exposer le sens spirituel caché des Écritures, voire de rendre intelligible même son sens littéral parfois obscur. Mais n'est-ce pas surtout l'Ancien Testament (q. 2) qui a besoin d'explications ? Contre les Manichéens (cathares) qui l'opposaient au Nouveau, l'auteur de la *Somme* assigne à l'exégèse la tâche de montrer la convergence des deux Testaments. Tous les lieux de l'Écriture requièrent donc à ses yeux des explications, sauf ceux dont le sens est obvie ou déjà expliqué dans le cadre même du texte.

Il commence par reconnaître que la transmission de cette science requiert une

1. *Id.*, *ibid.*, a. 14, q. 1, f. 100.

2. « Primus modus inquisitivus est ex notis ignotorum notitiam investigans. Secundus vero modus authenticus est, fidem eorum quae ignota sunt exponens. Et ut dictum est modus tradendi hanc scientiam non potest esse doctrinalis inquisitivus procedens sermone regulari et connexo. Necesse est igitur quod sit authenticus sententiativus, procedens sermone simplici et absoluto. (...) Et etiam ideo solet dici quod proprius modus scientiae huius narrativus est, quia per totum quasi sententias et conclusiones credendas proponit. », *id.*, *ibid.*, q. 2, f. 101.

recherche profonde, menée sobrement et sans la présomption qui fait les hérétiques (a. 16, q. 1). De plus son explication ne peut s'en tenir au seul sens littéral (q. 2). Au sens historique, il faut ajouter les trois sens que dégage une explication spirituelle[1]. Henri de Gand reconstruit ainsi les quatre sens de l'Écriture. Son originalité est de le faire à partir des trois vertus théologales : de foi renvoyant au sens analogique éclairant sur le Christ, de charité, éclairant sur l'amour à lui porter et ses exigences morales dégagées en un sens tropologique, tandis que le sens anagogique en vient ultimement au contenu eschatologique d'une espérance théologale. Il précise encore que l'exégèse spirituelle ne s'impose pas pour tous les passages de l'Écriture : certains donnent explicitement un enseignement moral sans sous-entendus, d'autres recèlent leur propre explication. D'ailleurs, les raisonnements portant sur une vérité révélée ne sauraient se présenter comme des rectifications (q. 5), mais plutôt comme des explicitations. Celles-ci devront être acceptées pourvu qu'elles soient vraies et pertinentes (q. 6).

Autant, dans la transmission de cette science, le mode narratif était préférable à celui de l'investigation rationnelle, autant celle-ci sera requise pour les explications. Henri de Gand répond sur ce point à l'objection fidéiste classique voulant que là où il s'agit de la foi, la raison s'efface[2]. Suivant en cela Augustin, il distingue deux cas. Le premier est celui de l'apologétique où la raison précède la foi. Dès lors que celle-ci est atteinte, l'investigation rationnelle qui y a préparé n'a plus lieu d'être et doit disparaître. Au contraire, en théologie, l'investigation part du donné de foi et se doit d'en approfondir l'intelligibilité. Le mode de l'investigation rationnelle est donc pertinent dans le cas des explications qu'elle apporte. Il ne l'était pas on s'en souvient pour la transmission du savoir essentiellement scripturaire.

Mais comment déterminer dans ces conditions à qui revient la priorité entre l'autorité et l'explication rationnelle ? La réponse d'Henri de Gand est prudente et subtile. Il commence par distinguer des degrés dans l'autorité comme dans la clarté de l'expiosition[3]. L'autorité de l'Écriture l'emportera évidemment sur celle des Pères et a fortiori sur celle des modernes qui les expliquent. De même les explications rationnelles n'ont pas toutes la même clarté. Reste à penser comment ces degrés d'autorité et de clarté peuvent s'ordonner entre eux. Henri de Gand définit une première priorité. Il vaut toujours mieux un raisonnement clair qu'une autorité qui ne serait pas catholique[4]. Entendons que dans le domaine de la raison naturelle le raisonnement vaut toujours mieux que l'autorité. Henri de Gand est en cela tout à fait fidèle à Aristote. Mais précisément, la science théologique n'en reste pas à la raison naturelle, et ce n'est qu'à cause de la faiblesse de notre faculté face à ses objets surnaturels qu'elle devra toujours lui préférer l'autorité de l'Écriture[5].

1. *Id.*, *ibid.*, a. 16, q. 3, f. 106.

2. « Ad primum in oppositum : "tolle rationem ubi fides quaeritur", dicendum quod ratio dupliciter induci potest ubi fides quaeritur. Uno modo tamquam fidei praevia, ut propter rationem credamus. Alio modo tamquam fidei pedissequa, ut ea quae fide credimus, ratione intelligamus. Primo modo omnino ratio tollenda est ubi fides quaeritur. Secundo autem modo non », *id.*, *ibid.*, q. 7, f. 109.

3. « Dicendum ad hoc, distinguendo primo de auctoritate, quia aut est auctoritas Sacrae scripturae canonicae, aut est auctoritas alicuius sanctorum aut expositorum eius. Et similiter de ratione, aut est clara et lucida, ut de eius veritati dubitari non poterit, aut non est talis », *id.*, *ibid.*, q. 8, f. 109 v.

4. « Sed illa expositio quae fit ratione dilucida semper est potior quam illa quae fit alia auctoritate non catholica », *id.*, *ibid.*, f. 110.

5. « Simpliciter et absolute potior est expositio in hac scientia auctoritate canonis facta quam ratione quacumque, licet quantum est de natura rei, ad perspicuam notitiam faciendum, semper

L'ordre de la raison naturelle qui plaçait ses raisonnements plus haut que toute autorité est ainsi inversé dans le cas de celle de l'Écriture en théologie. Son autorité est toujours plus puissante que les faibles capacités de notre raison. Cela ne veut pas dire que l'explication de l'Écriture doive toujours rester obscure. Elle aura d'autant plus de valeur qu'elle sera plus claire (q. 9). Les conditions subjectives de cette exposition importent donc éminemment, tant du point de vue de ceux qui doivent la recevoir (a. 17) que de celui qui doit la donner (a. 18).

Ainsi cette explication ne peut s'adresser à tous, mais seulement à ceux à qui elle peut profiter. Il faut en cela imiter Dieu lui-même qui fait briller son soleil sur les méchants comme sur les bons et ne dispense pas les biens spirituels de la même manière que les charnels[1]. Seuls ceux qui ont reçu la Parole avec bienveillance sauront tirer profit de son explication. Les autres, on s'en souvient, se retourneront contre elle ou contre ceux qui la leur exposent. Les uns, les hérétiques, comme ces chiens à qui il ne faut pas donner les choses saintes car ils les déchirent. Les autres, chrétiens dévoyés, comme ces porcs à qui, il ne faut pas donner ses perles de peur qu'ils ne les piétinent et ne se retournent contre vous. Et même face à un public bienveillant, le discours devra être adapté aux capacités de l'auditoire[2]. Tout l'art du conférencier consistant à mêler aux nourritures destinées aux plus charnels, quelques aliments plus fins que seuls pourront goûter les spirituels. Comprenne qui pourra. L'idée est reprise dans le Quodlibet 12 (q. 2), pour justifier la possibilité d'un progrès de l'intelligence théologique par rapport au donné brut de la foi. Mais la pire erreur est d'expliquer les choses spirituelles à ceux qui ne sont pas capables de les recevoir[3].

Un tel public tombera forcément dans des interprétations erronées du symbolisme scripturaire, et ne pourra plus guère s'en dégager. Ceux qui l'ont ainsi induit en erreur sont les plus fautifs. Le maître séculier aurait-il en vue les indiscrétions de certains confrères mendiants ? Qui voudra donc exposer une telle science devra en fonction de son public faire preuve de prudence et de finesse. Mais qui en sera capable (a. 17) ? Cela est-il possible à un homme (q. 1) ? La réponse s'appuie sur ce qui précède : il en va de celui qui doit l'exposer comme du docteur de cette science. Ultimement, celui-ci n'est autre que Dieu. Pourtant, l'homme aussi est dit docteur en théologie en tant qu'il coopère à son enseignement comme cause instrumentale[4].

Le terme *instrumentalis* est cette fois explicite dans la réponse à la première objection, et Henri de Gand en ajoute un autre. C'est *ministerialiter* que l'homme peut exposer une telle science. Ce dernier terme ne peut manquer de faire penser au

potior est veridica ratio ut ei credatur quam auctoritas quacumque. Propter quod etiam licet dignitate naturae in omni disputatione ad veritatis investigationem ratio praecedere deberet auctoritate, propter nos tamen econtra, semper auctoritas debet praecedere rationem et potior haberi. », *id.*, *ibid.*, q. 8, f. 110.

1. « Deus enim non indifferenter omnia beneficia dispensat bonis et malis, sed carnalia solum. Spiritualia autem solum bonis. Sic et nos debemus facere, et patrem nostrum caelestem imitari (...) Idcirco absolute dicendum quod sacra Scriptura non omnibus indifferenter est exponenda, multo minus quam simpliciter proponenda, sed solum illis quibus exposita utilis sit, et gratiosior, ut sunt fideles et obedientes, quibus expositio proponi debet, vel per lectionem, vel per praedicationem », *id.*, *ibid.*, a. 17, q. 1, f. 111.

2. « Sic ergo tunc temperanda est expositio, ut cum grossa expositione quam capiunt carnales, misceantur subtilia quae penetrare faciunt spirituales, ut singulus quisque quid potuerit capere capiat, ut idem sermo propositus lac sit parvulis, et cibus maioribus. », *id.*, *ibid.*, q. 2, f. 112 ; cf. *Quodlibet* 12, q. 2, J. Decorte (éd.), *Opera Omnia*, 16, L.U.P., 1987, p. 18-19.

3. *Id.*, *ibid.*, f. 112 v.

4. *Id.*, *ibid.*, a. 17, q. 1, f. 113.

sacerdoce, et le Gantois n'hésite pas à faire le parallèle avec les paroles de la consécrartion prononcées « *in personna Christi* ». L'explication se transmettrait ainsi à partir du cœur du Christ et de celui des Apôtres selon une filiation doctorale, quasi-apostolique ! L'on comprend dans ces conditions que l'exposition de la science théologique ne peut incomber à n'importe qui (q. 2). Mieux, elle requiert selon Henri de Gand cette illumination spéciale sans laquelle, il l'a dit plus haut, la théologie ne serait pas intelligible[1].

Ainsi l'homme ne peut-il expliquer la théologie que grâce à une illumination spéciale : celle-là même qui lui a permis de la comprendre. Entendons d'après ce qui précède que ni la lumière de la raison naturelle ni même celle de la foi n'y suffisent. Henri de Gand revendique ainsi une illumination spéciale pour la corporation des docteurs en théologie. C'est dans cette lumière d'une grâce *gratis data*, c'est-à-dire charismatique qu'ils exercent leur métier « quasi-ministériel ». Remarquons d'ailleurs que cette revendication corporatiste d'une lumière spéciale les dispense de la sanctification personnelle qui n'est pas requise pour l'enseignement de leur discipline, du moins en tant que science. Il en va en effet autrement on l'a vu, pour qui la considérerait comme sagesse. Pour goûter et faire goûter un tel enseignement il faut puiser aux sources communes à tous les fidèles de la foi et des dons du saint Esprit. Mais pour être un bon professionnel de son enseignement scientifique, la grâce charismatique des docteurs en théologie est suffisante ! L'on peut comprendre que ce professionnalisme certes « quasi-ministériel » du maître séculier ait pu faire grincer des dents à un mendiant comme Scot ! Pourtant nous en resterons là en ce qui concerne la causalité efficiente et formelle en théologie, venant enfin à la causalité matérielle.

Objet et méthodes en théologie

L'article 19 repose sur la distinction entre le sujet principal d'une science et sa matière, plus étendue. Dieu sera évidemment pour Henri de Gand le sujet principal de la théologie[2]. On relèvera l'analogie optique. Dieu est le sujet de la théologie, comme la couleur est le sensible propre correspondant au sens de la vue. Tous les autres objets pourront être perçus par elle : bois ou pierres seront vus en tant que colorés. Aussi, les autres réalités pourront-elles être considérées par la théologie, mais en tant qu'elles se rapportent à Dieu qui en est par lui-même (*per se*) le sujet. Elles entreront ainsi dans la matière traitée par cette science dont le sujet propre reste Dieu seul[3]. Encore faut-il penser le rapport entre ce sujet propre de la théologie et le reste de sa matière. Dieu n'est pas un sujet englobant comme l'être, sujet de la métaphysique assumant tous les êtres particuliers[4].

Le Dieu des théologiens ne saurait être un tout panthéiste où tous les êtres seraient ontologiquement assumés. Il n'est certes pas pensé non plus comme un

1. *Id.*, *ibid.*, a. 18, q. 3, f. 115.

2. « Necessarium est dicere absolute quod Deus sit subiectum huius scientiae per se sicut color est per se objectum visus. », *id.*, *ibid.*, a. 19, q. 1, f. 115.

3. *Id.*, *ibid.*, q. 2, f. 117.

4. « Illa tamen (scientia) est per se propria alicui illorum scilicet Deo, et non convenit aliis nisi per attributionem ad Deum. Deus igitur ipse non aliquid commune secundum rationem communem ad ipsum et ad alia acceptum debet poni hic subiectum modo contrario ei quid contingit in prima philosophia, ubi ens simpliciter non aliquod ens unum subiectum ponitur (...) Ex quo ulterius patet quod licet Deus non consideratur in hac scientia nisi sub ratione qua cognoscibilis est per fidem et credibile quoddam, non tamen secundum quod aliqui estimare possent, Deus debet hic poni subiectum non simpliciter », *id.*, *ibid.*, f. 117 v-118.

étant parmi les autres. Mais c'est seulement en tant qu'ils sont rapportés à Dieu que d'autres êtres peuvent constituer matière pour la réflexion théologique. On notera qu'Henri de Gand refuse même de prendre ce qui peut être objet de foi (*credibilis*) comme matière de sa science. Un tel objet se définirait ainsi subjectivement selon le mode de connaissance et non comme réalité à considérer. Nous sommes ici à l'opposé de certains passages d'Eudes Rigaud. Henri de Gand concède que Dieu n'est connu dans cette science que dans la foi, mais il ne convient pas de dire que c'est Dieu en tant qu'on peut y adhérer par la foi qui est objet de cette science. Cette précision subjective du mode de connaissance théologique n'en détermine pas l'objet propre qui reste Dieu en lui-même.

L'on remarquera que c'est encore au titre de la différence entre objet propre et matière qu'Henri de Gand assume la distinction d'Hugues de Saint-Victor entre création et restauration. En revanche, celle issue de Denys entre essence, puissance et opération, correspondant respectivement à Dieu, au Christ et à son œuvre rédemptrice, lui semble procéder d'une causalité efficiente plutôt que matérielle[1]. On remarquera encore qu'une autre distinction venant de Richard de Saint-Victor et qui trouvera une place importante chez Scot n'est pas mentionnée à ce niveau de la *Somme*, mais est évoquée par le quodlibet 8[2]. Il s'agit de la distinction des vérités intérieures à la vie divine, trinitaire en particulier. Elles relèvent de raisons divines éternelles et nécessaires. En revanche celles qui supposent la volonté divine créatrice ou rédemptrice ne sauraient obéir à la même nécessité. Ces vérités concernant des grâces librement consenties par Dieu seront seulement probables.

Si l'essentiel des caractéristiques subjectives de la science théologique a déjà été abordé à propos de la causalité efficiente et formelle, il reste à envisager en un dernier article un effet en retour en ce domaine de la spécificité de sa matière. C'est ainsi que l'article XX pose la question du comment de la théologie, s'intéressant surtout au rapport de cette science au langage. Peut-elle employer le langage commun des hommes pour parler de Dieu (a. 1) ? L'analogie, même si elle n'est pas explicitement citée, semble ainsi rester le mode incontournable pour une science qui est contrainte d'exprimer ce qu'elle scrute du monde surnaturel dans le langage humain forgé pour celui des réalité naturelles[3]. Son explication portera ainsi tant sur les choses divines que sur les signes qui les expriment. On notera que dans la distinction augustinienne entre *res* et *signa*, c'est essentiellement le cas des *voces*, signes langagiers qui est ici pris en considération par Henri de Gand (q. 2). Ainsi la théologie devra-t-elle savoir allier un langage clair pour les simples et mêlé de plus d'obscurité pour les spirituels plus avancés dans la considération des divins mystères (q. 3). De même le recours à l'éloquence n'est pas proscrit, mais doit être adapté au public récepteur de l'enseignement théologique (q. 4).

1. *Id.*, *ibid.*, q. 1, f. 116.

2. « Intelligendum est quod aliqua sunt fidei quae aeterna sunt et absolute necessaria (...) ut sunt omnia credenda circa trinitatem et quod pertinet ad interiora deitatis (...) Alia vero sunt fidei quae aeterna sunt et necessaria, non simpliciter et absolute, sed solummodo supposita divinae voluntatis determinatione, ut sunt omnia quae pertinent ad sacramenta et humanam redemptionem (...) Et ad ista non sunt necessaria argumenta etiam credibilibus suppositis, sed sunt probabilia ex congruentiis et decentiis ex parte modi redemptionis et nostrae iustificationis accepta. », *id.*, *Quodlibet* 8, q. 14, f. 325.

3. « Dicendum igitur absolute quod ista scientia de Deo et rebus divinis uti non debet nisi sermone humano, nec potest, ut videlicet loquatur homini de rebus supernaturalibus et doceat scientiam supernaturalem per sermonem de rebus naturaliter cognitis », *id.*, *Summa*, a. 20, q. 1, f. 120.

CONCLUSION

Henri de Gand représente bien un aboutissement dans cette toute première histoire de la théologie. Donner un statut à cette science nouvelle exige de lui une reprise complète de toute sa noétique. Il commence par la mettre en place dans les cinq premiers articles de sa *Somme*. Il aboutit ainsi à la question 3 de l'article 5, à un schème ternaire distinguant entre la connaissance naturelle des réalités naturelles par les philosophes et celle surnaturelle des réalités surnaturelles par les bienheureux, une science intermédiaire. La théologie porte en effet au premier chef sur les choses divines, mais aussi sur les autres dans la mesure où elles se rapportent à Dieu. De plus, son mode est surnaturel par la lumière qu'elle reçoit de Dieu dans la foi, voire au-delà, mais encore naturel par la médiation incontournable des images sensibles.

Ce premier schème noétique avait pour fonction, dès le début de la *Somme* du Gantois, d'enfoncer comme un coin, la possibilité d'une connaissance théologique rationnelle, entre celle des philosophes et celle des bienheureux, de façon à faire voler en éclat cette opposition binaire de ses prédécesseurs augustiniens. Mais ce schème appelait ainsi des précisions supplémentaires que l'on trouve dans l'article 13, q. 6. Ce ne sont plus alors trois, mais cinq niveaux de connaissance qui sont distingués cette fois selon trois critères : la réalité qu'ils atteignent, le mode et la lumière sous lesquels ils l'atteignent. Ainsi la philosophie dont la lumière et le mode restent naturels se dédouble-t-elle selon qu'elle considère les réalités surnaturelles dans la métaphysique ou les réalités naturelles dans toutes ses autres parties. De même, la connaissance des fidèles ici-bas, dont le mode reste naturel dans la lumière surnaturelle de la foi, se dédouble elle aussi, selon qu'elle considère les réalités naturelles ou surnaturelles. Enfin, seule la connaissance des bienheureux garde le privilège d'une connaissance dont l'objet, le mode et la lumière sont tous trois surnaturels.

La théologie se situe ainsi clairement pour Henri de Gand dans le cadre d'une connaissance dont le mode reste naturel, mais l'objet et la lumière sont surnaturels. Celle-ci se situe donc forcément dans le prolongement de la foi, mais cette lumière surnaturelle n'y suffit pas. Non que le Gantois veuille présenter cette connaissance du théologien comme une illumination qui le dispenserait de l'étude, selon le mauvais procès que lui intenteront ses successeurs immédiats. Au contraire, c'est l'étude même menée par le théologien qui exige une lumière supplémentaire par rapport à la foi des simples fidèles.

A ce niveau, c'est l'analogie de la connaissance de l'éclipse qui permet d'enfoncer plus avant cette connaissance nouvelle du théologien comme un coin entre celle du croyant et celle du bienheureux. Je peux en effet avoir connaissance de l'éclipse en croyant mon maître, en la constatant de mes yeux, mais aussi en la prévoyant par le calcul. Ce dernier mode rationnel me conduit à une connaissance certaine, sans aucune évidence pourtant, et ne reposant pas non plus sur la seule foi. On y reconnaît l'analogué de la théologie entre foi et vision béatifique. Ce qui le distingue de la claire vision des bienheureux, c'est qu'il ne requiert pas la présence, la proximité de son objet de connaissance, mais l'atteint à travers des espèces intelligibles. Le terme de connaissance abstractive n'est pas là encore, mais le concept est en train de naître, non sans quelques différences, avec Scot. C'est que précisément cette distinction par la présence ou l'absence voulait briser l'assimilation augustinienne de la connaissance intellectuelle à la vision, instaurant ainsi un troisième terme entre l'obscurité maximale de la foi et la clarté maximale de la vision des bienheureux. Et ce troisième terme était celui de l'intellection rationnelle portant précisément sur le donné de foi. Comparée à la connaissance matinale des anges, la théologie instaure qui plus est un élément de continuité entre la nuit de la foi et la vision méridienne des bienheureux.

Mais précisément, ce qui se perd de la démarche rationnelle lorsqu'elle se pense seulement par différence avec la vision sensible et à partir seulement de l'absence ou de l'éloignement de son objet, n'est-ce pas l'effort propre de l'intellect pensé par Aristote sous le terme d'abstraction ? Cette connaissance *in absentia* n'est-elle pas plutôt spécifique de l'imagination ? Nous y reconnaissons la connaissance spirituelle augustinienne. La rupture du Gantois avec Augustin va-t-elle assez loin pour pouvoir conférer pleinement son statut de rationalité à la théologie ?

Il refuse d'assimiler comme lui la connaissance intellectuelle avec la vision, mais ne va pas jusqu'à la spécifier selon un mode vraiment aristotélicien, par l'abstraction et le raisonnement. Il se contente au contraire de la caractériser comme la connaissance spirituelle (qu'Augustin reconnaissait inférieure à celle de l'intelligence), par sa capacité à atteindre un objet absent. Scot aura beau jeu de rabattre sur ce schème ternaire du Gantois celui à nouveau binaire de deux visions abstractive et intuitive. Ce qu'Henri de Gand ne voulait précisément pas penser comme vision, mais comme intellection, en se réduisant à la médiation de l'espèce, rentre ainsi facilement dans le giron augustinien d'une conception de toute connaissance comme vision, rabattant d'ailleurs du même coup, au moins en ce monde, ce qui pour Augustin relevait de l'intelligence sur la connaissance qu'il appelait spirituelle.

Ainsi, le théologien est-il peut-être pour Henri de Gand plus un spirituel qu'un rationnel, d'où aussi son recours à une lumière spéciale. Celle-ci ne se substitue nullement dans son esprit, répétons-le à l'étude, mais c'est précisément son étude qui exige cette lumière réservée à sa corporation. Car c'est là une autre caractéristique de ce tournant opéré par le maître séculier dans cette première histoire de la théologie : elle se professionnalise et se cléricalise. Nous avons tenté de montrer en effet comment chez Thomas déjà, l'*habitus* du théologien relevait d'une grâce charismatique distincte donc des dons du Saint Esprit requérant la grâce sanctifiante, et en particulier des trois dons de science, d'intelligence et de sagesse, mais non pour autant totalement indépendante de leur lumière. Avec Henri de Gand précisément, l'attribution au théologien d'une lumière spéciale de type charismatique le dispense de la grâce sanctifiante. Celle-ci ne sera requise que pour jouir en une sagesse savoureuse du contenu mis en évidence par la science, non pour l'enseigner. Certes, celui qui ne met pas en pratique ce qu'il a connu par sa science est le plus malheureux des hommes, comparable à celui qui, dans la parabole évangélique aurait bâti sur le sable. Mais cela ne justifie pas qu'on le destitue de sa charge, si du moins le péché qui le coupe de la grâce sanctifiante ne porte pas directement sur le contenu ou les modalités éthiques de son enseignement. Le péché d'un pieux incompétent serait d'ailleurs plus grand que celui d'un pécheur brillant à qui sa grâce charismatique et son *habitus* ne sont pas nécessairement enlevés lorsqu'il se coupe de la grâce sanctifiante. Etranges spirituels dont le charisme autorise les licences, ce qui ne manquera pas d'appeler le désir de réforme d'un Gerson.

Avec Henri de Gand en tout cas se clôt un premier chapitre de l'histoire de la théologie naissante. Le second s'ouvre avec Scot dont il faudrait retracer la préhistoire chez ses prédécesseurs de la seconde école franciscaine, et suivre l'évolution précisément jusqu'au chancelier Gerson.

CONCLUSION

La théologie est-elle une science ? C'est à cette question que se sont arrêtés la plupart des lecteurs modernes de la scolastique naissante, M.-D. Chenu en particulier. Pourtant, elle s'intègre chez les premiers maîtres de l'université, à un questionnement plus large portant sur l'objet de cette discipline, ses méthodes, son caractère spéculatif ou pratique. Mais surtout elle suppose une question plus fondamentale : si la connaissance parfaite de Dieu est réservée aux bienheureux « *in Patria* », quel statut peut-on donner à celle poursuivie « *in via* » ? La discipline commence à acquérir, dans le cadre de l'université naissante, une relative autonomie par rapport à l'exégèse de la Bible, à travers un mode d'enseignement qui se fonde désormais sur le commentaire des *Sentences* de Pierre Lombard. Pourtant, la réflexion sur son statut épistémologique ne requiert pas seulement qu'elle se situe par rapport aux autres sciences, mais surtout qu'elle fonde la possibilité noétique de son savoir « *in via* » en l'articulant à celui promis pour les élus « *in Patria* ».

La conscience de cette finalité eschatologique de la théologie est plurielle et progressivement élucidée, jusqu'en ses conséquences pédagogiques. A cet égard, la conception aristotélicienne de la science et de la subalternation, loin d'apparaître comme la solution dominant le bouillonnement intense de la réflexion du XIIIe siècle sur la théologie, se présente d'abord comme un problème pour ceux des premiers maîtres qui oseront l'affronter. Car ce n'est pas le cas de tous.

Tous en revanche sont dépendants des conceptions de la théologie qui fleurirent à la génération précédente dont la réflexion est dominée par trois principaux écrits. La *Summa de Bono* de Philippe le Chancelier, intègre dans une perspective éthique la finalité eschatologique de la théologie. Elle présente, comme son nom l'indique, la théologie dans une optique platonicienne, comme quête pratique du Souverain Bien. Elle influencera spécialement l'école franciscaine avant-même que son volontarisme ne développe une anthropologie spécifique.

La *Summa Aurea* de Guillaume d'Auxerre a entre autres le mérite de poser déjà la question des rapports entre raison et foi en théologie. En assignant à ce savoir le donné de foi comme principe premier, elle semble ouvrir la possibilité de sa construction par déduction. C'est ainsi que M.-D. Chenu a pu voir là l'ancêtre de la conception thomiste de la théologie comme science. Pourtant, nous avons montré que l'anthropologie de Guillaume d'Auxerre interdisait une telle compréhension déductive du savoir théologique. Car la foi sur laquelle il est fondé en reste le seul critère de vérité à ses yeux, et cette foi est plus encore qu'intuitive, instinctive, pour le théologien lecteur d'Avicenne. Il la compare en effet, au moins dans sa dimension affective, à l'estimative, faculté du sens interne selon le commentateur d'Aristote. Comme l'agneau qui vient de naître, est attiré par sa mère et craint le loup qu'il ne connaît pourtant pas, le croyant, à peine baptisé dispose d'une foi qui lui permet instinctivement de s'attacher à la Vérité révélée et de fuir son contraire. Mais ce *sensus fidei* ne saurait fonder un développement scientifique de la théologie à partir du donné de foi. Tout au plus celui-ci peut-il être perçu comme un ensemble de *dignitates* par les plus éclairés des clercs, comme il pouvait l'être pour Adam avant le péché originel, tandis que le commun des croyants n'y verra que des *suppositiones*.

Le troisième écrit marquant de cette génération précédant immédiatement les premiers commentaire des *Sentences* n'est pas une *Somme*, mais un *Hexaemeron*. C'est qu'il ne fleurit pas à Paris, mais à Oxford. Et la différence a des raisons profondes. Son auteur, Robert Grosseteste, bien que grand théoricien idéaliste de la lumière, est un des premiers représentants d'une tendance anglaise à l'empirisme. Dans cette synthèse qui annonce Berkeley de très loin, la place de la théologie est pensée de manière fort originale. Entre la science et la croyance, l'évêque de Lincoln entend en effet enfoncer le coin de l'expérience qui doit faire éclater la simplicité de l'opposition binaire chère aux continentaux. Car il est en théologie des vérités qui pourront bénéficier, en plus de la certitude conférée par l'autorité, du témoignage de l'expérience. Il s'agit des vérités concernant les réalités créées, et c'est donc par la Création que la théologie devra commencer, se présentant comme un commentaire du récit des six jours. Mais leur exégèse symbolique permet de rendre compte de la totalité de son objet : le Christ intégral, Dieu et homme, chef et corps mystique de son Église, militante et triomphante. La théologie n'est peut-être pas très clairement distinguée de l'économie dans la perspective néoplatonicienne d'un *exitus* de la Création finalisé au *reditus* de la Rédemption. Mais la dimension eschatologique de la théologie est affirmée de manière forte et originale dans la version insulaire qu'en propose Robert Grosseteste. Si ces trois écrits qui les précèdent immédiatement exercent une influence considérable sur les premiers commentaires des *Sentences*, on y trouve aussi des éléments plus archaïques.

Les tout premiers en effet, reprendront des schèmes hérités du siècle précédent. Nous avons vu Hugues de Saint-Cher s'en tenir à une conception littéraire qui met les arts libéraux et en particulier ceux du *Trivium*, au service d'une herméneutique de l'Écriture Sainte. Dans le prologue de son *Commentaire des Sentences*, qui est sans doute l'un des plus primitifs, la théologie s'en tient encore à un commentaire de l'Écriture, mobilisant une réflexion située aux seuls niveaux logique et critique et destinée simplement à éviter les erreurs d'interprétation. Selon ce schème hérité de l'augustinisme en sa configuration propre au XIIe siècle, la sagesse chrétienne reste cette discipline littéraire régnant sur ses sept filles, mais par un truchement principalement rhétorique et logique, sans médiation métaphysique. C'est même à un niveau allégorique que Roland de Crémone hérite de l'image de la théologie comme reine des sciences. Les arts libéraux et la médecine constituent ainsi cette « graisse animale » fournissant respectivement forme et matière à la reine qui les domine.

Pourtant le maître dominicain tempère cet héritage du siècle précédent par une grande ouverture aux nouveautés du sien et en particulier à l'aristotélisme. Il est loin de cantonner les sciences profanes dans un mépris suggéré par l'interprétation traditionnelle de l'or des Egyptiens, science profane qu'il faut voler mais pour en faire un usage plein de déférence à l'égard de l'Écriture sainte. Il considère au contraire qu'il faut mêler à l'or de la Révélation un peu de l'argent des sciences profanes en vue d'obtenir un électrum plus précieux. Les arts libéraux sont ainsi rétrogradés de la valeur de l'or à celle de l'argent, mais pour se fondre au métal précieux de l'Écriture, non plus pour s'y opposer.

Pourtant, Roland de Crémone refuse tout développement déductif de la théologie. Il se situe ainsi en-deçà de Guillaume d'Auxerre. Pour l'un comme pour l'autre auteur, la certitude théologique doit être intuitive car elle est fondée sur la foi. Celle-ci ne saurait être prouvée car elle est elle-même preuve selon l'exégèse classique du verset fondamental d'*He.* 11, 1. Mais si les articles de foi pouvaient ainsi se trouver pour Guillaume d'Auxerre au principe de raisonnements théologiques, ils sont au contraire prouvés par la foi conçue comme adhésion à la vérité première selon le dominicain. Il rapporte ainsi à cette source unique de la foi implicite, toute vérité théologique, ce qui en interdit le déploiement déductif, voire discursif. En revanche, c'est par sa finalité que la théologie reçoit pour objet le Christ total, conformément à une tradition très ancienne dont nous avons déjà mentionné la résurgence insulaire chez Robert Grosseteste. Le rayonnement intuitif d'une foi centrée sur la résurrection du Christ permet bien un déploiement concentrique, mais qui ne saura jamais épouser pleinement la linéarité du langage humain. Ainsi, dès la première école dominicaine, les obstacles à une conception de la théologie comme science aristotélicienne sont nombreux et fondés.

Au contraire, c'est paradoxalement dans le milieu de la première école franciscaine que vont être jetées les premières bases d'un développement discursif de la discipline théologique. Mais ce sera dans le cadre d'une science pratique, finalisée aux bonnes œuvres qui permettent d'accéder à la possession du Souverain Bien divin. On n'y insistera jamais assez. Alors même que Eudes Rigaud installe les syllogismes hypothétiques en théologie, c'est dans le cadre d'une science pratique finalisée au salut et à l'amour de Dieu qu'il situe leur rôle.

Certes, il semble être le premier à affronter l'objection majeure formulée en termes aristotéliciens à l'égard de la discipline naissante qu'il enseigne. Toute science ne doit-elle pas partir de principes premiers connus par eux-mêmes ? Or la théologie se fonde sur le donné de foi contenu dans l'Écriture, révélé par un autre qui en assure la certitude mais non l'évidence. L'originalité de la réponse d'Eudes Rigaud, et son audace n'ont pas été mesurées par ceux qui ont vu en lui l'ancêtre de Thomas d'Aquin.

Il introduit en effet le syllogisme hypothétique en théologie. Mais son audace va plus loin. Il reprend en effet, comme nous l'avons vu, la distinction entre *dignitates*, *suppositiones* et *petitiones*. Nous l'avions trouvée déjà chez Guillaume d'Auxerre. Mais selon lui, le donné de foi lui-même pouvait atteindre l'évidence des *dignitates*, pourvu qu'il soit pensé par un clerc suffisamment éclairé pour sortir des ténèbres jetées par le péché originel sur l'esprit humain. Chez Eudes Rigaud, si les *petitiones* sont bien hypothétiques et supposent la foi dans le cadre qui nous intéresse, il n'en est pas de même des *dignitates*. Les principes susceptibles de constituer pour le maître franciscain la majeure des raisonnements théologiques ne relèvent pas de la foi mais de la raison pratique. Or son universalité est garantie par la syndérèse dont, certes, Eudes Rigaud ne fait pas ici explicitement mention. Souvenons-nous pourtant que la première école franciscaine insistera spécialement sur le fait que la tendance au bien de la syndérèse est le reliquat dans l'esprit humain des bonnes dispositions inhérentes à l'état dans lequel il se trouvait avant le péché originel.

Pour partir du principe que Dieu est bon, nul besoin d'avoir la foi. La syndérèse en donne à tout homme la certitude. Ainsi est-ce bien dans la perspective d'une conception de la théologie comme science pratique que vont pouvoir être mis en œuvre de tels syllogismes hypothétiques. Et si leurs conclusions ne valent que dans le cadre de cette «*scientia fidei*», ce n'est que parce que leur mineure suppose la foi. Leur majeure en effet oblige toute conscience en vertu de l'universalité de la loi morale connue grâce à la syndérèse.

L'habile recours à la logique aristotélicienne ne lève l'objection critique majeure qu'elle opposait à toute scientificité de la théologie, qu'en la maintenant dans l'ordre pratique, le maître franciscain ne manque pas d'y insister. Il refuse même le compromis avancé par certains de ses contemporains. Ces maîtres que nous pouvons rattacher au courant identifié par R.-A. Gauthier comme « premier averroïsme » considéraient la théologie comme partiellement spéculative et partiellement pratique. Pour le franciscain, sa discipline ne saurait s'arrêter à la connaissance du vrai, elle recherche celle du bien. C'est ce qui fonde sa différence avec la métaphysique. Celle-ci s'intéresse à Dieu comme cause première, la théologie le recherche comme fin dernière. C'est par cette finalité que se fonde son unité et son objet. Mais elle apparaît ainsi plus comme une sagesse que comme une science.

La *Somme Halésienne* systématise cette opposition en distinguant, comme nous l'avons vu, les diverses sciences qui ne s'attachent qu'aux effets et restent *scientiae ut scientiae*, de la métaphysique qui arrive à remonter jusqu'à la cause première et devient ainsi sagesse, mais *sapientia ut scientia.* La théologie au contraire, découvre la bonté de cette cause première qui en fait aussi la fin dernière de l'homme. C'est ainsi que cette discipline peut seule être qualifiée de *sapientia ut sapientia.*

Nous touchons ici aux limites de l'aristotélisme des maîtres franciscains. Comme nous l'avons souligné, la psychologie tripartite (raison, irascible et concupiscible), qu'Eudes Rigaud hérite de la mystique cistercienne du siècle précédent, est plutôt d'esprit platonicien. Et elle s'articule parfaitement (en particulier dans la citation du commentaire de Jérôme sur Ezéchiel qui en est le fondement) avec ce thème d'une syndérèse, sommet de l'âme finalisé à la connaissance unitive de Dieu comme Bien que nous retrouverons au terme de l'*Itinéraire* de Bonaventure.

Même s'il fait une place plus grande à sa dimension spéculative, c'est parce qu'elle est sagesse savoureuse que la théologie demeure pour le Docteur Séraphique une science principalement pratique. Quant à la psychologie qui sous-tend l'*Itinéraire*, ou le *De reductione*, sa tripartition en *sensualitas*, *spiritus* et *mens* est plus augustinienne que directement platonicienne ; mais elle laisse place en son sommet à la contemplation du bien par la syndérèse. Faut-il voir là simplement un prolongement mystique de la connaissance de Dieu dépassant les possibilités de la théologie rationnelle pratiquée par les scolastiques ? Nous avons pris position contre les lectures de Bonaventure qui postulent des ruptures radicales de sa pensée, cherchant toujours au contraire, quant à nous, à en montrer l'unité d'un bout à l'autre de l'œuvre. Ainsi, la théologie menée avec l'aide des dons du Saint Esprit est-elle un prolongement faisant partie de la *sacra Scriptura* qui elle-même n'est pas distincte de la sagesse chrétienne. Aussi les développements théologiques ultimes atteints dans les conférences *Sur les dons du Saint Esprit* ou *Sur les six jours de la Création* ne sont-ils pas d'une autre veine que celle ouverte dans le *Commentaire des Sentences*. C'est le genre qui a changé, non la doctrine.

Dans le *Commentaire des Sentences*, Bonaventure fait place au mode déductif, voire «*perscrutatorius et inquisitivus*» de la théologie pratiquée par les scolastiques en ce type d'ouvrage. Il la situe par rapport à l'Écriture dans une sorte de «*subalternatio distrahens*». Ayant pour tâche de rendre le croyable intelligible, elle part du donné de foi contenu dans la révélation scripturaire, mais elle s'en détache en faisant progresser sa connaissance. Aura-t-elle simplement recours pour cela aux sciences profanes et à la philosophie ?

L'opposition sur ce point entre Bonaventure et Roger Bacon demandait à être nuancée et nous avons voulu y contribuer. L'un comme l'autre maître franciscain postule une subalternation de la théologie à la lettre de l'Écriture. Mais l'entendent-ils de la même manière ? Chaque homme bénéficie d'ailleurs d'une illumination par le Verbe divin qui devrait lui permettre de retrouver ces vérités originelles. Pour Roger Bacon, héritier en cela de Robert Grosseteste, la Révélation contient toute vérité scientifique ou philosophique comme dans un poing fermé. Si nous ne sommes pas capables de les y découvrir, c'est faute de connaître par une science expérimentale les réalités dont elle traite, et aussi en raison de notre ignorance des langues dans lesquelles furent rédigés les textes scripturaires. Il appelle donc à une révolution scientifique et philologique qui, pour s'intéresser davantage aux langues bibliques et à la science expérimentale, optique en particulier, abandonnerait le corpus aristotélicien dont le latin est trop loin du texte d'origine et la métaphysique inutile.

Car Roger Bacon n'est pas un esprit métaphysique. Il a tendance à réduire ce sommet de la philosophie, tantôt à la logique et tantôt à l'éthique. Si bien que lorsqu'il envisage la manière dont la théologie se subalterne les autres sciences, c'est comme science pratique, et c'est à travers l'éthique qu'il voit s'opérer la hiérarchisation. Mais cette subalternation ne vient nullement du fait que la théologie recélerait les principes des autres sciences. Au contraire, c'est parce que toutes lui apportent du grain à moudre qu'elles sont à son service. C'est par la finalité et non par les principes que s'opère la subalternation des sciences à la théologie. Fin de la science des fins qu'est l'éthique, elle dépasse l'opposition qui règne encore dans l'ordre profane entre cette science pratique et les sciences spéculatives. Mieux, le christianisme lui permet de prolonger l'éthique de propositions théologico-métaphysiques dont le concordisme nourri par la pensée d'Avicenne vise à une universalité acceptable même par les « infidèles ». Ainsi est-ce la « paix de la foi » que ce maître ès arts attend, avant Nicolas de Cues, d'une révolution scientifique et culturelle de l'Occident. Mais on se tromperait en voyant en lui un progressiste apôtre avant l'heure de l'expérimentation moderne. Sa conception de l'expérience est aussi bien interne qu'externe. Surtout, il manque la révolution qui est en train de s'opérer en son temps en refusant l'Aristote latin et sa métaphysique en particulier. De plus, pour lui, la Révélation renferme toute vérité et se subordonne strictement toute autre forme de connaissance.

En cela nous avons vu qu'il s'accordait avec Bonaventure. Pourtant celui-ci a une compréhension de la subalternation beaucoup moins archaïque que celle de son collègue anglo-saxon. Paradoxalement c'est sa conception de la tradition qui fait de Bonaventure un progressiste. Il ne croit nullement que par une régression vers la pureté originelle de la Révélation l'on parviendrait à sa vérité ultime. Cette vérité recueillie d'abord dans les Écritures, a été explorée dans un premier temps par les Pères de l'Église. Et il convient à qui veut se former dans la culture chrétienne de suivre le même ordre. Mais les écrits patristiques abordent des difficultés doctrinales qu'il appartient aux scolastiques, auteurs de *Sommes*, de démêler. Pour les comprendre, il faudra donc aussi connaître les concepts et écrits philosophiques dont ils font usage.

L'erreur, comprenons-le, sera seulement de s'arrêter à l'une ou l'autre de ces strates de la culture chrétienne, et elle sera d'autant plus grave que celle-ci sera plus éloignée du noyau scripturaire de la Révélation. Aussi la philosophie n'est nullement censurée par Bonaventure, mais elle doit être lapée au passage, comme firent les soldats de Gédéon. Tout arrêt serait fatal et entraînerait la noyade du Narcisse qui s'y laisserait séduire. De même, il convient de rapporter le travail de la théologie scolastique à la strate culturelle (patristique) qui la précède. Et encore serait-ce une tentation plus littéraire que philosophique de s'arrêter aux écrits des Pères rédigés dans un style plus recherché que celui du Canon scripturaire. Certes, l'ordre proposé ici par Bonaventure est un ordre pédagogique. Mais il va plus loin et respecte aussi celui de la constitution historique de la culture chrétienne. Celle-ci est conçue sur le modèle de toute bonne bibliothèque passant de la Bible et de son exégèse à la patristique et à la scolastique, voire à l'ascétique et mystique, sans oublier la philosophie.

Concevoir la culture Chrétienne selon ce traditionalisme progressiste et bien tempéré présente bon nombre d'avantages, mais aussi deux inconvénients que sut éviter un esprit original comme Richard Fishacre. Le risque était de subordonner la connaissance théologique à la lettre morte de l'Écriture et de ne pas faire droit à sa dimension spéculative en la cantonnant dans l'ordre pratique. C'est ainsi que la véritable révolution dans la réflexion sur la théorie et la pratique de la théologie qui conduira notamment à la conception de Thomas est amorcée par cet obscur dominicain d'outre-Manche.

Car chez Albert le Grand et son école germanique, le problème n'émerge pas encore. Le maître de Cologne conçoit encore la théologie comme une science éminemment pratique. Certes, elle dépasse, selon lui, la dualité encore présente en philosophie entre le spéculatif et le pratique. Mais c'est parce qu'elle est une pieuse science affective finalisée à l'union à Dieu perçu comme l'alpha et l'oméga. Découvrant ainsi la première cause comme fin ultime, elle la recherche selon le mode d'une sagesse savoureuse parce qu'affective. C'est là sa principale différence avec la théologie philosophique, et cela nous l'avons vu aussi bien pour Albert le Grand que pour Siger de Brabant. La théologie des philosophes remonte des effets à une première cause, tandis que la théologie révélée part du donné de foi pour aller vers la fin ultime en un ordre qui reste avant tout pratique.

Ulrich de Strasbourg qui n'eut pas le temps de commenter les *Sentences* avant de mourir écrivit cependant un *Liber de Summo Bono* dont le titre suffirait à indiquer ce point de vue essentiellement pratique sur la théologie. Cela ne l'empêche d'ailleurs pas de transférer à la théologie révélée toutes les qualités attribuées par Aristote à la métaphysique. Pourtant, il radicalise encore une tendance que nous avons relevée chez Eudes Rigaud comme chez Roland de Crémone à fonder la vérité théologique en-deçà des articles de foi. Pour lui en effet ceux-ci ne sont pas principes, mais conclusions prouvées à partir de principes plus fondamentaux inscrits dans une adhésion de foi, elle-même conçue comme naturelle.

Si la foi « c'est naturel », croire que Dieu est la vérité suprême, source de toute vérité ne requiert pas une illumination surnaturelle, mais permet de rapporter l'adhésion au contenu de la foi à ces principes naturels fondamentaux. Ainsi, les articles de foi ne sont-ils pas connus par soi, mais prouvés par l'adhésion de foi primordiale à la vérité première. Morale naturelle et théologie révélée ne sont pas clairement distinguées dans cette perspective où un maître ès arts commence à réfléchir sur la théologie avant la rédaction de son commentaire des *Sentences*. Mais ce qui permet l'ambiguïté, c'est sans doute l'insistance de son maître Albert sur le caractère pratique et non spéculatif de cette pieuse science affective.

C'est donc à un maître dominicain que l'histoire de la pensée a laissé jusqu'à présent dans l'ombre, Richard Fishacre, dont le *Commentaire des Sentences* sera bientôt entièrement édité, qu'il appartient de faire droit à la dimension spéculative de sa discipline en même temps qu'il en défend le nouveau mode d'enseignement. Il est remarquable que cette prise de conscience du caractère spéculatif de la théologie relève ainsi d'une réflexion menée à la fois sur sa théorie et sa pratique.

Pas plus que ses confrères, Roland de Crémone ou Albert le Grand, il n'est convaincu du caractère démonstratif de la science théologique. En revanche, il en souligne la finalisation eschatologique par une interprétation originale de la théorie des trois livres qui se retrouve chez Bonaventure. Si Adam pouvait lire Dieu dans la nature avant le péché originel, nos yeux obscurcis n'y parviennent plus après la faute. Les bienheureux au contraire le lisent à ciel ouvert. Mais cette connaissance intuitive ne nous est pas accessible *in via*. Reste au théologien le livre des Écritures. Sa lecture est finalisée à celle directe et céleste dont jouissent les bienheureux. Le théologien n'est pas si mal loti puisque le livre des Écritures demeure supérieur à celui de la nature, car directement finalisé à une révélation.

Pourtant, l'étude de l'Écriture se subdivise immédiatement aux yeux de Richard Fishacre en deux grands domaines pour une raison anthropologique fondamentale. Car l'homme se tourne vers Dieu par ses deux facultés supérieures : *affectus* et *aspectus*. Son investigation intellectuelle le lui fait contempler comme vérité suprême, tandis que sa puissance affective jouit de la souveraine bonté divine. Mais cette dualité des facultés humaines et de l'orientation de la théologie exige un dédoublement de son enseignement. Le progrès affectif qui passe par la sanctification des mœurs exige en effet pour le maître dominicain une instruction morale. Mais celle-ci peut être délivrée comme elle l'a toujours été dans le cadre de la lecture traditionnelle de la *Pagina sacra*. En revanche, l'élucidation intellectuelle à partir du donné de foi, des questions difficiles qui se posent à son sujet, requiert un enseignement spécifique de la théologie.

Or précisément, c'est cet enseignement mené par questions à partir du commentaire des *Sentences* que le jeune maître dominicain entend défendre contre son maître, l'évêque de Lincoln, Robert Grosseteste. Celui-ci voulait en effet revenir au seul mode d'enseignement traditionnel à partir de l'Écriture. On se souvient qu'il faudra rien moins qu'une intervention directe du pape pour permettre à Richard Fishacre de poursuivre son enseignement de cette discipline nouvelle. Est-ce pour le défendre qu'il proposa cette analyse de son fondement noétique ? Ce serait lui faire un procès d'intention. N'est-ce pas plutôt l'émergence scolastique, de cette dimension spéculative de la théologie qui en requérait un mode particulier d'enseignement ? Toujours est-il que, tant au niveau théorique que pratique, ici comme ailleurs étroitement imbriqués, la véritable révolution se situait dans cette revendication de sa relative autonomie spéculative à la fois par rapport à un enseignement moralisateur et au texte scripturaire qui lui servait de base.

La véritable révolution ne consistait pas à penser la théologie comme une science aristotélicienne. Cela, la plupart des maîtres s'accordaient pour le concéder, à condition qu'elle soit considérée comme une pieuse science pratique. Revendiquer pour elle au contraire une dimension spéculative distincte de celle d'une théologie naturelle métaphysique, fondée sur la Révélation, mais capable d'en dépasser la lettre, c'était expliciter le sens de la mutation institutionnelle apportée par l'université naissante. L'enseignement de la théologie à partir du commentaire des *Sentences* était rendu nécessaire par les questions nouvelles, mieux, par le mode de questionnement nouveau, plus philosophique, que les premiers maîtres faisaient porter sur le donné de foi. Si une théologie nouvelle est bien née au XIIIe siècle, la lettre d'Innocent IV à Robert Grosseteste pour défendre Richard Fishacre en est sans doute le premier acte pontifical de reconnaissance.

Mais dans ces conditions, une difficulté demeure : comment penser l'unité de cette discipline ainsi dédoublée et de son objet ? Nous avons vu que Richard Fishacre met en œuvre pour cela une métaphysique combinatoire assez primitive. A partir des trois éléments simples que sont Dieu, le corps et l'intelligence, il en obtient trois autres complexes : l'homme composé des deux premiers, l'Église qui résulte de l'union de l'esprit créé à Dieu, et le Christ qui est à la fois Dieu et homme, chef de l'Église son corps mystique. De cette sextuple ontologie quels éléments pourront être retenus comme objets propres de la théologie ? Trois peuvent être écartés d'emblée : le corps, l'esprit créé et l'homme. Les trois autres, on s'en souvient sont retenus par le dominicain : Dieu et le Christ total comme objet minimal et suprêmement composé de la théologie, comparés respectivement à ce que peuvent être le point et le corps en trois dimensions pour les mathématiques. Mais leur objet propre : lignes et surface, se situe entre les deux. Il aura pour pendant l'Église dans l'ontologie de Fishacre.

Mais en quoi l'Un ecclésial peut-il constituer l'objet propre de la théologie ? N'est-ce pas une conclusion forcée requise par une métaphysique trop schématique ? L'explication qu'en propose le maître dominicain permet de récuser une telle interprétation réductrice. Pour lui, c'est bien l'Église comme mystère d'union de Dieu aux créatures spirituelles, incarnées ou non, qui constitue le principal sujet de réflexion de la théologie. Celle-ci retrouve ainsi sa finalité eschatologique : le Christ total dont l'Église est le corps mystique, mais qui ne sera pleinement réunie à son chef que lors du jugement dernier. La finalisation de la théologie à la béatitude se creuse ainsi d'une valeur ecclésiale, au moment même où elle revendique dès ici-bas une dimension spéculative. Si son successeur dominicain, Robert Kilwardby, reprend cette finalisation ecclésiale de la théologie, il se contente d'y voir, comme tous ses collègues, une pieuse science pratique. Nous avons montré que la plupart des originalités qui lui avaient été attribuées en propre venaient en fait de Richard Fishacre, voire à travers lui, de Robert Grosseteste.

Thomas d'Aquin fut-il sensible à cette double exigence dégagée par la pensée originale de Richard Fishacre ? En tout cas il ne pouvait plus se contenter de penser avec Bonaventure la subalternation de la théologie à la lettre de l'Écriture, ni d'y voir avec son maître Albert une science essentiellement pratique. Rappelons que, pour la subalternation comme pour la vision béatifique, le fondement de sa position se prend de l'articulation entre métaphysique et noétique. Dieu seul existe par essence ; lui seul se connaît par essence ; et l'intellect humain qui ne procède ici-bas, en raison de son union au corps, que par abstraction à partir des données sensibles, ne peut atteindre par cette voie l'essence des intelligences séparées. Tout au plus peut-il conclure à leur existence et à celle de Dieu à partir de la connaissance de leurs effets. Thomas refuse donc toute possibilité d'une connaissance naturelle par continuation de l'essence de Dieu ou des intelligences séparées. Il s'oppose ainsi à tout f(arabisme) au-delà même de sa version averroïste. Mais il refuse encore le compromis de l'« augustinisme avicennisant » ou de certains parmi les « premiers averroïstes » réservant l'abstraction à la connaissance des seules réalités matérielles, tandis que l'illumination donnerait un accès plus direct, sinon parfaitement intuitif, à la contemplation des intelligences séparées et de Dieu.

Dans ces conditions, la théologie philosophique devra se contenter d'atteindre l'existence de Dieu à partir de ses effets. Elle ne pourra rien dire de son essence. Tout au plus pourra-t-elle, en empruntant les voies dionysiennes de la théologie négative, considérer les attributs divins. La seule véritable théologie serait donc la connaissance intuitive que Dieu a de lui-même, et qu'il fait participer aux bienheureux. C'est à elle que celle du théologien doit être subalternée. Mais quel est pour Thomas le sens d'une telle subalternation ? Est-ce le même que celui que nous trouvions chez Bonaventure voire chez Roger Bacon ? Est-ce simplement du fait qu'elle tire ses principes de la foi dont le contenu est révélé dans l'Écriture que la théologie sera subalternée à cette dernière ? Si le recours à cette notion aristotélicienne constitue effectivement la solution proposée par Thomas à la difficile question du statut noétique de la théologie, en fait-il le même usage que ses contemporains ?

On notera tout d'abord qu'il ne parle que d'une quasi-subalternation, suggérant ainsi qu'il ne transpose pas purement et simplement la notion aristotélicienne au domaine si particulier de la théologie. Par ailleurs nous venons de rappeler que sa noétique est bien différente de celle de ses collègues franciscains, dans sa prise en compte des conditions d'exercice propres à une raison incarnée. Enfin, s'il reconnaît comme eux, ou même comme son collègue dominicain Richard Fishacre, que si le théologien tire de l'Écriture les principes de son savoir, ce n'est pas pour autant à sa lettre morte qu'il le subalterne. Ce n'est pas au livre de l'Écriture, qui est pourtant le seul mis à sa disposition par le Dieu qui s'y révèle, mais au livre de vie dont la lecture est encore réservée aux bienheureux, que le théologien voit subalterner sa science dans la perspective du Docteur Angélique. Il y a là une audace dont il faut mesurer la portée. Car la subalternation en question n'est pas subalternation par les fins d'une science pratique, telle que la concevait encore Roger Bacon par exemple. Ce n'est pas parce qu'elle est la fin de tout savoir, visant elle-même la parfaite béatitude, que la théologie lui sera subalternée. Ce n'est pas seulement comme science pratique des œuvres nécessaires au salut que la théologie se subalterne à la vision bienheureuse en laquelle s'actualise ce salut. Si la vision béatifique constitue en effet la finalité de la théologie, ainsi que son maître Albert le Grand aimait à le souligner, c'est qu'elle est pour Thomas l'actualisation parfaite du savoir que cette science met en œuvre dès ici-bas.

Nous touchons là, la seconde grande audace de Thomas d'Aquin, faisant de la théologie une science avant tout spéculative et non pratique. Elle ne peut être fin que si elle est voulue pour elle-même et cette autarcie caractérise chez Aristote la science spéculative la plus haute. Or la théologie révélée est évidemment pour le Docteur Angélique la science éminente par excellence, dépassant la métaphysique dont l'architectonicité se limite au cadre de la science profane. La théologie révélée dépasse bien la dualité aristotélicienne des sciences architectoniques dans l'ordre spéculatif (métaphysique) et pratique (éthique/politique), mais parce qu'elle est elle-même éminemment spéculative.

Si le contenu de foi inscrit dans les articles du Credo et plus largement dans l'Écriture, fournit les prémisses d'une telle science, ce doit être en tant qu'ils constituent un savoir actuel. Mais ce savoir n'est évident par lui-même que pour les bienheureux, tandis que le croyant ne peut l'admettre que comme celui qui pratique la science optique reçoit ses principes de la géométrie. Est-ce à dire que le théologien pourra se contenter d'y appliquer la seule lumière de la raison naturelle ? Ne serait-ce pas oublier que la grâce de la foi, reçue dans l'intelligence assume la nature ?

Par ailleurs, la valeur des conclusions atteintes par de tels raisonnements ne dépendra-t-elle pas de la perspicacité de la compréhension des prémisses ? Or précisément, rappelons-le, quant aux conclusions, la perfection de la connaissance poursuivie par le théologien se situe dans celle, intuitive, possédée par les bienheureux. Quant aux prémisses, il appartient au don d'intelligence de conférer au croyant une pénétration du contenu de la Révélation à laquelle l'*habitus* de foi donne seulement à son intelligence d'adhérer volontairement, mais obscurément. L'*habitus* du théologien sera-t-il seulement un mixte de la raison naturelle et de la foi ? La lumière qu'il met en œuvre n'est-elle pas celle, surnaturelle, de la grâce, reflet de la gloire divine par laquelle les bienheureux voient Dieu intuitivement ? Ces questions ne sont pas posées en ces termes par Thomas, mais elles découlent de son regard sur le statut noétique de la théologie, et Henri de Gand ne s'y trompera pas qui fondera sur sa réponse si personnelle une compréhension à la fois charismatique et professionnalisée du savoir théologique.

Certes, comme *habitus* de science et surtout de sagesse, Thomas d'Aquin distingue le savoir faire acquis par le théologien au prix de l'étude, du don infus du Saint Esprit. Il y a bien pour lui trois sagesses : l'une philosophique, acquise par la raison naturelle, permet au philosophe de juger de tout en fonction de sa découverte de la cause première ; l'autre infuse comme don du saint Esprit, est vécue de manière expérimentale par le mystique et pleinement actualisée par le bienheureux ; mais il est aussi une sagesse théologique, acquise par l'étude et comparable à celle que le philosophe peut avoir de vertus morales sans les pratiquer.

Le théologien peut-il donc se contenter, comme le professeur d'Éthique en son domaine, d'une étude menée sur Dieu selon les seules lumières de la raison naturelle à partir du donné de foi ? Son progrès dans l'intelligence du donné de foi n'entraîne-t-il pas une modification de ce premier *habitus* ? Certes, Thomas le précise bien, celui-ci regarde les principes de sa science qui, pas plus qu'en aucune autre, ne sauraient être prouvés par ses développements ultérieurs. S'il a donc l'optimisme d'estimer que l'*habitus* théologique ne saurait en aucun cas évacuer celui de foi, il doit bien considérer qu'il le prolonge puisqu'il en tire une science nouvelle. Mais si sa science n'est pas censée faire perdre la foi au théologien, ne demande-t-elle pas au contraire pour progresser que son *habitus* des principes se perfectionne ?

Or ce perfectionnement de l'intellection du donné de foi passe par le don d'intelligence. La croissance de l'intelligence théologique de la foi passe donc bien par l'étude, mais ne requiert-elle pas aussi la croissance simultanée de la foi dans la lumière des dons du Saint Esprit ? Faute de quoi elle risquerait de devenir cette science hypocrite du moraliste qui ne pratique pas la vertu ; vaine science menée selon une raison inférieure, incapable pour Roland de Crémone par exemple, d'apporter une certitude supplémentaire à une vérité fondée sur sa révélation divine. Thomas d'Aquin ne le précise pourtant pas. Toutefois, notre lecture de ses considérations sur les dons du Saint Esprit nous laisse penser qu'il ne se satisfaisait pas de la sécheresse rationnelle en théologie, mais considérait comme implicite une telle croissance parallèle de la foi par les dons et de la science par la raison.

N'est-ce pas là toute l'ambiguïté de la théologie scolastique qui fera désirer au chancelier Gerson un siècle plus tard qu'elle redevienne mystique, tant dans sa dimension spéculative que pratique ? Henri de Gand a bien perçu cette difficulté. Contrairement à ce qu'ont pu lui faire dire ses critiques immédiats, nous avons vu qu'il ne nie nullement le rôle de l'étude dans l'acquisition de l'*habitus* théologique. Dans le *Quodlibet 8*, question 14, c'est encore à la seule lumière naturelle de la raison qu'est confié le progrès du savoir théologique à partir du donné de foi. On y retrouve une conception discursive de la construction théologique par syllogismes hypothétiques, assez proche de celle que nous avions rencontrée en premier lieu chez Eudes Rigaud.

Mais en pédagogue aguerri, le maître Gantois qui occupa pendant vingt ans la chaire de théologie de la Sorbonne, constate dans la *Somme*, que la foi n'y suffit pas. A-til en tête les résultats de certains de ses étudiants, intelligents et besogneux, mais peu éclairés ? La science théologique est donc une science spéciale, puisque l'étude menée selon les lumières de la raison naturelle ne suffit pas à y garantir le progrès. Aussi Henri de Gand suggère-t-il que la lumière qui permet aux meilleurs de progresser est de l'ordre du charisme. Pourquoi n'envisage-t-il pas qu'elle provienne des dons du Saint Esprit, de celui d'intelligence en particulier, permettant une croissance dans la foi ? Là aussi il peut avoir parmi ses étudiants, des éléments de bonne volonté dont la foi ne saurait suffire à son intelligence. Mais précisément, si ni l'étude ni la lumière surnaturelle de la foi ordinaire, ne peuvent y suffire, le seul recours pour expliquer l'acquisition de l'*habitus* du théologien est-il une illumination charismatique réservée à sa corporation ?

Ce *lumen specialis* présente en tout cas cet avantage de le dispenser de la grâce sanctifiante. Même en état de péché mortel, il pourra continuer à délivrer, selon le maître séculier, un enseignement profitable pour lui et pour ceux qui l'écoutent. Il s'ensuit, on le comprendra aisément, une professionnalisation de la discipline théologique qui ne justifie guère la présence de religieux à l'université. Mais la querelle des mendiants et des séculiers n'est pas la véritable justification de sa théorie du *lumen specialis*. Elle repose en fait sur une analyse noétique très approfondie.

Pour Henri de Gand on s'en souvient, l'homme est ordonné à une double connaissance : naturelle pour laquelle la raison suffit, mais aussi surnaturelle. Pour atteindre la seconde, une lumière surnaturelle est requise. Celle de la foi permet de connaître ce qu'il faut croire pour parvenir au salut. Mais pour pénétrer l'intelligibilité de ce donné de foi et le défendre, il faut encore une lumière supplémentaire. Or Henri de Gand n'y voit pas celle du don d'intelligence, mais une lumière charismatique donnée spécialement à ceux qui ont pour fonction d'expliquer le contenu de la foi et de le défendre : les théologiens. Cette lumière charismatique leur est ainsi donnée indépendamment de la grâce sanctifiante. Celle-ci n'est requise que par la seule jouissance savoureuse de la sagesse qui se délecte de ce que l'intelligence a compris grâce à l'étude de la théologie. Mais pour l'enseigner comme science, la lumière spéciale qui éclaire comme une lanterne rouge la corporation des théologiens devrait suffire.

Notons que cette revendication corporatiste n'est que le résultat d'une analyse noétique très profonde. Ce que refuse Henri de Gand c'est l'opposition binaire entre science et foi. Pour la plupart de ses collègues, les deux *habitus* ne peuvent subsister ensemble. La raison pourra bien entreprendre de comprendre le donné de foi, en particulier au sujet de l'unité ou d'autres attributs divins. Mais là où elle sera parvenue à la science elle éclipsera la foi. Or la radicalisation de cette opposition provient selon Henri de Gand du fait que ses collègues augustiniens ne peuvent concevoir la science que sur le mode de la vision. C'est parce que la science des bienheureux est vision face à face, qu'elle évacue l'obscurité de la foi.

Pour Henri de Gand, au contraire, il y a place entre la foi et la vision béatifique pour une intellection discursive. On se souvient que c'est précisément la connaissance de l'éclipse qu'il propose comme analogie pour en faire comprendre le statut noétique. L'on peut savoir qu'une éclipse s'est produite en faisant confiance à son maître qui l'enseigne, on peut aussi la constater de visu, mais il est encore possible d'en connaître précisément les caractéristiques par le calcul astronomique. La théologie correspond justement, selon le Gantois, à cette intellection discursive qui ne se contente pas du témoignage d'autrui, mais n'a pas pour autant l'évidence béatifiante.

Pourtant, lorsqu'il s'agit de caractériser ce qui la distingue de la vision des bienheureux, il en revient au seul critère de la présence et de l'absence. La connaissance de Dieu par les bienheureux est vision intuitive en présence de son objet, tandis que la connaissance théologique qui n'est pas encore appelée abstractive ne l'atteint qu'en son absence et par la médiation d'une espèce. Nous avons relevé dans les textes du Gantois que nous avons analysés, la préhistoire de la théorie scotiste de la connaissance intuitive et abstractive. Mais elle s'inscrit chez lui dans un schéma ternaire.

La science théologique, dans la mesure même où elle n'atteint pas la claire vision en présence de son objet, n'évacue jamais totalement la foi. Au contraire, en l'absence de cet objet, elle reconnaît en elle le seul fondement solide d'une connaissance qui progresse toujours plus haut, mais sans jamais l'éclipser par une claire vision. La connaissance du théologien entend donc occuper une position intermédiaire entre l'obscurité de la foi et la claire vision des bienheureux. Mieux, en rapprochant la seconde de la connaissance méridienne des anges, Henri de Gand suggère que la théologie occupe une place comparable à leur connaissance matinale et que son développement conduit sans discontinuité de la foi à la vision béatifique.

Nous reconnaissons dans ce statut paradoxal de la théologie la signature de l'humilité qui caractérise selon nous le philosophe. Il postule la perfection de la sagesse recherchée, mais en sachant qu'elle ne peut être atteinte qu'après la mort. Sa quête ici-bas restera ainsi toujours dans le clair obscur d'une lumière intermédiaire entre celle de la foi et celle de la gloire. Certes, sa revendication originale qui en fait une lumière spéciale manque peut-être de cette humilité, en suggérant une grâce charismatique propre à la corporation des théologiens.

Mais au-delà de ces critiques, il nous faut comprendre le tournant qui se prend après Henri de Gand. Après l'ouverture métaphysique qui conduisait Thomas d'Aquin à subalterner audacieusement la théologie non plus à l'Écriture, mais à la science des saints, après celle non moins philosophique d'Henri de Gand enfonçant entre foi et vision le coin d'une science discursive, Duns Scot revient à la dualité de la foi et de la vision que le Gantois entendait dépasser. C'est qu'il range définitivement la connaissance théologique ici-bas aux côtés de la foi dans la catégorie commune de la connaissance abstractive qui ne connaît son objet absent que par la médiation d'une espèce.

Mais que doit une telle connaissance abstractive à la conception aristotélicienne de l'abstraction ? Elle en retient certes la médiation d'une espèce, sinon son origine. Elle doit sans doute plus à la vision spirituelle ou imaginative d'Augustin qui se caractérise précisément par l'absence de son objet. En proposant ce critère de la présence et de l'absence pour la distinguer de la vision bienheureuse, l'augustinisme d'Henri de Gand préparait ainsi la critique de Scot. Dès lors, c'est une autre histoire du statut noétique de la théologie qui s'ouvre avec le XIVe siècle. Elle ferait l'objet d'autres livres. Nous espérons simplement par celui-ci avoir contribué à mettre en lumière cette auto-critique très progressive de la raison dans son usage le plus pur qu'aient pu envisager les maîtres du XIIIe siècle, puisqu'il s'agissait de la connaissance de Dieu menée par la théologie scolastique naissante.

ABRÉVIATIONS

A.F.H.:	*Archivum Franciscanum Historicum*
A.F.P.:	*Archivum Fratrum Praedicatorum*
A.H.D.L.M.A.:	*Archives d'Histoire Doctrinale et Littéraire du Moyen-Age*
A.P.:	*Archives de Philosophie*
B.A.:	Bibliothèque Augustinienne
B.E.F.A.R:	Bibliothèque des Écoles Françaises d'Athènes et de Rome.
B.F.S.M.:	Bibliotheca Franciscana Scholastica Medii Aevi
B.T.:	Bibliothèque Thomiste
Beit.G.P.M.:	*Beiträge zur Geschichte der Philosophie und Theologie des Mittelalters*
C.C.S.L.:	Corpus Christianorum, Series Latina
C.I.S.:	Congrès International Scotiste
C.S.E.L.:	Corpus Scriptorum Eclesiasticorum Latinorum
D.T.C.:	Dictionnaire de Théologie Catholique
D.F.O.O.:	Dietrich De Freiberg, Opera Omnia
E.Ph.M:	Etudes de Philosophie Médiévale, Vrin
E.T.L.:	*Ephemerides Theologicae Lovanienses*
F.F.:	*La France Franciscaine*
Fr.St.:	*Franciscan Studies*
L.U.P.:	Leuven University Press
M.E.F.R.M.:	*Mélanges de l'École Française de Rome, Moyen Age Temps Moderne*
M.M.:	Miscellanea Mediaevalia
N.R.T.:	*Nouvelle Revue Théologique*
P.G.:	J.-P. Migne, Patrologiae cursus completus, Series Graeca.
P.I.M.S.:	Pontifical Institute of Mediaeval Studies: Studies and texts, Toronto.
P.L.:	J.-P. Migne, Patrologiae cursus completus, Series Latina.
P.M.:	Philosophes médiévaux
P.U.G.:	Presses de l'Université Grégorienne
R.F.N.:	*Rivista di Filosofia Neoscolastica*
R.M.A.L.:	*Revue du Moyen Age latin*
R.N.Ph.:	*Revue néoscolastique de Philosophie*
R.Ph.L.:	*Revue Philosophique de Louvain*
R.S.P.T.:	*Revue des Sciences Philosophiques et Théologiques*
R.S.R.:	*Recherches de Sciences Religieuses*
R.T.:	*Revue Thomiste*
R.T.A.M.:	*Recherches de Théologie Ancienne et Médiévale*

S.B.A.W.:	Sitzungsberichte der Bayerische Akademie der Wissenschaften Philosophie
S.C.:	Sources Chrétiennes
S.I.E.P.M.:	Société Internationale pour l'Etude de la Philosophie Mediévale
S.M.:	*Studi Medievali*
S.S.L.:	Spicilegium Sacrum Lovaniense
S.S.S.:	Studia Scholastico-Scotistica
S.T.O.O.:	Sancti Thomae de Aquino, Opera Omnia, édition léonine
T.P.M.A.:	Textes philosophiques du Moyen Age, Vrin

BIBLIOGRAPHIE

SOURCES ÉDITÉES

ALAIN DE LILLE, *Règles de théologie*, trad. F. Hudry, Paris, Cerf, 1995.

ALBERT LE GRAND, *Opera omnia,* Borgnet *ed.*, Paris, 1890-1899.

– *Opera omnia*, éd. critique, Aschendorff, Cologne, 1867-1996.

ALEXANDRE DE HALES, *Glossa in IV lib. Sententiarum,* B.F.S.M., Quaracchi, 1951-1957.

– *Somme (dite) d'Alexandre*, Quaracchi, t. I, 1924, t. II, 1928, t. III, 1930.

ALGAZEL, *Métaphysique, Algazel's Metaphysics*, J.T. Muckle ed., Toronto, 1933.

ANONYMES, *Cours sur l'Ethica nova*, R. A. Gauthier *ed.*, « Le cours sur l'*Ethica nova* d'un maître ès Arts de Paris (1235-1240) », dans *A.H.D.L.M.A.*, 1975, p. 94-141.

– *De anima et potenciis eius*, R. A. Gauthier *ed.*, « Le Traité *De anima et potenciis eius* d'un maître ès Arts (vers 1225) », dans *R.S.P.T.*, 66 (1985), p. 27-54.

– *De potentiis animae et objectis*, D.-A. Callus *ed.*, dans « The powers of the soul, an early unpublished text », *R.T.A.M.*, 19, 1952, p. 131-170.

ARISTOTE, *Métaphysique*, *Éthique à Nicomaque*. Aristoteles Latinus, Leiden Brill, 1972, 1976.

ARNOUL DE PROVENCE, *Divisio scientiarum*, R. A. Gauthier *ed.*, « Arnoul de Provence et la doctrine de la fronesis, vertu mystique suprême », dans *R.M.A.L.*, 19 (1963) p. 129-170.

AUGUSTIN, *Confessions* (B.A. 14; P.L. 32; C.C.S.L. 27); *De beata vita* (P.L. 32; C.C.S.L. 29), *Contra Faustum Manichaeum* (C.S.E.L., 25); *De Genesi ad Litteram* (B.A., 49; P.L. 34; C.S.E.L. 28); *De Trinitate* (B.A. 15 et 16; P.L. 42; C.C.S.L. 50, 50 A); *In Joann. Tract.* (P.L. 35, C.C.S.L. 36); *De Civ. Dei* (P.L. 41; C.C.S.L. 48), *Rétractationes* (P.L. 32, C.C.S.L. 57).

BONAVENTURE, *Opera omnia,* éd. crit. Collège saint Bonaventure, Quaracchi, 10 vol

– *Itinéraire de l'esprit vers Dieu*, Introd. et trad. H. Duméry, Paris, Vrin, 1960.

– *Breviloquium*, trad française, Paris: Editions Franciscaines, 1966-1968.

– *De reductione artium ad theologiam*, éd. bilingue, P. Michaud-Quantin, Ed. Franciscaines, Paris, 1971.

– sermon « *Unus est magister noster Christus* », édition bilingue, G. Madec, Paris, Vrin, 1990.

– *In Hexaemeron*, 15, 12 *sq.*, trad. M. Ozilou, Cerf, Paris, 1991.

CHARTULARIUM UNIVERSITATIS PARISIENSIS, Denifle H. et Chatelain E. *eds.*, t. I, Paris, 1889, t. II, Paris, 1891.

DANIEL DE MORLAY, *Philosophia*, V. Rose ed., Hermes, t. VIII, 1874

DENYS LE PSEUDO-ARÉOPAGITE, *De divinis nominibus*, *Théologie Mystique*, *Lettre à Gaius*, P.G. 3.

– *Versions latines Dionysiaca,* P. Chevallier *ed.*, Paris, 1937 et 1950.

– *La Hiérarchie Céleste*, Introd. de R. Roques, Trad. M. de Gandillac, S.C., 58bis, Paris, 1970.

DIETRICH DE FREIBERG, *Fragmentum de subiecto theologiae magistri Theodorici ordinis fratrum praedicatorum,* L. Sturlese ed., D.F.O.O., 3, Hambourg, 1983, p. 279-282.

EUDES RIGAUD, *Quaestio de Scientia theologiae, In I. Sent., Prologue et Dist. I.*, L. Sileo ed., dans *Teoria della scienza teologica,* Studia Antoniana cura Pontificii Athenaei Antoniani edita, 27, t. II, Rome, 1984.

AL FARABI, *De ortu scientiarum*, *Opusculum de scientiis*, A.G. Palencia, G. Camerarius, eds., Alfarabi, catalogo de las scientias, Madrid, Paris, 1932-1938, p. 87 *sq.*

GODEFROID DE SAINT-VICTOR, *Microcosmus*, Ph. Delhaye ed., Le *Microcosmus* de Godefroid de Saint-Victor, Etude Théologique, Lille 1951.

GUILLAUME D'AUVERGNE, *Opera omnia*, Paris, 1674.

GUILLAUME D'AUXERRE, *Summa Aurea*, J. Ribailler *ed.*, Spicilegium Bonaventurianum, 16-20, Quaracchi, Paris/Rome, 1980-1987.

HENRI DE GAND, *Opera omnia,* éd. crit. sous la dir. de R. Macken.

– *Quodlibet* 1, R. Macken *ed.*, *Opera omnia* 5, L.U.P./ Leiden: E.J. Brill, 1979.

– *Quodlibet* 2, R. Wielockx *ed.*, *Opera omnia* 6, L.U.P./ Leiden: E.J. Brill, 1983

– *Quodlibet* 6, G. A. Wilson, *ed.*, *Opera omnia*, 10, L.U.P., 1987.

– *Quodlibet* 7, G. A. Wilson *ed.*, *Opera Omnia*, 9, Louvain, 1991.

– *Quodlibet* 9, R. Macken *ed.*, *Opera Omnia*, 13, L.U.P./ Leiden: E.J. Brill, 1983.

– *Quodlibet* 10, R. Macken *ed.*, *Opera Omnia*, 14, L.U.P./ Leiden: E.J. Brill, 1981.

– *Quodlibet* 12, q. 1-30, J. Decorte *ed.*, *Opera omnia*, 16, L.U.P., 1987.

– *Quodlibet* 12, q. 31 (*Tractatus super facto praelatorum et fratrum*), L. Hödl- M. Haverals *eds.*, *Opera omnia*, 17, L.U.P., 1985.

– *Quodlibet* 13, q. 5, J. Decorte *ed.*, *Opera Omnia*, 18, L.U.P., 1985.

– *Summa (Quaestiones ordinariae)*, art. 31-34, R. Macken ed., *Opera Omnia*, 27, L.U.P., 1991.

– *Summa (Quaestiones ordinariae)*, art. 35-40, G. A. Wilson ed., *Opera Omnia*, 28, L.U.P., 1994.

– *Lectura ordinaria super S. Scripturam (attributed)*, R. Macken ed., *Opera Omnia*, 36, L.U.P., 1980.

– *Quodlibet*s, Paris, 1518, Réed. Louvain, 1961.

– *Somme*, éd. 1520, Réédition: Franciscan Institue Publications, New York, 1953.

HONORIUS AUGUSTODUNENSIS, *Elucidarium; Scala Coeli Major*, P.L. 172.

HUGUES DE SAINT-CHER, *Commentaire des Sentences*, *Prologue*, Fr. Stegmüller ed., dans *Analecta Upsaliensa Theologiam Medii Aevi Illustrantia*, t. 1, Upsala-Wiesbaden, 1953, p. 33-57.

HUGUES DE SAINT VICTOR, *Expositio in Caelestis Hierarchia,* P.L. 175; *De Sacramentis*; *Summa Sententiarum*; *De sapientia animae Christi*, P.L. 176.

JEAN DE LA ROCHELLE, *Tractatus de divisione multiplici potentiarum animae*, P. Michaud-Quantin éd., T.P.M.A., XI, Paris, 1964.

– *Summa de anima*, J.G. Bougerol éd., T.P.M.A., XIX, Vrin, Paris, 1995.

JEAN DUNS SCOT, *Joannis Duns Scoti opera omnia,* C. Balic *ed.*, Cité du Vatican, 1950 *sq.*

– *Joannis Duns scoti opera omnia,* L. Wadding *éd.*, 1639, repr. par Vivès, Paris, 1891-1895.

PIERRE LOMBARD, *Sententiae in IV libros distinctae*, *Spicilegium Bonaventurianum*, 4 et 5, Grottaferrata: Quaracchi, 1971 et 1981.

RICHARD FISHACRE, *Commentaire des Sentences*, *Prologue*, R. J. Long ed., dans « The science of Theology according to Richard Fishracre », *Medieval Studies*, 34, (1972), p. 71-98.

ROBERT GROSSETESTE, *Hexaemeron*, R. C. Dales, *British Academy, Auctores britanici Medii Aevi*, 6, Londres, 1990.

ROBERT KILWARDBY, *Questiones in Librum Primum Sententiarum*, q. 2, J. Schneider ed., *Verlag der Bayerische Akademie der Wissenschaften*, Munich, 1986.

– *Quaestiones in librum Tertium Sententiarum, 1. Christologie,* E. Goessmann ed., ibid., Munich, 1982; *2. Tugendlehre,* G. Leibold ed., ibid., 1985.

– *Tabulae super Originalia patrum*, D.-A. Callus ed., « The "*Tabulae super Originalia patrum*" of Robert Kilwardby O. P. », dans *Studia Medievalia*, in honorem ... R.J. Martin O.P., Bruges, 1948, p. 243-270.

– *Quaestiones in Metaphysicae et Physicae*, G. Gàl ed., « Robert Kilwardby's Questions in Metaphysics and Physics of Aristotle », dans *Fr. St.*, 13 (1953), p. 7-28.

– *De ortu scientiarum*, A. G. Judy ed., *Auctores Britanici Medii Aevi, Britsih Academy, P.I.M.S.*, Oxford University Press, Oxford, 1976.

– *De natura relationis, In Donati Artem Maiorem III*, L. Schmücker ed., A. Weger, Brix en 1980.
– *Sermo in dominica in Passione,* P. O. Lewry ed., dans « A passiontide sermon of Robert Kilwardby O.P. » *A.F.P.*, 52 (1982), p. 89-113.
– *De Tempore, De Spiritu Fantastico*, P. O. Lewry ed., dans « Robert Kilwardby O.P., On Time and Imagination, *De Tempore, De Spiritu Fantastico* », Oxford University Press, Oxford, 1987.
– *Notulae Libri Priciani "de accentibus"*, P. O. Lewry ed., *Medieval Studies.*, 1988, p. 96-185.
ROGER BACON, *Opus Majus,* J. Bridges *ed., The opus majus of Roger Bacon*, 3 vol., Londres, 1900.
– *Opus Tertium*, A. G. Little *ed., Part of the Opus tertium of Roger Bacon, including a fragment now printed for the first time*, Aberdeen, 1912; et P. Duhem *ed., Etude sur un fragment inédit de L'Opus Tertium de Roger Bacon*, Quaracchi, 1909.
– *De multiplicatione specierum*, dans D.-C. Lindberg, *Roger Bacon's Philosophy of nature. A critical edition, introd. and notes of the De multiplicatione specierum and De speculis comburentibus*, Oxford, 1983.
ROLAND DE CREMONE, *Summa, Prologue*, G. Cremascoli ed., in « La Summa di Rolando da Cremona. Il testo del Prologo », dans *S. M.*, (3 [e] série), 16, (1975), p. 825-876.
– *In III Sent.*, A. Cortesi ed., *Monumenta Bergomensia*, Bergame, 1962.
SENEQUE, *Lettre à Lucilius*, 88, Belles Lettres, Paris, 1957, p. 158-172.
SIGER DE BRABANT, *Questions sur la Métaphysique*, C.A. Graiff ed., P.M., Louvain, Paris, 1948, également, *Quaestiones in Metaphysicam*, W Dunphy ed., d'après les manuscrits de Munich et Vienne, P.M. 24, Louvain, 1981 et *Quaestiones in Metaphysicam*, A. Maurer ed. d'après les manuscrits de Cambridge et Paris, P.M. 25, Louvain, 1983.
THOMAS D'AQUIN, *Opera omnia,* Commissio leonina, Rome, 1882-1996 ; éd. Parme, 1852-1873.
ULRICH DE STRASBOURG, *De Summo bono*, I, 1, A. De Libera, B. Mojsich eds., Hambourg, 1987.

BIBLIOGRAPHIE

ALLARD G.H., « La technique de la "*reductio*" chez Bonaventure », dans *S. Bonaventura 1274-1974*, II, Grottaferrata, 1974, p. 395-416.
ALVERNY M.-TH. D', « La sagesse et ses sept filles. Recherches sur les allégories de la philosophie et des arts libéraux du IXe au XIIe siècle », dans *Mélanges F. Grat*, I, Paris, 1949, p. 245-278.
AMOROS L., « La teologia como ciencia practica en la escuela franciscana en los tempos que preceden a Escoto », dans *A.H.D.L.M.A.*, 9 (1934), p. 261-303.
ANDRIEU-GUITANCOURT P., *L'archevêque Eudes Rigaud et la vie de l'Église au XIIIe siècle, d'après « le Regestum visitationum »,* Paris, 1938.
BALTHASAR H. U. (VON), *La gloire et la croix*, *Styles*, 1, trad. R. Givord et H. Bourboulon, Aubier, Paris, 1981.
BARBET J., « Note sur le manuscrit 737 de la Bibl. Municipale de Toulouse. *Quaestiones disputatae* », dans le *Bulletin d'information de l'institut de Recherche sur l'histoire des textes*, 5 (1956), p. 7-51.
BARON R., *Science et sagesse chez Hugues de Saint-Victor*, Paris, 1957.
BAUDOUX B., « Philosophia "ancilla theologiae" », dans Antonianum 12 (1937), p. 293-326.
BAZAN B.C., « La *quaestio disputata* », *Actes du Colloque international de Louvain-la-Neuve, 25-27 mai 1981, Les genres littéraires dans les sources théologiques et philosophiques médiévales*, Louvain, 1982.
BEUMER J., « Die Theologie als "*intellectus fidei*", Dargestellt an Hand der Lehre des Wilhelm von Auxerre und Petrus von Tarantasia », dans *Scholastik*, 17 (1942), p. 31-49.

– *Theologie als Glaubensverständnis*, Würzburg, 1953.

BÉRUBÉ C., *De la Philosophie à la Sagesse chez saint Bonaventure et Roger Bacon*, Rome, 1976.

BIFFI I., *Figure medievali della teologia*, Jaca Book, Milan, 1992.

– et MARABELLI C., *Invito al medioevo*, Jaca Book, Milan, 1982.

BONAFEDE G., *Il pensiero francescano nel secolo XIII*, Palerme, 1952.

BONNEFOY J.-F., « La théologie comme science et l'explication de la foi selon saint Thomas d'Aquin », dans *E.T.L.*, 14 (1937), p. 421-446; 600-631; 15 (1938), p. 491-516.

BOTTIN F., *Ricerca della felicità e piaceri dell'intelletto, Boezio di Dacia, Il Sommo Bene, Giacomo da Pistoia, La felicità suprema*, Florence: Nardini, 1989.

BOUGEROL J. G., *St Bonaventure et la sagesse chrétienne*, Seuil, Paris, 1963.

– « Saint Bonaventure et le Pseudo-Denys l'Aréopagite », dans les *Actes du colloque Saint Bonaventure Septembre 1968*, dans *Etudes Franciscaines*, 18 (1968), suppl., p. 33-121.

– *Bibliographia bonaventuriana (1850-1973)*, dans *S. Bonaventura 1274-1974*, t. 5, Grottaferrata, 1974.

– « Le *Commentaire des Sentences* de Guy de l'Aumône et son "*Introitus*" », dans *Antonianum*, 52 (1976), p. 495-519.

– « La Glose sur les Sentences du Manuscrit Vat. lat. 691 », dans *Antonianum*, 55 (1980), p. 108-173.

– *Introduction à saint Bonaventure*, Vrin, Paris, 1988.

BROWN F., « Richard Fishacre on the need of "Philosophy", *A Direct Path: Studies in medieval philosophy and culture (Essays in honour of A. Hyman)*, Washington, 1987.

BROWN J. V., « Divine illumination in Henry of Ghent », dans *R.T.A.M.*, 41 (1974), p. 177-199.

– « John Duns Scotus on Henry of Ghent's arguments for divine illuminatio: the statement of the case », dans *Vivarium*, 14 (1976), p. 94-113.

BRUNET A.- TREMBLAY P., *La renaissance du XII*[e] *siècle. Les écoles et les enseignements*, Paris, Ottawa, 1933.

BUTTLER C., *Western Mysticism*, Londres, 1927.

CALLEBAUT A., « Alexandre de Hales en face des condamnations de 1244 », dans *F.F.*, 10 (1927), p. 257-272.

CALLUS D.-A., *The condemnation of St. Thomas at Oxford*, Blackfriars, Oxford, 1955.

– *Introduction of aristotelian learning to Oxford*, Humfrey Milford Amen House, E. C., Londres, 1943.

CAROLL M. O', « Two versions of a sermon by Richard Fishacre OP for the fourth sunday of Lent on the theme : "Non enim heres erit filius ancillae cum filio liberae" (Gal. 4, 30) », dans *A.F.P.*, 54 (1984), p. 113-141.

CARTON R., *L'expérience de l'illumination intérieure chez Roger Bacon*, E.Ph.M., 3, Paris, 1924.

CASTALDELLI F., « Teologia monastica, teologia scolastica e lectio divina », dans *La dottrina della vita spirituale nelle opere di San Bernardo di Clairvaux*, Actes du colloque internationnal, Rome, 11-15 Sept. 1990, p. 25-63.

CAYRE F., *La contemplation Augustinienne. Principes de la spiritualité de saint Augustin*, Paris: A. Blot, 1927.

– « La contuition et la vision médiate de Dieu, d'après saint Augustin » dans *E.T.L.*, VI (1929), 1, p. 23-39, et 2, p. 205-229.

– « Mystiques et sagesse dans les *Confessions* de saint Augustin », Mélanges Lebreton, t. 1, 1951, p. 443-460.

– « Théologie sagesse et contemplation dans le De Trinitate », dans l'*Année Théologique*, 13 (1953), p. 366-369.

CHENU M.-D., *La théologie comme science au XIII*[e] *siècle*, 3e éd., B. T., 33, Paris, 1957.

– *La théologie au XII*[e] *siècle*, E. Ph. M. 45, Paris, 1957.

CONGAR Y., La foi et la théologie, Tournai, 1960.

CORBIN M., « La fonction et les principes de la théologie selon la *Somme* théologique de S. Thomas d'Aquin », dans *R.S.R.*, 55 (1967), p. 321-366.

COURTINE J.-F., « Philosophie et théologie, remarque sur la situation aristotélicienne de la détermination thomiste de la "*theologia*" », *R.Ph.L.*, p. 315-343.

– *Suarez et le système de la métaphysique*, PUF, Paris, 1990.

CRAEMER-RUEGENBERG I., « Alberts Seelen- und Intellektlehre », dans *Albertus der Grosse, seine Zeit, sein Werk, seine Wirkung*, A. Zimmermann ed., M.M., 14, Berlin/N.-Y., 1981, p. 104-115.

– « Albert le grand et ses démonstrations de l'immortalité de l'âme », dans *A.P.*, 43 (1980), p. 667-673.

CREMASCOLI G., « "*Regina omnium scientiarum*", per la lettura di una "quaestio" di Rolando da Cremona », *Divus Thomas*, 79 (1976, 1/2), p. 28-66.

– « La Summa di Rolando da Cremona. Il testo del Prologo », dans *S. M.*, (3 e série), 16 (1975), p. 825-876.

CUERVO M., « La teologia como ciencia y la sistematizacion theologica segun S. Alberto », dans *Ciencia thomista*, 46 (1932), p. 173-199.

DAHAN G., « Une introduction à la philosophie au XIIe siècle. Le *Tractatus quidam de philosophia et partibus eius* », dans *A.H.D.L.M.A.*, 49, (1982), p. 155-193.

DALES R. C., « The influence of Grosseteste's "*Haexameron*" on the "Sentences" Commentaries of Richard Fishacre, O.P. and Richard Rufus of Cornwall, O.F.M. », dans *Viator*, 2 (1971), p. 271-300.

DELHAYE P., « La place des arts libéraux dans les programmes scolaires du XIIe siècle », dans *Arts libéraux et philosophie au Moyen Age* (Actes du quatrième Congrès international de Philosophie médiévale), Paris, 1969, p. 161-173.

DONDAINE A., « Un commentaire scripturaire de Roland de Crémone: "Le livre de Job" », in *A.F.P.*, XI (1941), p. 108-137.

DONDAINE H.-F., « Hugues de Saint-Cher et la condamnation de 1241 », dans *R.S.P.T.*, 33 (1949), p. 170-174.

– *Le corpus dionysien de l'université de Paris au XIIIe siècle*, Rome, Storia e Letteratura, 1953.

– « *Cognoscere de Deo "quid est"* », dans *R.T.A.M.*, 22 (1955), p. 72-78.

– « Le "*De 43 quaestionibus*" de Robert Kilwardby », dans *A.F.P.*, 47 (1977), p. 5-50.

DOUCET V., « Alexandre de Halès, O.F.M., et ses confrères en face des condamnations parisiennes de 1241-1244 », dans *F.F.*, X (1927), p. 257-272.

– « Les dates des condamnations parisiennes dites de 1241. Faut-il corriger le Cartulaire de l'Université ? » dans *Mélanges Auguste Pelzer*, Louvain, 1947, p. 183-193.

– *Prolegomena*, *Somme* d'Alexandre de Halès, livre III, Quaracchi, IV, 1948.

– « A travers le manuscrit 434 de Douai », dans *Antonianum*, 27 (1952), p. 531-580.

– « Maîtres franciscains de Paris, Supplément au répertoire de M. F. Stegmüller », dans *A.F.H.*, 47 (1954), p. 88-170; 400-427.

DUHEM P., *Etude sur un fragment inédit de L'Opus Tertium de Roger Bacon*, Quaracchi, 1909.

– *Le système du monde*, 10 vols., Paris, 1913-1959.

DUMONT C., « La réflexion sur la méthode théologique », dans *N.R.T.*, 93 (1961), p. 1034-1050 ; 94 (1962), p. 17-35.

DUMONT R., « Scotus's intuition viewed in the light of the intellect's present state », dans *De doctrina Ioannis Duns scoti*, S.S.S., 2, p. 47-64.

DUMONT ST.-D., « Theology as a science and Duns Scotus's distinction between intuitive and abstractive cognition » dans *Speculum*, 1989, p. 579-599.

EHRLE FR., « San Domenico, le origini del primo studio generale del suo Ordine a Parigi e la Summa theologica del primo maestro Rolando da Cremona », in *Miscellanea dominicana*, Rome, 1923, p. 85-134.

– « L'agostinismo e l'aristotelismo nella scolastica del sec. XIII », dans *Xenia thomistica*, III (1925), p. 517-588.

ENGLHARDT G., *Die Entwicklung der dogmatischen Glaubenpsychologie in der Mittelalterlichen Scholastik vom Abaelardstreit (um 1140) bis zu Philipp dem Kanzler* (gest. 1230), dans *Beit. G.P.P.M.*, Band XXX, Heft 4-6, Münster 1933.

– « Adam de Puteorumvilla. Un maître proche d'Odon Rigaud. Sa psychologie de la foi », dans *R.T.A.M.*, 8 (1936), p. 61-78.

FILTHAUT E., *Rolando von Cremona O.P. und die Anfänge der Scholastik im Predigerorden, Ein Beitrag zur Geistgeschichte der älteren Dominikaner*, Vechta, Albertus Magnus-Verlag, 1936.

FISCHER J., « Hugh of St. Cher and the development of Mediaeval Theology », dans Speculum, 31 (1956), p. 57-69.

FLASCH K., « *Kennt die mittelalterliche Philosophie die konstitutive Funktion der menschlichen Denkens? Eine Untersuchung zu Dietrich von Freiberg* », dans *Kant-Studien*, 63 (1972), p. 182-206.

– *Introduction*, Dietrich Von Freiberg, *Schriften zur Intellekttheorie*, B. Mojsisch *ed.*, Hamburg, 1977.

FORESTE A., STEENBERGHEN F. VAN, GANDILLAC M. DE, Le mouvement doctrinal du IXe au XIVe siècle, Paris, 1956 (2è éd.).

FRIEDRICKS J., *Die Theologie als spekulative und praktische Wissenschaft nach Bonaventura und Thomas von Aquin*, Bonn, 1940.

GAGNEBET, M.R., « La nature de la Théologie spéculative », dans *R.T.* 44 (1938), p. 235-255, 645-674.

GAUTHIER R. A., « Trois commentaires "averroïstes" sur l'Éthique à Nicomaque », dans *A.H.D.L.M.A.*, 1947-1948, p. 187-336.

– *Magnanimité. L'idéal de la grandeur dans la philosophie païenne et dans la théologie chrétienne*, B.T., 28, Paris, 1951.

– ET Y. JOLIF, *Aristote. Éthique à Nicomaque*, trad. et comment., I et II. Institut supérieur de philosophie de l'Univ. de Louvain, 1958.

– « Arnoul de Provence et la doctrine de la fronesis, vertu mystique suprême », dans *R.M.A.L.*, 19 (1963), p. 129-170.

– « Le cours sur l'Ethica nova d'un maître ès Arts de Paris (1235-1240) », dans *A.H.D.L.M.A.*, 1975, p. 71-141.

– « Notes sur Siger de Brabant. I. Siger en 1265 », dans *R.S.P.T.*, 1983, p. 201-232.

– « Notes sur Siger de Brabant. II. Siger en 1272-1275; Aubry de Reims et la scission de Normands », dans *R.S.P.T.*, 1984, p. 3-48.

– Préface, S.T.O.O., 45, 1, *In Sentencia libri de Anima*, p. 1*-294*.

– « Notes sur les débuts (1225-1240) du premier 'Averroïsme' », dans *R.S.P.T.*, 66 (1985), p. 321-373.

– « Le Traité *De anima et potenciis eius* d'un maître ès Arts (vers 1225) », dans *R.S.P.T.*, 66 (1985), p. 3-55.

– Introduction, *Lectura in librum de anima a quodam disciplo reportata*, Spicilegium bonaventurianum, 26, Grottaferrata, 1985.

GEYER B., « Umstrittene Bibel-kommentare unter dem Namen des Albertus Magnus », dans Scholastik 33 (1958), p. 558-566.

GHELLINCK J. DE, *Le mouvement théologique du XIIe siècle*, Paris, Gabalda, 1914.

GIEBEN S., *De metaphysica lucis apud Robertum Grosseteste*, Rome: P.U.G., 1953.

– « Trace of God in Nature according to Robert Grosseteste », dans *Fr.St.* 24 (1964), p. 144-158.

– « Das Licht als Entelechie bei Robert Grosseteste », dans *La filosofia della natura nel medioevo*, Milan, 1966, p.372-378.

GILLON L. B., « L'esprit, "partie" de l'univers. Autour d'un texte de Richard Fishacre », dans *San Thomaso. Fonti e riflessi del suo pensiero*, Saggi, Cità Nuova Editrice, Rome, 1974, p. 210-222.

GILSON É., « Pourquoi saint Thomas a critiqué saint Augustin », dans *A.H.D.L.M.A., I* (1926), p. 5-127.

– « Les sources Gréco-arabes de l'augustinisme avicennisant », dans *A.H.D.L.M.A.*, IV (1929-30), p. 5-149.

– *La philosophie de saint Bonaventure*, Paris, Vrin, 1929.

– *Introduction à l'étude de saint Augustin*, Paris, Vrin, 1929.

– « Sur quelques difficultés de l'illumination augustinienne », dans *Hommage à M. le Professeur M. de Wulf*, *R.N.Ph.*, 36 (1934), p. 321-331.

– *Dante et la philosophie*, E.Ph.M., 28, Paris, Vrin, 1939.

– « L'âme raisonnable chez Albert le Grand », dans *A.H.D.L.M.A.*, 14 (1945), p. 5-72.

– *La philosophie au Moyen Age*, Paris: Payot, 1952.

– *La philosophie et la théologie*, Paris, 1960.

– « Sur la problématique thomiste de la vision béatifique », dans *A.H.D.L.M.A.*, 31 (1964), p. 67-88.

– *Le thomisme, Introduction à la philosophie de s. Thomas d'Aquin*, Paris, Vrin, 1965.

GLORIEUX P., *La Littérature Quodlibétique de 1260 à 1320*, I, B.T., 5, Paris, 1925; II B.T., 21, Paris, 1935.
– *Répertoire des maîtres en théologie de Paris au XIII*[e] *siècle*, E.Ph.M., 17 et 18, Paris, Vrin, 1933 et 1934.
– « Les 572 questions du manuscrit de Douai 434 », dans *R.T.A.M.*, 10 (1938), p. 123-152; 225-267.
– « *Pro et contra Thomam:* un survol de cinquante années », dans *Sapientiae procerum amore: Mélanges médiévistes offerts à Dom Jean-Pierre Muller...*, T.W. Kohler *ed.*, Studia Anselmiana, 63, Rome, 1974, p. 255-287.
– « L'enseignement au Moyen Age. Technique et méthode en usage à la faculté de théologie de Paris au XIIIe siècle », dans *A.H.D.L.M.A.*, 35 (1968), p. 65-186.
GRABMANN M., « Hilfsmittel des Thomas Studians aus alter Zeit *(Abbreviationes, Concordantiae, Tabulae)* auf Grund handschriftlicher Forschungen dargaestellt », dans *Divus Thomas*, III, Serie 1 (1923), p. 13-43, 97-122, 373-380.
– *Der lateinische Averroismus des 13. Jahrhunderts und seine Stellung zur christlichen Weltanschauung. Mitteilungen aus ungedruckten Ethikkommentaren,* S.B.A.W., Munich, 1931, 2.
– « De quaestione "Utrum theologia sit scientia speculativa an practica" a B. Alberto Magno et S. Thoma Aquinate pertractata », dans *Alberto Magno*, Atti della settimana albertina, 9-14 nov. 1931, Rome, 1932, p. 235-284.
– « Il concetto di scienza secondo S. Tommaso d'Aquino e le relazioni della fede e della teologia con la filosofia e le scienze profane », dans *R.F.N.*, 26 (1934), p. 127-155.
– *Studien über den Einfluss der aristotelischen Philosophie auf die Mittelalterlichen Theorien über das Verhältnis von Kirsche und Staat*, S.B.A.W., Munich, 1934, 2.
– « De Theologia ut scientia argumentativa secundum Albertum Magnum et St. Thomam Aquinatem », dans *Angelicum*, 14 (1937), p. 39-60.
– *Methoden und Hilfsmittel des Aristoteles Studiums im Mittelalter*, S.B.A.W., 1939, 5.
– *I divietti ecclesiastici d'Aristotele sotto Innocenzo III e Gregorio IX,* Rome: P.U.G., 1941.
– *Storia del Metodo scolastico* (trad it. de Geschichte der Scholastischen Methode, Freiburg, 1911), Florence, 1980.
GRANT E., « Science and theology in the Middle Ages », dans *God and nature. Historical essays on the encounter between Christianity and Science*, D.-C. Lindberg et R. L. Numbers eds., Berkeley/Los angeles, 1986, p. 49-75.
GREGORY T., « Escatologia e aristotelismo nella scolastica medievale », dans *L'attesa dell'età nuova nella spiritualità della fine del medioevo*, Atti del terzo Convegno Storico Internazionale, (Todi 16-19 ottobre 1960), Todi: Accademia tudertina, 1962, p. 262-282.
– « Forme di conoscenza e ideali di sapere nella cultura medievale », dans *Archives internationales d'Histoire des Sciences*, 38 (1988), p. 188-242.
GRÜNDEL J., « Die Sentenzenglosse des Johannes pagus (circa 1243-1245) in Padua, Bibl. Ant. 139 », dans *Münchener Theologische Zeitschrift*, 8 (1958), p. 171-185.
– *Die Lehre von Umständen der menschlichen Handlung in Mittelalter*, dans *Beit.G.P.M.*, Band. 39, Heft. 5, Munster, 1963.
– « Hugo von St. Cher O.P. und dic älteste Fassung seines Sentenzenkommentars », in Scholastik 39 (1964), p. 391-401.
HADOT I., *Arts libéraux et philosophie dans la pensée antique*, Etudes augustiniennes, Paris, 1984.
HADOT P., *Exercices spirituels et philosophie antique*, (3e éd.), Paris, 1993.
– *Qu'est-ce que la philosophie antique?*, Paris, 1995.
HAMELIN A.-M., *L'école franciscaine de ses débuts jusqu'à l'occamisme*, Anal. mediaev. namurcensia, 12, Louvain/Montreal/Lille, 1961.
HAMELIN O., *La théorie de l'intellect d'après Aristote et ses commentateurs*, 1906, Vrin reprise, Paris, Vrin, 1981.
– *Le système d'Aristote,* Paris, 1920.
HENQUINET F.-M., « Un brouillon autographe de saint Bonaventure sur le *Commentaire des Sentences* », dans *Etudes Franciscaines,* 44 (1932), p. 633-655.
– « Les écrits de Guerric de Saint-Quentin », dans *R.T.A.M.*, 6 (1934), p. 184-214; 284-312.
– « Notes additionnelles aux écrits de Guerric de Saint-Quentin », dans *R.T.A.M.*, 8 (1936), p. 369-388.

– « Les manuscrits et l'influence des écrits théologiques d'Eudes Rigaud O.F.M. », dans *R.T.A.M.*, 11 (1939), p. 324-350.

– « Eudes de Rosny, O.F.M., Eudes Rigaud et la *Somme* d'Alexandre de Hales », dans *A.F.H.*, 33 (1940), p. 3-54.

HISSETTE R., *Enquête sur les 219 articles condamnés à Paris le 7 mars 1277,* P.M., 22, Louvain, Publ. Univ. / Paris, Vander-Oyez, 1977.

HESS C. R., « Roland of Cremon's place in the current of thought », dans *Angelicum*, 45 (1968), p. 429-477.

– *The tract on holy orders in the Suma of Roland of Cremona*, pars dissertationis ad lauream in facultate S. Theologiae apud pontificiam universitatem S. Thomae de Urbe, Rome, 1969.

HOENEN M. J. F. M. ET A. DE LIBERA EDS., *Albertus Magnus und der Albertismus, Deutsche Kultur des Mittelalters*, Leiden, Brill, 1995.

JOLIVET J., *Arts du langage et théologie chez Abélard,* Paris, 1982.

– *La Théologie d'Abélard*, Cerf, Paris, 1997.

JOUEN E., *Eudes Rigaud archevêque de Rouen*, Rouen, 1932.

KAEPPELI T., Scriptores Ordinis Praedicatorum Medii Aevi, Rome, 1980.

KALUZA Z., « Les débuts de l'albertisme tardif », dans *Albertus Magnus und der Albertismus, Deutsche Kultur des Mittelalters*, M.J.F.M. Hoenen, A. De Libera eds., Leiden, Brill, 1995, p. 207-295.

KEELER L. W., *Ex summa Philippi cancellarii Quaest. de Anima*, Opuscula et textus, Munster, 1937.

– « The dependance of R. Grosseteste's De Anima on the Summa of Philip the Chancellor », dans *New Scholasticism.*, 11 (1937), p. 197-219.

– « Philip the Chancellor and the *De anima* ascribed to Robert Grosseteste », dans Medieval Renaissance Studien, 1 (1941), p. 105-127.

– « The "*Summa Duacensis*" and the Pseudo-Grosseteste's "*De anima*" », dans *R.T.A.M.*, 13 (1946), p. 225-229.

KÖPF U., *Die Anfänge der theologischen Wissenschaftstheorie im 13. Jahrhundert*, Tübingen, 1974.

KREBS E., *Theologie und Wissenschaft nach der Lehre der Hochscholastik*, dans *Beit.G.P.M.*, XI, 3-4, 1912.

LAFLEUR C., *Le « guide de l'étudiant » d'un maître anonyme de la faculté des arts de Paris au XIIIe siècle.*, Québec, université Laval, 1992.

LANDGRAF A., « Beobachtungen zur Einflussphäre Wilhelms von Auxerre », dans *Zeitschrift für Katolische Theologie*, 52 (1928), p. 53-64

– « Mitteilungen zum Sentenzenkommentar Hugo a S. Caro », dans *Zeitschrift für Katolische Theologie*, 58 (1934).

– « Sentenzenglossen des beginnenden 13. Jahrhunderts », dans *R.T.A.M.*, 10 (1938), p. 30-55.

– *Introduction à l'histoire de la littérature théologique de la scolastique naissante*, Montréal-Paris, Vrin, 1973.

LANG A., *Die theologische Prinzipienlehre der mittelaterlichen Scholastik*, Freiburg im Breisgau, 1964.

LECLERCQ J., « La théologie comme science d'après la littérature quodlibétique », dans *R.T.A.M.*, 11 (1939), p. 351-374.

– *L'amour des lettres et le désir de Dieu. Initiation aux auteurs monastiques du Moyen Age*, Paris, 1957.

LE GOFF J., *Les intellectuels au Moyen Age*, Seuil, 1957.

LIBERA A. (DE), *Albert le grand et la philosophie*, Vrin, Paris, 1990

– *Penser au Moyen Age*, Paris, 1991.

LINDBERG D.-C., « *Lines of influence in thirteenth century optics: Bacon, Witelo and Peckham* », dans *Speculum*, 46 (1971), p. 66-83.

– *Roger Bacon's Philosophy of nature a critical edition, introd. and notes of the De multiplicatione specierum and De speculis comburentibus*, Oxford, Clarendon Press, 1983.

LIVESEY S.J., *Theology and science in the fourteenth century, Three Questions on the Unity and Subalternation of the Sciences from John of Reading's Commentary on the Sentences*, Leiden, Brill, 1989.

– « William of Ockham, the Subalternate Sciences, and Aristotle's Prohibition of *metabasis* », dans *British Journal for Hystory of Sciences*, 18 (1985), p. 127-145.

LOHR R.J., « Theologie und/als Wissenschaft im frühen 13 Jahrhundert », dans *Communio. Internazionle Katolische Zeitschrift*, 10 (1981), p. 318-330.

LONG R. J., « The science of Theology according to Richard Fishracre », *Medieval Studies*, 34 (1972), p. 71-98.

– « Richard Fishacre and the problem of the soul », dans *The modern Schoolman*, 52 (1975), p. 263-270.

– « Richard Fishacre's "*quaestio*" of the Ascension of Christ; an edition », dans *Medieval Studies*, 40 (1978), p. 30-55.

– « The virgin as Olive tree, A marian sermon of Richard Fishacre and the science at Oxford », dans *A.F.P.*, 52 (1982), p. 77-87.

– « Richard Fishacre's Way to God », dans *A Direct Path: Studies in medieval philosophy and culture (Essays in honour of A. Hyman)*, Washington, 1987.

LOTTIN O., Notices dans *Bulletin de Théologie Ancienne et Médiévale*, 2 (1936), n. 1303, p. 670-672; 3, 1939, n. 1080, p. 569.

– *Psychologie et morale aux XIIe et XIIIe siècle*, Louvain, 1942-1960.

LUBAC H. DE, *Exégèse médiévale*, Aubier, Paris, 1959.

LYNCH K.F., « Some *fontes* of the Commentary of Hugh de SAINT CHER, William of Auxerre, Gui d'Orchelles, Alexander of Hales », dans *Fr.St.*, 13 (1953), p. 119-146.

MAC EVOY J., « La connaissance intellectuelle selon Robert Grosseteste », dans *Revue Philosophique de Louvain*, 75 (1977), p. 5-48.

– *The philosophy of Robert Grosseteste*, Oxford, 1982.

MAC INERNY R., « Albert and Thomas on Theology », dans *Albertus der Grosse, seine Zeit, sein Werk, seine Wirkung*, M.M., 14, Berlin/N.-Y., 1981, p. 50-60.

MACKEN R., « La théorie de l'illumination divine dans la philosophie d'Henri de Gand », dans *R.T.A.M.*, 39 (1972), p. 82-112.

– « La volonté humaine, faculté plus élevée que l'intelligence selon Henri de Gand », dans *R.T.A.M.*, 42 (1975), p. 5-51.

MAIER A., « Das problem der '*species sensibiles in medio*' und die neue Naturphilosophie des 14. Jahrhunderts », dans *Ausgehendes Mittelalter*, II, Rome, 1967, p. 419-451.

MARECHAL J., « La vision de Dieu au sommet de la contemplation d'après saint Augustin », dans *N.R.T.*, Fev. et Mars 1930, p. 89-109 et 191-214.

MARIETAN J., *Problème de la classification des sciences, d'Aristote à St. Thomas*, Paris, 1901.

MARRONE ST. P., « Mathew of Aquasparta, Henry of Ghent and Augustinian Epistemology », dans *Franziskanische Studien*, 65 (1983), p. 253-290.

MARROU H-I., *Saint Augustin et la fin de la culture antique*, BEFAR, 145 et 145 bis, Paris, 1938 et 1949.

– *Saint Augustin et l'augustinisme*, Seuil, Paris, 1955.

MARTIN R., « L'objet intégral de la théologie d'après saint Thomas et les scolastiques », dans *R.T.*, 20 (1912), p. 12-21.

MARTINEAU R.-M., « Le plan de la *Summa Aurea* de Guillaume d'Auxerre », dans Théologie, 1 (Ottawa 1937), p. 79-114.

MASNOVO A., « Guglielmo d'Auvergne e l'università di Parigi dal 1229 al 1231 », in *Mélanges Mandonnet*, II, 1930, p. 191-232.

– *Da Guglielmo d'Auvergne a S. Tommaso d'Aquino*, Milan, 1945.

MAURER A., « The Unity of a Science: St. Thomas and the Nominalists », dans *St. Thomas Aquinas, 1274-1974, Commentative studies*, Toronto, P.I.M.S., 1974, t. 2, p. 269-291.

MERSCH E., « L'objet de la théologie et le "*Christus totus*" », dans *R.S.R.*, 26 (1936), p. 129-157.

MOJSISCH B., *Die Theorie des intellekts bei Dietrich von Freiberg*, Hamburg, 1977.

– « La psychologie philosophique d'Albert le Grand et la théorie de l'intellect de Dietrich de Freiberg, essai de comparaison », dans *A. P.* 43 (1980), p. 675-693.

MORTIER D.-A., *Histoire des Maîtres Généraux de l'Ordre des Frères Prêcheurs*, III, Paris, 1907.

NARDI B., *S. Tommaso d'Aquino, Trattato sull'unità dell'intelletto contro gli averroïsti*, Trad. comment. et introd. historique, Florence, 1938.

– *Sigieri di Brabante nel pensiero del Rinascimento italiano,* Rome, 1945.
– *Attività rappresentativà da parte del soggetto cognoscente, Soggetto e oggetto del conoscere nella Filosophia antica e medievale*, Roma, Ed. dell'Ateneo, 1952.
OTTAVIANO C., *Guglielmo d'Auxerre (+ 1231). La vita, le opere, il pensiero*, Rome, 1929.
PANELLA E., « Un'introduzione alla filosofia in uno "*Studium*" dei Frati Predicatori del XIII secolo. "*Divisio Scientiarum*" di Remigio dei Girolami », dans *Memorie Dominicane*, 12 (1981), p. 27-126.
PATFOORT A., *Thomas d'Aquin, clés d'une théologie*, Paris, 1983.
PAULUS J., *Henri de Gand, essai sur les tendances de sa métaphysique*, Paris: Vrin, 1938.
PELSTER F., « Der älteste Sentenzenkommentar aus der Oxforder Franziskanerschule », dans *Scholastik*, 1 (1926), p. 50-80.
– « Die Bedeutung der Sentenzenvorlesung für die theologische Spekulation des Mittelalters: ein Zeugnis aus der ältesten Oxforder Dominikanerschule », dans *Scholastik*, 2 (1927), p. 250-255.
– « Literargeschichtliches zur Pariser theologischen Schule aus den Jahren 1230 bis 1256 », dans *Scholastik*, 5 (1930), p. 21-53.
– « Das leben und die Schriften des Oxforder Dominikanerlehrers Richard Fishacre (+1248) », dans *Zeitschrift für Katholische Theologie*, 14 (1930).
– « Zum Problem der Summa Alexandri Halensis », dans *Gregorianum*, 12 (1931), p. 428-435.
– « Beiträge zur Erforschung des schriftlichen Nachlasses Odo Rigaldis », dans *Scholastik*, 11 (1936), p. 518-542.
PERGAMO B., « Il desiderio innato del sopranaturale nelle questioni inedite di Odone Rigaldi O.F.M., Archivescovo di Rouen (+1275) », dans *Studi Francescani*, 7 (1935), p. 414-464; 8 (1936), p. 76-108.
– « De quaestionibus ineditis fr. Odonis Rigaldi, fr. Guglielmis de Melitona et Codicis Vat. Lat. 782 circa naturam theologiae deque earum relatione ad Summam Theologicam fr. Alexandri Halensis », dans *A.F.H.*, 29 (1936), p. 3-54, 308-364.
POULLON D. H., « Le premier traité des propriétés transcendantales. La *Summa de Bono* du Chancellier Philippe », dans *R. N. Ph.*, 42 (1939), p. 40-77.
PORRO P., *Enrico di Gand. La via delle propozizioni universali*, Bari: Levante editori, 1990.
– « Bibliography », dans *Henry of Ghent, Proceedings of the international Colloquium on the occasion of the 700th anniversary of his death (1293)*, W. Vanhamel éd., Louvain 1996, p. 405-434.
PORTALIE E., « Augustin », dans D.T.C., I, 2, col. 2268-2472.
PREDA P., « L'epistemologia teologica in Alessandro d'Hales », dans *R.F.N.*, 74 (1982), p. 47-67.
PRETO E., « La posizione di Rolando da Cremona nel pensiero medioevale », dans *R.F.N.*, 23 (1931), p. 484-489.
– « Un testo inedito: la Summa theologica di Rolando da Cremona », dans *R.F.N.*, 40 (1948).
PRINCIPE W. H., *The Theology of the hypostatic Union in the early XIIIth century: William of Auxerre's Theology of the hypostatic union*, P.I.M.S., 7, 1963; *Alexandre of Hales's theology of the hypostatic union*, P.I.M.S., 12, 1967; *Hugh of saint Cher's theology of the hypostatic union*, P.I.M.S., 32, 1970; *Philip the chanceller's theology of the hypostatic union*, P.I.M.S., 19, 1975.
– « Odo Rigaldus. A precursor of St. Bonaventure on the Holly Spirit as "*Effectus formalis*" in the mutual love of the Father and Son », dans *Medieval Studies*, 39 (1977), p. 498-505.
– « Richard Fishacre's use of Averroes with respect to motion and the human soul of Christ », dans *Medieval Studies*, 40 (1978), p. 349-359.
RAEDTS P., *Richard Rufus of Cornwall and the tradition of Oxford Theology*, Clarendon Press, Oxford, 1987.
RATZINGER J., *Die Geschichtstheologie des heiligen Bonaventura*, München, 1959, trad. fr., *La théologie de l'histoire de saint Bonaventure*, Paris, 1988.
RIBAILLER J., « Guillaume d'Auxerre », dans Dictionnaire de Spiritualité, 6 (1967), 1192-1199.
RICHE R., *Les écoles et l'enseignement dans l'Occident chrétien, de la fin du Ve siècle au milieu du IXe siècle*, Aubier, Paris, 1979.

ROHMER J., « La théorie de l'abstraction dans l'école franciscaine de Alexandre de Hales à Jean Peckam », dans *A.H.D.L.M.A.*, 3 (1928), p. 105-184.
RONCHI V., *Storia della Luce*, Bologne: N. Zanichelli, 1952; trad. Franc. J. Taton, *Histoire de la lumière*, Paris: Armand Collin, 1956.
ROQUES R., *L'univers dionysien, Structure hiérarchique du monde selon le Pseudo-Denys*, Paris, 1954.
– Structures théologiques, de la gnose à Richard de Saint-Victor, Bibliothèque de l'École des Hautes Etudes, 72, Paris, 1962.
SACCARO G. B., « Il Grossatesta e la luce », dans *Medioevo*, 2 (1976), p. 21-75.
SALMAN D., « Note sur la première influence d'Averroès », dans *R.N.Ph.*, 40 (1937), p. 203-212.
– « Jean de la Rochelle et l'averroïsme latin », dans *A.H.D.L.M.A*, 16 (1947-48), p. 133-144.
SAINT PIERRE J. A., « The theological thought of William of Auxerre. An introductory bibliography », dans *R.T.A.M.*, 33 (1966), p. 147-157.
SARRASIN C., *Plein de Grâce et de Vérité, Théologie de l'âme du Christ selon saint Thomas d'Aquin*, Théologie 4, Vénasque, Editions du Carmel, 1992.
SCHEEBEN H. C., *Beiträge zur Geschichte Jordans von Sachsen, Quellen und Forschungen zur Geschichte des Dominikanerordens in Deutschland*, Albertus Magnus-Verlag, 1938.
SCHEFFCZYK L., *Die Theologie und die Wissenschaften*, Aschaffenburg, 1979.
SECKLER M., *Das Heil in der Geschichte. Geschichtstheologisches Denken bei Thomas von Aquin*, Munich, 1964.
SENNER W, « Zur Wissenschaftstheorie der Theologie im Sentenzenkommentar Alberts des Grossen », Dans *Albertus Magnus, Doctor universalis, 1280-1980*, G. Meyer, A. Zimmermann, eds., Mayence, 1980, p. 323-343.
SHARP D.E., « The philosophy of Richard Fishacre », dans *The New Scholasticism*, 7 (1933), p. 281-297.
– « The *De ortu scientiarum* of Robert Kilwardby », dans *The New Scholasticism*, 8 (1934), p. 1-30.
SILEO L., *Teoria della scienza teologica,* Studia Antoniana cura Pontificii Athenaei Antoniani edita, 27, t. I et II, Rome, 1984.
SMALLEY B., *The study of the Bible in the Middle Ages*, Londres, 1952.
SOLOMON D. M., « The Sentence Commentary of Richard Fishacre and the Apocalypse Commentary of Hugh of St. Cher », dans *A.F.P.*, 46 (1976), p. 367-377.
SOMMER-SECKENDORFF E.M.F., *Studies in the life of Robert Kilwardby O.P.*, Institutum Historicum Fratrum Praedicatorum, Rome, Sainte Sabine, 1937.
SORGE V., « Gnoseologia e teologia nel pensiero di Enrico di Gand », Definizioni, 4, Naples, 1988.
SOUTHERN R.W., *Robert Grosseteste. The growth of an English Mind in Medieval Europe*, Clarendon Press, Oxford, 1985.
STEEL C., « Guillaume de Moerbeke et saint Thomas », dans *Guillaume de Moerbeke, Recueil d'études à l'occasion du 700e anniversaire de sa mort (1286)*, J. Brams et W. Vanhamel eds., Louvain, 1989, p. 57-82.
STEENBERGHEN F. VAN, *La Philosophie au XIIIe siècle*, P.M., 9, Louvain/Paris, 1966.
– *Maître Siger de Brabant,* P.M., 21, Louvain/Paris, 1977.
STEGMÜLLER F., « Les questions du *Commentaire des Sentences* de Robert Kilwardby », dans *R.T.A.M.*, 6 (1934), p. 55-79, 215-228.
– *Repertorium commentariorum in Sententias Petri Lombardi*, Würzburg 1947.
– *Analecta Upsaliensia Theologiam Medii Aevi Illustrantia (t. I, Opera systematica)*, Upsala-Wiesbaden, 1953.
SWEENEY L., « Some Medieval Opponents of Divine Infinity », dans *Medieval Studies*, XIX (1957), p. 233-245.
– Divine infinity: 1150-1250 », dans *The modern Schoolman,* 35 (1958), p. 38-51.
– et ERMATIGER C. J., « Divine infinity according to Richard Fishacre », dans *The modern Schoolman,* 35 (1958), p. 191-212.
– et KESSLER M., « Human knowledge according to Guerric of Saint Quentin, O.P. », dans *Arts libéraux et Philosophie au Moyen Age*, Actes du quatrième Congrès Intern. de la S.I.E.P.M., Montréal-Paris, 1969, p. 1129-1141.

TACHAU K.-H., « The problem of the 'species in medio' at Oxford in the generation after Ockham », dans *Medieval Studies*, 44 (1982), p. 394-443.

– *Vision and certitude in the age of Ockham. Optics, epistemology and the foundations of semantics 1250-1345*, Studien und texte zur Geistesgeschichte des Mittelalters, 22, Leiden/New York…, Brill, 1988.

TAVARD G., « La théologie d'après le Bréviloque de saint Bonaventure », dans *Année théologique*, 10 (1949), p. 201-214.

– *Transiency and Permanence*, New York, 1954.

– Le statut prospectif de la théologie bonaventurienne », dans *Revue des Etudes Augustiniennes*, 1 (1955), p. 251-263.

TORRELL J.-P., *Théorie de la Prophétie et philosophie de la connaissance aux environs de 1230. La contribution d'Hugues de Saint-Cher*, S.S.L., Louvain, 1977.

– « Albert le grand. La question disputée De prophetia », Texte critique et commentaire, dans *R.S.P.T.*, 1981, p. 5-53 et 197-231.

– *Initiation à saint Thomas d'Aquin, Sa personne et son œuvre*, Fribourg, Paris, Cerf, 1993.

– *Saint Thomas d'Aquin, maître spirituel*, Fribourg, Paris, Cerf, 1996.

– « Le savoir théologique chez saint Thomas », *R.T.*, 96 (1996/3), p. 355-396.

TUMMERS P., « Geometry and Theology, in the XIIIth century. An example of their interrelation found in the Ms. Admont 442. The influence of William of Auxerre? », dans *Vivarium*, 18 (1980), p. 112-142.

VANNI ROVIGHI S., « L'unità del sapere secondo San Tommaso d'Aquino », dans *Il pensiero*, 10 (1965), p. 7-22.

VANNESTE A., « Nature et grâce dans la théologie de Guillaume d'Auxerre et de Guillaume d'Auvergne », dans *E. T. L.*, 53 (1977), p. 83-106.

VICAIRE M.H., « Roland de Crémone ou la position de la théologie à l'université de Toulouse », dans *Les universités du Languedoc*, Privat, Toulouse, 1970.

VILANOVA E., *Historia de la teologia cristiana*, Herder, Barcelone, 1984.

VIGNAUX P., *De saint Anselme à Luther*, Vrin, Paris, 1976.

– *Philosophie au Moyen Age*, Albeuve (Suisse), 1987.

WEBER E. H., *Dialogues et dissensions entre saint Bonaventure et saint Thomas d'Aquin à Paris (1252-1273)*, B.T., 41, Paris, Vrin, 1974.

– « La relation de la philosophie et de la théologie selon Albert le Grand », dans *A.P.*, 43 (1980), p. 559-588.

– « L'interprétation par Albert le Grand de la Théologie mystique de Denys le ps-aréopagite », dans *Albertus Magnus, Doctor universalis…*, p. 409-439.

– « La lumière principe de l'univers d'après Robert Grosseteste », dans *Lumière et cosmos,* Paris, 1981, p. 15-30.

WEISHEIPL J. A., « Classification of the Sciences in Medieval Though », dans *Medieval Studies*, 27 (1965), p. 54-90.

– *Robert Kilwardby*, dans New Catholic Encyclopedia, 12, New-York, 1967, p. 533.

– The Nature, Scope and Classification of the Sciences », dans *Medieval Studies*, 39 (1977), p. 85-101.

WEISWEILER U., « Théologiens de l'entourage d'Hugues de Saint-Cher », dans, *R.T.A.M.*, 8 (1936), p. 388-407.

WILPERT P., « Wissenschaft und Wahrheit im Mittelalter », dans *L'homme et son destin d'après les penseurs du Moyen Age*, Louvain, 1960, p. 51-69.

WULF M. DE, *Histoire de la Philosophie médiévale, II. Le XIIIe siècle*, Louvain/Paris, 1932.

ZIMMERMANN A., « Albertus Magnus und der lateinische Averroismus », dans *Albertus Magnus, Doctor universalis: 1280-1980*, G. Meyer et A. Zimmermann *eds.*, Waldberger Studien, 6, Mayence, 1980, p. 465-493.

– ed. *Albertus der Grosse, seine Zeit, sein Werk, seine Wirkung*, M.M., 14, Berlin/N.-Y., 1981.

INDEX

INDEX DES RÉFÉRENCES BIBLIQUES

TABLE DES MATIÈRES

Imprimerie de la Manutention à Mayenne – Mars 1999 – N° 102-99
Dépôt légal : 1er trimestre 1999